국제법 주요 판례집

| 2021 확장판 |

김정건 · 박덕영 · 이주윤 編著

연세대학교 대학출판문화원

국제법 주요 판례집 - 2021 확장판

International Law: Cases and Materials

2021년 8월 30일 1판 1쇄

지은이 김정건 · 박덕영 · 이주윤
펴낸곳 연세대학교 대학출판문화원
주소 서울특별시 서대문구 연세로 50
등록 1955년 10월 13일(제9-60호)
전화 02) 2123-3378~80
팩스 02) 2123-8673
전자우편 ysup@yonsei.ac.kr
홈페이지 http://press.yonsei.ac.kr
인쇄 네오프린텍(주)

ISBN 978-89-6850-603-1 (93360)

값 25,000원

International Law: Cases and Materials

Edited by:
Prof. Jung-Gun KIM
Prof. Deok-Young PARK
Dr. Jooyun LEE

YONSEI UNIVERSITY PRESS

본서는 정부(교육부)의 재원으로 한국연구재단의 지원을 받아 출간되었습니다. (NRF-2016S1A3A2925230)

머리말

Preface

일반적으로 국제법은 조약, 관습, 법의 일반원칙 그리고 보조수단으로서 법원의 판결 및 저명한 학자들의 학설 등으로 구성되어 있다(국제사법재판소 규정, 제38조). 이러한 국제법을 접근하는 방법은 다양하다. 예를 들어 역사적 배경이나 이론 및 원칙 설명을 주 내용으로 하는 접근 방법, 특정한 원칙에 대한 다수, 소수, 또는 통설 등의 설명을 주 내용으로 하는 접근 방법, 관련 조약상의 규정을 사례를 중심으로 설명하는 방법 등이 그 예이다. 본서는 이 중 마지막에 설명한 조약과 판례를 중심으로 한 접근 방법에 도움을 줄 목적으로 기획한 책이다.

국제법의 가장 중요한 연원은 국가 간의 합의, 즉, 조약이라고 할 수 있다. 조약의 내용을 이해, 해석하는 지침으로서, "조약법에 관한 비엔나협약"은 제31~33조에 조약 해석의 기본 원칙을 마련하고 있다. 그러나 실질적으로 이런 원칙을 적용하는 것은 법원이다. "피부에 와 닿는 국제법"은 판례를 통한 원칙의 이해라고 한다. 국제무대에서 영향력을 무시할 수 없는 것도 역시 판례를 통한 역사적 접근 방법일 것이다.

법을 이해하기 위해서는 관련된 기본 조약의 목적과 내용을 이해하는 것이 중요하다. 이를 위해 더욱 중요한 것은 실질적 판례를 통하여 그런 원칙들이 어떻게 받아들여지고 또 적용되어 있는가, 즉, 판결 내용과 판결 이유의 이해가 특히 중요하다. 주요 선진국들의 법학 교육도 이런 방법으로 추진되는 것이 사실이다. 이러한 취지에서 국제연맹 당시의 상설국제사법재판소, 현재의 국제사법재판소 등 국제재판소들의 판례 중에서 국제법과 관련 있는 판례를 선정하여 간단히 요약하고 정리하였다.

국제법의 수많은 판례를 원본 그대로 번역하는 일은 현실적으로 한계가 있다. 따라서 번역의 정확성, 요약한 내용의 정확성 등 어느 정도의 위험 부담은 인정하지만, 본서에 포함된 판례의 완벽한 원본을 원하는 학생들에게는 그 판례의 소재 위치를 밝힘으로써 그에 접근이 용이하도록 하였다. 흔히 일차적으로 필요로 하는 판례의 법률적 쟁점과 요약된 내용을 소개하기 위해서는 이런 식의 번역, 요약서도 나름 적절한 역할을 할 것으로 믿어, 후자의 접근 방법을 선택하게 되었다. 국제법 자료를 접할 때 도움이 되었으면 하는 희망에서 국제판례, 국제기구 결의 및 개별 국가관행 등 다양한 출처에서 얻을 수 있는 국제법 자료의 인용방법, 또 국제법 문헌에서 자주 언급되는 라틴어 어구에 대한 의미 등을 추가하였다.

본서의 근간은 2005년 연세대학교 출판부에서 발간한 국제법 주요 판례집에 기반하고 있다. 1970년대부터 90년대 말까지 오랜 기간 연세대학교에 국제법 교수님으로 재직하셨던 고 김정건 교수님은 국제법 공부에 있어서 판례의 중요성을 누누이 강조하셨던 분이셨다. 교수님이 생존해 계실 때 출판되었었던 국제법 주요 판례집은 나름대로 호평을 받았고, 그냥 흘려버리기에는 아쉬운 마음이 있어서 이번에 새로운 표제로 출간을 하게 되었다. 항상 따뜻하고 인자하신 마음으로 제자들을 아끼고, 지도하여 주셨던 선생님께 다시 한번 머리 숙여 감사드린다. 그리운 마음으로 먼 훗날 하늘나라에서 다시 상봉할 수 있기를 빌어본다.

기존에 있던 판례 요약을 좀 더 다듬고, 지난 16년간 새로 나온 판례 중에서 주요한 판례들을 선별하고 정리하여 추가하다 보니 내용이 대폭 증가하여 새로운 제목의 형식으로 출간하게 되었다. 새로이 추가된 판례의 대부분은 이주윤 박사가 정리작업을 해주었고, 영역과 해양법 판례 중 3개는 연세대학교에 새로이 부임한 이기범 교수가 기여하였음을 밝힌다.

이 책의 출간은 한국연구재단의 SSK 기후변화와 국제법 연구사업의 재정적 지원이 없이는 불가능하였을 것이다. 교육부와 한국연구재단에 감사의 말씀을 드린다. 본서의 출간을 도와주신 연세대학교 출판문화원의 김성수, 심영주 선생님과 성의를 다하여 원고 편집과 교정에 수고해 주신 여러 직원분들의 정성에 깊이 감사드린다.

고 김정건 교수님을 기리며

박덕영 씀

목차

Contents

제3장 국제법의 주체

제4장 국제법과 국내법의 관계

제5장 승인

제6장 국가책임

제7장 영역

제8장 국가관할권

제9장 국가면제

제10장 외교관계

제11장 해양법과 공간

제12장 개인과 범죄인인도

제13장 인권

제14장 국제형사법

제15장 국제기구

제16장 국제분쟁의 해결

제17장 무력사용과 전쟁법

제18장 국제환경법

제1장

국제법의 연원

1. The Scotia Case(1872)
2. The Paquete Habana Case(1900)
3. Anglo-Norwegian Fisheries Case(1951)
4. Right of Passage Case(1960)
5. North Sea Continental Shelf Cases(1969)

01 The Scotia Case (스코시아호 사건)

인용(Citation) 81 U.S. (14 Wall.) 170 (1872).

사실(Facts) 이 사건은 미국 범선(sailing vessel) Berkshire호와 영국 증기선(steamer) Scotia호가 충돌하여 Berkshire호가 침몰한 것에 대해, Berkshire호 선주가 Scotia호의 과실(fault)로 충돌이 발생하였다고 주장하면서 침몰로 인해 발생된 손해배상을 받기 위하여 소송을 제기하였고, 원고가 계속 상소하여 미 연방대법원에서 판결한 것이다.

두 선박의 충돌 당시에 해양에서의 선박 충돌을 방지하기 위한 규칙이 포함된 1863년 영국 추밀원령(Orders-in-Council)과 1864년 의회법이 유효하게 시행 중이었으므로, Berkshire호는 항해 중에 채색등(colored lights)을 켜고 운항할 의무가 있었다. 그러나 Berkshire호는 채색등을 켜지 않고 갑판 4피트 위의 뱃머리에 백색등 하나만을 켜 놓은 상태였던 반면, Scotia호는 요구되는 필요한 등을 켜고 항해하고 있었다. 그러한 상황에서 Scotia호가 Berkshire호의 백색등을 장두(檣頭; 돛대의 맨 꼭대기)의 등(masthead light)으로 오인하게 되었고, 그로 인한 거리측정 잘못(먼 거리에 있는 것으로 추정)으로 충돌하였던 것이다.

법적 쟁점(Legal Issues) 이 사건에서의 문제점은 Scotia호가 준수하였던 영국의 추밀원령이 국제관습으로서 Berkshire호에도 그 구속력이 인정되는가에 관한 것이다.

판결(Decision) 미 연방대법원은 영국의 추밀원령이 Berkshire호에도 구속력이 있다고 인정하였고, 그에 따라 하급법원의 판결을 재확인함으로써 Bershire호의 선주는 패소하였다.

판결 이유(Reasoning of the Court)

(1) 1863년에 영국 정부는 범선 및 증기선의 등 표시 및 항진규칙을 규정한 추밀원령을 발하였고, 이후 1864년 말엽까지 거의 모든 (34개국) 해양국가들이 표시등(display of lights)의 준수를 내용으로 하는 동일한 규칙을 채택하였다.

(2) 어느 국가이건 문명공동체(civilized communities)의 동의 없이 독자적으로 해양법을 바꿀 수는 없다. 왜냐하면 이러한 해양법은 일반적인 행동규칙으로 인정되는 것이므로

구속력을 갖게 되기 때문이다. 그러나 원래 양국(영국과 미국)이 정한 항해규칙이 30개 이상의 주요 해양국가에서 강제력을 가진 규칙(obligatory rules)으로 인정되어 왔으므로 그 규칙은 해양법의 일부가 되었다고 할 것이며, 관행(usage)은 법적 관습(legal custom)이 될 것이다. 그러므로 문제의 규칙도 충돌 당시의 그 지역에서는 현존하는 법인 것이다.

이 사건에서 특히 주목해야 할 것은 (i) 비록 한 나라(여기에서는 영국)의 제정법일지라도 그 법원칙이 거의 모든 주요 해양국가들에 의해 채택 · 수용되는 경우라면, 동 법은 "법으로 수용될 수 있는 일반관행임이 인정되어"(as evidence of a general practice accepted as law) 국제관습법으로 간주될 수 있다는 것과, (ii) 관습법의 구속력은 문명국들의 (명시적이거나 묵시적인) 공동합의에 그 근거를 두는 것이고, (iii) 이러한 관습법의 적용은 타국 국내법의 역외적 효력(extra-territorial effect)의 인정이 아니라, 인류의 공동합의에 근거하여 일반적으로 승인된 의무로서 묵인된 것이라는 것을 밝힌 점 등이다.

02 The Paquete Habana Case (파켓 아바나호 사건)

인용(Citation) 175 U.S. 677, 44 L.Ed. 320 (1900).

사실(Facts) 이 사건은 미국과 스페인 간의 전쟁 당시 아바나(Habana)에 거주하던 스페인 국민의 어선이 쿠바 연안에서 조업 중 미국 봉쇄선단에 나포되어(seized) 발생한 사건이다. 나포 당시 동 어선은 전쟁 발발 사실 및 봉쇄(blockade)조치에 대하여 전혀 모르고 있었고, 무기나 탄약을 적재하지 않았다.

법적 쟁점(Legal Issues) 이 사건에서 문제가 된 것은 미 · 서전쟁(美 · 西戰爭)에서 비무장 어선이 군함의 나포대상인가에 관한 것이었다.

판결(Decision) 미 연방대법원은 (1) 미국이 봉쇄조치를 시행하는 중이라 하더라도 평화적으로 조업 중인 어선까지 나포할 수는 없다고 하면서, (2) 지방법원의 판결을 번복하고,

원고에게 선박 및 화물에 대한 손해 및 비용의 지급을 명하였다.

판결 이유(Reasoning of the Court) **판결 이유**로 연방대법원은 국가의 관행과 학설을 근거로 들고 있다.

먼저 연방대법원이 적시한 국가관행으로는, (ⅰ) 1403년과 1406년에 영국의 헨리 4세가 내린 외국 어선의 보호에 관한 명령(1406년의 명령은 외국 어선이 평화롭게 어업활동을 하는 경우에는 영국 관리에 의하여 그 활동을 방해받지 않는다는 내용이다.), (ⅱ) 1521년 10월 2일 영국의 찰스 5세와 프랑스의 프랑시스 1세 간에 체결된 조약, (iii) 전시 청어어업을 허용한 1536년 네덜란드 칙령, (iv) 공격용 무기가 없고 적과 내통하려는 의사 없이 신선한 생선을 적재한 어선을 나포하지 못하도록 한 프랑스의 루이 16세가 해군제독에게 보낸 서한과 이에 근거하여 생선을 적재한 영국 선박 The John and Sarah호의 나포를 불법으로 판결한 사건, (ⅴ) 전쟁 발발시 여인 · 어린이 · 농부와 아울러 어민을 보호하도록 규정한 1785년의 미국 · 프러시아 간의 조약, (vi) 100년에 걸쳐 문명국의 합의로 관습이 된 것은 확립된 국제법규로 성장할 수 있다고 밝힌 *The Young Jacob Johanna* 사건에서의 Lord Stowell 판사의 판결, (vii) 1801년 프랑스 순양함이 포르투갈 어선을 나포한 것은 인도주의 원칙과 국제법 정신에 반한다는 프랑스 포획재판소의 판결, (viii) 조업 중인 어선의 나포를 금지한 1806년, 1810년의 영국 추밀원령, (ix) (ⅴ)와 같은 내용의 미국 · 멕시코간 조약, (ⅹ) 크리미아전쟁, 이탈리아전쟁, 프러시아 전쟁 중 프랑스의 연안 어선 나포 금지 관행, (xi) 순수한 과학조사 · 봉사 또는 종교 임무를 띤 선박과 함께 연안어업에 종사하는 어선의 나포를 금지한 청일전쟁시의 일본법령 등이 있다.

다음으로 연방대법원은 세계 각국의 국제법학자도 인도적인 면과 교전국 간의 편의를 고려하여 비무장으로 평화롭게 어업에 종사하고 어획물을 운반하는 연안 어선은 전리품(prize of war)으로 나포되지 않는다고 주장한다는 점을 밝히고 있다.

이 사건에서 특히 주목되는 점은 (ⅰ) 비록 전시라 하더라도 진정한 연안어업에 종사하는 어선은 어부 및 그 어획물과 함께 포획에서 면제된다는 것, (ⅱ) 이런 어선, 어획물, 어부들이 전리품으로 간주되지 않음은 역사적으로 미국을 포함한 국가의 관행이었고 이런 뜻에서 국제관습법화되었다는 것, (iii) 국제법은 미국 국내법의 일부를 구성하며, 법원은 미국 정부의 반대되는 공적 행위나 조약이 존재하지 않는 한, 국제관습법에 기한 법규를 존중할 의무가 있다는 것이다.

03 Anglo-Norwegian Fisheries Case: United Kingdom v. Norway (영국·노르웨이의 어업사건)

인용(Citation) ICJ Rep. p. 116 (1951).

사실(Facts) 노르웨이는 1935년 6월 12일 국왕칙령(Norwegian Royal Decree)을 공포하였는데, 이는 노르웨이와 핀란드의 경계로부터 직선기선 방법에 따라 영해를 산정하여 자국민의 어업수역을 보호하고자 하는 내용의 것이었다. 하지만 이 연안은 피오르드(fjord) 해안으로 굴곡이 심하고 많은 도서와 암초가 산재한 지형적 특성을 가졌기 때문에, 굴곡이 심한 피오르드만의 양단을 잇는 직선기선은 심한 경우에는 그 길이가 44해리에 이르렀다. 영국은 해안과 연안도서간 수역이 항해가 불가능할 정도로 복잡한 지형인 경우에 직선기선을 설정하는 것은 별론으로, 국왕령 중 '만 입구의 광협 여부를 막론하고'라는 규정은 국제법 위반이라고 주장하여 1949년 ICJ에 제소하였고, 1951년 판결이 내려졌다.

법적 쟁점(Legal Issues) 자국의 지형적 특성을 토대로 하는 경계획정 방법이 국제법에 위반되는가 여부

판결(Decision) ICJ는 노르웨이의 직선기선의 관행을 인정하였다.

판결 이유(Reasoning of the Court) ICJ는 이미 많은 국가가 도서와 암초가 산재해 있고 피오르드식으로 굴곡이 심한 해안에서는 해안의 일반적 방향에 따라 직선기선을 긋는 방법에 대해 아무런 이의 없이 적용해 왔다는 것과, 영국이 주장하는 10해리 기준이 국가관행으로 인정된 것이 아님을 지적하였다. 다만 재판소는 이러한 직선기선을 긋는 데 일정한 기준이 있음을 밝히고, 해안선의 일반적 방향 · 본토와 일정한 해역과의 관계 · 그 해역에서의 경제적 이해관계 등이 고려되어야 한다고 하였다.

이 사건에서 ICJ는 만(灣)의 10마일 봉쇄선(10 mile closing line for bays) 원칙은 관습

법상의 규칙이 아닐 뿐만 아니라 비록 그 규칙이 관습법상 규칙이라 해도 이 사건의 타 당사국인 노르웨이에는 적용될 수 없다고 하면서, 그 이유는 노르웨이는 그 원칙을 자국 연안에 적용하고자 하는 모든 시도에 항상 반대해 왔기 때문이라고 하였다. 비록 한 국가가 일방적으로 제정한 법적 기준일지라도, 그 기준이 합리적이고 오랜 기간 이를 묵인하여 왔다면 이는 지역관습법으로 인정되어야 한다고 본 것이다.

ICJ는 1933년 칙령에 의한 노르웨이 어업수역의 경계획정(delimitation) 기선의 획정은 국제법 위반이 아니라고 판결하였다. 즉 ICJ는 노르웨이 정부가 1869년부터 분쟁이 발생한 시점까지 일관되고 계속적으로 자국만의 해양경계획정 체제를 적용해 왔다는 점을 주목하였다.

결론적으로 ICJ는 노르웨이가 확립한 직선기선 획정 방법은 노르웨이 연안의 특수한 지형에서 인정될 수 있으며, 분쟁이 발생하기 이전부터 이러한 방법이 지속적으로 충분히 오랜 관행(a constant and sufficiently long practice)을 통해 확립되었다고 판단하였다.

04 Right of Passage Case: Portugal v. India (인도령 통행권 사건)[1]

인용(Citation) ICJ Rep. p. 125 (1957) ; ICJ Rep. p. 6 (1960).

사실(Facts) 1948년 인도가 영국으로부터 독립한 후에도 포르투갈은 인도 내륙지역인 Daman, Dadra, Nagar-Aveli 등을 여전히 본국의 식민지로 영유하였다. 이 중에 Daman은 해안에 있었고, Dadra와 Nagar-Aveli는 인도영토에 둘러싸인 위요지(enclave)였다.

인도는 1953년 10월부터 이 고립지역에 대한 포르투갈의 통행을 제한하였고, 1954년 7월 21일 Dadra, Nagar-Aveli, Daman 상호 간의 통행을 완전히 금지하였으며, 같은 날 인도의 反포르투갈 단체들이 Dadra와 Nagar-Aveli를 침공하여 점령하고 일체의 통행을 금지하였다.

1 Case concerning Right of Passage over Indian Territory.

그러자 포르투갈은 사태의 진압을 위하여 Dadra에는 군대의 통행을, Nagar-Aveli에는 진상파악을 위한 소규모 행정관의 통과를 요구하였지만, 인도는 이에 대해 모두 거부하였다. 결국, 포르투갈은 이 사건을 일방적으로 ICJ에 부탁하였다.

법적 쟁점(Legal Issues) 포르투갈이 언급된 지역에 대해 통과권(right of passage)을 가지고 있는지 여부

판결(Decision) ICJ는 1779년 조약상의 의무를 근거로 한 포르투갈의 통행권 주장을 부인하고, 정당한 필요성에 기초한 국제적인 관행을 근거로 이 사건을 다음과 같이 결정하였다: 군대 또는 군수물품을 제외한 포르투갈의 민간인, 관리, 일반물품 등은 인도의 규칙과 통제에 따라 통행할 권리를 가지는 것에 불과하다.

판결 이유(Reasoning of the Court) ICJ는 다음의 세 가지 문제를 판단하고자 하였다: (1) 1954년 해당 위요지에 대한 주권 행사국의 판단과 이 지역에의 포르투갈 통행권의 존재 여부, (2) 통행권에 관련된 인도의 의무 위반 여부, (3) 위반행위 인정시의 해당 불법적 상황에 대한 구제책(remedy) 유무.

군대(armed forces), 경찰(armed police), 군수품(arms and ammunition)의 통행과 관련해서 영국과 포르투갈은 1878년 이전에는 상호주의에 의해서(a basis of reciprocity) 그리고 1878년 이후에는 「통상 및 범죄인인도조약」에 의하여 규율하였다. 이에 의하면 포르투갈이 이 지역을 통행하기 위해서는 사전에 영국의 승인(permission)을 받아야 했으므로, 이 지역에서 포르투갈이 당연한 통행권을 가졌다고는 할 수 없으며, 영국을 승계한 인도는 구체적인 경우에 통과허용 여부를 결정할 재량권이 있다고 판결하였다.

ICJ는 인도의 영토로 둘러싸인 Dadra와 Nagur Avalie에 대한 포르투갈의 주권행사에 필요한 범위 내에서의 인도영토 통행권을 인정하고, 이러한 권리는 과거 인도가 영국의 통치 하에 있을 때부터 인정된 권리로서 비록 이 영토에 대한 통치권이 인도의 독립으로 인도에 이양되었다 하더라도 포르투갈의 권리, 즉 사람과 공무원 그리고 일반 화물의 통행권은 계속해서 인정된다고 판시하였다.

05 North Sea Continental Shelf Cases: Federal Republic of Germany / Denmark; Federal Republic of Germany / The Netherlands (북해대륙붕 사건)

인용(Citation) ICJ Rep. p. 3 (1969) ; 63 AJIL 591 (1969) ; 8 ILM 340 (1969).

사실(Facts) 1966년 서독과 덴마크, 서독과 네덜란드 간에 북해해역에서의 각국의 대륙붕 한계선에 대한 분쟁이 발생하였다. 영국은 노르웨이 · 덴마크 및 네덜란드와 상호간 자국 대륙붕 서부 부분의 외측한계선에 관한 합의를 하였지만, 북해 동부 대륙붕에 관하여는 덴마크 · 네덜란드 · 서독 간에 합의가 이루어지지 않고 있었다.

1966년 3월 31일, 덴마크와 네덜란드는 독일 근해에 위치한 이 해역에서의 대륙붕 상호 경계선에 합의하면서, 1958년 제1차 해양법회의에서 채택된 「대륙붕에 관한 협약」 제6조 제1항에 의하여 등거리원칙을 기준으로 하였다. 양국은 이 경계선이 서독에 대해서도 역시 유효한 것이라고 주장하였지만, 서독은 1958년 대륙붕협약의 당사자가 아니라는 점과 실제적으로 등거리원칙에 의하면 서독측의 삼각형 대륙붕은 북해 쪽에서 축소되게 되는 결과를 이유로 하여 이 경계선의 제3국에 대한 효력을 부정하였다.

이에 서독과 네덜란드, 서독과 덴마크는 경계획정에 적용될 국제법상의 원칙을 구하기 위한 특별합의서를 ICJ에 제기하였다.

법적 쟁점(Legal Issues) 대륙붕의 경계획정에 적용되는 원칙과 규칙(principles and rules)

판결(Decision) ICJ는 덴마크와 네덜란드가 주장하는 등거리원칙의 우위성을 부인하였고, 그 결과 대륙붕의 최근거리인접국소유원칙도 부인하였다.

판결 이유(Reasoning of the Court) ICJ는 1958년의 「대륙붕에 관한 협약」(특히 제6조)이 관습법을 법전화시킨 당시의 유효한 국제법적 기준이라는 덴마크와 네덜란드의 주장을 부인하면서, 제6조에 의거한 기준은 국제법위원회가 제안할 때부터 적잖은 논쟁이 있었으며 실험적인 차원에서 이루어진 것으로서, '있어야 할 법'(*de lege ferenda*)의 의미로 받아들일 수 있음에 불과한 것으로 '현재의 법'(*de lege lata*)은 아니라고 판결하였다. ICJ는 「대륙붕에 관한 협약」 제12조에서 이 협약의 서명 · 비준 · 가입시 유보를 허용하고 있는 점을 지적하였다. 또한, 등거리원칙에 의한 경계획정은 대륙붕협약이나 국가 관행 또는 관습법상 강행규정의 지위가 아니라는 점을 지적하였다. ICJ는 한 조약의 규범창설적 규정(norm-creating provision in a treaty)이 제3국을 구속하는 관습법상의 규칙으로 변환될 수 있음을 인정하면서, 그 과정은 다음과 같은 요건을 구비해야 한다고 판시하였다.
- 즉 (1) 문제의 규정은 근본적으로 규범창설적 성격을 가지고 있어야 하며, (2) 특정한 협정에 대한 당사국들의 참여가 광범위할 경우 비록 일반적 요건은 충족시켰다고 볼 수 있겠으나, 참여국에는 반드시 문제규정의 적용으로 인하여 국가 이익에 영향을 받는 국가들이 포함되어야 하고, (3) 조약상의 어떠한 규정도 그에 합의하지 않은 제3국을 구속할 수 없으며, 또 (4) 해당 조약의 출범 이후 관습법에 의한 구속력이 인정되기 위해서는 문제규정으로 인하여 국익에 영향을 받는 국가들의 관행이 광범위하고 실질적으로 일관(extensive and virtually uniform)되어야 한다고 하였다.

ICJ는 이 사건에서 적용 가능한 국제법 원칙은 (ⅰ) 형평원칙에 기한 당사국 간의 합의에 의하여 상호간 대륙붕에 대한 외측경계선이 설정되어야 하며, 이러한 형평원칙에 의한 합의에 참조해야 할 것은 이 문제와 관련된 모든 사정을 고려하여 각 당사국으로 하여금 타국 영토의 자연적 연장을 침해함이 없이 자국 영토의 자연적 연장을 구성하는 대륙붕의 최대한의 관할권을 인정하는 방법으로 설정해야 된다는 것, (ⅱ) 만약 상술한 원칙을 적용함에 있어 각 당사국의 관할구역이 경합하는 경우, 이 경합된 부분은 합의된 비례의 원칙 의하여 설정하며, 이런 합의가 불가능할 경우에는 경합 부분의 전부나 일부에 대하여 공동관할 · 사용 혹은 개발에 합의하지 않는 한 평등하게 분할하여야 한다는 것이다. 그리고 위와 같은 원칙을 적용하는 과정에서 고려해야 할 것은 (ⅰ) 각 당사국 연안의 일반적 형태(general configuration)와 특별하거나 특이한(unusual) 연안 형태, (ⅱ) 확인된 범위 내에서 또는 쉽게 확인될 수 있는 범위 내에서 동 대륙붕 지역 내의 물리적 그리고 지질학적 구조 및 천연자원, (ⅲ) 형평원칙에 의하여 획정된 경계선의 설정은 대륙붕의 폭과 해안선의 길이와의 사이에 균형성을 인정할 것 등이다.

제2장

조약법

1. Techt v. Hughes(1920)
2. Jesse Lewis (The David J. Adams) Claim Case(1921)
3. Free Zones of Upper Savoy and the District of Gex Case(1932)
4. Legal Status of Eastern Greenland Case(1933)
5. Reservations to the Genocide Convention(1951)
6. Temple of Preah Vihear Case(1962)
7. Fisheries Jurisdiction Case(1974)
8. Nuclear Tests Case(1974)
9. Belilos v. Switzerland(1988)

01 Techt v. Hughes

인용(Citation) 254 U.S. 643, 41 S.Ct. 14, 65 L.Ed. 454 (1920) ;
Court of Appeals of New York, 229 N.Y. 222, 128 N.E. 185.

사실(Facts) 미국과 Austria-Hungary 간에 전쟁이 발발한 날로부터 20일 후인 1917년 12월 27일, 한 미국인이 뉴욕에 부동산을 남기고 유언 없이 사망하였다. 사망한 미국인의 두 딸 중의 하나인 Techt 여사는 이 사건 전에 Austria-Hungary인과 결혼함으로써 당시 연방법에 따라 미국 국적을 상실하고 남편의 국적을 취득하였다.

당시의 뉴욕주법이 미국인과 우호적인 외국인(alien friends)의 부동산 취득 및 소유를 허용하는 것을 근거로 하여, Techt 여사의 언니는 Techt 여사가 적국민(敵國人)이므로 아버지의 전 재산은 자신에게 단독 상속되어야 한다고 주장하였다.

1심에서는 Techt 여사와 그녀의 남편 중 누구도 감금되었거나 적국민이기 때문에 여타의 제한을 받은 적도 없으므로 Techt 여사가 우호적 외국인이라고 판결하였다. 이에 그 언니는 항소하였고, Techt 여사는 각국의 국민에게 상속으로 취득한 부동산을 2년 내에 매각하고 그 대금을 이전할 수 있도록 규정하고 있는 1848년의 미-오스트리아간 조약을 근거로 자신의 권리를 변호하였다.

항소심은 Techt 여사가 비록 제한되는 바 없다고 할지라도 양국 간의 전쟁상황에서 더 이상 그녀는 우호적 외국인이 아니며, 따라서 뉴욕주법의 보호를 받을 자격이 없다고 판결하였다. 따라서 그녀의 권리 보호 여하는 1848년 조약의 유효성 여부에 의하게 되었다.

법적 쟁점(Legal Issues) 미국과 오스트리아 간의 1848년 조약은 양국 간의 전쟁 발발 후에도 유효한 것인가?

판결(Decision) 조약 규정은 유효하며, 따라서 원고는 상속으로 부동산을 취득한다.

판결 이유(Reasoning of the Court) (1) 전쟁이 그 전에 교전국 간의 체결된 조약에 대해 미치는 효과는 아직 확립되지 못한 법률문제 중의 하나이다. 한때 일부 학자들이 전쟁으로 모든 조약이 사실상 종료된다고 주장하였지만, 오늘날 이 문제는 실용적으로 전쟁 수행의 필요에 따라 그 효력이 결정되고 있다. 비록 아직 일관된 견해나 확고한 관행이 없지만, 적어도 동맹조약의 종료 · 국경조약의 유지 · 적대행위 규율 조약의 발효 등의 정도는 일반적으로 인정되고 있다. 결론적으로, 적대적인 상태와 합치될 수 있는 규정은 명백한 종료 규정이 존재하지 않는 한 효력이 존속되고, 그렇지 않은 경우에는 종료한다고 할 수 있다.

(2) 행정부 또는 입법부가 조약의 효력에 관한 조치를 하지 않는 경우, 사법부는 ㉠ 법전통(tradition of the law)의 일치성, ㉡ 법률정책(policy of the statutes)과의 양립성, ㉢ 공평성(dictates of fair dealing) 및 ㉣ 국가의 명예(honor of the nation) 등을 기준으로 조약효력의 지속 여부를 판단한다.

(3) 본 사건에 있어 원고의 상속에 의한 부동산 취득을 인정하기 위하여 이 조약을 실행한다 하더라도 전쟁상태의 유지나 국가안전 또는 정부 정책에 모순되는 것은 없다. 유명한 학자들이 통상조약을 전쟁시 폐지 또는 시행정지 되는 조약으로 분류하고 있는 것은 사실이지만, 이 사건에서 문제된 조약은 통상문제를 다룬 것이 아니라 다른 문제를 다루기 위한 조약에 부가적으로 그런 내용이 규정된 것이라고 보아야 한다. 따라서 전쟁으로 인한 조약의 효력은 조약 자체의 명칭에 의하는 것이 아니라 조약의 성격에 의하여 결정된다는 사실을 기억해야 한다.

02 Jesse Lewis (The David J. Adams) Claim Case: United States v. Great Britain

인용(Citation) 6 RIAA 85 (1921).

사실(Facts) 1818년의 런던조약(8 Stat. 248)에서 미국은 캐나다 영해 내에서의 어업권을 포기하였고, 따라서 피난 · 선박수선 · 목재 구입 · 급수 이외의 사유인 경우에는 캐나다의 만(灣) 및 항구에 들어갈 수 없게 되었다.

1886년 미국어선 David J. Adams호는 미끼를 구입하기 위하여 캐나다 영해에 들어갔다가 캐나다 당국에 의하여 1818년 조약 및 캐나다법 위반 혐의로 억류되었다.

재판에서 캐나다 법원은 위 선박의 유죄를 인정하였고, 미국은 이 판결이 조약에 대한 잘못된 해석(eroneous interpretation)에 의한 것이라는 이유로 영국 정부에 손해배상을 청구하였다. 이에 대하여 영국은 중재재판소가 캐나다 법원의 조약에 대한 해석을 재심리할 수 없다고 주장하였다.

법적 쟁점(Legal Issues) (a) 캐나다 법원의 조약 해석은 국제적으로 인정될 수 있는가? (b) 캐나다 법원의 조약 해석은 올바른가?

판결(Decision) (a) 캐나다 법원의 조약 해석은 그 국가 내에서만 유효한 것이며, 그것을 조약당사국에 적용할 수 없다.
(b) 캐나다 법원의 조약 해석은 국제법적 관점에서 잘못이 없고, 따라서 손해배상문제도 발생하지 않는다.

판결 이유(Reasoning of the Court) 영국과 캐나다는 주권국으로서 조약준수를 위하여 필요한 입법조치(legislative provisions)를 할 수 있고, 그 입법조치가 조약에 합치되는 한 영국관할권(British jurisdiction) 내의 누구에게나 구속력이 인정된다. 또한, 영국과 캐나다의 사법당국(judicial authority)은 조약과 합치되는 한도 내에서 위 법률을 해석 · 적용하고 규정된 벌칙을 부과할 완전한 자격을 갖는다.

본 사건에서의 문제점은 사법당국이 영국법을 공평하게 적용하였는지 여부를 확신할 수 없다는 것과 영국법원에 의한 판결을 심의하고 수정하거나 번복할 수 없다는 것이다. 그럼에도 불구하고 이 결정은 영국 입장의 유권적인 표현이나 조약에 대한 유권적인 해석의 표현으로 간주되어야 한다.

그러나 국가 간의 사법적 평등(juridical equality)이라는 기본원칙 때문에 한 국가의 조약 해석이 다른 국가를 구속할 수는 없으며, 이러한 해석이 사법부 · 입법부, 기타 권한 있는 기관에 의한 것이라고 해서 다른 당사국을 구속할 수 없다. 따라서 국제재판소는 국제법적인 시각에서 주어진 사건에 조약이 어떻게 해석 · 적용되어야 하는지를 결정하는 것에 머물러야 한다.

이러한 이유로 영국법원이 어떠한 형태의 권위를 가지고 있든지 간에 David J. Adams

호가 조약을 위반한 것으로 조약을 해석한 사실이, 본 법정에서는 미국 정부를 구속하는 결정적인 해석으로 인용될 수는 없다고 판결하였다. 왜냐하면 그러한 결정은 영국 정부에게만 결정적인 것으로 작용함에 그쳐야 하기 때문이다. 국제재판소의 의무는 국제적 관점에서 조약의 해석과 적용, 손해 정도를 결정하는 것이라고 하였다. 결론적으로 중재법원은 캐나다 법원의 조약 해석과 적용이 잘못된 것은 아니라고 판단하였다.

03 Free Zones of Upper Savoy and the District of Gex Case: France v. Switzerland

인용(Citation) PCIJ Ser. A/B, No. 46 (1932).

사실(Facts) 스위스의 일부인 제네바와 사르디니아왕국의 Upper Savoy 간에는 지리적인 여건 때문에 역사적으로 특별한 정치, 경제, 상업적인 관계가 발전되어 왔다. 1603년 Julien 조약은 이러한 관계를 최초로 공식화하여 제네바 주위 4마일을 비무장화하고, 제네바시민이 세금 및 기타 의무 없이 Upper Savoy를 통해 자유롭게 통상 및 통행을 하도록 하였다.

1815년 스위스가 공식적으로 중립을 선언하자, Upper Savoy는 제네바의 군사적 보호를 위하여 중립지역으로 선언되었다. 1603년 조약에 근거한 1815년의 파리조약과 1816년 투린(Turin)조약은 제네바와 Upper Savoy 간의 경제통상관계를 재정립하고 Gex, Upper Savoy 등을 자유지역(free zones)으로 설정하여 관세 없는 자유무역지대로 만들었고, 그 후 1860년에 Upper Savoy는 프랑스에 할양되었다.

1차대전 후 프랑스는 중립지역을 없애고자 하였고, 베르사유평화조약(스위스는 당사국이 아니었음) 제435조에서 프랑스와 스위스 간의 협정으로 해당 중립지역의 종료가 가능하도록 규정하였다. 그 후 양국은 이 문제를 위한 조약 체결을 위해 교섭하였고 스위스 의회의 승인까지 받았지만, 국민투표(plebiscite)에서 부결되어 실패로 끝났다. 이런 가운데 1923년 프랑스가 일방적으로 모든 자유지역을 폐지하고 관세를 부과함에 따라 분쟁이 발생하게 되었고, 두 국가는 PCIJ에 분쟁 해결을 부탁하였다.

법적 쟁점(Legal Issues) 두 국가 간의 협정으로 자유지역에 대한 과거의 협정을 종료시킬 수 있도록 규정한 베르사유평화조약 제435조는 자유지역에 관한 이전 조약을 폐지하는 효력을 갖는가? 또는 최소한 그러한 의도를 인정할 수 있는가?

판결(Decision) PCIJ는 협약 체결 당시와 제반 사정이 근본적으로 변화하였음을 이유로 이전 조약이 종료되었다는 프랑스의 주장을 기각하고, 베르사유평화조약 제435조에 의해 자유지역에 대한 협약이 폐지되지 않았음을 판시하면서 프랑스의 관세부과선을 환원시키도록 명하였다. 1934년에 자유지역이 재설치되었으며, 판결 진행 도중 PCIJ는 제3국의 권리와 의무에 대해 언급하였다.

판결 이유(Reasoning of the Court) PCIJ가 검토한 첫 번째 문제는 베르사유평화조약 제435조 제2항이 프랑스와 스위스 간에 체결되었던 자유지역에 관한 규정을 위반하였는지에 관한 사항이다. PCIJ는 위 조약 제435조 제2항은 자유지역 폐지와는 무관하며, 또한 스위스는 위 조약의 당사자가 아니었기 때문에 스위스가 수락한 범위를 제외하고는 조약 규정의 구속력이 인정되지 않는다고 판결하였다. 따라서 PCIJ는 위 조항이 양국의 자유지역 체제를 훼손하지 않는다고 결정하였다.

04 Legal Status of Eastern Greenland Case: Denmark v. Norway

인용(Citation) PCIJ Ser. A/B, No. 53 (1933).

사실(Facts) 제1차 세계대전 이후, 덴마크는 여러 동맹국이 그린란드 전역에 대한 덴마크의 주권을 인정하는 선언을 채택하도록 주력하였다. 1919년 7월 14일, 노르웨이를 방문한 덴마크 수상은 노르웨이 외무장관 M. Ihlen을 예방한 자리에서, 파리평화회담에서 노르웨이가 그린란드 전역에 대한 덴마크의 소유권을 인정한다면 덴마크는 에게해에 대한 노르웨이의 소유권을 인정할 것이라고 하였으며, 이에 M. Ihlen은 그 문제에 대해 고려해 보겠다고 답변하였다. 1919년 7월 22일, 전보다 진척된 회담에서 M. Ihnen은 덴마크 수상에게 "노르웨이 정부는 이 문제의 해결에 협조할 것"임을 공표하였다. 덴마크는 이 약속이 노르웨이에 대한 구속력을 갖는다고 주장하였다.

1931년 7월 10일, 노르웨이는 동그린란드를 무주지로 점령하고 그 지역을 자국의 영토주권 하에 있다고 선언하였다. 이에 덴마크는 주권 선언을 한 노르웨이의 법령이 무효임을 확인하여 줄 것을 PCIJ에 부탁하였다.

법적 쟁점(Legal Issues) 문제는 결정적 시점(critical date)으로 평가되는 1931년 7월 10일 당시 덴마크가 그린란드 전역에 대하여 주권을 가지고 있었는가 하는 점이다.

판결(Decision) PCIJ는 12대 2의 표결로 (i) 덴마크가 외국과 체결한 조약이나 기타 어느 곳에서도 그린란드에 대한 주권을 주장했던 다른 국가가 존재하지 않았으며, (ii) 덴마크는 1814년부터 1915년까지 주권에 대한 적법한 권원을 인정받을 수 있을 만큼 그린란드의 비식민지화된 지역에 대하여 국가 권한을 행사하였던 점이 인정된다는 것을 근거로 하여 덴마크의 영토임을 확인하였다.

판결 이유(Reasoning of the Court) PCIJ는 먼저 역사적 고찰을 통하여 당시 그린란드의 주권자였던 덴마크 · 노르웨이왕국은 1814년 「Kiel 조약」으로 스웨덴 국왕에게 할양함으로써 분리되었는데, 이때 그린란드가 그 대상에서 제외된 사실을 지적하였다(노르웨이는 1905년에 스웨덴으로부터 독립하였다).

한편 덴마크는 노르웨이가 동그린란드를 점령한 1931년 7월 10일 당시에 자국이 주권을 가지고 있었다는 사실을 증명할 수 있는 특별한 행위의 존재를 밝히지 못하고, 다만 상설중재재판소의 *Island of Palmas* 판결에서의 '평화적이고 계속적인' 국가권위의 행사에 기초한 권원만을 주장하였다.

이 점에 대하여 PCIJ는 18세기의 덴마크 법률 및 행정통제가 식민지가 건설된 서그린란드에 국한되고 동그린란드에는 미치지 않았다는 노르웨이의 주장을 부인하고, 덴마크는 주권을 포기한 적이 없으며 1921년 5월 10일의 덴마크 법령은 그린란드 전역에 대한 주권을 재확인한 것으로서, 그 후 동그린란드에서의 덴마크 활동이 상당히 증가한 사실을 지적하였다.

또한, 1931년까지 덴마크 이외에 그린란드에 대해 주권을 주장한 국가는 아무도 없었고, 1931년 7월 10일 당시 덴마크는 그린란드 전역에 대해 적법한 주권을 가지고 있었다고 할 것이므로, 노르웨이의 그린란드 점령은 불법으로서 노르웨이의 주권 선언은 무효라고 판시하였다.

PCIJ는 1919년 7월 22일자 Ihlen 선언에 담긴 약속의 결과로, 노르웨이는 전체로서의(*as a whole*) 그린란드에 대한 덴마크 주권을 인정한 것이며, 충분한 이유로서(*a fortiori*) 그린란드 일부에 대한 영토주권 주장을 삼가야 할 의무가 있다고 판결하였다.

05 Reservations to the Genocide Convention: Advisory Opinion (제노사이드협약의 유보문제)[2]

인용(Citation) ICJ Rep. p. 15 (1951).

사실(Facts) 조약문 그 자체로 보면, 집단살해죄의 방지와 처벌에 관한 협약(Convention on the Prevention and Punishment of the Crime of Genocide, 이하 '제노사이드협약')은 유보조항을 두지 않았다. 그런데 본 협약 당사국 중 일부가 협약에 서명하면서 약간의 유보사항을 덧붙임으로써 사실상(in fact) 이루어진 유보에 대해 다른 서명국 일부가 반대 의사표시를 하였고, 그러한 유보의 유효성을 놓고 문제가 발생하였다.

1950년 11월 16일, UN총회는 ICJ에 이와 관련하여 권고적 의견을 요청하였다.

법적 쟁점(Legal Issues) (ⅰ) 제노사이드협약에 대하여 유보를 덧붙인 경우, 특히 일부 체약국들은 이를 수락하였으나 일부 체약국들은 이를 거절하였을 때 유보국은 협약의 당사국으로 간주되는가?

(ⅱ) 만약 위 (ⅰ)의 문제가 긍정적으로 대답되는 경우 (a) 유보국과 유보거절국, (b) 유보국과 유보수락국의 관계에 있어 동 유보의 효력은 어떤 것인가?

2 Reservations to the Convention on the Prevention and Punishment of the Crime of Genocide.

판결(Decision) 첫째, 어떤 국가의 유보에 대하여 일부 당사국은 반대하고 기타 당사국은 반대하지 않은 경우에, 그 유보가 본 협약(즉 제노사이드협약)의 대상과 목적(object and purpose)에 양립될 수 있으면 유보국은 본 협약의 당사자로 인정될 수 있으나, 그렇지 않으면 당사자로 인정될 수 없다.

둘째, 유보가 본 협약의 대상과 목적에 양립되는 것으로 인정되어 유보국이 당사자로 인정되는 경우에도, 해당 유보가 본 협약의 대상과 목적에 양립할 수 없다고 생각하는 유보거절국은 사실상 유보국을 본 협약의 당사자가 아니라고 간주할 수 있고, 반대로 해당 유보가 본 협약의 대상과 목적에 양립한다고 인정한 유보수락국은 사실상 유보국이 본 협약의 당사자임을 인정할 수 있다.

셋째, 본 협약에 서명은 하였으나 아직 비준을 하지 않은 국가가 유보에 대하여 제기한 이의는 비준과 동시에 그 법적 효력을 발생한다. 따라서 그때까지 그 이의는 서명국의 유보국에 대한 태도 표명에 지나지 않는다. 그리고 서명 또는 가입할 자격은 있으나, 아직 하지 않은 국가가 제기한 유보에 대한 이의는 아무런 법적 효과가 없다.

판결 이유(Reasoning of the Court) 국제관행상 다자조약에서 유보조항이 없다는 단순한 사실에 의거하여, 각 체약국에 특정한 유보의 첨부를 금지하는 것이라는 해석을 추론해 낼 수는 없다. 또한, 그러한 조항의 부재나 조항을 삽입하지 않기로 하는 결정은 다양한 유보의 발생 가능성을 경계하려는 의도로 설명될 수 있다는 사실을 염두에 두어야 한다. 다자조약의 성격, 목적, 기초 방법, 채택 등은 명시적 규정이 없는 경우에 유보의 가능성뿐만 아니라 그 유효성과 효과를 결정하는 데 고려해야 할 요소들이다.

ICJ는 제노사이드협약의 기원과 성격, 규정과 목적의 관계들이 총회와 당사국의 의지를 해석하는 요인을 제공한다고 보았다. 제노사이드협약은 1948년 12월 9일 UN총회에서 56개 회원국에 의해 만장일치로 채택되어 통과되었으며, 순수하게 인도적인 목적을 위해 채택되었다. 이렇게 볼 때, 제노사이드협약의 목적은 가능한 한 많은 국가를 참여시키려는 의도가 존재했음을 알 수 있다고 하였다. ICJ는 제기되는 문제들에 대한 절대적인 답변은 구할 수 없으며, 각각 개별적 사건의 특수한 상황에 따라 유보의 평가와 반대 효과를 다루어야 한다고 말하였다.

결론적으로 유보의 유효성은 제노사이드협약의 대상과 목적(object and purpose)에 양립할 수 있는가(compatibility or incompatibility)에 따라 판단되어야 한다고 보았다.

06 Temple of Preah Vihear Case: Cambodia v. Thailand
(프레아 비헤아 사원 사건)

인용(Citation) ICJ Rep. p. 17 (1961) ; ICJ Rep. p. 6 (1962).

사실(Facts) 고대 사원인 Preah Vihear는 태국과 캄보디아의 국경을 이루고 있는 Dangrek 산의 돌기(promontory)에 위치하였고, 고고학적인 가치를 지닌 종교인들의 순례 장소로 알려진 곳이다. 이 사건은 동 사원의 귀속에 관한 것이 문제가 되었다. 1904년 당시 태국의 옛 명칭인 시암(Siam)과 캄보디아의 보호국이었던 프랑스는 조약을 체결하여 양국의 국경선을 산의 분수령을 따라 정하기로 합의하였다. 이에 따라 실제 경계획정을 위하여 합동위원회를 구성하였으나 1907년까지 경계획정이 되지 않자, 시암정부는 프랑스 조사단에게 이 지역의 지도작성을 위임하였다. 1908년에 정식으로 발행되어 시암정부에도 전달된 프랑스당국에 의한 지도에는 Preah Vihear 사원이 캄보디아측에 위치한 것으로 되어 있었다.

그 후 이 지역을 직접 답사한 시암정부는 문제의 사원이 실제로 자국측 분수령에 위치하였다는 것을 알게 되었고, 자국의 경비대를 동 사원에 배치하였다. 프랑스와 캄보디아는 이에 대하여 몇 차례의 항의를 하였다. 1953년 캄보디아가 독립한 후, 이 사원에 대한 관할권을 회복하려 하였으나 이루어지지 않았고 문제 해결을 위한 외교협상도 실패하자, 캄보디아는 ICJ에 해결을 부탁하였다.

법적 쟁점(Legal Issues) 본안 판결에서 가장 중요한 문제는 1908년에 작성된 지도의 효력에 관한 것이다.

판결(Decision) ICJ는 지도의 효력을 인정하여 Preah Vihear 사원이 캄보디아에 속한다고 판결하였다.

판결 이유(Reasoning of the Court) 태국은 선결적 항변(preliminary objections)을 제기

하여 자국의 선택조항 수락선언이 무효이므로 ICJ에 관할권이 없다고 주장하였으나, ICJ는 태국이 1929년에 처음으로 PCIJ의 선택조항을 수락하였고 1940년 이것을 갱신하였으며, 1950년 5월 2일에 다시 종전의 선언을 10년간 연장할 것을 선언하였다고 하면서, 태국의 1950년의 선택조항 수락은 PCIJ의 해체 후에 일어난 것으로 결국 ICJ의 강제관할권을 인정하겠다는 의사가 있었던 것으로 간주하여 관할권을 행사하였다.

1904년 당시 프랑스의 보호령이었던 캄보디아를 통치하던 프랑스는 캄보디아와 태국 간의 국경선을 획정하는 국경선 획정조약(관련 지도 첨부)을 태국과 체결하였다. 태국이 아무런 이의 없이 수락하였던 이 조약에 첨부된 지도에는 해당 사원이 캄보디아의 영토 내에 위치한 것으로 되어 있었다. 그리고 그 후 1920년에는 당시의 Siam국 왕자가 프랑스당국의 영접하에 국빈 자격으로 이 지역을 공식 방문하였던 기록도 볼 수 있다. 이런 배경들을 고려한 ICJ는 비록 Siam국의 1908년 해당 지도의 인용 여부에 대해 의문이 있다고 가정한다 해도, 그 조약 체결 이후의 모든 상황상 태국의 해당 조약 수락의 거부를 인정할 수 없다는 판결을 내렸다.

태국은 이 지도가 합동위원회가 작성한 것이 아니고 더군다나 실질적인 착오에 의하여 작성된 것이므로 무효라고 주장하였으나, ICJ는 해당 지도가 합동위원회의 작업에 기초하여 작성된 것으로서, 작성상의 사실적인 착오가 인정된다 하더라도 이는 태국이 지명한 조사단에 의해 작성되었고, 또한 태국이 이를 묵인하였음을 인정해야 할 것이므로 무효를 주장할 수 없다고 보아 Preah Vihear 사원이 캄보디아에 속한다고 판결하였다.

07 Fisheries Jurisdiction Case: Federal Republic of Germany v. Iceland; United Kingdom v. Iceland (어업관할권사건)

인용(Citation) ICJ Rep. p. 3 (1973) ; ICJ Rep. p. 49 (1973) ; ICJ Rep. p. 3 (1974) ; ICJ Rep. p. 175 (1974).

사실(Facts) 영국과 아이슬란드, 서독과 아이슬란드 간의 두 사건을 총칭하는 것으로,

1948년 이후 아이슬란드가 어업 국가인 자국의 사정을 들어 배타적 어업수역을 설정하자, 이 수역에서 계속 조업해 왔던 독일, 영국이 항의를 제기하여 일어난 사건이다. 아이슬란드가 배타적 어업수역에 관해 처음에는 4해리(1948), 다음에는 12해리(1958), 1972년부터는 50해리로 다시 확장하자, 1961년 3월 11일 아이슬란드의 12해리 배타적 어업수역은 인정하되 그 이상 확장하는 경우에 발생하는 분쟁을 어느 일방의 요청에 따라 ICJ에 제소하기로 했던 당사국 간의 협정에 따라 영국과 독일 양국이 1947년 4월 14일에 이 문제를 ICJ에 부탁하였다.

1972년 5월 29일, 아이슬란드는 이 문제에 대한 재판소의 관할권을 부인하고 소송대리인도 지명하지 않겠다고 ICJ에 통보하였다. 이에 영국은 본안을 다루기 위한 관할권 문제에 대해 심리를 구하면서 ICJ 규정 제41조의 잠정조치를 취하여 줄 것을 요청하였다.

법적 쟁점(Legal Issues) 사정변경원칙의 적용 요건

판결(Decision) ICJ는 12해리의 어업수역은 국제관행에서 일반적으로 수락된 것으로 간주할 수 있다고 하였다. 그리고 연안국이 적어도 경제적으로 배타적 어업에 의존하고 있는 경우에는 자국 영해에 인접한 수역에서 어업에 관한 우선권을 가지지만, 다른 국가들이 전통적으로 그 수역에서 어업을 해 왔었고 그 국가의 국민 일부가 경제적으로 그 수역에서의 어업에 의존하고 있는 경우에는 연안국이라 할지라도 그 수역으로부터 그들의 어업을 전적으로 배제할 수는 없다고 판결하였다.

판결 이유(Reasoning of the Court) 재판소는 아이슬란드의 재판관할권에 관한 부인을 거부하고, 본안 판결에서 12해리 이내에서의 연안국의 조업상 우선권과 배타적 어업수역 설정을 인정하였다. 한편 12해리 이상의 어업수역 확대에 대한 적법성 여부에 관해서는 판단을 회피하였고, 다만 동 수역에서의 타국의 기득권 보호를 강조하는 입장을 보여 주었다.

하지만 아이슬란드는 이 판결을 인정하지 않았고, 오히려 1975년 200해리의 배타적 어업수역을 선언하였다. 그 후 영국 및 서독과 협정을 체결하여 일정한 기간 제한된 양의 어획만을 인정하였다.

재판소는 이 사건을 다루면서 아이슬란드가 주장한 사정변경의 원칙에 대하여 다음과 같은 몇 가지 점을 지적하였다.

(i) 아이슬란드가 1961년의 교환공문을 체결한 것은 자국 연안의 12해리 배타적 어업수역을 신속하게 인정받기 위한 것이었다. 하지만 이러한 이해관계는 12해리의 배타적 어업수역을 주장하는 국가가 많아진 현재에는 무의미한 것이라고 할 수 있을 것이다.

(ii) 때문에 아이슬란드는 1961년 교환공문의 체결 동기나 의미가 약화 또는 소멸하였다고 할 수도 있겠지만, 그러한 이유로 교환공문의 대상과 목적이 엄존하는 상황에서 그 실효를 일방적으로 주장할 수는 없다.

(iii) 아이슬란드는 교환공문의 시행으로 영국으로부터 12해리 배타적 어업수역과 자국이 설정한 기선을 인정받았고, 전통적으로 그 수역에서 조업해 왔던 영국어선들이 조업할 수 없게 됨으로써 많은 이익을 얻었다.

(iv) 국제법상 사정변경의 원칙이 인정되고 있지만, 이는 조약법에 관한 비엔나협약 제62조에 따라야 한다. 그런데 동 협약상 아이슬란드가 주장하는 사정변경은 인정될 수 없다. 왜냐하면 어업 기술의 변화는 근본적인 사정변경이라고 할 수 없으며, 이러한 정도의 사정 변화는 의무의 성격을 근본적으로 변경하지 못하기 때문이다. 따라서 1961년의 교환공문은 유효하며, 이에 대한 모든 분쟁 해결은 ICJ에 부탁되어야 한다.

(v) 더구나 ICJ규정 제36조 제6항에 의하면, 관할권에 관한 분쟁은 재판소의 결정에 따라 해결되어야 한다.

08 Nuclear Tests Case: Australia v. France; New Zealand v. France (핵실험사건)

인용(Citation) ICJ Rep. p. 253 (1974) ; ICJ Rep. p. 457 (1974).

사실(Fact) 태평양에서 핵무기실험을 하겠다는 프랑스의 통고에 따라, 호주와 뉴질랜드 정부는 ICJ에 소송을 제기하였다. 프랑스는 본 사건을 심리할 재판소의 관할권을 거부하였고, 뒤이어 호주와 뉴질랜드는 ICJ가 대기 중의 핵실험은 불법이라고 선언할 것을 요청하였다.

소송이 진행된 후에, 프랑스 정부는 1974년의 실험이 완료된 이후에는 더 이상 남태평양에서 대기 중 핵실험을 중단하겠다는 의도를 담은 수 개의 선언문(statements)을 발표하였다. 이러한 선언문의 법적 중요성이 재판소에 의해 고려되었다.

법적 쟁점(Legal Issues) 법적 의무를 발생시키는 일방적 선언(unilateral declaration)에 의한 분쟁 해결과 관할권 행사

판결(Decision) ICJ는 9대 6의 표결로 프랑스 선언(French pronouncements)에 비추어, 본 청구는 더 이상 어떠한 목적(object)도 가지지 않는다고 결정하였다.

판결 이유(Reasoning of the Court) ICJ는 프랑스당국의 선언이 원고국의 청구의 목적을 충족시키는지에 관한 사실을 고려하기에 앞서, 우선 국제적 차원에서 이러한 선언문의 지위와 범위를 결정할 필요가 있다고 느꼈다.

법적 혹은 사실상의 상황에 관한 일방적 행위를 통한 선언문이 법적 의무를 창출하는 효과를 가진다는 사실은 널리 인정되고 있다. 선언을 한 국가의 의도가 선언문의 내용에 구속되어야 한다는 것일 때, 이러한 의도는 선언문에 법적 이행(legal undertaking)의 성격을 부여하고, 해당 국가는 선언에 합치되는 행동을 준수할 것이 법률상 요구된다. 이러한 종류의 이행이 구속력있는 것으로 의도되고 공공연하게 이루어진다면 구속력을 가진다.

물론, 모든 일방적 행위가 의무를 갖지는 않는다. 그러나 국가는 구속력있는 의도를 가진 특정한 문제에 관하여 특별한 지위를 부여하기로 결정할 수 있다. 이러한 의도는 행위의 선언을 통해 확실히 해야 한다.

형식 문제와 관련하여, 이것이 국제법이 특정한 혹은 엄격한 요건을 부가하는 영역이 아니라는 사실에 주목해야 한다. 선언이 구두로 혹은 문언상(orally or in writing) 이루어지냐는 어떤 특정한 차이가 없다. 왜냐하면 특정한 상황에서 이루어진 선언은 국제법상 약속을 구성할 수도 있기 때문이다. 형식의 문제는 결론적으로 결정적인 것이 아니다.

연원이야 어떠하든 간에 법적 의무의 창출과 수행에 관한 기본적 원칙 중의 하나는 신의성실(good faith) 의무이다. 신뢰와 믿음은 국제협력에서 본질적인 것이며, 특히 이러한

협력은 점차 필수적인 것으로 되어가고 있다. 조약법상 "약속은 준수되어야 한다"(*pacta sunt servanda*)는 기본원칙이 신의성실에 근간을 둔 것처럼, 일방적 선언을 통해 추정되는 국제의무의 구속력있는 성격도 마찬가지이다.

프랑스 선언의 유효성과 법적 중요성은 국제관계의 안보 및 국가들 사이의 관계에서 본질적인 믿음과 신뢰라는 일반적 테두리 내에서 고려되어야 한다. 선언의 목적은 명확하며, 국제공동체 전체에 대해 이루어진 것이므로 ICJ는 이것이 법적 효력이 있는 이행의무를 갖는다고 판단하였다.

이러한 이유로, ICJ는 9대 6의 표결로 호주와 뉴질랜드의 청구는 더 이상 재판소가 결정해야 할 목적을 가지지 않는다고 판결하였다.

09 Belilos v. Switzerland (벨리로스 사건)

인용(Citation) App. No. 10328/83 ; [1988] ECHR 4 (1988).

사실(Facts) 스위스 국적의 Marlène Belilos는 사건 당시 로잔에 거주하는 학생이었다. 스위스의 로잔 경찰위원회(La commission de police de la municipalité de Lausanne)는 1981년 4월 16일의 보고서에서 그녀가 4월 4일 도심 거리에서 사전에 허가를 구하지 않은 시위에 참여함으로써 시의 일반경찰규정(Municipality's General Police Regulations; Règlement général de police de la commune)을 위반하였음을 언급하고, 5월 29일 그녀가 부재한 가운데 열린 위원회에서 200 스위스 프랑(CHF)의 벌금을 부과하는 결정을 내렸다. 이에 Belilos는 경찰위원회에 그 결정을 취소해 달라고 청원을 제기하였는데 거부당하고, 대신 경찰위원회는 그녀가 시위에서 적극적 역할을 하지 않은 한편, 이번이 첫 번째 위반은 아니므로 벌금을 120 스위스 프랑으로 낮춘다고 결정하였다.

Belilos는 Vaud州법원의 형사 파기과(Criminal Cassation Division of the Vaud Cantonal Court; La cour de cassation pénale du Tribunal cantonal vaudois)에 자신이 참여하지도 않은 불법 시위에 가담하였다고 판단한 경찰당국의 해당 결정은 당연무효임을 선언하

도록 소송을 제기하였다. 그녀는 특히 자신이 유럽인권협약(Convention for the Protection of Human Rights and Fundamental Freedoms, 'European Convention on Human Rights') 제6조 제1항의 공정한 재판을 받을 권리를 침해당하였다고 주장하였다. 1981년 11월 25일, 주 법원은 스위스가 1974년 11월 28일 유럽인권협약에 가입할 당시 이루어진 해석선언(Interpretative Declaration)에 의해 형사사건에 관한 행정당국에서의 절차는 제6조 제1항의 의무에서 면제된다고 결정하였다. Belilos는 이 결정에 대해 연방법원(Federal Court; Le Tribunal fédéral)에 상소를 제기하며, 스위스의 해석선언은 결코 경찰위원회와 같은 행정당국에 형사사건의 본안을 판단할 권한을 부여한다는 의미는 아니라고 주장하였지만, 1982년 11월 2일 연방법원 역시 그녀의 상소를 기각하는 판결을 내렸다.

모든 국내 구제수단을 완료한 Belilos는 1983년 3월 24일 유럽인권협약 제25조에 따라 유럽인권위원회(European Commission of Human Rights)에 자신은 유럽인권협약 제6조 제1항의 의미 내에서 독립적이고 공정한 재판소에 의해 심리를 받지 않았다고 주장하며, 개인청원을 제기하였다. 1985년 7월 8일 유럽인권위원회는 해당 청원이 청구 가능하다고 선언하고, 1986년 5월 7일 만장일치로 유럽인권협약 제6조 제1항의 위반이 존재한다고 판단하였다.

1986년 7월 18일과 9월 22일에 각각 유럽인권위원회와 스위스 정부는 동 청원을 유럽인권재판소(European Court of Human Rights)에 회부하였는데, 특히 스위스 정부는 다음과 같이 주장하였다: 첫째, 청구의 수리 가능성과 관련하여 선결적 항변(preliminary objection)을 제기하였는데, 즉 Belilos의 청원은 스위스의 해석선언에 합치되지 않으므로 유럽인권재판소는 동 사건을 판단할 관할권이 없다. 둘째, 본안과 관련하여 스위스의 해석선언은 합법적으로 채택된 유보(reservation)의 법적 효력을 가지며, 따라서 스위스에 적용되는 해당 조항에 대한 침해가 존재하지 않는다.

법적 쟁점(Legal Issues)

1. 스위스의 선언은 단순한 해석선언인가 아니면 유보로 간주될 수 있는가?
2. 스위스의 선언은 유럽인권협약 제64조(現 제57조)의 요건에 합치되는가?

판결(Decision) 1988년 4월 29일, 유럽인권재판소는 만장일치로 다음과 같이 판결하였다.

1. 스위스의 선언은 유럽인권협약 제64조(現 제57조)의 요건을 충족하지 못하므로 무효이다. 또한, 스위스는 선언의 유효성에 관해 결정할 재판소의 권한을 인정하였으므로 스위스 정부의 선결적 항변은 기각하며, 유럽인권협약 제6조 제1항의 위반이 있음을 판시한다.
2. 스위스는 청원자인 Belilos에게 소송 과정에서 발생한 비용 및 지출과 관련해 (유럽심의회가 지급한) 스위스 프랑으로 변환될 8,822 프랑스 프랑(약 1,345유로)을 차감한 총 11,750 스위스 프랑(약 7,103유로)을 지급해야 한다.
3. 정당한 보상(just satisfaction)에 대한 청구는 기각한다.

판결 이유(Reasoning of the Court) 유럽인권위원회는 스위스의 해석선언이 유럽인권협약의 법적 효력을 배제하거나 수정하려는 목적이 아닌 제6조 제1항의 목적과 범위에 대한 스위스 정부의 견해 또는 해석, 즉 '단순 해석선언'(mere interpretative declaration)에 불과하다고 판단하였으나, 유럽인권재판소는 해석선언의 프랑스어 원문 문구가 완전히 명확하지는 않지만 '유보'(reservation)로 이해될 수 있음을 인정하였다. "해석"이라는 명칭이 붙은 선언이 "유보"로 간주될 수 있는지의 문제는 매우 어려운 것으로, 스위스 선언의 법적 성격을 규명하기 위해서는 그 명칭 이면의 실체적 내용을 확인하는 데 초점을 맞추어야 한다. 재판소는 유보에 관한 제64조의 요건을 충족하지 않는 제한이 유럽인권협약에 따라 발생하는 의무(여기서는 제6조 제1항)에 적용되지 않도록 해야 한다면서, 문제의 해석선언에 대해 유보의 경우와 마찬가지로 제64조에 따라 그 합법성을 검토하였다.

스위스의 해석선언 중 "사법부의 궁극적 통제"의 의미는 광범위하고 명확하지 않아 유럽인권협약 제64조 제1항에 규정된 "일반적 성격의 유보"(reservations of a general character)에 해당해서는 안 된다는 요건에 위반됨을 확인하였다. 스위스 정부가 인정한 바와 같이, 해석선언은 "관련 법률에 대한 간략한 설명"(a brief statement of the law concerned)을 동반하지 않았으며 정부가 제기한 해당 작업의 실체적 어려움이 결코 제64조 제2항의 비준수를 정당화하지 못하므로 결국 동 선언은 무효가 된다. 그러나 스위스는 선언의 유효 유무에 상관없이 계속해서 협약의 구속을 받으며, 당사국으로 간주된다. 이러한 판결은 무효인 유보는 마치 문제의 유보가 비준서나 가입서에 결코 첨부되지 않았던 것처럼 법적 효력이 없으며, 유보국은 계속해서 조약 전체의 구속을 받는다는 분리이론(doctrine of severability)을 채택한 것으로 설명된다.

또한, 유럽인권협약 제6조 제1항과 관련하여, 경찰당국에 소속되어 있는 경찰위원회는 "독립적이고 공평한 법원"이 아니며, 주 법원과 연방법원 역시 순수한 행정기관인 경찰위원회의 사실판정을 재검토할 수 없었으므로 "사법부의 궁극적 통제"를 충분히 제공하지 못하였고, 결국 제6조 제1항의 위반이 존재한다.

스위스는 1988년 4월 29일에 선언의 내용을 일부 개정하였다가 2000년 8월 29일에 자국의 유보와 선언을 모두 철회하였다.

〈참고〉

＊ 유럽인권협약 관련 조문

- 제6조 공정한 재판을 받을 권리(Right to a fair trial)

"1. 모든 사람은 자신의 민사상 권리와 의무에 대한 분쟁이나 자신에 대한 형사사건에 관한 결정에서, 법률로 설립한 독립적이고 공정한 법원에서 합리적인 시간 내에 공정하고 공개적인 심리를 받을 권리가 있다(everyone is entitled to a fair and public hearing within a reasonable time by an independent and impartial tribunal established by law). 판결은 공개적으로 선고되어야 하지만, 청소년의 이익이나 당사자의 사생활 보호가 필요한 경우 민주사회에서 도덕, 공공질서 또는 국가안보의 이익을 위해(in the interest of morals, public order or national security in a democratic society), 또는 그 공개가 사법의 이익을 훼손할 수 있는 특별한 상황에서 법원에 의해 엄격히 필요하다고 간주하는 범위까지, 언론과 대중은 재판의 전부 또는 일부에서 배제될 수 있다."

- 제41조 정당한 보상(Just satisfaction)

"재판소가 협약 또는 추가 의정서의 위반이 있다고 판결하거나, 관련 체약국의 국내법이 단지 부분적 보상만을 허용하는 경우, 재판소는 필요하다면, 피해 당사자에 정당한 보상을 제공하여야 한다."

- 제64조 유보(Reservations): 제14의정서에 의해 제57조로 개정

"1. 모든 국가는 이 협약에 서명하거나 비준서를 기탁할 때 그 영역에서 시행 중인 법률이 해당 조항과 합치하지 않는 범위에서 협약의 특정 조항에 대해 유보할 수 있다. 일반적 성격의 유보는 이 조항에 따라 허용되지 않는다.

2. 이 조항에 따라 이루어진 유보는 관련 법률에 대한 간략한 설명을 포함해야 한다."

＊ 개인청원(individual applications)에 관한 유럽인권위원회와 유럽인권재판소의 관계

- 1950년 유럽인권협약 제25조에 의해, 유럽인권위원회는 관할권 수락 선언을 한 체약국에 의해 협약상 권리를 침해당했다고 주장하는 개인, 비정부기구 또는 개인 집단의 청원(petitions)을

심사할 수 있었으며, 제44조에 의해 유럽인권재판소는 오직 체약국과 유럽인권위원회만이 부탁한 사건에 관해 재판할 권한을 가지고 있었다.

- 1994년 유럽인권위원회와 유럽인권재판소를 하나의 기구로 통합하는 제11의정서가 채택되고 1998년에 발효하면서 유럽인권위원회는 사라지게 되었고, 유럽인권재판소는 강제관할권(compulsory jurisdiction)을 가지며, 개인청원을 심사할 권한을 갖게 되었다.

※ 유럽인권협약 제6조 제1항에 관한 스위스의 해석선언

- 1974년 11월 28일의 해석선언

"스위스 연방이사회는 협약 제6조 제1항의 민사상 권리와 의무 또는 문제가 된 개인에 대한 형사사건에 관한 결정에서 공정한 재판을 받을 권리에 대한 보장이란 그러한 권리나 의무 또는 형사 혐의의 결정과 관련하여 공공당국의 행위나 결정에 대한 사법부의 궁극적 통제를 단지 보장하기 위한 것이라고 생각한다."(The Swiss Federal Council considers that the guarantee of fair trial in Article 6, paragraph 1 of the Convention, in the determination of civil rights and obligations or any criminal charge against the person in question is intended solely to ensure ultimate control by the judiciary over the acts or decisions of the public authorities relating to such rights or obligations or the determination of such a charge./ (불어본) Pour le Conseil fédéral suisse, la garantie d'un procès équitable figurant à l'article 6, paragraphe 1 (art. 6-1), de la Convention, en ce qui concerne soit les contestations portant sur des droits et obligations de caractère civil, soit le bien-fondé de toute accusation en matière pénale dirigée contre la personne en cause, vise uniquement à assurer un contrôle judiciaire final des actes ou décisions de l'autorité publique qui touchent à de tels droits ou obligations ou à l'examen du bien-fondé d'une telle accusation.)

- 1988년 4월 29일의 개정된 해석선언

"스위스 연방이사회는 협약 제6조 제1항의 민사상 권리와 의무에 관한 결정에서 공정한 재판을 받을 권리에 대한 보장이란 그러한 권리나 의무에 관한 공공당국의 행위나 결정에 대한 사법부의 궁극적 통제를 단지 보장하기 위한 것이라고 생각한다. 이 선언의 목적상 "사법부의 궁극적 통제"란 파기 통제와 같이 법의 적용에 국한된 사법부의 통제를 의미한다."(The Swiss Federal Council considers that the guarantee of fair trial in Article 6, paragraph 1, of the Convention in the determination of civil rights and obligations is intended solely to ensure ultimate control by the judiciary over the acts or decisions of the publicauthorities relating to such rights or obligations. For the purpose of the present declaration, "ultimate control by the judiciary" shall mean a control by the judiciary limited to the application of the law, such as a cassation control.)

제3장

국제법의 주체

1. Customs Régime between Germany and Austria(1931)
2. South West Africa Cases(1966)
3. Namibia Case(1971)
4. Texaco v. Libya(1978)

01 Customs Régime between Germany and Austria: Advisory Opinion (독-오 관세동맹 사건)

인용(Citation) PCIJ Ser. A/B, No. 41 (1931).

사실(Facts) 제1차 세계대전 이후, 승전국들은 독일의 규모와 권력을 제한하고 특히 오스트리아와 독일의 결합을 막고 싶어 하였다. 이러한 상황에서 1919년 9월 10일 생제르맹 평화조약(Treaty of Peace between the Allied and Associated Powers and Austria of 10 September 1919, 'Saint-Germain Peace Treaty')이 체결되었는데, 특히 제88조는 "오스트리아의 독립은 국제연맹 이사회(Council of the League of Nations)의 동의 없이는 양도될 수 없다. 결과적으로 오스트리아는 국제연맹 이사회의 동의가 없는 경우 오스트리아의 독립을 직간접적으로 혹은 어떠한 방식으로든 훼손할 수 있는 그 어떤 행위도 삼갈 것을 약속한다."고 규정하였다.

이와 비슷한 이유로 오스트리아가 독립을 위해 재정적 그리고 경제적 원조가 필요했을 당시인 1922년 10월 4일 제네바에서 영국, 프랑스, 이탈리아, 체코슬로바키아를 일방 당사자(이후 벨기에와 스페인도 가입)로 하고, 오스트리아를 타방 당사자로 하는 생제르맹 평화조약의 제1의정서가 채택되었다. 동 의정서에 의하면, 오스트리아는 생제르맹 평화조약 제88조의 조건에 따라 동 국가의 독립을 양도하지 않을 것을 약속하고, 이 독립을 훼손하기 위해 직간접적으로 계산된 어떠한 교섭(negotiations)이나 경제적 혹은 재정적 약정(economic or financial engagement)도 삼갈 것이라 하였다. 그러나 이 약속은 오스트리아가 생제르맹 평화조약의 조항에 따라, 관세 및 상업적 혹은 재정적 약정의 문제 및 동 국가의 경제체제 또는 통상 관계에 관한 모든 문제에서 자유를 유지하는 것을 막지는 않는다. 다만, 이것은 오스트리아가 이 독립을 위협하기 위해 계산된 특별체제(special regime)나 배타적 이익(exclusive advantages)을 어떠한 국가에 부여함으로써 자신의 경제적 독립을 훼손하지 않을 것을 조건으로 하였다.

그런데 1931년 3월 19일 비엔나에서 채택된 의정서에서, 독일과 오스트리아는 당면한 경제적 어려움을 타개하기 위하여 양국 간에 관세동맹(customs union)을 창설하기 위한 조약을 체결하기로 동의하였다. 이러한 계획은 즉각 프랑스, 이탈리아, 체코슬로바키아

등의 국가에 의해 비난을 받았으며, 이들 국가는 강력한 경제 및 재정적 조치로 대응하였고, 계속되는 국제적 반대에 부딪혀 독일과 오스트리아는 동년 9월 3일 관세동맹에 관한 계획을 포기하였다.

이런 가운데, 1931년 5월 19일 국제연맹 이사회는 오스트리아와 독일 간의 관세동맹 체제가 생제르맹 평화조약 제88조 및 1922년 10월 4일 제네바에서 서명한 제1의정서에 합치할 수 있는가의 문제에 관하여 상설국제사법재판소에 권고적 의견을 구하게 되었다.

법적 쟁점(Legal Issues)

1. 오스트리아와 독일 간의 관세동맹 체제는 생제르맹 평화조약 제88조에 합치되는가?
2. 오스트리아와 독일 간의 관세동맹 체제는 생제르맹 평화조약 제1의정서에 합치되는가?

판결(Decision) 1931년 9월 5일, PCIJ는 8대 7의 표결로 다음과 같이 권고적 의견을 제시하였다.

1. 양국 간 관세동맹 체제는 생제르망 평화조약 제88조에 합치된다.
2. 양국 간 관세동맹 체제는 생제르맹 평화조약 제1의정서에 합치되지 않는다.

판결 이유(Reasoning of the Court) 첫째, PCIJ는 생제르망 평화조약 제88조에 규정된 오스트리아의 약속에 대해 살펴보며, 다음과 같이 판단하였다. 오스트리아는 동 조약 제88조에 따라 이사회의 동의 없이는 독립을 양도하지 않을 의무가 있다. 제88조에 따른 오스트리아의 "독립"(independence)이란 경제, 정치, 재정 또는 기타 모든 문제에서 유일한 결정권을 가진 별개의 국가로서 현재 국경선 내에서 계속되는 존재를 의미하는 것으로 해석되어야 한다. 1931년 오스트리아-독일 의정서에 고안된 체제가 오스트리아의 독립을 양도하는 것이 아니라면 이사회의 동의는 필요하지 않지만, 반대의 경우라면 이사회의 동의가 필수적이다. 또한 "양도"(alienation)란 독립을 잃게 만들거나 다른 국가나 특정 집단의 국가에 주권이 종속되어 독립을 변경하는 오스트리아의 자발적인 행위를 의미한다. 또한, 생제르맹 평화조약의 서명국 역시 오스트리아 독립의 비양도성을 승인함에 따라 그들 자신도 양도행위에 관여하지 않을 의무가 있다. 오스트리아가 직간접적으로 그 독립을 침해하는 행위를 삼가야 한다는 것은 곧 독립을 양도하지 않을 의무를 준수해야 함을 의미하는 것이지만, 오스트리아가 삼가야 하는 행위가 반드시 엄격한 의미의 양도행위라고 보긴 어렵다. 또한 "오스트리아의 독립을 직간접적으로 혹은 어떠한 방식으로든 훼손할 수 있는 그 어떤 행위"란 "독립을 위협하기 위해 계산된 행위"라고 해석해야 하며, 이런 행위가 위험 그 자체와 같을 수는 없다. 독립을 훼손할 수 있는 행위의 한 예로서 다른 국가의 행위에 참여한다는 것 역시 양도행위에 비유될 수 없다. 결론적으로 독일과 오스트리아 간의 관세동맹 체제가 생제르맹 평화조약 제88조의 위반이라고 볼 수 없다.

둘째, PCIJ는 생제르맹 평화조약 제1의정서와 관련하여 다음과 같이 결정하였다. 제1의정서는 비록 선언의 형식을 취했지만, 오스트리아는 경제 분야에 있어서 특정 의무를 지게 되었다. 제1의정서상 의무가 생제르맹 평화조약 제88조에 따라 오스트리아가 부담하는 의무의 범위에 속한다는 것은 동 의정서에서 오스트리아의 제88조에 대한 명시적 혹은 묵시적 언급에서 알 수 있다. 이에 따라 제1의정서에서 말하는 "경제적 독립"(economic independence)은 제88조의 범위 내의 "경제적 분야에서의 오스트리아의 독립"을 의미하며, 경제적 독립의 위반은 결국 오스트리아 독립에 대한 위반으로 볼 수 있다. 따라서 오스트리아의 독립을 위협하는 특별체제(special regime)나 배타적 이익(exclusive advantages)의 부여는 오스트리아의 독립을 훼손하는 행위에 속한다고 볼 수 있다.

제1의정서는 생제르맹 조약의 서명국이 오스트리아 독립의 비양도성에 합치되지 않는 어떠한 행위에도 참여하지 않을 의무를 단순히 재확인한 것으로 간주되므로, 동 의정서는 생제르맹 평화조약 제88조의 단순 반복이라고 주장되었다. 그러나 제1의정서는 자신만의 가치를 갖는 의무를 구성하며 독립적인 적용성을 가진다. 동 의정서에 따라 오스트리아는 그 자체로 구속력이 있는 의무는 물론 경제적인 측면에서 특별한 의무를 진다. 즉, 독립을 양도하지 않을 의무뿐만 아니라 경제적 측면에서 볼 때, 직간접적으로 독립을 훼손할 계산으로 한 교섭이나 경제적 혹은 재정적 약정을 삼가야 할 의무, 더 정확히는 독립을 위협할 계산으로 다른 국가에 특별체제 또는 배타적 이익을 부여함으로써 경제적 독립을 훼손하지 않을 의무를 말한다. 오스트리아는 여전히 국경을 가지고 있는 하나의 국가로 존재하고, 당사국은 관련 조약을 폐기할 수 있다는 점에서 오스트리아는 자국의 독립을 행사할 가능성을 여전히 보유하므로, 이러한 체제의 구성이 그 자체로 오스트리아의 독립을 양도하는 행위를 구성하지 않는다고 볼 수도 있을 것이다. 또한, 오스트리아의 독립이 엄격히 말해 위험에 빠진 것도 아니므로 생제르맹 평화조약 제88조에 합치되지 않는 것도 아니다. 그러나 관세동맹 체제가 "특별체제"를 구성하며, 오스트리아가 제3국에는 주어지지 않은 이익을 독일에 제공한다는 것은 부인하기 어렵다. 결론적으로 제1의정서의 경제적 관점에서 독일과 오스트리아 간의 관세동맹 계획을 전체로서 고려해 볼 때, 이 체제는 오스트리아의 경제적 독립을 위협할 의도를 가진다. 따라서 문제의 관세동맹 계획은 1922년의 제네바 제1의정서에 합치되지 않는다.

〈참고〉

* 생제르망 평화조약의 당사국: 오스트리아, 프랑스, 영국, 이탈리아, 일본, 유고슬라비아, 기타 Allied Powers(벨기에, 중국, 쿠바, 체코슬로바키아, 그리스, 니카라과, 파나마, 폴란드, 포르투갈, 루마니아, 시암)
* Anzilotti 재판관의 별개의견: "통상의 국제법 또는 계약적 약정으로부터 발생하는 것인지를 불문하고, 국가의 자유에 대한 제한은 그 자체로 그 국가의 독립에 아무런 영향을 미치지 않는다. 이러한 제한이 그 국가를 다른 국가의 법적 권한 하에 두지 않는 한, 그 국가는 이러한 의무가 광범위하고 부담스럽다고 하더라도 여전히 한 개의 독립국가(independent State)로 남아 있다."

02 South West Africa Cases: Ethiopia v. South Africa; Liberia v. South Africa (서남아프리카 사건)

인용(Citation) ICJ Rep. p. 319 (1962) ; ICJ Rep. p. 6 (1966).

사실(Facts) 1950년, 1955년과 1956년에 국제사법재판소는 UN총회의 신청으로 서남아프리카(현재, 나미비아)에 대한 남아프리카공화국('남아공')의 위임통치국으로서의 의무와 관련하여 3개의 권고적 의견을 제시하였는데, 이들 권고적 의견은 위임통치가 여전히 유효함을 확인해 주었다. 이러한 위임통치는 제1차 세계대전 이후 독일의 식민지에 대해 승전국이 도입한 제도로서 국제연맹규약 제22조를 통해 규율되었는데, 위임통치국의 이사회에 대한 연례보고서 제출 의무와 상설위원회의 해당 보고서 심사 의무 등이 규정되었다. 남아공은 서남아프리카에 인종차별 정책을 시행하며 연례보고서를 제출하지 않았으며, 국제연합의 탄생 이후에는 서남아프리카를 자국 영토로 다루는 등 위임통치국의 의무를 준수하지 않았다.

1960년 11월 4일, 국제연맹의 前회원국인 에티오피아와 라이베리아는 서남아프리카에 대한 국제연맹 위임통치의 지속적인 존재 및 위임통치국인 남아공의 의무 및 행위(the continued existence of the League of Nations Mandate for South West Africa and the duties and performance of South Africa as Mandatory Power)와 관련하여 국제사법재판소에 남아공을 상대로 각각 소송을 제기하였다. 에티오피아와 라이베리아는 ICJ에 서남아프리카가 여전히 위임통치의 대상이고, 남아공은 위임통치에 따른 의무를 위반하였으며, 위임통치와 그 권한은 UN의 감독 대상임을 밝혀 주도록 요청하였다. 1961년 5월 20일, ICJ는 에티오피아와 라이베리아가 동일한 소의 이익을 가지므로, 두 개의 소송을 병합한다는 명령을 내렸다.

1961년 11월 30일, 남아공은 ICJ의 관할권에 대해 선결적 항변(preliminary objections)을 제기하였다.

법적 쟁점(Legal Issues) 에티오피아와 라이베리아는 자신의 청구와 관련하여 법적 권리나 이익을 가지는가?

판결(Decision) 1962년 12월 21일, ICJ는 8대 7의 표결로 선결적 항변을 기각하는 판결을 내렸다.

1966년 7월 18일 판결에서 ICJ는 7대 7의 표결이 나오자, ICJ 소장의 결정투표(casting vote)로 다음과 같이 본안 판결을 내렸다.

- 에티오피아와 라이베리아는 본 청구의 대상과 관련하여 어떠한 법적 권리나 이익(legal right or interest regarding the subject matter of their claims)을 가진 것으로 볼 수 없으므로 해당 청구는 기각한다.

판결 이유(Reasoning of the Court) 선결적 항변에 관한 판결에서, ICJ는 먼저 '분쟁'(dispute)이 존재하는지의 문제를 다루었는데, 한 당사국의 주장이 다른 당사국에 의해 적극적으로 반대됨이 입증될 때 분쟁이 존재한다고 판단하며, 이는 본 사건에서 명확히 드러난다고 결정하였다. 또한, ICJ는 국제연맹의 해체를 이유로 서남아프리카에 대한 위임통치령(Mandate for South West Africa)이 무효라는 항변에 대해, 해당 위임통치령은 결의의 형식이긴 하지만 (용어와 상관없이) 국제연맹과 남아공 간의 조약의 성격을 갖는 국제협정으로 간주되며, 현재에도 유효하다고 판단하였다.

국제연맹의 모든 회원국이 회원자격과 관련 권리를 상실하여 에티오피아와 라이베리아를 포함한 그 어떤 국가도 위임통치령 제7조의 "국제연맹의 다른 회원국"에 해당하지 않으며, 따라서 "원고적격"(*locus standi*)이 없다는 항변에 관해, ICJ는 위임통치는 국제연맹의 기관과 회원의 감독하에 위임통치국에 맡겨진 "문명국의 신성한 신탁"(a sacred trust of civilisation)이며 제7조는 신성한 신탁을 위한 사법적 보호의 본질적 규정임을 강조하고, 1946년 4월 18일 UN총회에서 위임통치에 따른 의무의 계속을 보장하기 위해 결의를 채택할 당시 회원국의 진정한 의도와 목적을 고려해 볼 때, 항변을 인정할 수 없다고 결정하였다.

또한, 위임통치령 제7조를 근거로 남아공에 대해 소송을 제기할 수 없다는 항변에 관해, ICJ는 국제연맹과 상설국제사법재판소가 그 활동을 종료하였지만, 남아공의 강제관할권 준수 의무는 현재 ICJ로 이전되었으며 위임통치령 제7조에 규정된 "여하한 분쟁"(any dispute whatever)은 그 범위가 넓고 분명하며 정확한 것으로, 위임통치령 조항의 전체 또는 일부와 관련된 모든 분쟁을 의미하므로 현재의 분쟁은 제7조의 범위에 속한다고 결정하였다.

마지막으로 관련 분쟁 해결을 위해 제7조에 규정된 "교섭"(negotiation)이 없었다는 항변에 관해, ICJ는 과거 집단적 교섭 중 교착 상태에 빠졌으며 당사국의 서면진술서와 구두 변론 모두 이러한 교착 상태의 지속을 분명히 확인하였다는 사실로 미루어 볼 때, 추가적 교섭이 분쟁 해결로 이어질 것이라는 어떠한 합리적 가능성도 존재하지 않는다며 항변을 기각하였다. 이처럼 ICJ는 남아공의 모든 선결적 항변을 부인하고, 본 사건의 본안을 판단할 관할권이 있다고 판결하며 본안 심리에 들어갔다.

ICJ는 에티오피아와 라이베리아의 청구에 관한 구체적 판결에 앞서, 선결적 문제로서 위임통치가 여전히 존재하는지와 에티오피아와 라이베리아의 원고적격, 즉 그들의 청구의 대상에 관한 법적 권리나 이익의 문제에 대해 검토해야 한다고 판단하였다.

위임통치령 관련 문건에 비추어 보고 위임통치 제도가 기능하던 연맹의 구조를 고려해 볼 때, 심지어 연맹 시절이나 연맹이 존재하였던 때의 회원국으로서도 에티오피아와 라이베리아는 국가로서의 개별적 자격으로 별개의 자기완비적 권리(separate self-contained rights)를 가지지 못한다. 즉, 에티오피아와 라이베리아는 집단적, 제도적 활동의 추구에서 "신성한 신탁"(sacred trust)을 이행하는 위임통치의 정당한 수행을 요구하는 연맹의 권리와 독립적으로 또는 추가로 자기완비적 권리를 주장할 수 없다. 이러한 권리는 배타적으로 국제연맹에 귀속되며, 권한 있는 기관을 통해 행사될 수 있다. 그리고 "모든 문명국가"(all civilized nations)는 "신성한 신탁"에 대한 이익을 가지지만, 그러한 이익이 특정한 법적 성격을 갖기 위해서는 "신성한 신탁" 자체가 "도덕적 또는 인도주의적 이상"(moral or humanitarian ideal) 그 이상이어야 한다. 즉 법적 형식을 갖추어야 하는데, 이를 만족하지 못하였다.

또한, 1962년 판결은 에티오피아와 라이베리아가 위임통치령의 관할권 조항을 원용할 권한을 가진다고 결정한 것이며, 에티오피아와 라이베리아가 ICJ에 청구를 제기할 권한과 관련하여 원용한 조항의 실행에 있어 권리나 이익이 있는지의 문제는 본안에서 다루도록 남겨졌다면서, 1962년 판결과 1966년 판결 간에 모순은 존재하지 않는다고 보았다.

ICJ는 에티오피아와 라이베리아의 원고적격이 인정되지 않는다고 판결함으로써, 위임통치가 여전히 유효한지는 판단하지 않았다.

그러나 ICJ의 언급에도 불구하고, 1962년 선결적 항변에 관한 판결에서 부인했던 항변을 다시 지지한다고 결정하며, 따라서 본안으로 나아갈 수 없다고 보았다. 이는 분명 그 사이에 ICJ 재판관의 구성 변경과 관련이 있어 보인다. 본안에서의 기각 판결은 ICJ의 명성과 신뢰성에 심각한 영향을 미쳤는데, 특히 개도국에 그러하였다. 이후 ICJ 재판관은 탈식민지화와 함께, 더 넓은 세계의 대표들로 구성되면서 본 사건과 대조적으로 1970년 *Barcelona Traction* 사건에서 "대세적 의무"와 같은 주목할만한 의견이 제시되었다.

한편, 판결이 있은 지 3개월 후인 1966년 10월 27일 UN총회는 결의 2145를 통해 남아공의 위임통치 의무 비준수를 이유로 해당 지역의 위임통치가 종료되었음을 선언하였다. UN은 나미비아를 위한 국제적 통치(international administration for Namibia)를 확립하였으나, 남아공은 협조를 거부하였다. 이는 추후 1971년 *Namibia* 사건의 배경이 되었다.

〈참고〉

※ 국제연맹규약 제22조

- 제1항: To those colonies and territories which as a consequence of the late war have ceased to be under the sovereignty of the States which formerly governed them and which are inhabited by peoples not yet able to stand by themselves under the strenuous conditions of the modern world, there should be applied the principle that the well-being and development of such peoples form a sacred trust of civilisation and that securities for the performance of this trust should be embodied in this Covenant.
- 제2항: The best method of giving practical effect to this principle is that the tutelage of such peoples should be entrusted to advanced nations who by reason of their resources, their experience or their geographical position can best undertake this responsibility, and who are willing to accept it, and that this tutelage should be exercised by them as Mandatories on behalf of the League.
- 제6항: There are territories, such as South-West Africa and certain of the South Pacific Islands, which, owing to the sparseness of their population, or their small size, or their remoteness from the centres of civilisation, or their geographical contiguity to the territory of the Mandatory, and other circumstances, can be best administered under the laws of the Mandatory as integral portions of its territory, subject to the safeguards above mentioned in the interests of the indigenous population.
- 제7항: In every case of mandate, the Mandatory shall render to the Council an annual report in reference to the territory committed to its charge.
- 제9항: A permanent Commission shall be constituted to receive and examine the annual reports of the Mandatories and to advise the Council on all matters relating to the observance of the mandates.

※ 위임통치령 제7조 제2항: "The Mandatory agrees that, if any dispute whatever should arise between the Mandatory and another Member of the League of Nations relating to the interpretation or the application of the provisions of the Mandate, such dispute, if it cannot be settled by negotiation, shall be submitted to the Permanent Court of International Justice provided for by Article 14 of the Covenant of the League of Nations."(위임통치국은 위임통치령 조항의 해석 또는 적용과 관련하여 위임통치국과 국제연맹의 다른 회원국 사이에 여하한 분쟁이 발생하는 경우, 교섭으로 해결되지 않는다면 해당 분쟁을 국제연맹규약 제14조에 규정된 상설국제사법재판소에 제기할 것에 동의한다.)

03 Namibia Case: Advisory Opinion (나미비아 사건)[3]

인용(Citation) ICJ Rep. p. 16 (1971).

사실(Facts) 1969년 UN총회는 남아프리카공화국의 Namibia(South West Africa)에 대한 위임통치령이 종료되었다는 결의를 채택하였다. 하지만 이 결의에도 불구하고 남아프리카공화국이 이 결의를 무시하고 그 영토에 대한 지배를 종료하지 않았고, 다시 이 사태는 안보리에 회부되어 안보리가 총회결의를 재확인하고 남아프리카공화국의 계속적인 Namibia 지배는 불법이며, 따라서 위임통치령이 종료된 후 Namibia에 대해 남아프리카공화국이 행한 조치는 불법이며 무효라고 선언하였다.

남아프리카공화국은 자국의 입장을 고수하였고, 1967년 UN총회가 설립한 UN Namibia 위원회가 나미비아 주민들에게 여행서류와 신분증을 교부하는 것에 협조하지 않았다. 이에 안보리는 이 문제에 대해 ICJ에 권고적 의견을 부탁하였다.

법적 쟁점(Legal Issues) 안보리의 결의에도 불구하고 남아프리카공화국이 Namibia를 계속 지배하고 있는 것에 대한 안보리 결의의 법적 효과는 무엇인가?

판결(Decision) (i) 남아프리카공화국의 계속적인 Namibia 지배는 불법이다. 남아프리카공화국은 행정기구를 즉각 철수하고, 영토점령을 종식시킬 의무가 있다. (ii) UN회원국은 남아프리카공화국의 불법성을 인정하고 남아프리카공화국과의 어떠한 거래도 자제할 의무가 있다. (iii) UN비회원국은 위 (ii)의 범위 내에서 UN이 취하는 조치에 협조하여야 한다.

판결 이유(Reasoning of the Court) 권고적 의견에서 ICJ는 위임통치령이 효력을 상실하지 않았으며, 위임통치자의 동의 없이 위임통치령이 종료될 수 없다는 남아프리카공화국의 주장에 반대하였다. UN총회는 1966년 결의에서, 남아프리카공화국이 위임통치령에 대한 통치의무이행과 서남아프리카 주민의 도덕적이고 실질적인 복지와 안전을 보장하지

3 Legal Consequences for States of the Continued Presence of South Africa in Namibia (South West Africa) notwithstanding Security Council Resolution 276 (1970).

못하였고, 사실상 위임통치령을 부정한 것이라고 선언하면서 위임통치령은 종료되었다고 결론지었다. 이러한 총회결의를 심사함에 있어 재판소는 조약 위반으로 인한 조약 관계의 종료를 규율하는 국제법의 일반원칙을 고려하여야 한다고 하였다. 왜냐하면 위임통치령은 국제협정으로서의 성격을 갖기 때문이다.

조약법에 관한 비엔나협약에서의 조약 위반으로 인한 조약 종료에 관한 규정은 여러 가지 점에서 기존의 관습법을 성문화한 것으로 볼 수 있다. 이 규정에 의하면 실질적인 위반만이 종료 사유로 인용될 수 있고, 그러한 실질적인 위반으로 (a) 이 협약에 의하여 용인되지 아니하는 조약의 이행거부, 또는 (b) 조약의 대상과 목적 달성에 필수적인 규정의 위반을 들고 있다. 총회결의 2145(XXI)는 위 규정의 두 가지 실질적 위반이 이 사건에서 있었다고 결정하였고, 또한 남아프리카공화국은 사실상 위임통치령을 무시함으로써 조약의 이행을 거부하였고, 위임통치 관계의 대상과 목적을 파괴하는 지속적이고 고의적인 의무 위반이 있었다고 지적하였다.

한편 국제연맹규약이 위임통치국의 잘못으로 인한 위임통치령 종료권을 국제연맹 이사회에 부여하지 않았으므로 UN은 그러한 권한을 행사할 수 없다는 주장에 대하여, 인도적인 조약을 제외한 모든 조약의 위반은 조약종료권이 인정되며 그러한 명시적 규정이 없다고 해서 조약종료권이 배제된다고 해석할 수 없다고 결정하였다.

또한, 극단적인 경우 국제연맹 이사회가 위임통치령 종료권을 가지고 있다고 하더라도 그것은 일방적으로 행사될 수 없고 위임통치국과 협조하여 행사해야 한다는 주장에 대하여는, 조약 종료는 위임통치국의 중대한 의무 위반의 경우에 인정되는 것인데 그러한 국가가 조약 종료에 동의할 리 없으므로 그러한 주장은 불가능하다고 판결하였다.

04 Texaco v. Libya[4]

인용(Citation) 17 ILM 1 (1978).

4 Texaco Overseas Petroleum Co. and California Asiatic Oil Co. v. The Libyan Arab Republic.

사실(Facts) 1973년과 1974년에 리비아는 (본국에 소재한) 2개의 외국 석유회사(Texaco와 California Asiatic 석유회사)의 권리, 이권과 재산 전부를 국유화하기 위한 법령을 공포하였다. 이에 두 회사는 리비아 정부의 행위는 리비아 정부와 해당 회사 간에 체결했던 양허계약에 위반되는 것이라고 주장하였다.

양허계약의 중재 조항에 따라, 두 회사는 국제사법재판소장에게 단독 중재재판관의 선임을 요청하였다. 리비아 정부는 이러한 요청에 반대하며, 국제사법재판소장에게 국유화는 주권의 행사이기 때문에 본 분쟁이 중재 대상이 될 수 없다고 주장하는 의견서를 제출하였다.

리비아 정부의 의견서를 검토한 후, 재판소장은 Rene-Jean Dupuy 교수를 단독 중재재판관으로 임명하였다. 리비아는 계속되는 심리 과정에 참여하지 않으면서, 1962년 UN의 '천연자원에 대한 영구주권결의'를 근거로 하여 천연자원의 국유화에 대한 주권적 권리의 인정과 국유화와 관련된 분쟁의 관련 국내법에 따른 해결방침을 주장하였다.

법적 쟁점(Legal Issues) 국가의 국유화법령과 국제의무

판결(Decision) 1977년 1월 19일, 단독 중재재판관은 회사측에 유리한 중재판정을 내렸다. 즉 양허계약 행위는 당사자를 구속하는 것으로서, 리비아 정부의 국유화법령의 제정행위는 양허계약상의 의무를 위반한 것이므로 리비아 정부는 양허행위에 온전한 권한과 효력을 부여할 의무가 있다고 판정하였다.

판결 이유(Reasoning of the Court) 중재재판관은 "모든 국가는 자국 영역 내에 소재하는 모든 재산과 천연자원에 대하여 이들의 국유화 조치를 포함한 영구적 주권을 향유하며, 만약 국유화 조치나 혹은 그런 조치로 인한 결과에 대하여 분쟁이 발생하는 경우, 이는 해당국의 국내법에 의하여 해결되어야 한다"는 요지의 UN 결의문(즉, UN총회가 1962년 12월 14일자로 채택한 결의문 1803(XVII) "자연재산과 자원의 영구적 주권에 관한 결의문"(U.N. Resolution on Permanent Sovereignty over Natural Wealth and Resources))은 모든 국가가 자국 내의 천연자원에 대하여 주권적 권리를 행사할 고유한 권한(inalieable right)을 가진다는 원칙과 그런 주권적 권리가 국제법 및 형평원칙 · 국제협력 원칙과 조화되어야 된다는 두 원칙 간의 균형을 확인한 것이라고 하였다. UN의 결의문이 법적 가치를 갖는

것은 사실이지만, 그 가치는 해당 결의문의 형식과 채택과정에서의 조건에 따라 다르다고 해석하였다.

본 사건에서의 양허계약의 구속력은 계약에 적용될 법에 기초한다고 보았다. 본 사건의 경우 계약 제28조에 기초하여 우선적으로 국제법과 일치하는 리비아 국내법에 의하여 판단되어야 하며, 그러한 일치가 존재하지 않는 경우에는 법의 일반원칙에 따라 해석하여야 할 것이라고 함으로써, 해당 양허계약이 특정 조항에 따라 직접 국제법에 의해 규율되게 되는 경우에는 해당 국가라 할지라도 국유화조치에 의해 계약을 일방적으로 파기할 수 없다고 판단하였다.

제4장

국제법과 국내법의 관계

1. United States v. Smith(1820)
2. The Alabama Claims(1872)
3. Mortensen v. Peters(1906)
4. Asakura v. City of Seattle(1924)

01 United States v. Smith

인용(Citation) 18 U.S. (5 Wheat.) 153, 5 L.Ed. 57 (1820).

사실(Facts) 1819년 3월에 (그 당시 스페인과 식민지 전쟁 중이었던 Buenos Aires 정부의 허가(commission)를 받은) Crello호라는 私무장상선의 승무원이었던 Thomas Smith와 몇몇이 선상 반란을 일으키고 선장 등 선박의 간부들을 감금한 후에 그 선박에서 이탈하였다. 그리고 나서 이들은 Margaritta 항구에 정박 중이던 또 다른 私무장상선인 (그 당시 역시 스페인과 전쟁 중이던 Artigas 정부의 허가를 받은) Irresistible호를 강탈하였다. 또한, 이들은 선원들을 자체적으로 임명하고 항해 관련 문서나 어떠한 허가도 부여받지 않은 상태로 항해를 진행하였다. 그들이 1819년 4월에 공해에서 스페인 선박을 약탈하였고, 이들의 해당 행위는 해적행위로서 기소되게 되었다. 만약에 그들의 약탈행위(plunder)와 강도행위(robbery)가 '미국의 상업을 보호하고 해적행위를 처벌하기 위한 법'(An Act to protect the commerce of the United States, and punish the crime of piracy)에 의해 해적행위에 해당하는 경우에는, Smith와 그 일당들은 유죄가 될 것이지만, 만약 그들의 행위가 위 법상 '해적행위'로 간주될 수 없다면 무죄로 선고될 것이었다.

이에 대하여 2심 법원(Circuit Court)은 문제를 두 가지로 나누어 검토하였는데, 첫 번째는 이들의 해당 행위가 국내법인 1819년 3월 3일자 연방의회법에 의해 정의된 대로의 해적행위라고 볼 수 있는 것인가와 두 번째는 해적죄라는 것이 합리적으로 명확하게 국내법에 의해 정의될 수 있는 것인가였다. 첫 번째의 논점에 관해서, 변호인단은 특히 제정법률은 "(미 연방의회는) 공해상에서의 해적행위나 혹은 국제법에 위반되는 중죄를 정의하고 처벌할 권한을 갖는다."라고 규정하는바, 의회가 (그리고 의회만이) '해적행위'에 대해 정의할 권한을 갖는다고 할 것인데, 그럼에도 불구하고 의회는 이를 정의한 적이 없으며 또한 의회는 그러한 개념 정의를 사법적 해석에 의하도록 방치해서도 안된다고 하였다. 따라서 법원은 입법권자인 의회가 해적행위를 정의하지 않은 상황에서 그들을 해적행위자로 판단할 수 없으며, 사법적인 해석에 기인한 재판은 부적법한 것으로 위헌이라고 하였다. 이러한 쟁점에 대하여 해당 2심 법원은 합의를 내리지 못하였으며, 결국 이 사건은 연방대법원에 이송되었다.

법적 쟁점(Legal Issues) 해적행위와 국내법상의 정의규정의 부재

판결(Decision) 연방대법원은 해적행위는 국제법에 의하여 정의된 것이긴 하지만, 그렇다 하더라도 해적행위의 경우에는 국내법인 1819년 연방의회법에 규정된 대로 처벌이 가능하다고 판결하였다.

판결 이유(Reasoning of the Court) 살인행위나 약탈행위에 관한 명확하고 구체적인 정의를 요구하는 것은 무한한 논쟁을 야기할 수 있다. 의회는 '해적행위'를 정의하는 데 있어서 다양한 접근 방법을 택할 수 있다. 예를 들어, 그런 행위에 해당될 수 있는 구성요건을 정의하거나 해적행위에 대한 기존의 의미를 수용하거나 혹은 의회가 이전에 제정한 법률을 기준으로 그에 내포된 의미에 따라 정의하는 등의 방법들이 있을 수 있다.

연방의회의 1790년 제정법률은 "누구든지 공해에서 강도나 살인하는 자는 해적으로 간주될 것이다"(any person who shall commit the crime of robbery, or murder, on the high seas, shall be deemed a pirate)라고 규정하고 있는데, 이는 대륙법체계 하에서 요구되는 범죄행위의 구성요건을 명시적으로 열거한 것에 불과하다. 살인행위의 필수요건으로 '살의'(malice aforethought)의 존재 여부가 범죄성의 핵심이라고 할 수 있는데, 이에 대한 정의와 입증과 관련해서도 논쟁이 끝이 없음을 주지할 수 있으므로, 이러한 접근 방법은 적당하지 않다.

'해적행위'에 대한 국제법상의 정의에 대해 살펴보면, 비록 저자에 따라서 해적행위에 대한 정의가 세부적으로는 다를 수 있어도, 거의 예외 없이 해양법학자들을 포함한 모든 학자는 해적행위란 "해상에서의 불법적 폭력행위, 억류 또는 약탈행위"라고 정의하고 있다. 대륙법체계에서도 해적행위는 (자국의 국내법 위반행위가 아닌) 국제법 위반행위로 간주하여 처벌하고 있다. 그뿐만 아니라 국제관행으로도 모든 국가는 자국민, 외국인을 불문하고 그런 행위자를 (자국의 국내법 위반행위가 아닌) 국제법 위반행위로 인정, 처벌하고 있다.

02 The Alabama Claims: United States v. Great Britain (알라바마호 사건)

인용(Citation) 29 RIAA 125 (1872).

사실(Facts) 미국 남북전쟁 당시 북군은 남군에 대한 전쟁물자나 전함 등의 조달을 어렵게 하기 위해 항구를 봉쇄하였다. 그리하여 남군(Confederates)은 중립국으로부터 전쟁물자 등을 조달하게 되었다. 당시 영국은 남군을 교전단체로 승인하고 있었으므로 영국 중립법(neutrality law)의 규정을 교묘히 회피하여 남군은 영국에 개인 명의로 선박을 주문 · 건조하였다. 이렇게 주문 · 건조된 선박들이 영국의 영해 밖에서 전함으로 변경되곤 하자, 북군은 그러한 영국의 선박 건조에 대해 경고성 주의를 표명하곤 하였다.

1862년 5월 15일 '290호'라는 선박이 진수되어 영국의 영해를 떠나 Azores(포르투갈 앞바다의 Terceria섬 근처의 포르투갈령 군도)수역에서 다른 영국 선박 2척의 도움으로 Alabama라는 남군의 전함이 변조되었다. 그 후 Alabama호는 영국령의 항구를 넘나들면서 승무원, 무기, 물자 등을 공급받아 2년여 동안에 북군의 상선 70여 척을 세계 곳곳의 바다에서 파손시켜 북군의 해상업에 큰 타격을 주었지만, 1864년 6월 19일 북군의 전함 Kearsarge호에 의해 Chembourg 수역에서 격침되었다. 알라바마호 이외에도 유사한 경우에 해당되는 것으로 플로리다호, 조지아호, 래마한녹호, 쉐난도아호 등이 있었고, 이들 선박은 모두 영국에서 건조된 것들이었다. 이들은 150여 척 이상의 북군 선박을 침몰시켰다.

전쟁 종결 후 미국은 당시의 피해에 대해 영국에 배상을 청구하였고, 이를 위하여 미 · 영을 포함한 스위스, 이탈리아, 브라질 등 5개국의 대표에 의한 중재재판소가 구성되었다. 상원의 대외관계위원회 위원장인 Charles Sumner 의원은 영국의 남군에 대한 원조행위는 남북전쟁을 장기화시켰고, 간접적으로 미국에 수십억 달러(Sumner 의원이 제시한 액수는 212,500만 달러)를 지불하게 만들었다고 주장하였다.

법적 쟁점(Legal Issues) 자국의 국내법 미비를 이유로 국제적 의무를 변경하는 것이 가능한가?

판결(Decision) 중재재판소는 1871년 5월 8일자 워싱턴 조약 제4조에 규정된 '해전에서의 중립의무'를 영국이 게을리하였다는 이유로 미국에 1,550만 달러를 지불하도록 판정하였다.

판결 이유(Reasoning of the Court) 외교적 마찰이 있은 지 몇 년 후, 1871년 초에 워싱턴 D.C.의 합동고위간부모임에서 해결을 위한 기초 작업이 이루어졌다. 영국 정부는 영국의 상선건조행위가 남군의 상선파괴 작전에 기여한 데 대해 유감을 표명하였고, 1871년 5월 워싱턴 조약(Treaty of Washington)에 따라 미국의 보상 청구에 관한 중재위원회를 설치하였다. 한편, 이 조약은 영미 간의 경계획정 분쟁과 어업권에 대해서도 다루고 있었다. 1872년 9월 중재위원회는 간접적 손해에 대한 미국의 청구는 각하하고, 알라바마 사건에 대한 보상 차원에서 영국이 미국에 1,550만 달러를 지불하도록 명령한다는 내용의 결정을 내렸다.

이 사건에서 영국은 비록 자국 영역에서 미국 남군과의 계약 하에 문제의 선박을 건조하였고, 또 이 선박이 미국의 남북전쟁에서 남군에 의하여 사용된다는 것을 인지하고는 있었으나, 그 선박이 당시 중립국이었던 영국의 항구를 떠날 때는 비무장 선박이었고, 특히 영국 국내법상 그러한 선박 건조를 금지할 법률이 없었으므로 이를 막을 수 없었다는 항변을 제기하였다. 하지만 중재재판소는 이를 받아들이지 않았고, 도리어 "국내법의 미비로 인하여 적절한 조치가 불가능했다는 영국의 주장은 합당하지 않다"고 판시하면서 "중립국으로서의… 국내법 미비 사유로 중립의무 위반을 정당화할 수 없다"는 취지의 판정을 내렸다.

03 Mortensen v. Peters

인용(Citation) 14 Scots LTR 227, High Court of Justiciary, Scotland (1906).

사실(Facts) 노르웨이 선박의 선장인 덴마크인 Mortensen은 스코틀랜드 연안인 Moray Firth에서 3해리 밖의 지역에서 저인망 어업행위를 한 것이 스코틀랜드법('트롤망'식 어업을 규제하는 법률: Sea Fisheries Act and Herring Fisheries Act)에 위반되었다는 이유로 소추되어 유죄 판결을 받게 되었다.

이에 Mortensen은 법원이 근거로 하는 법률 및 조례는 영국 국민이나 영국 영역 내의 사람에게만 적용되는 것이므로, 덴마크 국민인 자신은 분명한 외국인임과 동시에 그가 조업하였던 지점은 국제법상 영국의 영역이 아닌 곳(당시 국제관습법상 영해는 3해리)인바, 동 법률은 영국 영토 밖의 외국인에게 적용되어서는 안 된다고 주장하였다.

법적 쟁점(Legal Issues)

(i) 이 법은 영국 국민에 한하여 적용되며, Mortensen 자신은 덴마크 국민이므로 적용될 수 없다는 것

(ii) 문제의 수역은 국제법상 영국 영역 밖의 수역이므로 영국법이 적용될 수 없다는 것

(iii) 영국법원은 국제법에 위반되는 국내법의 구속을 받지 않는다는 것

판결(Decision) 스코틀랜드 최고 형사법원(High Court of Judiciary of Scotland)은 만장일치로 위 주장에 대하여 부정적 입장을 판시하였다.

판결 이유(Reasoning of the Court)

(i) 문제의 법은 영국 국민에 한하여 적용되어야 하므로 덴마크 국민에게는 적용될 수 없다는 주장에 대해서는, "it shall not be lawful", "every person who… " 등의 법 규정상 이 법의 입법취지는 국적 여하를 불문하고 모든 사람에게 적용하기 위한 것이라고 할 것이고, 또한 그 법이 오로지 영국인에게만 적용된다면 입법목적 달성이 불가능하므로 모든 사람에게 적용된다고 하였다.

(ii) 문제의 수역은 국제법상 영국 영역 밖의 수역이므로 영국법이 적용될 수 없다는 점에 대해서는, 그럼에도 불구하고 이런 유형의 법의 유효성을 인정한 선례가 많다고 하였다.

(iii) 특히 영국 법원은 국제법에 위반되는 국내법의 구속을 받을 수 없다는 점에 대해서는, "우리의 입장에서 볼 때, 상원과 하원에서 적법하게 통과되고 왕의 재가를 얻은 의회법률은 최고법으로서 이 법에 유효성을 인정해야 하는 의무를 갖는다"라고 하면서 Mortensen의 항변을 받아들이지 않았다.

영국의 종래 판례법에 의하면, 국제법이 국내법과 충돌하는 경우에 영국법원은 의회제

정법 및 판례법이 국제법보다 우선적으로 효력을 갖는다고 하였다. 즉 영국의 국내법이 국제법에 저촉된다 하더라도 그 성립 전후를 불문하고 국내법이 우선적으로 적용된다고 한 것이다. 다만, 법원은 가급적 두 법이 충돌되지 않도록 해석하며, 의회가 법 제정시 국제법에 반하는 내용의 법규를 제정하려는 의사가 없었던 것으로 간주하여 양법이 그 내용상 충돌될 가능성을 배제 혹은 완화시키고 있다.

04 Asakura v. City of Seattle

인용(Citation) 265 U.S. 332, 44 S.Ct. 515, 68 L.Ed. 1041 (1924).

사실(Facts) Asakura는 일본 국민으로서 1904년 이후 미국의 Washignton주의 Seattle시에 거주하며 1915년 7월부터 전당포업(pawnbroker)을 경영해 왔다. 그런데 Seatttle시 당국은 1921년 7월 2일자로 기존의 전당포업 관련 조례(Ordinance)를 폐지하고 새로운 조례를 공포하였다. 이 신조례에 의하면 전당포업자는 면허(licence)를 취득할 것을 조건으로 하면서, 면허 대상자를 미국 시민으로 한정하고 있었다. 그리고 이를 위반한 경우에는 벌금 또는 징역, 이 두 가지 형의 병과를 규정하였다.

원고는 Washington주 법원에 이 조례의 집행정지청구 소송을 제기하였는데, 이 조례가 1911년 4월 5일자 미국 · 일본의 조약과 Washington주의 헌법, 미국 수정헌법 제14조의 "적법절차"(due process)와 "평등권"(equal protection) 규정을 위반하였다고 주장하였다.

Washington주 고등법원은 원고의 사유를 인정하였으나, 그 주의 대법원은 이를 파기하고 위 조례의 적법성을 인정하였다. 이에 대하여 Asakura는 오심영장(Writ of Error)을 이유로 연방대법원에 상고하였다.

법적 쟁점(Legal Issues) 워싱턴주 조례의 조약 위반 여부

판결(Decision) 대법원은 문제의 워싱턴주 조례가 미국과 일본 사이에 체결된 조약에 위반된다고 판결하였다.

판결 이유(Reasoning of the Court) 연방대법원은 문제의 조례가 조약에 위반되는가에 대해서, 우선 미 · 일 조약에 "양국 상호 간에는 상대방의 국민이나 그 국가의 지배를 받는 자들(subjects)이 타방 당사국에 자유로이 입국 · 거주 · 여행할 수 있고, 도 · 소매영업을 할 수 있으며, 주택 · 제조소 · 창고 · 상점을 점유할 수 있으며, 임의로 대리인을 고용할 수 있고, 주택이나 상업적 목적을 위하여 토지를 임대할 수 있으며, 영업하는데 필요한 모든 행위를 일반적으로 미국 시민과 동일한 조건 하에서 이행할 수 있다"고 규정되어 있음을 언급하였다.

또한, 연방대법원은 이 조약이 미국의 "최고법"(supreme law of the land)의 일부로서 Washington주를 구속하며, 이 조약상의 의무는 Washington주가 임의로 변경시킬 수 없다고 하면서, 문제의 조례는 조약상의 평등한 기회(equal opportunity)에 관한 규정을 위반한 것이라고 판시하였다.

문제된 조례의 목적은 전당포업을 규율하기 위한 것이며, 금지가 아님에도 불구하고 이 조례는 외국인들이 전당포업에 종사하는 것을 불가능하게 하고 있으며, 이를 정당하게 하는 다른 어떠한 주법도 존재하지 않는다고 판단하였다.

제5장

승인

1. A.M. Luther v. James Sagor & Co.(1921)
2. Tinoco Claims Arbitration(1923)
3. Republic of China v. Merchants' Fire Assurance Corporation of New York(1929)
4. The Spanish (Republican) Government v. Felipe Campuzano(1938)
5. Haile Selassie v. Cable and Wireless, Ltd.(1938)
6. Kosovo's Unilateral Declaration of Independence(2010)

01 A.M. Luther v. James Sagor & Co.

인용(Citation): 1 K.B. 456, High Court, King's Bench Division (1921) ; 3 K.B. 532, Court of Appeal (1921).

사실(Facts) 원고 Luther의 공장은 1898년 러시아제국 하에서 설립된 합판 제조회사이다. 1919년 소련 정부는 몰수법령에 따라 이 공장을 몰수하였고, 1920년 8월 런던에서 소련의 통상대표인 Krassin이 James Sagor & Co.에 원고 공장에서 몰수한 합판을 포함한 다량의 합판 판매계약을 체결하였다. 계약에 따라 James Sagor & Co.가 합판을 영국에 수입하였는데, 원고는 이 합판에 대한 소유권을 주장하면서 매각 금지명령을 요청하였다. 피고는 소련 정부의 몰수법령이 독립적인 정부의 행위로서, 원고로부터 합판 소유권을 박탈한 것은 유효하며 이의제기의 여지가 없다고 반박하였다.

법적 쟁점(Legal Issues) 이 사건에서 문제가 된 것은 제정러시아를 전복시키고 러시아를 지배한 소련 정부의 행위를 국가행위로 인정할 것인가 하는 것이었는데, 영국의 소련 정부에 대한 승인 여부가 관건이었다.

판결(Decision) 법원은 영국이 소련 정부를 사실상 승인(recognition of *de facto* government) 하였다고 보아, 승인받은 외국정부의 국가행위를 재판할 수 없다고 판결하였다.

판결 이유(Reasoning of the Court) 법원은 (i) 영국 외무부 장관이 1920년 7월 28일 서한에서 Krassin이 소련 정부의 합법적인 대표이고, 일정한 협상 수행의 목적으로 영국에의 입국이 허용되고 모든 영국의 소송으로부터 면제된다고 기술한 점, (ii) 영국 정부가 소련 정부를 대표하는 통상대표의 주장에 동의한 점, (iii) 영국 정부와 소련 정부 간에 무역협정이 체결된 점, (iv) 그 후 영국 정부가 소련 정부를 사실상의 정부로 승인한다고 공식적으로 밝힌 점을 강조하였다.

영국 정부에 소련의 임시정부를 사실상의 정부로 승인하였는지를 묻는 서한의 답변에서, 임시정부가 1917년 3월 14일자로 정권을 잡았으며 러시아의 현존 정부로 인정된다고 밝히고 있다. 그리고 법원은 이 답변서가 적절하고 충분한 증거가 된다고 보았다.

법원은 지금까지 사실상의 정부 승인과 법률상의 정부 승인의 효과에 대한 논쟁에서 어떠한 차이점도 제시된 바 없음을 지적하면서, 승인의 효과에 대한 언급은 회피하였다. 이어서 "정권획득에 성공하여 독립적인 정부를 수립하는 경우, 그 정부의 행위는 독립국의 행위로 간주된다"는 저명한 재판관들의 판결을 인용하였다.

결론적으로 법원은 1922년 4월 22일자 Messers Linklater에게 보낸 (영국) 외무부의 서한을 근거로 하여 영국이 소련 정부를 사실상 승인하였다고 판단하였고, 동 법원은 승인받은 외국 정부의 국가행위를 재판할 수 없다고 판결하였다.

02 Tinoco Claims Arbitration: Great Britain v. Costa Rica (Tinoco Concessions Arbitration)

인용(Citation) 1 RIAA 369 (1923).

사실(Facts) 1917년 1월, Alfredo Gonzalez 대통령 치하의 코스타리카 정부는 국방서기관인 Frederico Tinoco에 의해 전복되었고, 권력을 장악한 Tinoco는 선거를 통해 동년 6월 새 헌법을 제정하였다. Tinoco 정부는 그가 은퇴하여 망명한 1919년 8월까지 계속된 후 1919년 9월 막을 내렸고, Barquero에 의한 과도정부는 1871년의 구헌법을 부활시켰다.

1922년 8월 22일, 부활된 구헌법에 근거한 코스타리카 의회는 법률 제41호로 무효행위법(Law of Nullities)을 통과시켰다. 이 법은 Tinoco 재임기간을 포함한 1917년 1월 27일부터 1919년 9월 2일 사이에 있었던 행정부와 사인(private persons) 간의 모든 계약을 입법부의 승인 여부와 상관없이 무효로 하는 내용을 담고 있었으며, 1919년 6월 28일자의 1,500만 콜론(colon(e); 코스타리카의 화폐단위)의 지폐 발행을 위한 Tinoco 정부의 제12호 법률도 무효로 하였다.

이 때문에 Tinoco 정부가 에이모리 회사에 인정하였던 석유채굴 이권계약의 유효성 문제와 Royal Bank of Canada에 대한 Tinoco 정부의 부채(총 998,000 콜론)의 유효성 인정이 문제가 된 사건이다. 영국은 상기 두 사안에 관해서는 법률 제41호가 적용되지 않도록 해 줄 것을 코스타리카 정부에 요구하였지만, 코스타리카 정부는 Tinoco 정부의 행위에 대한 책임을 부인하면서 법률 제41호는 합법적인 정부의 합법적인 권한 행사라고 주장하였다.

법적 쟁점(Legal Issues) (1) Tinoco 정부가 문제의 2년 9개월 동안 사실상(*de facto*) 그리고 법률상(*de jure*) 코스타리카의 유일한 정부이었는가? (2) 승계 정부가 법률에 의해 이전 정부행위의 책임을 회피하는 것이 가능한가?

판결(Decision) 단독중재관 William H. Taft(미국 연방대법원장)는 캐나다 왕립은행의 주장과 관련된 복잡한 은행 협정을 검토한 후에 영국 정부의 주장을 인정하였다. 그러나 석유양허 문제에 관해서는 양허계약이 코스타리카의 1917년 헌법에 위반된다고 판결하였다. 또한, 무효행위법은 이 양허계약을 무효로 하고 있으므로 영국 회사에 손해가 발생하였다고 볼 수는 없다고 하였다.

판결 이유(Reasoning of the Court) 일반적으로 국가구성원의 동의를 얻어 어느 정도의 영속성을 가지며 국내외에 대한 의무를 이행하는 정부는 사실상의 정부로서 취급할 수 있다는 John Moore의 기준에 의한다면, 관련 사실로 판단컨대 Tinoco 정부는 사실상 정부로서의 요건을 갖추었다고 볼 수 있을 것이지만, 영국 등의 국가들이 Tinoco 정부를 법적으로 승인하지 않았던 것은 미국의 국가정책에 동조하기 위함이었다고 할 것이다.

하지만 실제적으로 영국 정부는 법적으로는 승인하지 않았던 티노코 정권을 사실상의 정부로서 대우하고 있었으므로, 사실상의 정부의 행위에 근거한 청구를 후속 정부에 대하여 제기하는 것은 인용될 수 있다고 하였다.

따라서 티노코 정권이 캐나다 왕립은행에 대해서 지고 있는 부채와 에이모리 회사에 대한 양허계약의 유효성에 관한 실질적인 심리를 속행하였다.

03 Republic of China v. Merchants' Fire Assurance Corporation of New York

인용(Citation) 30 F.2d 278 (1929).

사실(Facts) 중국 정부(Republic of China)는 몇몇 공공건물(public buildings)에 대하여 피고회사의 보험에 가입하고 있었는데, 그 건물 중에는 Wuchang의 전화국 건물도 포함되어 있었다. 화재로 동 건물이 피해를 입은 직후, 당시 중국 18개 지방 중 15개 지방을 장악하고 있던 혁명정부(National Government)는 보험회사에 보험금 지급을 요구하였다. 하지만 보험회사가 이를 거부하자, 혁명정부는 미국에서 보험회사를 상대로 소를 제기하였다.

이에 대해 보험회사는 원고가 중국 정부로 공식 승인받지 못한 혁명단체(revolutionary organization)일 뿐이므로 미국법원에 소송을 제기할 당사자능력(legal capacity to sue)이 없다고 주장하였다. 회사의 주장이 인정되어 소는 각하되었고, 중국 혁명정부는 항소하였다.

법적 쟁점 (Legal Issues) 어떠한 조건 하에 그리고 어느 경우에, 위헌적이거나 혁명적인 행위를 통해 설립된 승인받지 못한 정부(unrecognized government)가 외국의 국내법원에 소를 제기할 수 있는가?

판결(Decision) 혁명정부는 항소심에서 승소하였다.

판결 이유(Reasoning of the Court)

(1) 법원은 혁명으로 성립된 외국 정부에 대하여 정부의 정치적 통치기관(political department)이 승인하기 전에 법원이 승인할 수 없다는 것을 인정하였다. 이 기준에 따르면, 승인받지 못한 혁명정부가 중국을 대표하여 미국법원에 소를 제기한 당시에 혁명정부의 당사자능력은 인정되지 않게 된다.

(2) 그러나 법원은 1928년 7월 25일 중국주재 미국대사와 혁명정부의 재무장관 간에 통상조약(commercial treaty)이 체결되었고, 비록 상원의 비준 동의(consent for ratification)를 받지 않았을지라도 본 조약이 미국 행정부의 승인(recognition by the Executive Department)은 받은 것으로 간주된다고 판시하였다. 게다가 순회법원에 보낸 미 국무장관의 서신(telegram)에서는 혁명정부의 사절을 대통령이 공식적으로 접수하였다고 기술하고 있었다.

법원은 이러한 행위들이 혁명정부에 대한 미국의 승인문제를 결론짓게 한다고 하였다: 이 경우에는 묵시적 승인(implicit recognition)이 협상 시작, 외교사절(diplomatic agent) 파견, 공식접견(formal audience)에서의 외교사절의 접수를 통해 이루어졌다고 볼 것이다.

그러므로 변화는 법원에서도 인정되어야 하며, 혁명정부에 대한 승인의 존재는 미국법원에서 그들이 제기한 소송을 정당화시키는 근거가 된다고 본다.

04 The Spanish (Republican) Government v. Felipe Campuzano

인용(Citation) Norway Supreme Court, Nov. 2 (1938).

사실(Facts) 1936년 스페인 내전 발발 당시, 휴가로 공석 중이던 노르웨이 오슬로 주재 스페인공사의 대리공사(chargé d'affaires)로서 Felipe Campuzano가 공사업무를 책임지고 있었다. 1936년 8월 13일, Campuzano는 노르웨이 외무부 장관에게 자신의 사임을 통보하였고 공사가 귀환하자 그에게도 유사한 통보를 하였다. 수 주일 후, 그는 프랑코 정권(General Franco's Nationalist regime)에 가담하기 위하여 노르웨이를 떠났다.

몇 달 동안, 스페인 공화국 정부(Republican government of Spain)는 노르웨이에 외교사절을 파견하지 않다가, 12월 10일 Joaquin Pastor 박사를 공사관 사무관(secretary of the legation) 및 대리공사로 임명하였다고 통보하였고, 1936년 말에 Pastor 박사는 그 자리에 부임하였다. Pastor의 부임 전에 Campuzano의 책임하에 공사관을 이전하게 되었는데, 그는 이동 가능한 물건은 운송회사에 적재하도록 하는 한편, 서류(legation archives)를 포함한 기타 물건들은 자신의 집에 옮기도록 지시하였다. 오슬로에 도착한 Pastor는 이전하기 전의 모든 공사관 물건의 소유를 주장하였지만, Campuzano는 자신이 스페인의 진정한 정부인 프랑코 정부(Nationalist government)를 대신하여 물건을 보전하고 있음을 주장하면서 이를 거절하였다. 이에 Pastor는 공화국 정부를 대신하여 노르웨이 법원에 소송을 제기하였다.

본 사건은 상소를 거쳐 최종적으로 노르웨이 최고법원에 제기되었다.

법적 쟁점(Legal Issues)

(1) 노르웨이에 의해 유일한 스페인 정부로 승인받았음을 주장하는 공화국 정부는 '스페인'에 속하는 모든 재산에 대한 법적 소유권을 주장하였다. 이러한 모든 재산이 스페인을 대표하는 Pastor 박사에게 넘겨져야 하는 것인가?

(2) Felipe Campuzano는 프랑코 정부(국민당 정부)가 스페인의 합법정부로서, 노르웨이 법원에서의 면제대상이라고 주장하였다. 이러한 주장은 부인되어야 하는 것인가? 그는 '스페인'은 프랑코 정부에 의해 대표된다고 할 것이므로, 결국 노르웨이에서는 Campuzano 자신에 의해 대표된다고 하였다. 그리하여 그는 공사관의 물품에 대한 소유권을 보유하는 것이 허용된다고 강조하였다.

판결(Decision) Pastor가 승소함으로써 공사관에서 이전된 모든 물품을 Pastor 박사에게 반환하라는 명령이 내려졌다.

판결 이유(Reasoning of the Court) 재판을 맡은 노르웨이 최고법원은 (i) 노르웨이 정부가 공화국 정부를 스페인의 유일한 합법적 정부로 승인한 점, (ii) 문제의 재산이 개인재산이 아닌 스페인이라는 국가의 소유인 점, (iii) 공화국 정부가 노르웨이의 승인을 받은 유일한 정부인 한, 노르웨이 주재 자국 대표인 Pastor를 통해 노르웨이에 있는 자국 소유의 모든 공공재산을 소유할 권한이 있다는 점을 지적하여 공사관에서 옮겨진 물건을 모두 Pastor에게 반환하라고 판결하였다.

05 Haile Selassie v. Cable and Wireless, Ltd.

인용(Citation) [1938] 1 Ch 839, Court of Appeal, UK (1938).

사실(Facts) 에티오피아 Haile Selassie 황제는 피고회사와 일정한 공공시설물(public service installations) 공사를 위한 계약을 체결하였다. 하지만 피고회사가 계약 이행을 지체하자, 계약위반책임을 물어 황제는 피고회사에 이미 지불한 공사금액을 반환받고자 하였다. 그런데 소송 제기 전 이탈리아가 에티오피아를 침공하여 Haile Selassie 정부는 촌락으로 피난하여 망명정부(government-in-exile)를 수립하였고, 영국 정부는 계속 망명정부를 에티오피아의 법률상 정부(*de jure* government)로 승인하고 있었다.

황제가 영국법원에 문제의 계약위반을 이유로 한 반환청구금액을 요구하면서 집행영장을 신청하자, 당시 영국에 의한 사실상 승인을 받고 있던 이탈리아 정부도 에티오피아의 사실상 정부(*de facto* government)로서 소송을 제기하였다.

1937년 1월 4일에 있은 1심(first instance)에서는 Haile Selassie 황제가 에티오피아의 법률상 정부의 수반으로서 공사금액의 반환소송을 제기할 권한이 있다고 판결하였다.

이에 피고회사는 항소하였고, 그 사이에 영국 수상은 1938년 11월 3일 하원에서 영국 정부는 이탈리아를 에티오피아의 법률상 정부로 승인한다고 발표하였고, 이 승인확인서류가 법원에 공식 제출되었다. 이 서류는 에티오피아의 사실상 정부를 법률상 정부로서 승인하는 것이 공식적인 효력을 가진다는 내용을 담고 있었다.

법적 쟁점(Legal Issues) 항소 심리 재개에 대해 에티오피아 정부를 대신하여 누가 영국법원에 소를 제기할 권한을 가지고 있는가?

판결(Decision) 항소심은 판결을 통하여 법률상 정부로 승인을 받은 이탈리아 정부가 승계에 의하여 소송을 포함한 에티오피아의 공공재산에 대한 권리를 가지며, 그러한 승계는 에티오피아의 주권자로 이탈리아왕을 사실상 승인하였던 시기까지 소급한다고 지적하면서, 원고의 청구는 기각되어야 한다고 판결하였다.

판결 이유(Reasoning of the Court) 영국 외무장관이 발급한 승인확인서류(certificate)의 효과는 다음과 같다:

(1) 현재, 에티오피아의 법률상 정부(*de jure* sovereign)로 승인을 받은 사실상 정부(*de facto* sovereign)는 에티오피아의 권리를 포함한 모든 공공재산을 승계할 권한이 있다. 그러므로 이러한 재산에 관한 원고의 주장과 권리청구는 더 이상 인정되지 않는다.

(2) 승계권(right of succession)은 이탈리아 국왕을 에티오피아의 주권자로서 사실상 승인한 날인 1936년 12월 후반으로 거슬러 올라간다.

(3) 사실상 승인이 하급법원에서 집행영장이 발급되기 이전(1937년 1월 4일)에 이루어졌기 때문에, 원고의 주장은 이유가 없으며 기각되어야 한다.

06 Kosovo's Unilateral Declaration of Independence: Advisory Opinion (코소보 독립선언의 합법성 사건)[5]

인용(Citation) ICJ Rep. p. 403 (2010).

사실(Facts) 1945년, 코소보는 유고사회주의연방공화국 내 세르비아의 한 주로 편입되었다가 코소보 전쟁 이후 1999년 NATO가 이끄는 군대에 의해 UN코소보임무단(United Nations Mission in Kosovo, 'UNMIK')에 보안 업무가 맡겨졌다. 코소보 내 불안정한 상태는 종식되지 않았고, 2006년 UN안보리는 결의 1244에 규정되었던 코소보의 최종 지위를 결정하기 위한 국제적 교섭을 시작하기로 합의하였다. UN의 주도로 시작된 코소보의 미래에 관한 논의는 자치를 위한 근간은 마련하였으나, 완전한 독립에 이르는데 미치지는 못하였다. 이러한 가운데, 2008년 2월 17일 코소보 의회는 전격 세르비아로부터의 독립을 선언하였다. 세르비아는 이 독립선언이 불법이라는 입장에 대해 국제적 지지를 구하고, UN이 국제사법재판소에 코소보의 분리독립 선언에 관한 견해를 구하도록 촉구하였다.

그리하여 2008년 10월 8일, UN총회는 결의 63/3을 통해 ICJ에 "코소보 자치정부(Provisional Institutions of Self-Government of Kosovo)의 일방적 독립선언이 국제법에 따른 것인가"에 관해 권고적 의견을 부탁하기로 결정하였다.

UN의 36개 회원국이 서면진술서를 제출하고, 독립선언의 기초자들이 관련 문건을 제출하였으며, 14개 회원국이 이들 문서에 대해 의견서를 제출하였다. 또한, 28개 회원국과 독립선언의 기초자들이 2009년 12월 1일부터 11일까지 열린 구두심리에 참가하였다.

5 Accordance with International Law of the Unilateral Declaration of Independence in Respect of Kosovo.

법적 쟁점(Legal Issues)

1. 권고적 의견을 제시할 관할권과 관할권 행사를 거부할 재량의 문제는 무엇인가?
2. 코소보의 일방적 분리독립선언은 국제법에 합치되는가?

판결(Decision) 2010년 7월 22일 권고적 의견에서, ICJ는 10대 4의 표결로 "2008년 2월 17일에 채택된 코소보 독립선언은 국제법을 위반하지 않았다"는 견해를 제시하였다.

판결 이유(Reasoning of the Court) ICJ는 먼저 자신이 총회가 요청한 권고적 의견을 내릴 관할권이 있는지의 문제를 검토하였는데, ICJ규정 제65조 제1항 및 UN헌장 제96조의 근거조항에 주목하고, 정치적 성격의 문제일지라도 법적 문제로서의 성격을 박탈하지 않는다는 사실 등을 고려해 볼 때, 이 사건에서 권고적 의견을 제공할 관할권이 있다고 판단하였다. 그리고 관할권을 가진다는 사실이 이를 행사할 의무가 있음을 의미하는 것은 아님에 주목하며, 위의 참가국들이 제기한 문제, 즉 재량의 문제(a matter of discretion)로서 관할권 행사를 거부해야 하는지를 살펴보았다. 이러한 재량은 "재판소의 사법기능의 보전과 UN의 주요 사법기관으로서의 성격을 보호하기 위해"(so as to protect the integrity of the Court's judicial function and its nature as the principal judicial organ of the United Nations) 존재한다. 이 사건에서 필수적으로 안보리 결의 1244의 해석과 적용이 요구되는데, 사법기관인 ICJ가 총회 및 안보리와 같은 정치기관 결정의 해석과 법적 효력을 검토하는 것이 사법기능의 보전에 합치되지 않는 것은 아니다. 지금까지의 판례법에 비추어 볼 때, 해당 요청과 관련하여 "관할권 행사를 거부할 필수적 이유는 없다"(no compelling reasons for it to decline to exercise its jurisdiction)고 판단하였다.

권고적 의견의 요청서에 제기된 문제의 범위 및 의미와 관련하여, "코소보 자치정부"에 대한 언급은 독립선언이 그 기관 또는 다른 단체에 의해 공포되었는지 스스로 결정하는 것을 방해하지 않는다고 보았다. 또한, "국제법에 따라"(in accordance with international law)의 의미는 국제법이 코소보에 독립을 선언할 적극적 권한을 부여했는지가 아니라, 국제법이 그러한 선언을 금지하는지를 결정해야 한다는 것이다. 그리하여 독립선언이 일반국제법(general international law)뿐만 아니라 안보리 결의 1244 및 이에 바탕을 둔 UNMIK의 헌법규범체계(Constitutional Framework)를 위반한 것인지를 살펴보았다.

ICJ는 독립선언이 일반국제법에 따른 것인지 검토하였는데, 18세기, 19세기, 20세기 초의 국가관행은 국제법상 독립선언의 금지가 포함되어 있지 않다는 결론을 명확히 보여주고 있다. 특히, "영토 보존의 원칙(principle of territorial integrity)의 범위는 국가 간의 관계 분야에 국한되며", 다른 독립선언을 비난하는 안보리 결의로부터 독립선언의 일반적 금지를 추론할 수는 없다. 비난의 대상이 된 독립선언은 불법적인 무력사용이나 강행규범(*jus cogens*)을 위반하여 채택된 것이었다. 따라서 코소보의 독립선언은 일반국제법을 위반한 것이 아니다.

그리고 독립선언이 1999년 6월 10일의 안보리 결의 1244에 따른 것인지를 검토하였다. 해당 결의의 대상과 목적은 "잠정적으로 ... 세르비아의 법질서를 대체하는 ... 임시적이고 예외적인 법적 제도(legal régime)"를 확립하는 것이며, 독립선언의 내용과 형식 및 그것이 채택된 배경에 대한 분석을 통해 볼 때, 독립선언의 기초자들은 코소보 자치정부라기보다는 "임시행정의 테두리 밖에서 코소보 인민의 대표 자격으로 함께 행동하는 사람들"(persons who acted together in their capacity as representatives of the people of Kosovo outside the framework of the interim administration)이다. 독립선언은 안보리 결의 1244를 다음 2가지 이유에서 위반하지 않았는데, 첫째 두 개의 문건은 "다른 차원에서 작동한다". 즉, 안보리 결의 1244는 코소보의 최종 지위에 관해 침묵하는 반면, 독립선언은 그 지위를 최종적으로 결정하기 위한 시도이다. 둘째, 안보리 결의 1244는 비국가행위자에게 매우 제한된 의무만을 부과하며, 여기에는 독립선언을 금지하는 내용을 포함하고 있지 않다.

또한, 독립선언이 안보리 결의 1244의 권한에 기초하여 채택된 UNMIK의 헌법규범체계를 위반하였는지를 검토하였다. 독립선언이 코소보 자치정부로부터 나온 것이 아니라는 판단에 비추어 볼 때, 독립선언의 기초자들은 자치정부의 행동을 규율하기 위해 제정된 헌법규범체계에 구속되지 않으며, 따라서 독립선언은 해당 결의를 위반하지 않았다.

ICJ는 독립선언의 채택이 일반국제법, 안보리 결의 1244 혹은 헌법규범체계를 위반하지 않았으므로 결과적으로 국제법상 적용 가능한 규칙(any applicable rule of international law)에 위반되지 않았다고 결정하였다. 2010년 9월 9일, UN총회는 결의 64/298를 통해 자신이 요청한 ICJ의 권고적 의견의 내용을 인정한다고 발표하였다.

제6장

국가책임

1. Home Missionary Society Case(1920)
2. Janes Claim(1926)
3. Chattin Case(1927)
4. Factory at Chorzów(1928)
5. Mergé Case(1955)
6. Interhandel Case(1959)
7. Barcelona Traction Case(1970)
8. Gabčíkovo-Nagymaros Project Case(1997)
9. Israeli Wall Case(2004)

01 Home Missionary Society Case: United States v. Great Britain[6]

인용(Citation) 6 RIAA 42 (1920).

사실(Facts) 1898년 영국당국이 보호국(protectorate)인 시에라리온(Sierra Leone)에 Hut Tax라는 인두세를 원주민에게 부과하자 4월 27일 반란이 일어났고, 이들에 의한 무차별 공격으로 인하여 미국 선교단체인 Home Missionary Society의 건물 일부가 소실되고, 수명의 선교사가 살해되었다. 영국 정부는 군대를 투입하여 신속하고 확실하게 폭동을 진압하였으며 9, 10, 11월에 백인의 재산손괴와 인명피해에 책임이 있는 다수의 원주민이 체포되어 영국법에 따라 재판을 받았다.

1899년 2월 21일, 미국 정부는 선교단체인 Home Frontier and Foreign Missionary Society of the United Brethren in Christ를 대신하여 영국 정부에 대해 1898년 5월 30일부터의 이자를 포함한 손해배상액 78,068.15달러를 청구하였다. 10월 14일 영국은 이에 대한 책임을 부인하면서 어떠한 배상도 할 수 없다는 유감의 뜻을 표명하였다. 그러자, 미국은 1910년 8월 10일의 양국간 특별협정에 따라서 중재를 부탁하였다.

법적 쟁점(Legal Issues) 시에라리온에서 영국은 반란 진압시 상당한 주의의무(due diligence)를 다하지 못하였음을 이유로 국가책임(state responsibility)에 기한 배상을 하여야 하는가?

판결(Decision) 중재재판소는 영국당국이 주의를 다하지 아니한 증거가 없어 국가책임이 발생하지 아니하였으므로, 미국의 청구를 기각한다고 판시하였다.

판결 이유(Reasoning of the Court) 중재재판소에 의하면, Hut Tax는 당시 영국의 아프리카 식민지 및 보호국에 대해 일반적으로 부과된 세금의 하나로서 이는 적법한 영국의 권한 행사이며, 통신의 곤란함과 동시다발적인 반란의 발생으로 인한 여건상 모든 지역에의 군대 파견이 어렵다는 점을 고려할 때, 영국당국은 생명 및 재산을 보호하기 위한 권한

6 Home Frontier and Foreign Missionary Society of the United Brethren in Christ.

내의 모든 조치를 취한 것이라고 보았다.

영국 왕립심의위원회(Royal Commissioner)의 조사결과는 영국 정부가 보호령 주민의 생명과 재산에 대한 적절한 보호조치 의무에 태만하지 않았다는 것과 영국 군인들이 반란을 진압하기 위하여 군인으로서의 전통과 충성의무를 다하였다는 것을 보여준다. 또한, 많은 인명피해가 있었지만, 파견군대의 인원을 계속해서 증가시켰고 폭동 진압을 위해 가능한 최대한의 군인을 급파하였으며, 유죄로 추정되는 많은 원주민의 재판과 처벌이 신속하고 적절하게 이루어졌다.

결론적으로, 중재재판소는 어떤 정부도 스스로 국제법 위법행위를 저지르거나 신의성실 위반 및 반란 진압을 게을리하지 않는 한, 자신의 주권에 대항하는 반란단체의 행위에 책임을 지지 않는다는 것은 국제법상 확립된 원칙이라고 하였다.

02 Janes Claim: United States v. Mexico

인용(Citation) 4 RIAA 82 (1926).

사실(Fact) Byron E. Janes는 멕시코 EI Tigre 광산회사의 미국인 관리인으로서 1918년 7월 10일 광산회사 해고근로자 Cabajal의 총을 맞고 숨졌다. 많은 사람이 보는 앞에서 그러한 사건이 발생하였고, 지방경찰대장 Comisario는 즉시 사건 발생 소식을 듣고 사건 현장으로 달려갔다.

그러나 부하경찰을 집합시키는 데 시간을 지체하여 총격 1시간 후에야 민병대는 도보로 살인자를 추적하기 위하여 출발하였고, Cabajal은 이미 자취를 감춘 뒤였다. 들리는 소문에 의하면 그는 일주일 동안 Tigre 남부 6마일 지점에 숨어 있었고, 그 기간에 이곳을 두 번이나 다녀갔다고 한다. 그 후 그가 Tigre에서 75마일 떨어진 선인장 공장에 숨어 있다는 소식을 듣고도 민방위 당국과 군당국이 역시 어떠한 조치도 취하지 않았다. 광산회사가 현상금을 제시하자 소규모의 군대를 파견하였으며, Cabajal은 군대 도착 이전에 그 자리를 떠나고 없었다.

Sonora주 제1심 순회재판소는 범인체포를 요청하였으나, 멕시코 당국은 더 이상 조치를 취하지 않았다. Laura Janes 부인은 범인체포에 Sonora주 당국이 상당한 주의의무를 다하지 않는 데 책임이 있다고 하면서, 자신의 자녀를 위하여 미국 정부가 자신을 대신하여 손해배상청구를 해 줄 것을 요청했고, 미국 정부는 이를 받아들였다.

법적 쟁점(Legal Issues) Sonora주 당국은 본 사건에서 상당한 주의의무를 다하지 않은 데 대한 책임이 있는가? 그렇다면 주 당국의 위법행위에 기하여 미국이 멕시코 당국에 손해배상 청구를 할 수 있는 것인가?

판결(Decision) 멕시코 · 미국 일반청구위원회(Mexico-United States General Claims Commission)는 본 사건에서 멕시코 당국이 상당한 주의의무를 위반하였음을 발견하고, Janes 부인과 자녀를 위하여 미국에 미화 12,000불을 지급할 것을 판시하였다.

판결 이유(Reasoning of the Court) 멕시코 정부가 Janes 살해행위를 사전에 막을 수 있었거나 살해자를 방관했다고 주장하는 사람은 아무도 없다. 한 미국인을 살해한 책임은 범죄자(culprit) 개인 한 사람에게 있다. 정부는 범죄가 발생하면 그 범인을 기소하고 적절하게 처벌할 의무를 다하지 않은 경우에 책임이 있다. 따라서 본 사건에서 멕시코 정부는 범인을 추적하고 적절히 처벌하는 데 있어서 상당한 주의의무(due diligence)를 이행하지 않은 데 대한 책임이 있다. 신속하고 정확한 행동을 취하였더라면 결과는 성공적이었을 것이다.

범죄자가 끼친 피해는 Janes의 죽음으로 인한 가족에 대한 피해이며, 정부의 태만(negligence)으로 인한 피해는 살인자의 불처벌로부터 발생하는 피해이다.

Janes의 죽음에 대한 가족들의 비통함과 멕시코 정부의 상당한 주의의무 위반이라는 명백한 과실에 의한 부가적 손해를 고려할 때, 위원회는 손해배상액 12,000달러도 Janes 살해자의 불체포(non-apprehension) 및 불처벌(non-punishment)로 인한 인적 손해의 사죄(satisfaction)로는 충분치 않다고 판시하였다.

03 Chattin Case: United States (B.E. Chattin Claim) v. United Mexican States

인용(Citation) 4 RIAA 282 (1927).

사실(Fact) 미국인 Chattin은 1908년부터 멕시코 남태평양철도의 차장으로 일하던 중 1910년 7월 9일 시날로아주의 Mazatlán에서 열차표를 불법 구매하여 이 대금을 횡령한(embezzlement) 혐의로 체포되었다. 그는 재판 중이던 1911년 1월까지 교도소에 유치되었다가 같은 달 징역 2년 형을 선고받고, 복역 중 1911년 5~6월에 Madero장군의 혁명군이 읍내에 들어와 모든 죄수를 석방하였을 때 풀려났다.

미국에 돌아온 그는 국무성에 그의 체포 · 재판 · 형의 선고가 불법이었고, 교도소에서 비인간적 대우(inhuman treatment)를 받았으며, 이로 인하여 총 50,000달러의 손해를 입었다고 주장하면서 소송을 제기하자, 미국이 미 · 멕시코 일반청구위원회(General Claims Commission)에 이 사건 해결을 부탁한 것이다.

법적 쟁점(Legal Issues) 재판의 거부(denial of justice)가 사법 소송 및 Chattin과 관련된 구금 과정에서 발생하였는가? 만약 재판의 거부가 있었다면, 책임이 멕시코 정부에 귀속되는가?

판결(Decision) 일반청구위원회는 미국측에 유리한 판결을 내렸는데, 멕시코 정부에 Chattin을 대신하여 총 5,000달러의 손해배상금을 지불하도록 명령하였다. 위원회는 재판의 거부가 멕시코에 충분할 정도의 중대한 국가책임(state responsibility)을 발생시켰다고 판단하였다.

판결 이유(Reasoning of the Court) [참조: Chattin의 횡령혐의에 관한 유죄 판결은 어떠한 의문점도 없어 보인다. 즉 그는 혐의 사실대로 유죄임이 틀림없다.]

위원회는 체포과정에 사용된 절차가 미국에서 통상 사용되는 것과 다르기는 하지만, Chattin이 합법적으로 체포되었다고 보았다. 그러나 제출된 증거로 보아 재판절차에 중대한 불법이 있었다고 보았다. 즉 적절한 수사를 하지 않은 점(lack of proper investigation), 증거와 증인의 불충분, 피의자에게 부과될 모든 책임의 불고지, 재판개시의 부당한 지연(undue delay), 과중한 형량부과 등을 지적하였다. 예컨대 공식적 소송절차는 1910년 7월 9일에 시작되었는데, 이는 Chattin이 구금된 지 100일이 지난 후의 일이었다. 또한, 동년 10월 28일까지 그는 자신에 관한 증언의 기회가 허용되지 않았다. 그리고 그는 통역관과 변호인의 적절한 도움을 받지 못하였다. 1911년 1월 27일 개정된 법정은 제출된 서류 확인 작업만 이루어지고, 변호사는 겨우 1~2마디의 발언만을 한 채 불과 5분 만에 끝나버렸다.

교도소의 부당한 대우(mistreatment)와 관련한 주장에는 불결하고 비위생적인 교도소 상태, 형편없는 음식, 죄수 총살 집행의 잦은 입회 강요 등과 관련되어 있으나, Chattin에 대한 비인간적 대우는 입증되지 않았다고 하였다.

위원회는 결론적으로 멕시코의 책임을 성립시킬 만큼 중대한 재판의 거부가 있었다고 보아 (무이자로) 5,000달러의 배상을 하도록 판결하였다.

[참조: Chattin과 그의 동료들은 Mazatlán 법원 판결에 불복하여 멕시코 대법원에 상소하였으나 패소하였다. 그러므로 국내구제절차(local remedies)는 본 청구가 미 국무성에 제출되기 전에 완료되었음을 밝힌다.]

04 Factory at Chorzów: Germany v. Poland (쇼조우 공장 사건)

인용(Citation) PCIJ Ser. A, No. 17 (1928).

사실(Facts) 제1차대전 이후, 독일령이었던 Upper Silesia는 폴란드의 일부가 되었다. 주권이 이양(transfer)되기 전인, 1915년 3월 5일 독일제국과 Upper Bayerische Stickstoffwerke AG는 1941년 3월 31일까지의 기한으로 유효계약을 체결하였고, Upper Silesia의 Chorzów에 질산염공장을 설립하여 운영하기로 하였다. 그리하여 1919년 12월 24일의 계약으로 Oberschlesische Stickstoffwerke AG를 설립하여 Chorzów에 있는 독일제국 소유의 질산염공장을 인수하였다.

1920년 폴란드는 수용법을 제정하여 자국에 할양된 영토에 있는 독일제국의 모든 재산을 국고에 귀속시켰다. 이에 1922년 11월 15일 Oberschlesische Stickstoffwerke AG는 독일 · 폴란드 합동중재재판소에 소송을 제기하여 폴란드의 조치가 Upper Silesia에 대한 협약에 반한다고 주장하였다.

이에 PCIJ에 관할권을 부여한 동 협약 제23조에 따라 독일은 합동중재재판소의 판결을 기다리지 않고 PCIJ에 제소하였다.

법적 쟁점(Legal Issues) 폴란드의 Chorzów 공장에 대한 수용 조치가 Upper Silesia에 대한 제네바협약에 위반되는지 여부

판결(Decision) PCIJ는 관할권을 부인하는 폴란드의 주장을 기각하고, Upper Silesia에 대한 주권을 폴란드에 이양할 때까지는 독일이 그 지역의 재산에 대한 처분권을 갖는다고 하면서, 이 공장에 대한 수용(expropriation) 처분은 Upper Silesia에 대한 협약에 반하므로 폴란드의 보상을 결정하였다.

판결 이유(Reasoning of the Court) 국제관행(international practice)과 특히 중재재판소 결정에 의해 확립된 것으로 보이는 원칙, 즉 불법행위(illegal act)의 실제 개념 속에 포함된 본질적 원칙은 가능한 한 불법행위의 모든 결과를 제거하고(wipe out), 행위가 실행되지 않았을 상황을 복구하는 수준으로 보상이 이루어져야 한다는 것이다. 또한, 원상회복(restitution in kind)이 가능하지 않다면 원상회복에 준하는 손해배상을 지급해야 한다.

이러한 결론은 특히, 현상유지(*status quo*) 준수를 근거로 하여 Upper Silesia에서의 경제생활의 유지를 제공하는 1922년 제네바협약의 목적을 고려하여 가능한 것이다. 제네바협약에서 금지된 수용은 실행회복의무와 관련이 있으며, 만약 이것이 가능하지 않다면 보상(indemnification) 시점의 화폐 가치로 지불해야 한다. 따라서 국제법의 일반원칙에 따른 이러한 의무에 수용의 결과로 발생한 손실 보상액이 첨가되어야 한다.

당사국이 동의한 Chorzów 공장의 반환 불가능성은 원상회복 이행금액 지불을 대신하는 여타의 효과는 가지지 못한다.

이 사건은 독일의 배상 요구에 대하여 PCIJ는 폴란드가 배상해야 한다고 판결만 하고,

그 배상액을 정하지 않아 두 당사국 간의 중재협정으로 마무리되었다.

05 Mergé Case: United States ex rel. Mergé v. The Italian Republic

인용(Citation) 14 RIAA 236 (1955).

사실(Fact) Mergé는 1909년 뉴욕에서 태어나 미국 국적을 취득하였다. 24세 때 로마에서 이탈리아인과 결혼하여 이탈리아법에 따라 이탈리아 국적도 취득하였다. 그 후 그녀는 남편이 통번역가로 동경주재 이탈리아대사관에 근무하게 되어 동경에 살게 된 1937년까지 이탈리아에 거주하였다. 동경주재 미국영사관은 그녀의 요청에 따라 그녀를 미국인으로 등록하였다. 그녀는 1946년까지 일본에 살다가 미국영사발행의 여권으로 9개월간 미국을 방문한 후, 다시 이탈리아로 돌아갔다. 도착 직후 그녀는 미국대사관(American Embassy)에 미국 시민으로 등록하였다.

1948년 미국은 이탈리아에 대해 1947년 2월 10일의 평화조약(T.I.A.S. 1648) 제78조에 근거하여 제2차대전으로 인한 Mergé의 재산상의 손해배상을 청구하였다. 이탈리아가 Mergé는 이탈리아인이라는 이유로 거절하자, Mergé의 이중국적(double nationality)에 관한 문제의 해결은 美 · 伊 조정위원회(United States-Italian Conciliation Commission)에 회부되었다.

법적 쟁점(Legal Issues) 이중국적을 가진 Mergé는 어느 국가의 유효한 국적으로 외교적 보호(diplomatic protection)를 받을 수 있는가?

판결(Decision) Mergé는 평화조약 제78조상의 미국인으로 볼 수 없다. 따라서 미국은 이탈리아에 대하여 그녀를 위한 보호 청구를 할 수 없다.

판결 이유(Reasoning of the Court) 평화조약 제78조 제9(a)항은 "연합국 국민"(United Nations nationals)이라는 용어를 "연합국에 속하는 여하한 국가의 국민인 개인"(individuals who are nationals of any of the United Nations)을 의미하는 것으로 규정하고 있다. 조정위원회는 우선 이러한 정의조항이 이탈리아 국적을 가지고 있는가에는 관계없이 모든 연합국 국민의 청구를 허용함으로써 이중국적 문제를 회피하려는 의도를 지닌 것인지에 관하여 고려하였다. 평화조약이 이러한 문제를 해결하기에는 부적합하다고 결론을 짓고, 위원회는 국제법상 적용가능한 원칙을 검토하였다.

이 문제와 관련하여 두 가지 접근법이 있는데, (i) 국가는 타 국가의 국적을 가지고 있는 자국민에 대해 외교적 보호를 부여할 수 없다는 원칙, (ii) 실효적 혹은 지배적인 국적의 원칙(principle of effective or dominant nationality)이 그것이다. 이 두 가지 원칙은 1930년의 국적법 저촉에 관한 헤이그협약 제4조와 제5조에 각각 규정되어 있다.

미국은 자국과 이탈리아의 이중국적을 가진 자에 대하여 미국의 국적이 유효한 것일 경우, 언제나 그에 대한 평화조약상의 청구를 제기할 수 있다. 그러나 구체적 사건에서 미국의 국적이 우선함을 보여주는 것으로서 그곳에 주소를 두고 있는가가 중요한 기준이 된다고 할 것이다. 또한, 어느 국가와 더 밀접하고 유효한 관계를 유지하고 있는가와 함께 그의 경제적 · 사회적 · 정치적 · 시민적 생활 및 가족생활의 범주를 고려하여야 한다.

본 사건에 있어서 사실관계를 조사해 보면, Mergé의 미국 국적은 유효한 것일 수 없다. 왜냐하면 가족이 미국에 주소를 두고 있지도 않을뿐더러 가장의 이해관계나 직업생활이 미국에서 이루어진 것도 아니다. 또한, 그녀는 사실상 결혼 이후 미국에 살지 않았고, 1937년 일본에 간 것도 이탈리아 여권으로 간 것이었으며, 남편과 함께 일본에 있는 동안 적국 국민으로 감금되지도 않았기 때문이다. 따라서 미국의 청구는 기각되었다.

06 Interhandel Case (Preliminary Objections): Switzerland v. United States

인용(Citation) ICJ Rep. p. 6 (1959).

사실(Fact) 1942년 미국 정부는 미국회사인 General Aniline and Film Corporation 주

식의 90%를 대적통상법(對敵通商法, Trading With the Enemy Act)상 적군의 재산으로 몰수하였다. 미국 정부에 따르면, 이들 주식은 독일회사 소유이거나 독일회사의 지배를 받는 스위스회사 Interhandel社의 재산이었다. 1946년 스위스는 미국 · 영국 · 프랑스 등과 협정을 체결하여 스위스 내 독일재산의 압류 및 청산에 관한 사항과 미국 정부에 의하여 미국 내 스위스 자산을 풀어 줄 것을 규정하였다. 이 협정에 따라 스위스 내의 Interhandel사는 청산되지 않고 있었는데, 스위스는 이 회사가 1940년에 이미 독일회사와 관계를 끊고 있었다는 사실을 적시하고, 미국이 동결한 Interhandel사 자산을 풀어 달라고 요구하였다.

미국이 이것을 거절하자 Interhandel사는 미국법원에 제소하여 2심에서 패소한 후, 대법원에 상고하였으나 기각되자, 스위스 정부는 ICJ에 제소하였다. 스위스는 제소하면서 미국 정부가 Interhandel사의 주식을 처분하지 못하도록 잠정조치를 취하여 달라고 요청하였다.

이에 대하여 미국은 미국회사의 주식판매에 관한 사항은 외국 국내법원의 관할권에 속한 문제로 미국이 선택조항(optional clause)을 수락할 때, 미국 국내관할권에 속한 문제는 선택조항이 적용되지 않는 것으로 유보하였으므로 ICJ에 관할권이 없다고 주장하였다.

법적 쟁점(Legal Issues) 국내구제수단의 완료 원칙(rule of exhaustion of local remedies)의 적용

판결(Decision) 재판소는 관할권 문제의 판단 없이 잠정조치를 할 수 있다고 보아, 스위스의 주장을 인정하고 미국의 두 번째 선결적 항변은 기각되었다.

판결 이유(Reasoning of the Court) 미국은 ICJ의 관할권에 대하여 다음과 같은 4가지 선결적 항변을 주장하였다. 즉 (i) 미국의 선택조항 수락 발효 전에 분쟁이 시작되었다는 점, (ii) 분쟁이 스위스와 미국 간에 선택조항이 구속력을 갖기 전에 발생하였다는 점, (iii) 국내구제절차를 완료하지 않았다는 점, (iv) 국제법으로나 미국의 판단으로나 분쟁이 미국의 국내관할권 내의 문제라는 점 등이다.

재판소는 (i), (ii), (iv)를 근거 없는 것으로 보아 받아들이지 않고, (iii)에 대하여 판결하였다. 즉 미국 대법원이 스위스의 ICJ 소송 제기 직후 Interhandel사 소송의 재심을 허락하였는데, 이 점을 지적하여 아직 사건이 미국 내 법원에 계류 중이라고 보아 국내구제

를 완료하지 않았다고 하여 관할권을 부인하였다.

ICJ의 강제관할권(compulsory jurisdiction)을 수락하는 선언에서 상호주의(reciprocity)는 당사자로 하여금 자신의 선언에는 표현하지 않았지만, 타 당사국의 수락선언에 표현된 유보를 원용하는 것을 가능하게 한다. 예컨대, 스위스는 미국이 강제관할권을 수락하면서, 선언에서 어떠한 시간적 유보(any reservation *ratione temporis*)도 표명하지 않았다고 주장하였다. ICJ는 1946년 8월 26일자로 발효한 미국의 선언이 만약 미국이 이전에 발생한 스위스와의 분쟁을 재판소에 회부하려고 시도하였다면, 이후에 발생한 분쟁에서 미국에 대해 상호주의의 견지에서 미국의 유보를 원용할 수 있을 것이라고 보았다. 상호주의는 재판소의 관할권 수락을 한 국가가 타 당사국의 수락에 대한 유보에 의존하는 것을 가능하게 만든다. 여기서 상호주의의 효과가 종료되는 것이다. 이러한 상황에서, 미국이 타당사국인 스위스가 자신의 선언에 포함시키지 않은 제한을 원용하는 행위는 정당화될 수 없다.

그러므로 두 번째 선결적 항변은 스위스의 주장이 인정되어 미국의 청구는 기각되었다.

07 Barcelona Traction Case: Belgium v. Spain (바르셀로나 전력회사 사건)[7]

인용(Citation) ICJ Rep. p. 6 (1964) ; ICJ Rep. p. 3 (1970).

사실(Fact) 이 회사는 1911년 캐나다 토론토에서 설립되어 그곳에 본점을 두고 있는 캐나다 전력회사였다. 이 회사의 많은 지사 중 셋은 캐나다 법률하에서 설립되었고, 나머지는 스페인 법률하에서 설립되었으며, 이 회사의 많은 주식이 벨기에인 및 벨기에기업 소유가 되었다. 이 회사의 사채는 주로 Sterling화(英貨)로 발행되었고, 그 일부만이 Peseta화(스페인貨)로 발행되었다. 그러나 1936년 스페인 내란으로 외화 송금이 금지되어 양 통화에 의한 이자 지급이 불가능해졌다.

7 Case concerning the Barcelona Traction, Light and Power Company, Limited.

이에 1948년 2월 Barcelona Traction의 Sterling화 사채를 구입한 세 명의 스페인 사채권자는 이자 미지급을 근거로 스페인지방법원에서 파산선고를 받아냈으며, 그 결과 Barcelona Traction 및 그 지사 자산은 동결되었다. 이뿐만 아니라 지사들의 경영인을 스페인인으로 대치하고 본점도 스페인의 바르셀로나로 이전하고, 새로운 주식발행의 허가를 얻은 다음 새로운 스페인회사에 경매로 매각하는 등의 조치가 파산관재인에 의해 진행되었다.

Barcelona Traction 및 기타 이해관계인이 파산선고 및 그에 따른 결정에 대해 제기한 소송은 모두 실패하였으며, 영국, 캐나다, 미국, 벨기에 등이 Barcelona Traction을 위해 행한 협상 및 소송도 모두 실패하여 만족할 만한 해결을 보지 못하자, 1958년 ICJ에 부탁되어졌다. 이후 전개된 협상으로 소송이 중단되었다가 역시 해결을 보지 못하고, 1962년 다시 ICJ에 소송이 제기되었다.

법적 쟁점(Legal Issues) 회사와 주주의 권리 간의 차이와 회사의 국적국에 의한 보호 원칙

판결(Decision) ICJ는 문제의 회사가 캐나다에서 설립되어 국제법상 캐나다 국적을 보유하고 있으며, 회사 주주의 국적국인 벨기에는 원고적격(*locus standi*)을 가지지 못한다는 근거로 스페인의 손을 들어주었다.

판결 이유(Reasoning of the Court) 스페인은 다음과 같은 네 가지 선결적 항변(Preliminary Objections)을 제기하여 ICJ의 관할권을 부정하였다. (ⅰ) ICJ규정상 벨기에가 다시 소송을 제기할 수 없다. (ⅱ) 관할권 근거가 없이 스페인을 ICJ 관할권 안으로 끌어들일 수 없다. (ⅲ) 벨기에는 벨기에회사가 아닌 캐나다회사의 주주인 자국민을 위한 외교적 보호권을 행사할 수 없다. (ⅳ) 국내구제를 완료하지 않았다.

ICJ는 (ⅰ), (ⅱ)는 받아들이지 않았지만, (ⅲ)을 받아들여 본안(merits)을 심리하지 않았다. ICJ는 특히 중요한 것은 '벨기에가 자국민 주주(shareholders)를 위한 외교적 보호권을 행사하는 것이 국제법상 인정되는가'에 대하여, 회사의 국적국만이 외교적 보호권을 행사할 수 있다는 원칙에는 예외가 있을 수 있지만, 그것은 회사가 소멸하였거나 회사의 국적국이 보호권을 행사할 수 없을 때에만 가능하다고 판시하였다.

진정한 관련성(genuine link) 문제도 제기되었지만, ICJ는 주식에 의한 회사 지배를 근거로 한 국가와 한 기업 간의 진정한 관련성 존재의 결정을 주저하였다. 마찬가지로 ICJ는

진정한 관련성의 원칙을 기업체의 외교적 보호에 적용하는 것도 거부하였다.

08 Gabčíkovo-Nagymaros Project Case: Hungary / Slovakia (가브치코보-나지마로슈 사건)

인용(Citation) ICJ Rep. p. 7 (1997).

사실(Facts) 1993년 7월 2일, 헝가리와 슬로바키아는 가브치코보-나지마로슈 공사와 관련한 분쟁의 해결을 국제사법재판소에 부탁하였다. 이 사건은 1977년 9월 16일 헝가리와 체코슬로바키아가 서명한 가브치코보-나지마로슈 댐 건설 및 운영에 관한 부다페스트 조약(Budapest Treaty concerning the Construction and Operation of the Gabčíkovo-Nagymaros System of Locks)에서 발생한 것으로, 가브치코보-나지마로슈 댐은 다뉴브강의 두 개의 댐, 즉 체코슬로바키아 영역의 가브치코보 댐과 헝가리 영역의 나지마로슈 댐과 관련된 것이다. 1978년 6월 30일에 발효한 부다페스트조약은 양 당사국에 의한 댐 건설과 운영을 "공동 투자"(joint investment)로 규정하며, 서문에 가브치코보-나지마로슈 댐은 "수자원, 에너지, 운송, 농업 및 체약국 국민경제의 기타 부문의 개발을 위해 다뉴브강의 브라티슬라바-부다페스트 지역의 천연자원의 광범위한 활용"을 위한 것임을 밝히고 있다. 특히, 공동 투자는 수력 발전, 다뉴브강의 관련 구역에 대한 항로 개선, 홍수 예방을 목표로 하고 있다. 또한, 이 조약은 수질, 자연 및 어업 이익의 보호를 규정하고 있다. 체코슬로바키아와 헝가리는 1978년에 관련 공사를 시작하였는데, 1989년 5월 13일 헝가리는 환경영향평가가 완료될 때까지 나지마로슈 댐 공사를 중단하기로 하였다가, 동년 10월 27일에 그 작업을 포기하기로 최종적으로 결정하였다. 이 기간에 양국 간 교섭이 개최되는 동안, 체코슬로바키아는 대안적 해결책을 조사하기 시작하였고, 1991년 7월 23일 체코슬로바키아는 가브치코보 댐 공사를 "변형 C"(Variant C)로 알려진 임시 해결책(provisional solution)으로 진행하기로 하였다. 이는 체코슬로바키아에 의한 다뉴브강의 일방적 전환, 무넘이 댐(overflow dam)의 건설 및 보조 작업을 동반하였다. "변형 C"

공사는 1991년 11월에 시작되었고, 그동안 양국 간 논의가 진행되었으나 헝가리는 공사 중단을 요구하였다. 1992년 5월 19일, 동년 5월 25일자로 부다페스트조약의 효력을 종료하는 헝가리 선언이 발표되었으나, 10월 23일 체코슬로바키아는 계속 댐 건설을 진행하였다.

이러한 상황에서 1993년 4월 7일 헝가리와 슬로바키아(1993년 1월 1일자로 체코슬로바키아에서 분리독립하고, 부다페스트조약을 승계함)는 특별협정의 체결을 통해 가브치코보-나지마로슈 공사에 관한 양국 간 이견을 국제사법재판소에 회부하기로 합의하였고, 7월 2일 공동으로 ICJ에 소송을 제기하였다. 특별협정 제2조에 따라, ICJ는 다음의 사항에 관해 판결하도록 요청되었다: (a) 헝가리가 부다페스트조약상 나지마로슈 공사 및 가브치코보 공사 일부에 대해 작업을 중단하고 이후 1989년 이를 포기할 권리가 있는지; (b) 슬로바키아가 1991년 11월 임시 해결책을 진행하고 1992년 10월부터 이를 실행할 권리가 있는지; (c) 1992년 5월 19일 헝가리의 조약 종료 통고의 법적 효력이 무엇인지. 또한, ICJ는 위 판결로 발생한 당사국의 권리와 의무 및 법적 결과를 결정하도록 부탁되었다.

법적 쟁점(Legal Issues)

1. 부다페스트조약상 헝가리의 행위는 합법인가? 만약 그렇지 않다면 위법성 조각사유 중 하나인 긴급피난에 해당하는가?
2. 체코슬로바키아의 임시 해결책은 합법인가?
3. 부다페스트조약 종료의 법적 효력은 무엇인가?

판결(Decision) 1997년 9월 25일, ICJ는 다음과 같이 판결하였다.

1. 헝가리는 자신에게 책임이 부여된 나지마로슈 공사 및 가브치코보 공사 일부에 대한 작업을 중단하고 포기할 권리가 없다.
2. 체코슬로바키아는 임시 해결책을 진행할 권리는 있으나, 1992년 10월부터 문제의 댐을 운영할 권리는 없다.
3. 1992년 5월 19일 헝가리의 부다페스트조약 종료 통고는 해당 조약을 종료할 법적 효력을 가지지 않는다.
4. 체코슬로바키아의 승계국인 슬로바키아는 1993년 1월 1일자로 부다페스트조약의 당사

국이다. 헝가리와 슬로바키아는 현재 상황에 비추어 신의성실하게 교섭에 임하고, 양국이 합의한 양식에 따라 부다페스트조약의 목적 달성을 보장하는데 필요한 모든 조치를 취해야 한다.

5. 양국이 저지른 국제위법행위의 법적 결과와 관련하여, 헝가리는 자신이 책임을 지는 작업의 중단 및 포기로 인해 체코슬로바키아와 슬로바키아가 입은 피해에 대해 슬로바키아에 배상해야 하며, 슬로바키아는 체코슬로바키아의 임시 해결책 운영과 슬로바키아의 유지 보수로 초래한 피해에 대해 헝가리에 배상해야 한다.

판결 이유(Reasoning of the Court) 첫째, 헝가리의 공사 중단과 포기의 합법성과 관련하여, 헝가리의 행위는 부다페스트조약의 일부 조항에 대한 비준수 의사로 해석되어야 하며, 헝가리가 주장하는 위법성 조각사유인 '생태적 긴급피난 상태'(a stage of ecological necessity)는 국제관습법을 반영한 것으로 예외적으로 수락되고 매우 엄격히 정의된 조건에서만 원용될 수 있다. 즉, 그 행위가 국가의 '본질적 이익'(essential interest)에 의해 발생하고, 그 이익이 '중대하고 절박한 위험'(grave and imminent peril)에 의해 위협을 받았으며, 이의가 제기된 행위는 그 이익을 보호하는 '유일한 수단'(only means)이어야 한다. 또한, 그 행위는 의무가 존재하는 국가의 '본질적 이익을 심각하게 침해해서는'(seriously impaired an essential interest) 안 되며, 그 행위의 주체인 국가는 '긴급피난 사태의 발생에 기여해서는'(contributed to the occurrence of the state of necessity) 안 된다. 헝가리가 주장한 환경 관련 우려는 '본질적 이익'에 해당하지만, 나지마로슈 댐 및 가브치코보 댐과 관련한 위험은 1989년 당시 결코 충분히 확립되거나 절박한 것이 아니었으며, 헝가리가 긴급피난 발생에 기여하였으므로 긴급피난을 원용할 수 없다. 따라서 헝가리는 문제의 댐 공사 작업을 중단하고 포기할 권리가 없다.

둘째, 임시 해결책의 합법성과 관련하여, 부다페스트조약은 가브치코보-나지마로슈 댐의 건설을 단일의 분리할 수 없는 작업을 구성하는 공동 투자로 규정하고 있으므로 체코슬로바키아의 임시 해결책은 일방적 행위로서 동 조약을 위반하는 것이다. 또한, 체코슬로바키아는 위법성 조각사유 중의 하나인 '대항조치'(countermeasures)에 의해 임시 해결책이 정당화될 수 있다고 주장하였는데, 임시 해결책의 운영이 국제하천인 다뉴브강에서 천연자원의 공평하고 합리적인 공유에 관한 헝가리의 권리를 박탈함으로써 체코슬로바키아는 국제법상 요구되는 비례의 원칙을 준수하지 않았다. ICJ는 불법행위의 실제 실행과 준비작업을 구별하여 체코슬로바키아가 1991년 11월 "변형 C" 공사를 진행할 수 있으나, 1992년 10월에 이를 실행할 권리는 없다고 보았다.

셋째, 부다페스트조약에는 그 종료(termination)에 관한 어떠한 조항도 없었기에 조약법에 관한 비엔나협약에 규정된 사유에 의해서만 종료될 수 있다. ICJ는 헝가리가 원용한 긴급피난, 후발적 이행불능(supervening impossibility of performance), 사정의 근본적 변경(fundamental change of circumstances) 및 체코슬로바키아에 의한 부다페스트조약의 실질적 위반(material breach)을 인정하지 않았다. 특히, 긴급피난에 대한 항변은 조약의 종료사유가 아닌 위법성 조각사유임을 분명히 하였다. 또한, 헝가리는 새로운 국제환경법의 발전이 부다페스트조약의 이행을 불가능하게 만들었다고 주장하였는데, 부다페스트조약은 고정된 것이 아니며, 당사국간 합의를 통해 새롭게 개발된 환경법 규범을 수용하고 있다. 헝가리와 슬로바키아가 부다페스트조약의 의무를 준수하지 않았지만, 이러한 상호적 위법행위가 이 조약을 종료하거나 그 종료를 정당화하지 않는다. 따라서, 1992년 5월 19일 헝가리 선언은 부다페스트조약을 종료하는 법적 효력을 가지지 못한다.

1998년 9월 3일, 슬로바키아는 1993년 4월 7일 특별협정 제5조 제3항에 따라 이 사건의 추가 판결을 요청하였는데, 즉 헝가리가 위 판결을 이행할 의지가 없다면서 추가 판결이 필요하다고 주장하였다. 슬로바키아는 양 당사국이 위 판결을 집행하기 위한 일련의 교섭을 수행하여 기본협정의 초안을 마련하였고, 이는 자국 정부의 승인을 받았다고 언급하였다. 그러나 헝가리는 승인을 연기하였고, 심지어 새 헝가리 정부가 들어서자 이를 거부하였다. 슬로바키아는 ICJ에 위 판결을 집행하기 위한 방식을 결정해주도록 요청하였다.

2017년 6월 30일, 슬로바키아는 ICJ에 추가 판결에 대한 절차를 중단하고 소송명부에서의 삭제를 요청하였으며, 동년 7월 12일 헝가리는 절차의 중단을 반대하지 않는다는 뜻을 밝혔다. 이에 ICJ는 2017년 7월 18일 추가 판결 절차의 중단을 결정하였다.

09 Israeli Wall Case: Advisory Opinion (이스라엘 장벽 사건)[8]

인용(Citation) ICJ Rep. p. 136 (2004).

사실(Facts) 이스라엘은 아랍국가들과 1948~1949년 제1차 중동전쟁을 시작으로 1973년 제4차 중동전쟁에 이르는 동안, 요르단강 서안지대와 가자지구, 시나이반도, 골란고원 등을 점령하였다. 1988년 팔레스타인 해방기구는 東예루살렘과 요르단강 서안지대 및 가자지구를 영토로 하는 팔레스타인국가의 건국을 선포하고, 인티파다(intifada, 민중봉기) 등을 통해 이스라엘과 분쟁을 지속하였다. 이러한 가운데, 이스라엘은 2002년 6월부터 팔레스타인 점령지역(Occupied Palestine Territory)에 720km 길이, 8m 높이의 분리장벽(이스라엘의 용어로는 '안보장벽')을 건설하기 시작하였다.

2003년 12월 8일, UN총회는 제10차 긴급특별회기에서 채택된 결의 ES-10/14에 의해 국제사법재판소에 다음 문제에 관해 권고적 의견을 요청하기로 결정하였다: "1949년 제네바 제4협약, 안전보장이사회와 총회의 관련 결의를 포함, 국제법의 제규칙과 원칙을 고려하여 볼 때, UN사무총장의 보고서에 언급된 것처럼, 東예루살렘을 포함하는 팔레스타인 점령지역에서 이스라엘이 설치하고 있는 분리장벽의 건설로부터 야기되는 법적 결과는 무엇인가?".

위 결의는 ICJ에 긴급하게 권고적 의견을 내려 달라고 요청하였다. ICJ는 모든 국가가 법원에 출두할 권리를 가지며, 팔레스타인, UN, 아랍국가연맹(League of Arab States), 이슬람회의기구(Organization of the Islamic Conference)가 ICJ규정 제66조 제2항과 제3항에 따라 해당 문제에 관한 정보를 제공할 수 있다고 결정하였다. 45개 국가와 유럽연합을 포함한 4개의 국제기구가 서면진술서를 제출하였고, 2004년 2월 23일부터 25일까지 열린 구두심리에 12개 국가와 팔레스타인 및 2개의 국제기구가 참가하였다.

법적 쟁점(Legal Issues) 팔레스타인 점령지역에서 이스라엘의 분리장벽 건설은 국제법에 합치되는가?

8 Legal Consequences of the Construction of a Wall in the Occupied Palestinian Territory.

판결(Decision) 2004년 7월 9일, ICJ는 다음과 같이 권고적 의견을 제시하였다.

1. 이스라엘이 팔레스타인 점령지역에 건설 중인 분리장벽은 국제법상 위법이다.
2. 이스라엘은 국제법 위반행위를 끝낼 의무가 있다. 즉, 분리장벽 건설작업을 즉시 중단해야 한다.
3. 이스라엘은 분리장벽 건설로 영향을 받은 모든 자연인과 법인에 끼친 피해에 대해 배상할 의무가 있다.
4. 모든 국가는 분리장벽 건설로 발생한 불법 사태를 승인하지 않으며, 그러한 건설이 초래한 사태 유지에 도움이나 원조를 제공하지 않을 의무가 있다. 1949년 제네바 제4협약의 모든 당사국은 UN헌장과 국제법을 준수하는 가운데, 동 협약이 구현하는 국제인도법을 이스라엘이 준수하도록 보장할 의무를 진다.
5. UN, 특히 총회와 안전보장이사회는 이 권고적 의견을 적절히 고려하여 분리장벽 건설로 발생한 불법 사태를 끝내는데 필요한 행동이 무엇인지를 검토해야 한다.

판결 이유(Reasoning of the Court) 첫째, ICJ의 관할권 존재 여부에 관하여 판단하였다. 중동 사태에 관한 안보리의 역할에 비추어 볼 때, 총회가 UN헌장의 권한을 초월하여 행동하였다는 이스라엘의 주장과 관련하여 총회와 안보리가 점차 계속해서 국제평화와 안보 유지에 관한 문제를 병행해서 다루는 경향이 있으므로 총회의 권고적 의견 요청은 월권행위가 아니라고 판단하였다. 1997년 제10차 긴급특별회기가 열린 시점에 안보리는 상임이사국의 반대투표로 팔레스타인 점령지역의 일부 이스라엘인 정착 문제에 관하여 결정을 내릴 수 없었으며, 2003년 10월 14일 안보리의 거부권 행사 이후 20일에 제10차 긴급특별회기가 재개되었다. 결의 377A(V)에 규정된 것처럼 안보리가 국제평화와 안보 유지를 위한 일차적 책임 수행에 실패하는 경우 총회는 회원국에 권고를 내리기 위해 즉시 그 문제를 고려할 의무가 있으며, 이에 따라 ICJ의 의견을 구하는 결의를 채택한 것이다. 또한, 부탁된 문제가 추상적이고 정치적 성격을 갖기 때문에 관할권이 없다는 주장에 관해, 그러한 성격과 상관없이 ICJ는 여하한 '법적 문제'(legal question)에 관해 권고적 의견을 내릴 수 있다고 보았다.

ICJ는 자신의 관할권 행사를 부적절하고 사법기능에 합치되지 않는다고 주장하며 총회 청구의 특수한 측면을 이유로 관할권 행사를 거부해야 한다는 견해에 대해 검토하였다. 재판소는 원칙적으로 권고적 관할권 행사를 거부해서는 안 되지만, 필수적 이유(compelling reasons)가 존재하는 경우에 예외적으로 거부가 허용된다. 우선 본건 청구가 재판소의 관할권 행사에 동의하지 않은 이스라엘과 팔레스타인 사이의 쟁송 문제(contentious matter)와 관련되어 있으므로 관할권을 행사해서는 안 된다는 주장에 대해, ICJ는 이해당사국의 계쟁관할권 동의 결여와 권고관할권은 아무런 관련이 없다고 언급하였다. 국제평화와 안보에 관한 문제에 있어 UN의 권한과 책임에 비추어, 분리장벽의 건설은 일반적으로 UN, 특히 총회의 직접적인 관심사로 고려되어야 한다고 보았다. 또 다른 주장으로 본건에 대한 권고적 의견이 이스라엘과 팔레스타인 분쟁의 교섭을 통한 정치적 해결을 방해할 수도 있다는 점에 대해, 재판소는 양국의 교섭에 본 의견이 어떠한 영향을 끼칠지는 불명확하다는 견해를 채택하였다. 또한, 판단을 내리기 위한 충분한 증거가 존재하고, 이스라엘과 그 주민에 불법행위를 저질렀다고 주장되는 팔레스타인이 아닌 UN총회가 권고적 의견을 부탁한 것이므로 clean hands의 원칙과 관련이 없다고 보는 등 관할권 행사를 거부할 필수적 이유는 없다고 판단하였다.

둘째, 팔레스타인 점령지역에서 이스라엘 조치의 합법성을 판단하기 위해 적용할 수 있는 국제법 규칙과 원칙이 무엇이고, 이의 위반이 있는지를 검토하였다. 먼저 UN헌장 제2조 제4항과 '국가 간의 우호관계와 협력에 관한 국제법 원칙에 관한 선언'(Declaration on Principles of International Law concerning Friendly Relations and Co-operation among States)이라고 이름 붙여진 총회결의 2625(XXV)는 "무력의 위협이나 사용을 통해 발생한 어떠한 영토 취득도 합법으로 간주되어서는 안된다"는 원칙을 강조하고 있다. 또한, UN헌장 제1조 제2항과 제55조 및 총회결의 2625(XXV)를 통해 볼 때, 국제법의 발전이 민족자결원칙(principle of self-determination)을 비자치영역 전체에 적용하도록 만들었으며, 민족자결권은 대세적 권리(a right *erga omnes*)가 되었다. 이스라엘 정부가 추진하고 있는 분리장벽 루트는 폐쇄지역(그린라인과 분리장벽 사이에 있는 서안지구의 일부) 내의 팔레스타인 점령지역에 거주하는 정착민 중 약 80%를 포함하며, (동예루살렘을 포함한) 팔레스타인 점령지역에 있는 이스라엘 정착촌 대부분을 이 지역 내에 포함하는 방식으로 그려졌다. 분리장벽의 건설은 그 지역에 영구적일 수 있음을 기정사실(*fait accompli*)로 만들었고 이는 사실상 영토병합에 해당하며, 팔레스타인 민족의 자결권을 심각하게 훼손하였다. 또한, 국제인도법(international humanitarian law) 중 관습법이 된

1907년의 헤이그규정 및 이스라엘이 당사국인 1949년의 전시에 있어서 민간인 보호에 관한 제네바 제4협약을 위반하여 팔레스타인 인민의 재산이 훼손될 수 있다. 인권법(human rights law) 중, 이스라엘이 당사국인 시민적 및 정치적 권리에 관한 국제규약, 경제적 · 사회적 및 문화적 권리에 관한 국제규약, 아동의 권리에 관한 협약과 관련하여, 분리장벽의 건설은 거주이전의 자유에 심각한 제한을 가하며, 노동 · 보건 · 교육을 받을 권리와 적정한 생활 수준을 향유할 권리의 행사를 방해하였다. 이스라엘의 분리장벽으로 선정한 특정 코스가 안보 목적을 위해 필요하다는 주장은 설득력이 없다.

셋째, 이스라엘의 자위권(right of self-defense) 항변과 관련하여, 이스라엘이 주장하는 위협은 영토 밖이 아니라 내부에 존재하므로 자위권을 인정할 수 없다. 또한, 위법성 조각사유로서 긴급피난(a state of necessity)이 원용될 수 있는지 검토하였는데, 이스라엘의 행위가 위험에 대항하기 위해 이스라엘의 이익을 보존하기 위한 유일한 수단이라고 볼 수 없으므로 긴급피난에 해당하지 않는다.

넷째, 이스라엘의 국제법 위반 결과로서, 이스라엘, 다른 국가 및 UN 차원에서 취해야 할 의무에 관해 각각 언급하였는데, 그 내용은 위 권고적 의견(3~5번)을 참조하면 된다.

2004년 7월 20일, UN총회는 이스라엘이 ICJ의 권고적 의견을 준수하도록 촉구하는 결의 ES-10/15를 150대 6의 표결로 채택하였다. 이때, 이스라엘, 미국, 호주, 마셜군도, 미크로네시아와 팔라우는 반대표를 행사하였다.

제7장

영역

1. Chamizal Case(1911)
2. The SS 'Wimbledon' Case(1923)
3. Island of Palmas Case(1928)
4. Clipperton Island Case(1931)
5. The Minquiers and Ecrehos Case(1953)
6. Western Sahara Case(1975)
7. Burkina Faso/Mali Frontier Dispute(1986)
8. Libya/Chad Territorial Dispute Case(1994)
9. Sovereignty over Pulau Ligitan and Pulau Sipadan(2002)
10. Pedra Branca/Pulau Batu Puteh(2008)

01 Chamizal Case: Mexico v. United States

인용(Citation) 11 RIAA 309 (1911).

사실(Facts) 미국과 멕시코는 1848년 Treaty of Guadalupe Hidalgo와 1853년 Gadsden Purchase Treaty를 통해 양국 간의 경계선 획정을 위해 노력하였다. 양국은 콜로라도강과 리오그란데강의 계속적인 수로변경 때문에 경계선 획정에 어려운 현실을 고려하여, 1884년에 그 경계선을 강의 "평균수로의 중간선에 따르기"로 하는 데 동의하였다. 1899년 미국과 멕시코는 협정에 의해 국제국경선위원회(International Boundary Commission)를 창설하였고, 동 위원회는 콜로라도강과 리오그란데강의 수로변경이 "전위 혹은 침식작용(avulsion or erosion)을 통해" 발생한 것인지를 조사하고 결정하는 임무를 수행하게 되었다.

1895년 미국 텍사스주의 EI Paso와 멕시코의 Juarez 사이에 위치한 Chamizal Tract에 대하여 양국은 전 지역에 대한 각자의 소유권을 주장하였다. 그런데 국경선위원회가 국경선에 관한 합의를 도출하지 못하게 됨에 따라, 1910년 6월 24일 양국 정부는 "전적으로 그리고 배타적으로 Chamizal Tract가 어느 국가의 영토인가"에 대한 중재재판을 요청하였다.

법적 쟁점(Legal Issues) 국경선 획정의 문제

판결(Decision) 1911년 중재재판에 의한 결정은 멕시코에 보다 넓은 지역을 인정하였다.

판결 이유(Reasoning of the Court) 판결의 내용은 1864년 대홍수 기간에 Chamizal Tract의 확대 영역들은 미국 소유로 인정되어야 하지만, 그해에 발생한 변경이 1884년 조약상의 점진적 침식에 해당하지 않으므로 Chamizal Tract는 멕시코의 소유가 되어야 한다는 것이었다. 그러나 미국은 중재위원회의 권한 일탈을 이유로 그 판정의 승인을 거부하였다.

미국은 특히(*inter alia*) 다음 사항을 근거로 결정에 반대하였다: 본 판정은 (1) 1910년 협약에 의하면 Chamizal Tract의 경계획정 문제는 위원회에 제출하지 않기로 되어 있었

으며, (2) 이 사안에서는 1884년 조약 규정상의 기준 적용에 실패하였고, (3) 국제법 원칙을 통해 권한을 부여받지 않거나 미국과 멕시코 사이에 현존하는 조약이나 협약에 포함되지 않은 원칙을 침식 혹은 전위 문제 결정에 적용하였으며, (4) 국제국경선위원회 설립의 근거가 된 1899년 조약의 관할권 규정에 일치되지 않는다는 것이었다.

미국측의 중재판정 이행거부로 미해결상태이던 이 문제는 1962년에 다시 부각되었고, 1963년에 조약이 체결되어 1967년에 이행되었다. 그 내용을 보면 멕시코는 630.3 에이커를, 미국은 193.2 에이커를 차지하였다.

02 The SS 'Wimbledon' Case: Great Britain, France, Italy and Japan v. Germany

인용(Citation) PCIJ Ser. A, No. 1 (1923).

사실(Facts) Kiel 운하는 발틱해와 북해를 연결한다. 1921년 3월 21일, 프랑스회사에 전세낸 영국의 증기선 Wimbledon호는 군수물자를 싣고 폴란드 단치히항으로 가기 위해 독일의 Kiel 운하의 통과허가를 받으려 했으나, Kiel 운하의 책임자는 독일의 중립명령(German Neutrality Orders, 1920)에 따라 동 선박의 통과를 거부하였다. 당시 모든 선박의 통과가 계속 거부되었고, 결국 선박은 덴마크해협으로 회항하여 예정보다 늦게 목적항에 도착하였다.

이에 영국, 프랑스, 이탈리아와 일본 정부는 독일 정부를 상대로 PCIJ에 소를 제기하였는데, 이들 국가는 독일 정부의 행위가 1919년 베르사유평화조약(Peace Treaty of Versailles) 제380조상의 의무를 위반하였다고 주장하였다. 이 조항은 독일에 운하 지역권(servitude)만을 부여하였다.

법적 쟁점(Legal Issues) Kiel 운하에 적용되는 지역권은 당시 지역권 의무국가의 국내 중립법령을 무효화시킬 수 있는가?

판결(Decision) PCIJ는 독일에 패소 판결을 내렸다: 독일의 통과거부는 불법이며, Kiel 운하 통과거부로 발생한 손해에 대해 보상하도록 판결하였다.(베르사유평화조약 제380조는 독일로 하여금 1920년 7월 25일자로 독일 정부가 선포한 중립법령의 적용을 금지하고 있다.)

판결 이유(Reasoning of the Court) 베르사유평화조약 제380조는 독일과 평화 관계에 있는 모든 국가의 상선 또는 군함이 평등한 조건으로 자유롭게 통과되어야 한다고 규정하고 있다. 본 조항의 용어는 명확하며 절대적이다. PCIJ는 제380조상의 용어가 잘 분류되어 있으며, 어떠한 이의도 일어날 수 없다고 판단하였다.

Kiel 운하는 조약을 통해 전 세계 모든 국가의 편의를 위해 발틱해에 용이한 접근을 보장하도록 의도된 국제수로(international waterway)가 되었다. 이러한 새로운 체제하에서 Kiel 운하는 모든 선박에 평등하게 개방되어야만 한다. 단, 이 운하를 폐쇄할 수 있는 유일한 조건은 이를 이용하도록 허용된 모든 선박이 독일과 평화 관계에 있어야 한다는 것이었다.

Wimbledon호는 영국의 소유였는데 당시 독일과 평화 관계를 유지하고 있던 영국에 등록된 선박이었고, 독일과 평화 관계에 있던 프랑스의 한 회사에 임대되어 사용되고 있었다. 따라서 Wimbledon호에 Kiel 운하의 접근이 금지되어서는 안 된다고 판단하였다.

03 Island of Palmas Case: The Netherlands v. United States of America (팔마스섬 사건)

인용(Citation) 2 RIAA 829 (1928) ; 22 AJIL 735 (1928).

사실(Facts) Palmas섬(Miangas섬이라고도 함)은 면적이 불과 2평방 마일도 되지 않는 인구 약 750명의 고립된 섬으로 필리핀 군도의 Mindanao섬과 네덜란드 동인도(Dutch East Indies)의 Nanoesa제도 최북단의 중간지점에 위치하고 있다.

이 섬은 그 위치상 1898년 「파리조약」에 의하여 스페인이 미국에 할양한 필리핀의 경계 내에 있었기 때문에, 1906년 1월 21일에 그 지역의 미국 관할관이 해당 섬을 시찰하던 중 네덜란드 국기가 게양된 것을 목격하고 본국에 확인을 요구한 것에서 사건이 시작되었다.

팔마스섬의 소속에 대해 미국과 네덜란드 간에는 장기간의 외교협상이 전개되었고, 결국 양국은 1925년 팔마스섬의 영유권 문제를 상설중재재판소에 부탁하고, 스위스의 법학자인 Max Huber를 단독중재관으로 지명하였다.

법적 쟁점(Legal Issues) 합법적인 소유권자가 타방의 주권행사행위를 저지하지 않는 경우에 외국 영토에 대한 유효한 권원 취득을 인정할 수 있는 것인가?

판결(Decision) 팔마스섬은 네덜란드에 속한다: 팔마스섬에 대한 스페인의 시원적 권원에도 불구하고, 네덜란드 정부가 200년 이상 그 주권을 행사하여 왔으므로 네덜란드는 해당 섬에 대해 시효에 의한 권원을 취득하였다고 해야 한다.

판결 이유(Reasoning of the Court) Huber는 미국이 할양받았던 Palmas섬에 대한 스페인의 주권을 증명하지 못하였으며, 설사 스페인이 그 섬을 최초로 발견하였다 하더라도 그것만으로는 정당한 권원 취득의 근거가 될 수 없고, 상당한 기간 실효적 점유(effective occupation)가 지속되고 있어야 한다고 지적하였다.

또한, 그는 설사 스페인의 권원이 1898년까지 불완전한 상태로 존재하였고, 그 섬에 대한 할양이 「파리조약」 제3조에 포함되었다고 하더라도 그것은 다른 국가의 계속적이며 평화적인 주권행사에 비해 우월하다고 할 수 없음을 명시한 반면, 네덜란드는 이미 1677년 이후 원주민과의 협정에 의해 Palmas섬을 네덜란드에 귀속시키고 이 도서를 포함한 원주민국가를 종속국으로 하여 1700년~1898년 기간뿐만 아니라 1898년~1906년 사이에도 권한을 행사하였음을 비교하였다. 따라서 현실적으로 적어도 19세기 중반 이후로는 네덜란드 정부가 팔마스섬을 합법적 영토의 일부로 간주하여 통치하여 온 증거는 명확하다고 강조하였다.

네덜란드의 그동안의 행위에 대해 스페인은 어떠한 항의도 하지 않았으며, 1666년 Molucas로부터 철수한 후에는 주권행사에 관한 명시적 유보조치를 취하였다. 그러므로 미국이 1906년에 이 섬에 대한 권리를 주장하기 전까지 어떠한 주권행사도 시도한 적이 없었다. 이는 한편으로 네덜란드 정부의 이의 없는 주권행사가 1700년부터 1906년까지 계속되었음을 증명해 준다.

Huber는 1928년 판결을 통하여 네덜란드는 1700년까지 거슬러 올라가는 오랜 기간 '국가권위의 계속적이며 평화적인 행사'(continuous and peaceful display of state authority)에 의하여 이 섬에 대한 권원을 취득하였으며, 이는 유효하다고 판시하였다.

04 Clipperton Island Case: France v. Mexico

인용(Citation) 2 RIAA 1105 (1931) ; 26 AJIL 390.

사실(Facts) Clipperton섬은 태평양의 구아노(guano)로 된 무인도로, 멕시코 서부해안에서 남서쪽으로 약 670마일 거리에 위치하고 있다. 1858년 프랑스 해군장교가 이 섬을 발견한 후, 프랑스는 승무원을 상륙 · 순찰시켜 상세한 지리적 좌표를 만들고 영토주권을 선포하였으며, 그 섬에 영토주권의 표시를 남겨 놓지는 않았으나 본국과 하와이당국에 이 사실을 통고하였고, 호놀룰루 신문에도 자신들의 주권 선언을 게재하였다고 주장하였다. 그 후 프랑스를 비롯한 어떠한 국가도 후속행위를 하지 않았는데, 1897년 3인의 미국인이 그 섬에 성조기를 게양하자 프랑스가 항의하였고, 이듬해인 1898년에 미국은 그 섬에 대한 모든 권리를 포기하였다.

그러자 이번에는 멕시코가 프랑스는 1858년부터 1897년까지 단지 발견만 하였을 뿐 점유하고 있었던 것이 아니므로 1897년 당시 무주지라 할 것이기 때문에, 스페인 국민이 그 섬을 발견하였다는 것을 근거로 하여 그 섬에 대한 주권을 주장하였다.

법적 쟁점(Legal Issues) 무주지 선점의 요건

판결(Decision) 중재재판관인 이탈리아 국왕 Victor Emmanuel 3세는 스페인 당국이 섬을 발견하였다는 증거가 충분하지 않기 때문에 섬에 대한 권원이 스페인에 있는 것은 아니며, 다른 한편 프랑스가 섬에 대한 소유권을 포기한 적이 없으므로 이 섬에 대한 영토주

권은 여전히 프랑스에 속한다고 하였다.

판결 이유(Reasoning of the Court) 우선 법적으로, Clipperton섬에 대한 프랑스의 주권 주장 이전에 이 섬에 대한 소유권이 멕시코에 있었다는 주장을 검토할 필요가 있다. 이 주장이 근거 있는 것으로 인정된다면 프랑스의 섬에 대한 점유(occupation) 행위는 불법이 될 것이다.

멕시코의 주장에 따르면, 18세기 초엽의 유명한 영국인 탐험가의 이름을 따서 명명한 Clipperton섬(Medano 또는 Medanos섬이라고도 함)은 당시에 피난처로 이용되었는데, 이를 스페인 해군이 발견하였고 1836년부터는 스페인의 승계국인 멕시코에 승계되었다고 한다. 하지만, 중재재판관은 그 명칭 여부와는 무관하게 실제로 스페인 해군이 발견했다는 증거는 확인되지 않았으며, 멕시코가 주장하는 역사적 권원(historic right) 역시 섬에 대한 주권을 인정하기에는 충분치 못하다고 판단하였다.

결과적으로 1858년 11월 프랑스가 Clipperton섬에 대한 주권을 주장했던 시점에, 이 섬은 무주지(*territorium nullius*)로서 어느 국가도 영유할 수 있었던 것이고, 물론 실효적이고 배타적인 권한 행사는 통상적인 주권존중이 확보될 수 있을 정도로 행정력이 확립될 것을 요구하지만, 무주지에서는 최초의 주권표시를 한 국가가 논란의 여지 없이 절대적 지배권(absolute and undisputed disposition of that state)을 갖게 된다고 하였다. 이러한 이유로, 중재재판관은 Clipperton섬에 대한 주권은 1858년 11월 17일부로 프랑스에 속한다고 결정하였다.

05 The Minquiers and Ecrehos Case: France / United Kingdom

인용(Citation) ICJ Rep. p. 47 (1953).

사실(Facts) Minquiers섬과 Ecrehos섬은 영국해협에 있는 Channel 군도의 일부로서, 1066년 노르만족의 영국정복 이후 영국왕이 노르망디공으로서 노르망디 지방과 Channel 군도를 지배하였었다. 1204년 프랑스는 노르망디를 탈환하였으나 Channel 군도에 대하여는 실패하였고, 그 이후 프랑스는 Channel 군도의 대부분에 대하여 영국 주권을 인정하였다. 그러나 프랑스는 다시 1204년 이후 영국이 Minquiers섬과 Ecrehos섬에 대한 점유를 하지 않았으므로, 그 주권인정에 무리가 있다고 주장함으로써 다시 문제가 되었다.

이 섬들의 권원에 대한 분쟁 해결을 위해 ICJ에 부탁하였다.

법적 쟁점(Legal Issues) 영토 점유의 증거

판결(Decision) 재판소는 점유의 증거가 영토 귀속 문제에 있어 결정적인 요소인데, 영국의 점유가 우월하다고 보아 전원일치로 영국의 이 도서에 대한 주권을 인정하였다.

판결 이유(Reasoning of the Court) 역사기록에 의하건대, 1200년대에 영국의 John왕은 Channel 군도를 한 신하에게 하사하였고, 다시 그 신하는 그 중의 Ecrehos섬을 한 교회단체에 기부하였던 점, 그리고 13세기 초에 영국이 이 도서에 대한 재판관할권을 행사했었다는 것을 알 수 있다는 것에 재판소는 주목하였다.

또한, 재판소는 19세기 초엽 Ecrehos섬과 Jersey 지방을 둘러싸고 있는 해수에서의 굴어업과 관련된 행정사실, 지난 100여 년간 Ecrehos섬과 관련된 형사관할권이 Jersey 지방의 재판소가 관장하여 왔다는 점, 섬의 부동산 관련 계약에 대한 행정사실, Jersey 지방 관세청이 Ecrehos섬에 관세사무소를 개설했던 점 등, 이러한 다양한 사실들이 Jersey 지방 당국이 여러 가지 방법으로 오랜 기간 Ecrehos섬에 관하여 일상적인 지방 행정업무를 수행하였음을 증명해 준다고 인정하였다.

반면에 프랑스 정부는 자국이 Ecrehos섬에 대하여 국가기능을 행사하였을 뿐만 아니라, 유효한 권원(valid title)을 가지고 있음을 증명할만한 증거를 제시하지 못하였으므로 ICJ는 Ecrehos섬은 영국에 속한다고 판결하였다.

그리고 ICJ는 Minquiers섬에 대한 양국의 주장에 대해서도 심사하였는데, 영국 정부는 1692년 Minquiers섬의 암초에 난파한 선박의 물자에 관련된 소송을 Jersey 지방의 재판소가 판결하였던 것과 Minquiers섬에서 발견된 사체에 대해 수사 관할권을 행사하였던 것을 증거로 제출하였다. 이에 반해, 재판소는 프랑스 정부가 제출한 자료들은 Minquiers섬에 대한 유효한 권원을 증명하기에 충분치 못하다고 판결하였다. 결론적으로 제반 증빙자료들을 근거로 하여 재판소는 Minquiers섬에 대한 주권은 영국 정부에 속한다고 하

였다.

이러한 모든 이유로, ICJ는 만장일치로 Ecrehos섬과 Minquiers섬에 대한 주권이 영국 정부에 속한다고 판결하였다.

06 Western Sahara Case: Advisory Opinion

인용(Citation) ICJ Rep. p. 12 (1975).

사실(Facts) 스페인은 19세기 후반부터 서부사하라를 식민지화하였는데 UN이 이를 비자치지역으로 인정한 후, 서부사하라를 독립시키고자 하였다. 이에 대해 모로코와 모리타니는 이의를 제기하였고, 각각 서부사하라를 자국에 귀속되어야 할 지역이라고 주장하였다. 즉 모로코는 스페인이 서부사하라를 식민지화하기 이전에 자국이 그 지역에 대한 주권을 행사하였다고 하였으며, 모리타니는 스페인이 식민지화할 당시 그 지역은 후에 모리타니가 되는 모리타니아實體(Mauritanian Entity)의 일부라고 주장하였다.

결국, 이 문제는 1974년 12월 13일자로 채택된 UN총회 결의 3292(XXIX)에 의하여 ICJ에 권고적 의견이 요청되었다.

법적 쟁점(Legal Issues) 이 사건의 쟁점은 (1) 스페인이 식민지화할 당시 서부사하라는 무주지(*terra nullius*)였는가 하는 것과 (2) 만일 당시 서부사하라가 무주지가 아니었다면, 서부사하라와 모로코 및 모리타니아실체와는 어떠한 법적 관계(legal ties)를 가지고 있었는가 하는 것이었다.

판결(Decision) ICJ는 권고적 의견을 통하여 스페인이 식민지화할 당시, 서부사하라에는 정치적 · 사회적으로 조직화된 대표족장이 존재하는 유목민족이 거주하고 있었다는 점을 지적하면서 무주지가 아니었으며, 이 지역과 모로코 및 모리타니 사이에는 법적 관계가 존재하였다고 판결하였다.

판결 이유(Reasoning of the Court) ICJ는 당시 서부사하라가 모로코, 모리타니아실체와 일정한 법적 관계를 가지고 있었다는 점을 인정한 반면, 모로코에 대해서는 영토주권을 주장할 만큼의 충분한 권한 행사의 사실을 증명하지 못하였다고 하고, 모리타니에 대하여서는 서부사하라와 모리타니아실체에 거주하는 인민 간에는 인종적 · 언어적 · 종교적 · 문화적 · 법적 · 경제적으로 상당히 뚜렷한 관계는 있었지만, 이런 상황이 모리타니아실체가 서부사하라에 대해 영토주권을 행사한 것으로 간주될 수는 없다고 판단하였다.

학자들 사이의 의견은 나뉘지만, 당시 국가관행으로는 사회 · 정치적 조직을 갖춘 민족 혹은 부족민이 거주하는 영토는 무주지로 간주될 수 없었다. 그런데 본 사건에서 ICJ에 제출된 정보에 의하면 식민지 시대에 서부사하라는 사회적 · 정치적으로 조직된 민족이 거주하고 있었다. 또한, 서부사하라를 식민지화할 당시 스페인이 무주지에 주권을 창설하는 방법으로 진행된 것이 아님을 알 수 있다. 따라서 ICJ는 서부사하라가 무주지가 아니라고 판단하였다.

서부사하라와 모로코 및 모리타니 사이에 존재하는 법적 관계를 결정함에 있어 결정적으로 중요한 것은 지난 역사상의 일련의 사건들에서 추론한 간접적 추정이 아니라, 스페인의 식민지 당시 서부사하라에서 권한의 효과적 행사에 직접적으로 관련된 증거라고 반박하였다.

결국, ICJ는 서부사하라와 모로코, 모리타니아실체와의 법적 관계가 무엇이든 간에 그것이 UN총회 결의로 서부사하라를 독립시키는 데 영향을 주거나 서부사하라 인민의 자결권(right of self-determination)을 제한할 정도는 아니라고 판결하였다.

07 Burkina Faso/Mali Frontier Dispute: Burkina Faso / Republic of Mali

인용(Citation) ICJ Rep. p. 554 (1986).

사실(Facts) Upper Volta(1984년 8월 4일 이후, Burkina Faso) 정부와 Mali는 공동경계를 이루는 지역의 한계설정에 관한 분쟁을 ICJ에 부탁하였고, 법원이 양국의 요청을 수락하여 판단하게 된 사건이다.

법적 쟁점(Legal Issues) 영토의 경계선 분쟁 · 현존경계존중의 원칙(principle of *uti possidetis juris*)

판결(Decision) ICJ는 수 개의 지리적 좌표를 참고하여 정확한 경계선을 결정하였다.

판결 이유(Reasoning of the Court) 양 당사국은 현재의 분쟁을 법학자들 사이에서 '경계선 분쟁'(frontier disputes), 즉 '경계획정 분쟁'(delimitation disputes), 그리고 '영토의 귀속에 관한 분쟁'(disputes as to attribution of territory)이라는 표현의 차이에 따라 어떻게 분류할 것인지에 관하여 장기간 논쟁을 벌였다. 이 차이에 의하면, 후자의 목적은 실체적인 지리적 땅덩어리에 관한 주권 귀속의 문제인 반면, 전자는 "지리적으로는 자치권이 없는 땅의 일부"에 관한 경계획정 활동을 의미한다.

양 당사국은 현재의 분쟁이 비록 양국이 결론에 동의하지 못한다고 하더라도, 경계획정 분쟁 분류에 속한다는 사실에 대해서는 궁극적으로 인정하는 것처럼 보인다. 그러나 사실상 이를 포함한 대부분의 사건을 떠올려 보면, 이 차이가 본질적으로 큰 차이라기보다는 문제가 된 활동이 수행되는 방법과 관련한 정도의 차이에 불과하다는 것을 볼 수 있다. 경계획정 분쟁지역이 작다 할지라도 그 경계설정 효과는 경계선의 일면에 놓여 있는 땅의 할당과 관계를 갖게 된다.

양국이 특히, '식민지로부터 이어받은 경계선의 무형성원칙'(principle of the intangibility of frontiers from colonisation)을 근간으로 명시적으로 ICJ에 분쟁 해결을 요청해 왔기 때문에, ICJ는 경계선의 무형성원칙의 준수로 인해 적용 문제가 발생하는, 현존경계존중의 원칙(principle of *uti possidetis juris*)을 간과할 수 없다고 보았다. 비록 본 사건의 목적상, 탈식민지와 관련하여 이것이 확립된 국제법상 원칙임을 증명할 필요는 없지만, 그럼에도 불구하고 재판소는 아프리카대륙과 양국을 위해 예외적으로 중요하다는 견지에서 이 원칙의 일반적 범위를 강조하고자 하였다.

국가승계(state succession)의 경우에 이전에 존재하던 경계선을 준수하기 위한 의무는 현존경계존중의 원칙, 즉 표현 여부와는 상관없이 국제법의 일반원칙에 기인한다는 사실은 의심의 여지가 없다. 아프리카단결기구(Organisation of African Unity)의 기관에 의해서건 혹은 아프리카 고위 정치가에 의해서건, 아프리카 국가들의 독립 당시 존재하던 국경선의 무형성에 관한 수많은 엄격한 주장은 분명히 창설적(constitutive)이라기보다는 선언적(declaratory)이다.

위에 언급된 사실에 비추어, ICJ는 본 사건에서 현존경계존중 원칙의 적용은 Mali와 Burkina Faso가 독립할 당시인 1960년에는 이 원칙을 선포한 아프리카단결기구가 존재하지 않았고, 위에 언급된 이전에 존재하는 국경선 준수 요청 결의는 단지 1964년부터 시작되기 때문에 이의제기의 대상이 되지 않는다고 판단하였다.

08 Libya/Chad Territorial Dispute Case: Libyan Arab Jamahiriya / Chad (리비아-차드 영토분쟁사건)

인용(Citation) ICJ Rep. p. 6 (1994).

사실(Facts) 무력 분쟁 이후, 리비아와 차드는 상호 간의 국경선 획정에 관한 영토분쟁을 국제사법재판소에 부탁하기로 합의하였다. 1955년 우호 및 선린관계 조약(Treaty of Friendship and Good Neighbourliness)은 그 당시 차드를 식민지로 하였던 프랑스와 신생독립국인 리비아 사이에서 체결된 것이었다. 조약 조문에는 양국 간의 국경선이 구분되어 있었지만, 그 종료 시기가 명시되어 있었다. 게다가 국경선 확립을 위한 본 사건의 상황에 적용할 국제법 원칙에 관하여 양국은 완전히 의견을 달리하였다.

법적 쟁점(Legal Issues) 조약해석에 있어 상대국가의 국제협상에 관한 무경험이 유리한 해석적용의 근거가 되는지와 종료 시기를 정하고 있는 양자조약을 통한 국경선 분쟁 해결

판결(Decision) 차드는 프랑스가 통치하던 영토의 승계국으로, 국경선에 대해서는 프랑스가 당사국이 되어 1955년 조약에서 명시적인 합의를 이루었다. 그리고 프랑스를 승계한 차드의 이후 행동들도 이러한 협정을 승인하고 있음을 보여준다.

ICJ는 조약이 유효기간(20년)을 정하여 체결되었다는 사실이 국경선 획정조약에 의한

경계 결정의 효력과는 무관하다고 보았다.

판결 이유(Reasoning of the Court) 1955년 조약이 본 사건을 고려함에 있어 논리적 출발점이라는 것은 양 당사국이 동의하는 바이다. 그러나 어느 당사국도 1955년 조약의 유효성(validity)에 관해 의문을 제기한 바 없으며, 리비아도 차드가 리비아와 국경선에 관련된 규정에 대해 원용할 권리에 의문을 제기하지는 않았다. 리비아는 조약 체결 당시, 관련 사실에 대한 무지를 프랑스 협상가들이 이용하여 결과적으로 국경선에 관한 조항이 리비아에 불리하게 규정되었다고 주장하며, ICJ가 조약을 해석함에 있어 이러한 사실을 고려하여야 한다고 말하였다. 그러나 ICJ는 조약 자체의 무효(invalidity)에 대한 근거로 제시하는데 이 주장을 채택하지 않았다.

ICJ는 국경선이 1955년 조약에서 확립되었다며, 다음과 같이 말하였다: 국경선은 1955년 조약의 결과물로 확립되었으며, 국경선 문제에 대한 이후 양국의 태도를 검토하였다. 이후 프랑스와 리비아, 혹은 차드와 리비아 사이의 어떠한 협정도 국경선을 문제 삼은 적이 없었다. 1966년 3월 2일 리비아와 차드 사이의 조약은 양국의 우호 및 선린관계에 관해 규정하며, 제1조와 2조에서 "국경선"을 언급하고 있는데, 이에 대한 어떠한 불확실성에 관한 규정이 없다. 1972년 12월 23일 차드와 리비아 사이에 체결된 우호, 협력 및 상호원조에 관한 협약 역시 친선 및 선린관계에 대해 말하며, 분쟁을 피하기 위해 모든 노력을 다할 것을 규정하고 있다. 결국, 법원의 견지에서 볼 때, 1955년 조약은 영구적 국경선(a permanent frontier)을 결정한 것으로 간주된다.

조약에 의해 확립된 국경선은 조약 자체가 반드시 향유할 수 없더라도 영속성(a permanence)을 확립한다. 조약은 국경선의 계속에 영향을 미치지 않고 종료될 수 있다. 이러한 경우에 당사국은 조약을 종료할 권한을 행사하지 않았지만, 선택권이 행사되느냐에 관계없이 국경선은 존재한다. 이는 양국이 상호협의에 의해 국경선을 변화할 수 없다고 말하는 것은 아니다. 그러한 결과는 당연히 상호 동의(mutual consent)에 의해 가능하지만, 국경선이 협정의 대상(subject of agreement)이 되는 경우 국경선의 계속이 동의된 조약의 연속성에 의존하는 것은 아니다.

09 Sovereignty over Pulau Ligitan and Pulau Sipadan : Indonesia / Malaysia

인용(Citation) ICJ Rep. p. 625 (2002).

사실(Facts) 1997년 5월 31일, 인도네시아와 말레이시아는 셀레베스해(Celebes Sea) 내에 위치하고 있는 리기탄(Ligitan) 섬 및 시파단(Sipadan) 섬에 대한 양국 간 주권 분쟁을 국제사법재판소에 회부하는 것에 합의하는 '특별협정'을 체결하였다. 이 특별협정은 1998년 5월 14일에 발효하였다.

지리적 차원에서 리기탄 섬 그리고 시파단 섬은 보르네오 섬으로부터 북동쪽에 위치하고 있으며, 본격적인 개발 이전까지는 사람이 살지 않던 작은 섬이었다. 16세기 이후 스페인, 네덜란드, 영국, 미국 등 열강이 보르네오 섬에 그 모습을 드러냈으나 제2차 세계대전 종전 이후 보르네오 섬을 놓고 인도네시아, 말레이시아, 브루나이가 각각의 주권을 확립하게 되었다. 인도네시아와 말레이시아는 독립 이후 1960년대 보르네오 섬 동쪽 수역에 대한 원유탐사 허가를 부여했기 시작했으며, 결국 리기탄 섬 및 시파단 섬에 대한 양국 간 주권 분쟁은 1969년 양국 간 대륙붕의 경계를 획정하는 협정을 체결하는 과정에서 수면 위로 드러났다. 1990년대 양국은 리기탄 섬 및 시파단 섬에 대한 주권 분쟁을 해결하기 위해 다각도로 노력했으나 성공하지 못했고, 이에 분쟁을 국제사법재판소에 회부하기로 합의하게 되었다.

법적 쟁점(Legal Issues) 영토에 대한 주권 분쟁을 해결하기 위해 검토된 *effectivités*

판결(Decision) 리기탄 섬 및 시파단 섬에 대한 주권은 말레이시아에 속한다.

판결 이유(Reasoning of the Court) 국제사법재판소는 인도네시아와 말레이시아 양국 모두 리기탄 섬 및 시파단 섬에 대하여 조약에 기초한 권원을 가지고 있지 못하다는 것을 전제로 양국이 제시한 *effectivités*(즉, 주권적 권한의 행사)를 살펴보았다. 국제사법재판소는 양국 간 분쟁이 수면 위로 드러난 때인 1969년 이전에 있었던 *effectivités*를 주로 분석하였다. 특히 국제사법재판소는 리기탄 섬 및 시파단 섬과 직접적 관련이 있는 *effectivités* 또는 일반적 성격을 가진 입법 또는 행정적 행위라 할지라도 리기탄 섬 및 시파단 섬과 용어 또는 효과 등에서 관련이 있는 경우의 *effectivités*를 고려하고자 하였다.

국제사법재판소는 인도네시아가 제시하고 있는 *effectivités* 중 그 어떤 것도 입법적 또는 규제적 성격을 가지고 있지 않다는 것을 전제하며, 인도네시아가 군도기선을 설정한 입법 및 그 부속 지도가 리기탄 섬 및 시파단 섬을 기점 등으로 언급하지 않고 있다는 것을 지적하였다. 그리고 인도네시아가 인도네시아 어부들이 전통적으로 리기탄 섬 및 시파단 섬 인근 수역을 이용해 왔다는 점을 주장한 것에 대하여 국제사법재판소는 사인의 행위는 기본적으로 *effectivités*로 간주될 수 없다는 점을 피력하였다.

국제사법재판소는 말레이시아가 주장한 *effectivités* 중 북보르네오 당국이 리기탄 섬 및 시파단 섬에서 당시 상당한 경제적 중요성을 가지고 있던 거북알을 채취하는 행위를 규제하고 통제하기 위해 채택한 조치, 특히 1917년 '거북보존포고령'(Turtle Preservation Ordinance)에 주목하였다. 말레이시아는 이 포고령이 최소 1950년대까지 적용되었다고 주장하였다. 그리고 국제사법재판소는 1933년 시파단 섬이 조류보호지구로 선포되었던 것도 주권 분쟁의 대상이 되고 있는 섬이 직접적으로 언급된 입법적 또는 규제적 성격을 가진 조치로 간주하였다. 또한 국제사법재판소는 북보르네오 당국이 1962년 시파단 섬에 그리고 1963년 리기탄 섬에 등대를 건설한 사실에도 상당한 의미를 부여하였다.

10 Pedra Branca/Pulau Batu Puteh: Malaysia / Singapore (페드라 브랑카 사건)[9]

인용(Citation) ICJ Rep. p. 12 (2008).

사실(Facts) 이 사건은 Pedra Branca(말레이시아어로는 Pulau Batu Puteh), Middle Rocks 및 South Ledge에 관한 말레이시아와 싱가포르 간의 영유권 분쟁이다.

2003년 7월 24일, 말레이시아와 싱가포르는 동년 2월 6일에 서명하고 5월 9일에 발

9 Sovereignty over Pedra Branca/Pulau Batu Puteh, Middle Rocks and South Ledge.

효한 특별협정에 의해 자신의 분쟁을 공동으로 국제사법재판소에 제기하였다. 특별협정에 따라, 양 당사국은 다음에 관한 주권이 말레이시아와 싱가포르 중 어느 국가에 속하는지 ICJ가 결정해 달라고 요청하였다: (a) Pedra Branca/Pulau Batu Puteh; (b) Middle Rocks; (c) South Ledge. 양 당사국은 이미 ICJ의 판결을 최종적이고 구속력이 있는 것으로 받아들이기로 동의하였다.

먼저 분쟁의 지리적 배경을 살펴보면, Pedra Branca/Pulau Batu Puteh는 길이 137m, 폭 60m, 썰물시 8,560m^2 면적의 화강암 섬으로, 싱가포르해협이 남중국해로 연결되는 지점인 동쪽 입구에 위치한다. 이 섬은 싱가포르 동쪽으로 약 24해리, 말레이시아 Johor州 남쪽으로 7.7해리, 인도네시아 빈탄섬 북쪽으로 7.6해리에 있다. 이 섬의 명칭은 포르투갈어와 말레이시아어로 '하얀 바위'를 의미하며, 섬에는 19세기 중반에 세워진 Horsburgh 등대가 서 있다. Middle Rocks와 South Ledge는 Pedra Branca/Pulau Batu Puteh에서 가장 가까운 해양지형인데, Middle Rocks는 남쪽으로 0.6해리에 위치하며, 0.6~1.2m 높이로 수면 위에 영구적으로 떠 있는 약 250m 떨어진 두 개의 작은 암석 무리로 구성되어 있다. Pedra Branca/Pulau Batu Puteh의 남남서쪽으로 2.2해리에 위치한 South Ledge는 썰물에만 볼 수 있는 암석이다.

분쟁의 역사적 배경을 요약하자면, 포르투갈이 1511년에 말라카를 점령한 후 말레이시아의 전신인 조호르 술탄국(Sultanate of Johor)이 설립되었는데, 1600년대 중반까지 네덜란드가 포르투갈과 이 지역에 대한 지배를 놓고 힘겨루기를 하였고, 1795년 영국이 말레이군도를 통치하였다가 1814년 다시 네덜란드로 반환하였다. 1819년 동인도회사에 의해 싱가포르(조호르의 소유였음)에 영국 공장이 설립되었고, 이는 영국과 네덜란드 간 긴장을 증대시켰다. 1824년 3월 17일 양국간 조약이 체결되어 조호르 술탄국은 영국이, 다른 지역은 네덜란드의 영향력 아래 놓이게 되었다. 1824년 동인도회사, 조호르 술탄 및 말레이시아의 고위 관료인 Temenggong은 우호연맹조약에 서명하여, 싱가포르 및 10해리 이내 모든 도서를 동인도회사에 완전히 할양하였다. 1867년 페낭, 싱가포르와 말라카로 구성된 동인도회사 영토인 해협식민지는 영국 식민지가 되었다가 1946년에 해체되었고, 같은 해 싱가포르를 제외한 前해협식민지 일부, 말레이 연합국가 및 말레이 비연합국가(조호르 포함)로 구성된 말레이연합(Malayan Union)이 창설되었다. 1948년 말레이연합은 말라야연방(Federation of Malaya)이 되었고, 조호르를 연합의 일부로 하여 1957년 영국으로부터 독립하였다. 1958년 싱가포르는 자치 식민지가 되었고, 1963년 말라야연방과 싱가포르, 사바, 사라왁의 합병으로 말레이시아연방(Federation of Malaysia)이 설립되었다가 1965년 싱가포르는 여기서 탈퇴하여 독립국이 되었다. 1979년 12월 21일 말레이시아는 Pedra Branca/Pulau Batu Puteh를 자신의 영해로 표시한 지도를 발간하였고, 싱가포르는 1980년 2월 14일 외교문서를 보내, 말레이시아의 관련 영해 표시가 잘못되었다며 지도의 수정을 요청하였다. 1993년부터 이 문제의 해결을 위한 정부 회담이 개최되었으나 성과를 거두지 못하였고, 1993년 2월 첫 번째 회담 중 Pedra Branca/Pulau Batu Puteh 근처에 있던 Middle Rocks와 South Ledge에 대한 영유권 문제도 제기되었다. 양자 교섭의 진척이 없자, 양국은 해당 분쟁의 해결을 ICJ에 부탁하기로 합의하였다.

ICJ는 Pedra Branca/Pulau Batu Puteh 분쟁의 결정적 시점을 싱가포르가 말레이시아 지도 발간에 항의를 표시한 1980년 2월 14일로 정하고, Middle Rocks와 South Ledge와 관련하여서는 싱가포르가 해당 문제를 언급한 1993년 2월 6일로 정하였다.

법적 쟁점(Legal Issues) 말레이시아와 싱가포르 중 어느 국가가 Pedra Branca/Pulau Batu Puteh, Middle Rocks 및 South Ledge에 대한 주권을 가지는가?

판결(Decision) 2008년 5월 23일, ICJ는 다음과 같이 판결하였다.

1. Pedra Branca/Pulau Batu Puteh에 대한 주권은 싱가포르에 속한다.
2. Middle Rocks에 대한 주권은 말레이시아에 속한다.
3. South Ledge에 대한 주권은 해당 지역이 위치한 곳에 영해가 있는 국가에 속한다.

판결 이유(Reasoning of the Court) 첫째, Pedra Branca/Pulau Batu Puteh의 법적 지위와 관련하여 조호르 술탄국이 설립된 1512년부터 1840년대 이전까지와 1840년대 이후로 시기를 구분하여 살펴보았다. 전자에 해당하는 시기 동안(1844년 Horsburgh 등대 건설을 위한 준비 시작 전)의 관련 문서를 살펴본 결과, 말레이시아의 전신인 조호르 술탄국의 영역은 원칙적으로 Pedra Branca/Pulau Batu Puteh를 포함한 싱가포르해협의 모든 도서를 포함한다. 술탄국의 Pedra Branca/Pulau Batu Puteh의 점령에 대해 이 지역의 다른 어떤 세력도 이의를 제기한 바 없으며, 모든 경우에 "영토주권의 계속적이며 평화적인 행사"(continuous and peaceful display of territorial sovereignty)의 조건을 충족하는 것으로 간주된다. 따라서 조호르 술탄국은 Pedra Branca/Pulau Batu Puteh 대한 시원적 권원(original title)을 가진다. 영국과 네덜란드에 의해 조호르 술탄국이 두 부분으로 분할됨으로써 Pedra Branca/Pulau Batu Puteh가 무주지(*terra nullius*)가 되었다는 싱가포르의 주장은 인정되지 않으며, 오히려 이러한 분할 덕택으로 Pedra Branca/Pulau Batu Puteh에 대한 권원이 조호르 술탄국으로 이전되었다고 판단하였다.

그리고 1840년대 이후 Pedra Branca/Pulau Batu Puteh의 법적 지위를 검토하기 위해 관련 사실과 당사국의 행동을 검토하였다. 1850~1851년 영국과 싱가포르가 Pedra Branca/Pulau Batu Puteh에서 Horsburgh 등대의 설계와 건설을 주관하였는데, 이것이 주권의 이전이라는 싱가포르의 주장에 대해 술탄국이 주권을 양도한 것인지 또는 건설과 운영에 대한 허가만 한 것인지 명확하지 않아 주권에 대한 어떠한 결론도 도출할 수 없었다. 이후 싱가포르 식민지 책임자는 1953년 6월 12일 조호르 술탄국에 식민지 영해의 경계획정을 위해 Pedra Branca/Pulau Batu Puteh에 대한 정보를 제공하도록 지시하는 서한을 보냈는데, 술탄국은 Pedra Branca/Pulau Batu Puteh에 대한 소유권을 주장하지 않는다는 의미가 명백해 보이는 답신을 보내왔다. 싱가포르가 Pedra Branca/Pulau Batu Puteh 영해 내의 난파선 조사, 섬 방문 및 말레이시아를 포함한 여러 국가 및 싱가포르 공무원의 섬 이용에 대한 배타적 지배권 행사 등과 같이 주권자의 자격으로(*à titre de souverain*) 수행한 특정 행위와 말레이시아가 싱가포르의 이러한 행위에 대응하지 못한 것에서 입증된 바와 같이, 분쟁의 결정적 시점인 1980년 2월 14일 당시 Pedra Branca/Pulau Batu Puteh에 대한 권원은 이미 싱가포르로 넘어갔다. ICJ는 결국 Pedra Branca/Pulau Batu Puteh에 대한 주권이 싱가포르에 있다고 인정하였다.

둘째, 수면 위에 영구적인 여러 개의 암석으로 구성된 해양지형물인 Middle Rocks에 대해 싱가포르는 Pedra Branca/Pulau Batu Puteh를 소유한 국가가 Middle Rocks(그리고 South Ledge)를 소유한다고 주장하였는데, Middle Rocks(그리고 South Ledge)가 Pedra Branca/Pulau Batu Puteh에 종속되어 있으며, 단일의 해양지형물을 형성한다는 이유에서였다. 반면 말레이시아는 이들 세 지형물이 역사적 또는 지형학적으로 식별 가능한 하나의 섬을 구성하지는 않으며, 이들이 항상 조호르 술탄국의 지형물로 간주되어 왔다고 주장하였다. ICJ는 Pedra Branca/Pulau Batu Puteh에 대한 주권이 싱가포르에 있다고 판단하게 만든 특정한 상황이 Middle Rocks에는 적용되지 않는다고 판단하였다. 따라서,

조호르 술탄국의 승계국인 말레이시아가 Middle Rocks에 대한 시원적 권원을 보유한 것으로 간주된다고 결정하였다.

셋째, 간출지(low-tide elevation)인 South Ledge는 Pedra Branca/Pulau Batu Puteh(싱가포르 영해)와 Middle Rocks(말레이시아 영해)가 중첩되어 보이는 영해에 위치하고 있다. 양국이 영해의 경계획정을 요청한 것은 아니므로, 재판소는 South Ledge에 대한 주권은 자신의 영해에 South Ledge가 위치한 국가에 속한다고 판결하였다.

제8장

국가관할권

1. Underhill v. Hernandez(1897)
2. The Lotus Case(1927)
3. Blackmer v. United States(1932)
4. International Shoe Co. v. Washington(1945)
5. Joyce v. Director of Public Prosecutions(1946)
6. Wilson v. Girard(1957)
7. Banco Nacional de Cuba v. Sabbatino(1964)
8. Timberlane Lumber Co. v. Bank of America(1976)
9. United States v. Bank of Nova Scotia(1982)
10. Yunis Case(1991)
11. United States v. Alvarez-Machain(1992)

01 Underhill v. Hernandez

인용(Citation) 168 U.S. 250, 18 S.Ct. 83, 42 L.Ed. 456 (1897).

사실(Facts) 1892년 남미 Venezuela에서 혁명이 발생하였는데, 이 혁명 당사자들은 그 나라 정부 수반인 Palacio와 그를 지지하는 무리와, Crespo라는 사람이 이끄는 무리였다. Hernandez(장군)는 후자에 속하는 군 지도자로서 Ciudad Bolivar라는 도시를 점령하였고, 그해 8월 13일에 점령군 사령관으로 입성하였다. 이에 도시의 (기존) 관리들은 다 피난하였고 이런 상황 속에서 그는 일방적으로 이 도시 행정의 총책임을 맡았으며 자신의 무리를 공석 중인 자리에 임명하였다. 한편 그해 10월 Crespo가 이끄는 反정부파는 혁명에 성공하여 그 나라의 수도를 장악하였다. 미국은 이 Crespo 정부를 합법적 정부로 승인하였다.

이 사건의 원고인 Underhill은 미국 시민으로 Venezuela 정부와 계약을 체결하여 Bolivar시의 수도배수공사를 맡았던 사람으로 그곳에서 기계 수리업도 겸업하고 있었다. 그런데, Hernandez가 Bolivar시로 입성한 얼마 후에 Underhill은 그 도시를 떠날 수 있도록 여권을 신청하였지만, 거절되었다가 추후 그해 10월 18일에야 결국 여권을 받아 떠날 수 있었다.

이 사건에서 원고는 여권발급 거절 때문에 일어난 손해배상 청구소송을 제기하면서, 자기의 자택 거주 제한조치와 Hernandez 부하직원들에 의한 폭행 등의 사유를 추가로 주장하였다.

법적 쟁점(Legal Issues) 국가행위이론과 관할권 행사

판결(Decision) 법원은 피고의 행동에 대해 타국이 판단할 권한을 가지고 있지 않다고 하였다.

판결 이유(Reasoning of the Court) 모든 주둔국은 상호 간에 상대방의 독립을 존중할 의무를 갖고 있으며, 이들 국가의 법원들은 상대방 국가가 그 영토 내에서 행한 일에 관하여 판단하지 않을 의무를 진다. 그러므로 그런 국가에 의한 고충이나 피해(grievance)에 대

한 구제 요청도 역시 해당국이 마련하는 구제책에 의존하여야 한다. 이런 원칙은 합법적 혹은 승인된 정부에만 국한된 것이 아니며, 또한 그런 구제책이 오로지 공적인 통로를 통해서만 이루어져야 하는 것도 아니다. 국가에서 발생한 공적 행위에 대하여 그 국가의 국민이 타국에서 그 국가를 상대로 제소할 때, 이에 대한 면제는 모든 군 · 민 · 공공단체나 국가요원의 행위까지 확대하여 인정된다.

내란의 경우 찬 · 반 양파가 (무력을 포함하여) 상호 권력 투쟁 중인 경우, 타국은 兩派에 대한 시비판단을 하지 않는 것이 일반적인 관행이다. 그리고, 만약에 일방이 내란에 승리하고 그 정부가 승인을 받으면, 그동안 그 정부의 행위는 반란정부로 시작한 때까지 소급하여 하나의 독립국가로서의 행위로 인정받게 된다. 그리고 만약에 혁명에 실패한 경우에도 실질적 교전행위가 존재하는 한, 그런 실패한 쪽의 행위로 피해를 받은 것과 실패한 쪽의 위법적 교전행위 여부는 무관하다는 것이 법적 기준이다.

이 사건에서의 법원 판단으로는 Hernandez가 Crespo쪽을 지원하면서 군사작전을 한 것에는 의문이 없다. 그리고 이 사건에서 문제된 내용은 반란정부의 군사령관이 취한 행위에 관한 것인데, 그 반란정부는 추후에 미국이 승인한 정부이다. 그러므로 이 사건에서 피고가 취한 행동은 결국 Venezuela 정부가 취한 공적 행위가 되는 것이므로 그 행위에 대해서는 타국 법원이 판단할 수 없다고 본다.

02 The Lotus Case: France / Turkey

인용(Citation) PCIJ Ser. A, No. 10 (1927).

사실(Facts) 1926년 8월 2일, 프랑스의 우편선 Lotus호와 터키 석탄선 Boz-Kourt호가 충돌하여 터키 선박이 침몰하고 터키 선원 8명이 사망하는 사건이 발생하였다. 사고 후 Lotus호는 항해를 계속하였고, 다음날 목적지인 콘스탄티노플항에 도착하였는데, 터키 당국은 사고조사를 위해 충돌 당시 항해사(officer of the watch)였던 Demons와 선장을 체포하였고 법원은 이들에 대해 유죄 판결을 내렸다. Demons는 터키법원에 그들에 대한 관할권이 없다고 주장하였지만, 그의 청구는 기각되었다. 9월 11일에 소송은 재개되었고, Demons는 터키 화폐로 6,000파운드의 보석금을 내고 석방되었다. 9월 15일, 형사법원은 그에게 80일의 구금형과 22파운드의 벌금형을 선고하였다. 검사는 즉시 항소를 제기하였다.

Demons에 관한 터키사법부의 행동은 프랑스 정부와 외교 마찰을 빚게 되었다. 프랑스 정부가 터키 정부의 관할권 행사의 불법성을 주장함에 따라 양국은 1926년 10월 12일 양국 간의 특별협정(special agreement)에 따라 PCIJ에 제소하였다.

법적 쟁점(Legal Issues) 프랑스는 이 사건에서 (i) 터키법원이 Demons에 대한 관할권을 행사하기 위해서는 국제법이 관할권을 인정하고 있다는 것을 보여주어야 한다는 점, (ii) 국제법상 외국인이 외국에서 범한 범죄에 대하여 단순히 희생자의 국적을 근거로 관할권을 행사할 수 없다는 점, (iii) 국제법상 공해(high seas)상의 선박에서 발생한 모든 사건에 대한 관할권은 기국이 독점적으로 행사한다는 점 등을 주장하여 터키의 Demons에 대한 관할권 행사가 국제법 위반이라고 주장하였다.

판결(Decision) 재판소장의 casting vote에 의하여, 터키의 관할권 행사는 국제법상 적법하고 1923년 7월 24일의 Lausanne 협약 제15조에도 위반되지 않는다고 판결하였다.

판결 이유(Reasoning of the Court) 재판소는 관할권은 명백하게 속지적인 성격을 지니는 것으로서, 국가가 명시적으로 표현하거나 일반적으로 확립된 관행 또는 국제협약 등 국제법상 특히 허용되는 경우를 제외하고는 자국의 영토 밖에서는 관할권을 행사할 수 없다고 하였다. 또한, 이러한 일반적 금지에 대한 예외로서, Demons에 대한 터키의 형사관할권의 행사는 달리 국제법 원칙에 반하지 않는 한 허용되어야 한다고 보았다.

재판소는 많은 국가의 법원이 범죄의 구성요소, 특히 그 효과가 자국에서 발생한 경우, 범인이 범행 당시 타국에 있었다 하더라도 자국에서 일어난 범죄로 간주하고 있음을 지적하면서, 선박 충돌시 공해상에서의 기국(flag state)의 배타적 관할권(exclusive jurisdiction)은 학설과 관행 및 관련 협약에서 일치된 모습을 보여주지 못하고 있으므로 확고한 국제법 원칙이라고 볼 수 없다고 하였다. 그러므로 프랑스와 터키 양국 모두 관할권을 갖는다고 할 것인바, 터키의 이 사건에 대한 관할권 행사는 국제법 위반이 아니라고 하였다.

03 Blackmer v. United States

인용(Citation) 284 U.S. 421, 52 S.Ct. 252, 76 L.Ed. 375 (1932).

사실(Facts) 원고 Blackmer는 파리에 거주하는 미국 시민으로 형사재판에 출두하라는 소환장에 불응한 것이 이유가 되어 법정모독죄로 벌금형을 선고받았다. 원고는 이 판결의 근거가 된 1926년 6월 30일자 법률이 위헌이라는 소송을 제기하였다.

문제의 법 규정은 법무부 장관과 그 지휘 하의 지방검찰이 외국에 거주하는 미국 시민에게 형사재판 증인으로서의 출두를 요청하는 경우에 계류 사건의 판사는 소환장을 발부하여 미국 영사에게 전달해야 하며, 영사는 소환대상자에게 여비와 함께 소환장을 직접 전달하도록 규정하고 있다. 그리고 소환장이 송달되었음에도 불구하고 이에 응하지 않는 경우에 법원은 이 불응이 법정모독죄가 되지 않을 정당한 이유를 본인이 소명하도록 명할 수 있으며, 그런 명령을 발한 후 필요하다고 판단되면 소송에서 그에게 부과될 수도 있는 벌금을 징수하기 위하여 그의 미국 내 재산을 압류할 수 있도록 규정하고 있다.

법적 쟁점(Legal Issues) 위와 같은 법 규정이 수정헌법 제14조의 적법절차(due process) 규정을 위반하는 것인가?

판결(Decision) 의회는 의무 규정과 마찬가지로 그 의무를 집행하기 위한 벌칙을 규정할 수 있다. 따라서 법원의 정당한 지시를 위반하는 경우, 이는 법정모독죄를 구성하며 의회는 그에 합당한 절차를 규정할 수 있다.

미 연방대법원은 프랑스에 거주하는 자국민에 대해 소환장을 자국 영사로 하여금 송달케 하고, 또 이에 불응했다는 이유로 그의 미국 내 재산을 압류한 것을 적법한 것으로 판결하였다.

판결 이유(Reasoning of the Court) 원고는 파리에 살고 있으나, 분명히 미국 시민이다. 따라서 외국에 있는 원고에게 적용될 수 있는 미국법률을 준수하여야 한다. 입법은 반대 의도가 없는 한 미국의 영토관할권 내에서만 적용되는 것이 원칙이지만, 외국에 있는 미국인에 대한 적용 문제는 입법권한의 문제가 아니라 법률해석의 문제가 된다. 미국은 자국민이 어느 곳에 거주하든 공공의 목적으로 필요한 경우에는 귀국을 요구할 수 있고, 이를 거절할 경우 처벌할 수 있는 고유한 주권적 권리를 갖는다.

여기서 문제가 되는 것은 그 집행방법이다. 해외 거주 국민에 대한 미국의 관할권은 대인적 관할권으로 이 대인적 사법관할권을 행사하는 데 있어 사법적 조치를 통지하여 알리는 등의 적절한 절차가 수반되어야 하는바, 위 법률은 이러한 절차를 규정하고 있다.

외국에서의 소환장 송달의 효력문제는 오직 미국 정부와 그 국민 간에 발생하는 문제로서 단지 외국에 있는 자국민에게 귀국하라고 통보하는 것만으로는 외국 정부의 어떠한 권리도 침해했다고 볼 수 없다. 비록 영사의 특권은 조약으로 다룰 문제이나, 자국민과의 의사교환과 같은 행위까지 반드시 조약 규정에 따라 규율될 것은 아니다. 특히 상대방 국민의 여행과 거주를 서로 허용하는 우호국 간의 관계에 있어 그러한 의사교환이 전제된 것이고 편의를 제공해야 하는 것이다. 따라서 의회가 제정한 법률은 합헌이고, 이를 위반하는 자에게 법정모독죄를 적용하는 것도 적법하다고 할 것이다.

04 International Shoe Co. v. Washington

인용(Citation) 326 U.S. 310, 66 S.Ct. 154, 90 L.Ed. 95 (1945).

사실(Facts) 원고회사인 International Shoe Co.는 Delaware주에 본부를 두고 주영업지가 Missouri주의 St. Louis인 구두제조회사로서 다른 주에서 신발류를 판매하는 회사이다. 원고회사가 11~13명의 주문판매원만을 두고 영업을 하였던 Washington주는 실업보상(unemployment compensation)법을 제정하여 각 고용주가 그해에 피고용인들에게 지급한 임금의 일정 비용을 그 주의 실업보상수당기금에 출연하도록 하고 있었다.

하지만 원고인 International Shoe Co.는 자기회사가 Washington주에 지점을 두고 있지도 않으며, 계약을 체결한 적도 없고, 단지 판매량에 따라 수당을 받는 판매원만을 두고 있을 뿐, 그 주 내에서 통상을 하는(intrastate commerce) 업체도 아니기 때문에 문제의 Washington주법이 적용될 수 없다고 주장하였다.

법적 쟁점(Legal Issues)

(1) 법원의 관할권과 관련하여 수정헌법 제14조상의 적법절차(due process)는 원고와 법원이 설치된 州간의 공정하고 정당한 사법절차에 필요한 최소한의 접촉을 요구하고 있는데, 해당 사건에서 이 요건이 충족되고 있는가?

(2) 피고에게 소송절차의 개시를 적정한 방법에 의하여 통지(proper notice)하여야 하는데, 해당 사건에서 법원은 피고회사가 아닌 회사판매인에게 통지하였다. 이러한 통지가 州 밖에 있는 회사에 대한 소송통지로 과연 적법한 것인가?

판결(Decision) 법원은 원고회사가 그 주의 법적 보호와 기타 혜택의 수혜자 입장에서 자기회사 물품의 판매를 권유한 사실에서 그 주와 '최소한의 접촉'(minimum contact)이 인정된다면서, 법리상 Washington주에 '실재'(presence)한 것으로 간주된다고 하여 원고 패소 판결을 내렸다.

판결 이유(Reasoning of the Court)

(1) 원고는 워싱턴주에서 체계적이고 계속적인(systematic and continuous) 영업활동을 해 왔으며, 원고의 州間 통상(interstate business)의 상당 부분이 워싱턴주의 판매원을 통해 이루어져 왔다. 그리하여 워싱턴주에서의 현재의 소송을 유지하는 것이 부당한 절차라고 말하기는 어렵다.

종래의 고전적 원칙에 의하면, 원고가 법원 소재의 州안에 직접 체류하고 있을 때에 해당 주가 정하는 적법절차에 따라 소송개시의 통지를 전달한 경우에 한하여 대인적 관할권을 갖는다고 하였다. 그러나 현대적 원칙에 의하면, 원고와 법원 소재의 州간에 공정하고 정당한 사법절차에 필요한 최소한의 접촉을 갖는 경우에 한하여 원고에 대한 관할권을 갖는다고 한다. 최소한의 접촉은 헌법상 적법절차 원리에 근거한 것으로서, 다음의 경우가 이에 해당된다. 예컨대 (i) 어떤 주 안에 소재하고 있는 원고회사가 다른 주에서 지속적이고 체계적인 영업활동을 한 경우와 (ii) 다른 주에 주소를 둔 원고가 어떤 주 안에서 소송 원인이 된 행위를 한 경우에는 최소한의 접촉 요건이 충족되어 사법관할권의 대상이 된다.

(2) 오늘날 피고인에 대한 구속영장은 소환이나 다른 형태의 통지 제도에 의해 대체되었으며, 적법절차는 단지 피고인에 대해 관할권을 행사하기 위해 재판정의 소재지에 현존하

지 않더라도 전통적인 공정하고 정당한 사법절차를 해치지 않을 정도로 소송을 지속할 수 있는 최소한의 관련성만을 요구하고 있다. 본 사건에서 회사판매원에게 보낸 대체통지는 특별한 형식의 소송통지로 유효하다고 볼 수 있다.

05 Joyce v. Director of Public Prosecutions

인용(Citation) [1946] AC 347, House of Lords, UK (1946).

사실(Facts) William Joyce는 1906년 미국에서 출생하였다. 그는 세 살 무렵에 아일랜드로 이주하여 1921년까지 머물렀으며, 다시 1939년까지 영국에서 거주하였다. 따라서 그는 영국 영토 내에서 성장하고, 교육을 받았으며, 정착하였다.

1933년 7월 4일, 그는 대륙 여행목적을 위한 영국 여권 신청시에, 자신의 출생지를 영국의 Galway인 것처럼 속여서 기재하여 5년간 유효한 여권을 수령하였다. 1938년 9월 26일, 그는 여권의 유효기간을 1년간 연장 신청하면서도 역시 영국 태생으로 기재하였다. 1939년 8월 24일, 그는 다시 1년을 더 연장하는 신청서를 작성하였고, 역시 영국 태생으로 기록하였다. 그리고 그는 독일로 건너갔다.

그가 독일에서 체포되었을 때, 그는 1939년 9월 18일자로 영국뉴스의 아나운서로 독일라디오 회사(German Radio Corporation of Berlin-Charlottenburg)에 고용되었음을 증명하는 서류를 소지하고 있었다. 이 서류(work book)에 Joyce의 국적은 '영국'으로 기재되어 있었다. 적어도 1939년 8월 24일까지, 그는 영국 황실과 영국 정부의 보호 하에 영국에 거주하는 외국인으로서 충성의무(duty of allegiance)를 지고 있었다.

그러나 Joyce는 독일에서 고용되었으며, 적어도 1940년 7월 2일까지의 기간에 'Lord Haw-Haw'라는 이름으로 영국의 적국을 대신하여 선전방송을 하였다. 그는 제2차 세계대전 말엽 독일에서 체포되었고, 반역죄(treason) 혐의로 런던 법원에 회부되었다. 제1심법원은 그를 유죄로 판결하였고, 항소심을 거쳐 본 사건은 영국 대법원(House of Lords)에 상고되었다.

법적 쟁점(Legal Issues) 영국법원이 과연 그를 반역범으로 재판할 관할권을 갖느냐는 문제가 제기되었다.

판결(Decision) 영국법원은 하급법원의 판결을 지지하여, Joyce의 범법행위가 비록 영국의 영역 밖인 독일에서 일어났다 하더라도 영국법원은 재판관할권을 갖는다고 판결하였다.

판결 이유(Reasoning of the Court) 영국법원은 미국에서 출생한 아일랜드계 미국 국민으로서 사기로 영국의 여권을 취득하였고, 제2차 세계대전 기간에 독일에서 영국을 대상으로 선전방송을 한 William Joyce에 대하여 재판관할권을 행사하였다. 그 근거로서 영국법원은 단지 선전방송 당시 그의 여권 유효기간을 토대로 하여 영국에 대한 충성의무를 들고 있다.

영국의 최고법원은 Joyce가 비록 부당한 방법이기는 하나, (i) 자신이 영국 국민인 것처럼 행동하였고, 또한 (ii) 영국인으로서 영국 정부의 보호를 받았으므로, (iii) 영국에 충성할 의무를 지니며, (iv) 문제의 범법행위(반역죄)가 영국의 영역 밖에서 일어난 사실 자체는 영국법원의 관할권을 제한하는 요소가 될 수 없고, 따라서 (v) 그는 영국 국민으로서의 의무위반행위에 대하여 책임을 질 입장이므로, 영국법원은 그에 대하여 관할권을 행사할 수 있다고 판결하였다. 그리하여 William Joyce는 교수형(hanging)을 선고받았다.

06 Wilson v. Girard

인용(Citation) 354 U.S. 524, 77 S.Ct. 1409, 1 L.Ed.2d. 1544 (1957).

사실(Facts) 1957년 1월 30일, 미 육군 하사관 Girard와 그의 기병연대원들은 일본의 Camp Weir 사격장에서 소부대 훈련(small unit exercise)에 참여하고 있었다. 그 사격장에는 종종 일본 민간인들이 들어와 탄피(cartridge cases)를 줍곤 하였는데, 기관총 등의 군수품들을 지키는 임무를 지고 있던 그는 탄피를 줍고 있던 일본 여성에게 총을 발사하여 그녀의 등을 관통시켰고, 결국 그녀가 사망하게 된 사건이 발생하였다.

미국과 일본 간에는 이 사건의 관할권에 대해 논쟁이 있었지만, 미국 정부는 Girard의 인도를 결정하였고 일본은 그를 상해치사 혐의로 구속하였다(indicted him for causing death by wounding).

그러자 Girard는 Columbia 지방법원에 인신보호영장(a writ of habeas corpus)을 청구하였다. 이 사건에서 해당 법원은 인신보호영장 청구는 기각하였으나, 선언적 구제(declaratory relief)로서 일본에의 인도에 대한 중지명령을 내렸다. 이에 원고측이 항소 후에 즉시 대법원의 관할권을 주장하여 상고함에 따라서 대법원에서 판결하게 되었다.

법적 쟁점(Legal Issues) 미국은 Girard에 대한 관할권을 포기할 수 없는가?

판결(Decision) 헌법 또는 관련 법률의 어떠한 조항도 조약상으로 관할권을 포기하는 것을 금지하지 않고 있다. 따라서 인신보호영장은 거부되며, 인도중지명령을 내렸던 지방법원의 판결도 파기한다.

판결 이유(Reasoning of the Court) 1951년 9월 8일 조인된 美 · 日 방위조약(Security Treaty between the United States and Japan) 제3조는 양 정부가 주둔미군의 행위에 대해서는 행정협정(Administrative Agreements)을 체결하여 규율할 수 있다고 하였고, 이 조약에 의한 1952년의 행정협정은 미군이 일본에서 범한 범죄에 대한 미국의 관할권에 대하여 미국은 스스로 그 관할권을 포기할 수 있다고 규정하고 있다.

그 후 NATO 협정의 채택에 따라, 그 규정을 받아들인 의정서 제17조 제3항에서도 그와 같은 규정을 두고 있다. 즉, 동조 제3항은 1차적 관할권을 가진 국가는 상대방 국가가 특별한 중요성을 고려하여 그 권리의 포기를 요청해 온 경우, 이를 호의적으로 고려해야 한다고 규정하고 있다("The authorities of the State having the primary right shall give sympathetic consideration to a request from the authorities of the other State for a waiver of its right in cases where that other State considers such waiver to be of particular importance.").

다음의 문제는 헌법에 의하거나 또는 방위조약상으로 입법에 의한 관할권 포기에 대한 제한이 존재하는가에 관한 것인데, 그러한 제한은 전혀 발견되지 않는다("We find no constitutional or statutory barrier to the provision as applied here.")고 할 것이다. 따라서 이러한 상황에서는 행정부와 입법부의 협의와 결정에 따라 행정협정을 운영할 수 있다고 보았다.

07 Banco Nacional de Cuba v. Sabbatino

인용(Citation) 376 U.S. 398, 84 S.Ct. 923, 11 L.Ed.2d 804 (1964).

사실(Facts) 1959년 Fidel Castro의 집권 후, 사회주의 국가가 된 쿠바는 약 10억 달러에 달하는 기간산업들을 보상 없이 국유화하였는데, 이 사건은 이와 관련된 수많은 재판 중의 하나이다.

1960년 2월과 7월에 Farr and Whitlock사(미국의 잡화중개회사)는 미국인 소유회사인 쿠바의 Compania Azucarera Vertientes-Campaguey de Cuba(이하 C.A.V.사)와 설탕 구매계약을 체결했지만, 그 계약 이행 전에 미국의 설탕 수입쿼터 감소에 대한 보복조치의 대상이 되어 쿠바 정부에 의한 수용대상이 되었다.

Farr사는 국유화령이 내려지던 당시에 쿠바항에서 선적 중이던 설탕의 대금지불을 쿠바 정부에 대해서 하지 않고 C.A.V.사의 법정관리인인 Sabbatino에게 이행하였다. 그러자 쿠바 정부의 국고기관인 Banco Nacional de Cuba는 뉴욕주에서 동 회사와 Sabbatino를 피고로 하여 문제의 대금에 대한 반환청구의 소를 제기하였다.

법적 쟁점(Legal Issues) 국가행위의 사법심사 가능 여부

판결(Decision) 주 지방법원은 국제법을 위반한 수용에 대해서는 국가행위이론이 적용될 수 없다고 하여 원고패소판결을 내렸으며, 항소심도 이를 확인하였다. 그러나 연방대법원은 "모든 주권국가는 타국의 독립을 준수하여야 하며, 일국의 재판소는 자국 영토 내에서 발생한 타국 정부의 행위를 재판해서는 안된다."는 *Underhill* 판례에서의 국가행위이론을 재확인하면서 하급판결을 번복하였다.

판결 이유(Reasoning of the Court) 연방대법원은 “국가행위이론은 국제법상의 원칙이 아니지만, 조약에 의하거나 또는 미국과의 관계에서 다른 명확한 합의를 하지 않는 한 미국 사법부는 다른 주권국가가 자국 영역 내에 있는 외국자산을 몰수하는 등의 국가행위의 합법성 여부에 관한 사법심사(judicial review)를 하지 않아야 한다”는 판시를 하였다.

미국이 승인한 다른 국가가 그 영역 내에 소재한 외국재산에 대하여 비록 국제법에 위반되는 방법으로 국유화한 재산(nationalized property)이라 하더라도 그러한 경우를 금지하는 조약이나 그에 관해 명확하게 미국과 합의한 다른 규정이 존재하지 않는 한, 이러한 공식적 ‘국가행위’에 대하여 미국은 사법적 판단을 하지 않는다고 한 것이다. 그러므로 결과적으로는 ‘국가행위’의 절대성을 인정한 것으로 볼 수 있을 것이다.

08 Timberlane Lumber Co. v. Bank of America

인용(Citation) 549 F.2d 597 (1976).

사실(Facts) 이 사건의 원고인 Timberlane Lumber Company는 목재를 수입하는 Oregon 주의 합자회사이고, 공동원고인 Danli Industrial, S.A.와 Maya Lumber Company, S. de R.L.는 Timberlane의 파트너가 설립하고 소유한 온두라스의 회사이다. 主피고는 Bank of America Corporation(Bank)과 자회사인 Bank of America National Trust and Savings Association이며, 은행의 일부 직원들도 피고로 되어 있다.

온두라스에서 목재공장을 운영하는 Lima 가족은 은행 부채 때문에 1971년까지 재정적 어려움에 처해 있었고, 제재공장을 포함한 Lima의 자산들은 채권자인 Casanova, 은행, 그리고 임금 및 퇴직금을 받지 못한 직원들에게 넘어갔다. 채권자 간의 순위에 관한 온두라스법률은 직원들에게 그 우선권을 부여하고 있었다. Timberlane은 미국 동부의 해안지역으로 유통하기 위한 납품용 대체 목재를 물색 중이었는데, Lima의 공장이 가능하다는 판단을 하고 그에 대한 협상을 진행하였다. Maya는 1972년 1월 동업자의 반대에도 불구하고 기계설비에 대한 Lima 직원들의 권리(물권)를 양도받아 Lima 공장을 재가동시켰다. 이러한 상황 속에서 피고들은 Timberlane과 온두라스의 자회사들이 충분한 자본력을 바탕으로 하고 있기 때문에 강한 경쟁자가 될 것이라는 판단하에 Timberlane의 계획을 저지하기 위한 反 Lima 계획을 모의하였다. Maya는 자신에게 양도된 직원들의 권리를 명확히 하기 위해서 은행에 현금을 제시하였으나, 은행은 자신들의 채권양도를 거부한 대신에 Casanova에게 은밀히 빌려주었다.

그런데 온두라스 법에 의하면 공장가동의 금지를 명하는 경우에는 그 재산가치의 하락을 방지하기 위해 법원이 '중재자'(interventor)라는 법정관리인을 임명하도록 규정하고 있었다. Timberlane의 계획을 무효화하기 위해서 Caminals는 Maya와 Danil에 대해 공장가동 금지조치를 취하였다. 이어 임명된 중재자는 군대까지 동원하여 Timberlane의 공장가동을 완전히 중단시키고 무력화하였다. 또한, 공모자들은 Timberlane의 온두라스 공장 관리자인 Gordon Sloan Smith를 허위사실로 체포 구금하였고, 온두라스 언론사에 Timberlane에 관한 몇 가지 비방기사를 게재하기도 하였다. 이러한 일련의 공모 결과로, Timberlane이 입게 된 손해액은 대략 $5,000,000을 초과하였다. 이에 원고는 다른 채권자 집단이 주도한 공모 실행행위가 미국의 해외거래에 직접적이고 중대한 결과를 초래하였다는 것을 주장하였다.

법적 쟁점(Legal Issues) 미국의 역외관할권 행사와 타국 법익과의 조화

판결(Decision) 항소법원은 지방법원의 각하를 무효라고 하여 Timberlane 사건을 환송하였다.

판결 이유(Reasoning of the Court) 미국의 독점금지법에 의하면, 연방법원이 동 법률에 따른 관할권을 행사하기 위해서는 문제된 독점행위가 외국과의 상사거래에 있어서 실질적으로 혹은 고의적으로 영향을 주었을 것을 요구한다. 그리고 위법행위가 동 법률상의 강행규정에 의거한 의무를 위반하거나 상대방을 제한함으로써 상대방에게 명백한 피해를 주었음을 입증할 필요가 있다. 또한, 미국과 외국의 상사거래에 미치게 될 상당한 영향뿐만 아니라 미국의 이해관계나 그 관련성이 미국의 역외권한 행사를 정당화할 만큼 충분한 당위성을 지니는 상황인가에 대한 특별한 국제적 상황의 존재 여부가 문제 된다.

Timberlane은 문제된 일련의 행위들이 미국의 목재 수입에 영향을 줄 고의가 있었고 그 결과로 실제적인 영향을 주었으므로, 이는 "셔먼 법"에 의하여 미 연방법원의 관할권이

인정되는 영역이라고 주장하였다. 공모에 의한 계획 자체는 샌프란시스코에서 지시되었던 한편, 행위의 대부분은 온두라스에서 행해졌으며 가장 직접적인 경제적 효과도 온두라스에서 발생했다. 하지만 온두라스 정부의 법령이나 정책과의 충돌 가능성, 그리고 온두라스와 미국의 상대적 관련성과 이해관계 등에 대한 포괄적인 분석이 이루어지지 않았다. 따라서 이러한 전제하에 결정된 지방법원의 각하는 인용될 수 없다고 판단하였다. 즉, 연방대법원은 사건 심리에 있어서 법원의 역할이란 그 사건 내에 경합된 모든 상황을 고려하여 "비례의 원칙"을 기준으로 하여 관련 법익을 배경으로 심리하여 판결해야만 한다는 점을 주목하였다.

09 United States v. Bank of Nova Scotia

인용(Citation) 691 F.2d 1384 (1982).

사실(Facts) Bank of Nova Scotia는 Canada에서 설립된 은행으로 미국과 Bahamas를 포함한 45개국에 지점을 갖고 있었다. 이 사건은 미국 지방법원이 탈세 · 마약중독과 관련된 재판과정에서 배심원이 이 은행에 특정서류의 제출을 명하였는데(*subpoena duces tecum*), 이를 은행이 거절함으로써 문제가 된 사건이다.

이 은행은 다음 3가지 이유를 불복사유로 내세웠다. 즉, (1) 서류제출을 강제할만한 법원의 근거가 불충분하다 (2) 법원의 명령을 강제함은 적법절차에 어긋난다. (3) 국가 상호간의 예양상 법원의 명령은 강제되어서는 안 된다는 것이었다. 만약에 대배심원이 문제의 세무 · 마약 관련 조사 사안이 미국 세법뿐만 아니라 Bahamas법에서도 위법행위라고 판단하는 경우라면, Bahamas 대법원에 증거개시 명령을 요청하여 문제된 정보를 확인할 수 있을 것이라고 하였다. 또한, 정부도 문제의 서류가 대배심원의 조사에 필수적이고 충분한 관련성이 있다는 점을 법원이 제시하지 못했다는 입장을 취하였다.

하지만 지방법원은 이를 받아들이지 않고 은행에 문서제출명령(*subpoena duces tecum*)에 응할 것을 명하였고, 은행측은 이에 대한 불응 의사를 공식적으로 표명하였다. 이에 지방법원은 이 은행에 대하여 "민사상 법정모독죄"(civil contempt)를 물었고, 은행은 항고하였다.

법적 쟁점(Legal Issues) 사법부의 관할권 행사

판결(Decision) 법원은 이 3가지의 주장을 모두 이유 없다고 판단하였다

판결 이유(Reasoning of the Court) 법원이 정부의 대외관계와 같은 예민한 정치적 영역에 간섭하면 안 되는 것은 사실이지만, 이 사건에서 은행의 주장을 받아들이는 것은 사법절차에 따라 해당 문제를 해결하는 경우보다도 더 대외관계에 간섭하는 행위로 간주될 수 있다고 판단하였다. 왜냐하면, 은행의 주장은 정부로 하여금 대배심원의 심사를 침해하던가 혹은 Bahamas 대법원에 문제의 서류를 제출하도록 명하는 내용의 청원을 하라는 것이 되기 때문이다.

법원은 *Société Internationale*의 판결을 설명한 다음, 이 사건에서 은행은 법원의 *subpoena duces tecum*에 대한 성실한 준수 노력이 없었고, 또 Bahamas 정부도 은행이 법원 명령에 응하는 것에 반대한 적이 없었다는 것을 지적하였다.

입법부나 행정부의 역행 지침이 없는 한, 연방대법원은 미국의 형사소송절차를 외국이 방해한다 하여 이를 무력하게 할 의도는 없다. Bank of Nova Scotia가 다른 국가의 법 명령에 응해야 하는 것은 불행한 일이지만, 현존하는 국제사회에서 통상행위가 국제적인 규모임을 감안할 때 관련 국가 간의 분쟁은 불가피한 것이 사실이다. 그러므로 사법기관과 입법부는 개인들을 난처한 상황에 처하게 하지 않도록 주의하여야 할 것이다. 그렇지만 미국 형법상의 절차들이 타국 이익과 충돌한다는 이유로 집행될 수 없다는 판결을 할 의사는 없다.

10 Yunis Case: United States v. Fawaz Yunis

인용(Citation) 288 U.S. App. D.C. 129, 924 F.2d 1086 (1991).

사실(Facts) 레바논 시민 Yunis는 1985년 요르단 민간항공기 납치(hijacking)에 연루된 혐의로 체포되었다. 문제의 비행기는 요르단 등록 항공기로서 요르단 국기를 부착하였으며, 미국 땅에 착륙하거나 미국의 영공을 비행한 적도 없었다. 미국과 사고 항공기 간의 관련고리는 그 비행기에 탑승했던 몇몇 미국 시민의 생사 여하에 관한 것이었다. 납치사건이 있은 지 2년이 지난 1987년 9월, Cyprus 해안 근처의 국제하천에서 피고는 미국 연방수사국(FBI) 직원이 판 함정에 걸려 체포되었고 미국으로 강제송환되었다. 피고는 국제법의 일반원칙상 미국법원이 외국에 거주하는 외국인이 저지른 범죄를 판단하기 위한 물적(subject matter) · 인적관할권(personal jurisdiction)을 갖지 못할 뿐만 아니라 연방법에도 그러한 관할에 대한 독립적인 근거가 존재하지 않는다는 근거하에 소의 취하를 요청하였다.

Yunis는 자신이 연관된 것으로 주장된 역외적 범죄행위(extraterritorial crimes)를 심판하기 위한 관할권(the only potential bases)의 근거가 될 수 있는 보편적이고 수동적인 속인주의(universal and passive personality principles)는 본 사건에는 적용될 수 없다고 주장하였다. Yunis는 "인질억류(hostage-taking)와 항공기 납치(aircraft piracy)는 모두 보편관할권에 포함되는 극악무도한 범죄가 아니며", 미국은 수동적 속인주의를 '관할권의 합법적 연원'으로 인정한 바 없다고 주장하였다. 이에 대해 미국 정부는 단호하게 이를 부정하면서 관할권은 양 원칙 하에 인정된다고 주장하였다.

법적 쟁점(Legal Issues) 항공기 불법납치와 관할권 문제

판결(Decision)

(1) 1986년 항공기 손괴법(Destruction of Aircraft Act 1986; Aircraft Piracy Act) 제32(a)조를 위반하였다는 혐의로 피고 Yunis를 기소하는 것은, 본 조항이 미국 영토와 관련 없는 항공기 불법납치행위에는 관할권이 없다고 규정한 것을 근거로 각하되어야 한다;

(2) 국제법의 전통적 원칙들이 혐의가 있는 다른 범죄에 대한 관할권에 대해 충분한 근거를 제공하였다;

(3) 1986년 인질억류범죄의 방지와 처벌법(Act for the Prevention and Punishment of the Crime of Hostage Taking 1986; Hostage Taking Act)과 항공기 손괴법 제32(b)조는 피고가 저지른 범죄행위에 책임을 물을 수 있는 근거를 제시하고 있다.

판결 이유(Reasoning of the Court) 법원은 미국 정부 의견에 동조하면서, 보편적이고 수동적인 속인주의 원칙이 본 사건의 관할권 주장에 대한 적절한 근거를 제공한다고 판결하였다. 법원은 항공기 불법납치와 인질억류 금지는 국제협약 곳곳에 규율되어 있으며, 발생 장소에 관계없이 이러한 범죄를 처벌하기 위한 국제공동체의 강력한 의지가 표명되어 있다고 보았다. 게다가 "국제법학자들은 만장일치로 이러한 범죄가 보편관할권을 주장하기 위한 극악무도한 범죄 유형에 속한다는 사실에 동의하고 있다"고 덧붙였다.

법원은 비록 수동적 속인주의가 역외관할권 주장의 가장 논쟁적인 사항이긴 하지만, 사실상 국제공동체가 인질억류방지협약에서 "명시적으로 인질억류자에 대한 관할권 주장의 기초로 수동적 속인주의 원칙을 승인하였다"고 보았다. 또한, 최근 몇 년간 미국 내에서 수동적 속인주의 원칙이 테러리스트 및 기타 보편적으로 금지된 범죄에 적용되었던 경우에 광범위한 지지를 받았던 사실에 주목하였다.

보편적 및 수동적 속인주의 원칙은 법원에 피고에 대한 관할권 주장의 충분한 근거를 제공하여 주었다. 법원은 "미국은 세계질서의 기본적 근간을 뒤흔드는 범죄를 저지른 자를 처벌하기 위해 국제공동체를 위해 활동하고 있을 뿐만 아니라, 자국민을 보호할 권리를 가진다"고 말하였다.

11 United States v. Alvarez-Machain

인용(Citation) 504 U.S. 655, 112 S.Ct. 2188, 119 L.Ed.2d 441 (1992).

사실(Facts) 1985년 미국 마약단속국(Drug Enforcement Administration)의 특수요원인 Enrique Camarena-Salazar(와 그의 파트너였던 멕시코 조종사인 Alfredo Zavala-Avelar)가 멕시코의 마약 판매상에게 납치된 후 고문 끝에 살해되는 사건이 발생하였다. 문제된 사건에서 범죄의 희생자는 미국 시민이었지만, 범죄 관련 행위는 모두 멕시코에서 행해졌다.

1990년 4월 2일, 미국 마약단속국의 특수요원들은 상기 요원 고문살해행위에 가담한 혐의가 있는 멕시코인인 Humberto Alvarez-Machain이라는 의사를 멕시코에서 체포하여 강제로 민간항공기에 태워 미국으로 데려왔다.

그 당시, 미국과 멕시코는 양국 간에 1978년 5월 4일자로 범죄인인도조약(extradition treaty)을 체결한 상태였다. 멕시코 정부는 미국 마약단속국의 멕시코인 의사의 납치행위는 범죄인인도조약의 규정 및 관습법상의 일반원칙을 위반한 것이라고 주장하면서, 미국에 대해 수차례 항의를 하였다.

지방법원(District Court)의 기소적부심 절차에서, 피고는 자신의 납치는 범죄인인도조약상 요구되는 멕시코 정부의 동의 없이 자행되었기 때문에, 미국법원에는 자신에 대한 인적 관할권이 인정될 수 없다고 주장하였다. 본 조약에서는 조약상의 국제의무 위반시에는 해당 정부의 소추행위를 금지하고 있었다.

지방법원은 이러한 주장을 받아들여 피고의 석방과 송환을 명령하였다. 미국 정부는 항소하였으나 다시 항소법원은 피고측에 유리한 판결을 하였고, 결국 미국 연방대법원(Supreme Court)에 상고하였다.

법적 쟁점(Legal Issues) 타국에서 무력으로 체포되어 재판에 회부된 피고에 대한 관할권

판결(Decision) 연방대법원은 피고에 대한 강제납치(forcible abduction) 사실이 피고의 미국 형법 위반 혐의에 대한 미국법원의 심판을 배제하지 않는다는 논지 하에 항소법원의 판결을 파기하였다.

판결 이유(Reasoning of the Court) 미 연방대법원은 문제된 법원에 제소된 절차가 관련 당사국 사이의 조약 규정을 위반한 것이 아니라면, 미국법원이 피고에 대해 심판할 관할권이 있다고 판결하였다. 그리고 범죄인인도조약에서 납치를 금지하고 있는지를 판단하기 위해 조약을 면밀히 분석하였는바, 조약에는 명시적인 금지조항이 없었기 때문에 본 문제가 묵시적 금지에 관한 것인지를 심사하였다.

연방대법원은 범죄인인도조약의 목적이 도망자를 보호할 국가의 권리를 제한하는 것에 있을 뿐, 그러한 권리를 확대하기 위한 것이 아니기 때문이라며 묵시적 금지(implied prevention)의 판단을 거부하였다. 결국, 연방대법원은 범죄인인도조약에 의할지라도 미국 정부의 혐의자에 대한 소추를 금지한 것으로 볼 수 없다고 판단하였다.

제9장

국가면제

1. The Schooner Exchange v. McFaddon(1812)
2. Victory Transport Inc. v. Comisaria General(1964)
3. Trendtex Case(1977)
4. Pinochet Case(1999)
5. Jurisdictional Immunities of the State(2012)
6. Warmbier v. Democratic People's Republic of Korea(2018)

01 The Schooner Exchange v. McFadden

인용(Citation) 11 U.S. (7 Cranch) 116, 3 L.Ed. 287 (1812).

사실(Facts) John McFaddon과 William Greetham의 주장에 의하면, 그들의 소유인 Schooner Exchange호는 1809년 10월 27일 볼티모어에서 스페인의 San Sebastian으로 출항하였고, 나폴레옹전쟁 중인 1810년 12월 30일 대서양에서 프랑스 해군에 나포되어 적법한 권한을 가진 법원(포획심판소)의 유죄판결도 없이(국제법에 위반되게) 강제로 프랑스 군함 Balaou호로 변경되었다고 한다. 후에 이 선박이 Dennis M. Begon의 소유로 필라델피아항에 입항하자, 원고는 1811년 8월 24일 소유권 회복청구를 하였다.

미국 지방검사는 법원에서 미국과 프랑스는 평화 관계에 있기 때문에 프랑스 군함이 미국 항구에 자유롭게 입·출항할 수 있으며, Exchange호는 현재 프랑스의 군함이므로 미국의 관할권으로부터 면제된다고 주장하였다. 지방법원은 McFaddon과 Greetham의 소를 각하하여, 순회법원의 판결을 번복하였다. 결국, 이 사건은 미국 연방대법원의 결정에 맡겨지게 되었다.

법적 쟁점(Legal Issues) 미국 시민이 미국 영해에서 발견된, 외국 국적의 군함에 대해 미국법원에서 소유권(title)을 주장할 수 있는가?

판결(Decision) Marshall 대법원장은 자국 영역 내에서의 국가관할권은 '배타적이고 절대적'(exclusive and absolute)이며 그러한 지위와 권한의 행사는 타국에서도 재판관할권의 면제로 인정되어야 한다고 하였다. 즉 소송은 관할권 부재를 이유로 각하되었다.

판결 이유(Reasoning of the Court)

(1) 미 연방대법원은 국가의 영역관할권은 절대적이고 배타적이지만, 이러한 완전한 절대적 관할권의 예외는 국가의 동의(consent)를 전제로 가능하다고 보았다. 만약 주권국가가 평시에 우호국 군함의 자국 입항을 허용한다면, 영역관할권 배제에 동의한 것으로 간주되어야 하며, 우호국과 그의 군함 역시 적대행위를 하지 않는 한 자신의 특권적 지위가 묵시적으로 보장받고 있다는 신뢰를 가지는 것이 국제법 원칙이다. 이 원칙

은 만장일치로 국가들의 동의를 통해 확인되었으며, 따라서 외국인은 자신이 거주하는 지역의 법(law of the place)에 순종해야만 하는 것이다. 그러나 관행적으로, 국가들은 개방 항구에 입항하는 외국 국적의 군함에 대해 관할권을 주장한 적이 없었으므로, 미국법원은 재판관할권을 갖지 못한다고 판결하였다.

(2) (영국에 대한 봉쇄정책으로 프랑스 해군에 나포된) Schooner Exchange호는 프랑스 정부의 명령으로 Bayonne 항구에서 프랑스의 군함으로 변조되었다. 이 군함은 호의적인 태도로 행동하는 한 미국의 관할권으로부터 면제된다는 묵시적인 약속하에 미국의 내수 혹은 필라델피아항에 입항하는 것이 가능하여야 한다.

02 Victory Transport Inc. v. Comisaria General

인용(Citation) 336 F.2d 354 (1964).

사실(Facts) 이 사건은 스페인 상공부 소속의 상고인 Comisaria General이 Hudson이라는 피상고인(Victory Transport, Inc.) 회사 소유의 상선(화물선)을 임대하여 미국의 '농산물 교역 증진 및 원조법'(Agricultural Trade Development and Assistance Act)에 의하여, 그가 구매한 밀(wheat)을 미국의 Alabama주 Mobile시에서 스페인의 몇몇 항구로 운송계약을 한 것과 관련한 것이다.

법적 쟁점(Legal Issues) Comisaria General은 자신은 스페인의 국가기관으로 자국의 허락 없이 미국법원에서 소송대상이 될 수 없음을, *Schooner Exchange v. McFaddon* 사건 등의 국가면제에 관한 선례에 근거하여 주장하였다.

판결(Decision) 연방대법원은 Comisaria General이 주장하는 '주권면제'는 인정될 수 없다고 판결하였다.

판결 이유(Reasoning of the Court) 지난 반세기 동안 개인의 권리 · 공적 도덕성 · 정부의 상행위 등 여러 가지 사유에 기인하여 과거의 국가원수(즉, 국가)에게 인정되었던 절대적 면제특권의 개념에 변화가 생겼고, 다수의 국가는 국가원수의 '절대면제' 원칙을 포기하였다.

한편 1926년 20개국 대표들이 모인 Brussels 회의에서는 해상통상(Maritime Commerce)을 하는 선박이나 화물에 관한 '국가면제'의 범위를 배타적으로 공선에 제한하기로 합의하였다. 제2차 세계대전 이후, 미국은 다른 국가들(즉, 1948년부터 1958년까지 14개국)과의 조약을 통해 상호간 상대국가의 영역 내에서 영업활동을 하는 국가기관의 통상행위에 대한 '주권면제'(sovereign immunity)를 제한하기로 합의하였다. 다시 말해 미국은 1952년 이후 주권면제의 제한적 적용을 옹호하였던 것인데, 이는 타국의 공적 혹은 통치적 행위(*jure imperii*)에 대해서는 면제를 인정하되, 사적 혹은 상업적 행위(*jure gestionis*)에 대해서는 면제를 부인하는 입장이다.

이 판결에서 연방대법원은 상고인 Comisaria General이 피상고인 회사와 체결한 운송계약은 완전한 의미의 공적 혹은 통치적 행위라고 할 수 없을 뿐만 아니라, 도리어 이는 사적 (혹은 영업적) 행위로서의 성질이 더 농후하다고 판단하였다.

비록 이 사건에서 Comisaria General이 문제의 화물을 미국의 잉여농산물에 관한 합의서(Surplus Agricultural Commodities Agreement)에 의하여 스페인 국민을 위하여 구매하였다 하더라도, 이 물품은 공공서비스에 이용되는 것이 아니라 도리어 스페인 국민에게 판매될 물품이고, 이 과정에서 이익을 보던 혹은 손해를 보던 이는 Comisaria General의 몫이 되는 것이며, 또한 구매 과정도 사적 통로를 통하여 이루어지는 등 모든 행위가 사적 행위로서의 성격이 농후하다고 본 것이다.

03 Trendtex Case: Trendtex Trading Corporation v. Central Bank of Nigeria

인용(Citation) [1977] Q.B. 529 ; [1977] 1 All ER 881 ; [1977] 2 WLR 356 (1977).

사실(Facts) Central Bank of Nigeria(나이지리아 중앙은행)는 법률에 의해 설립된 나이

지리아 국립은행이다. 1975년 중앙은행은 원고(Trendtex Trading Corporation)가 매도한 건물부지 위탁에 대한 대가로서, 나이지리아군 막사 건설계약 체결을 성사시킨 영국회사에 대해 원고측에게 유리한 신용장(letter of credit)을 발급하였다.

그런데 나이지리아 정부는 중앙은행에 국가의 정치적 이유를 들어서 해당 신용장 준수의 거부를 지시하였고, 결과적으로 이에 대해 원고는 영국법원에 은행을 상대로 하여 제소하였다. 나이지리아 국립은행인 중앙은행은 주심인 Donaldson 판사에게 자신들의 주권면제(sovereign immunity)를 주장하여 인정받았으며, 원고는 해당 결정에 대한 항소를 제기하였다.

법적 쟁점(Legal Issues) 국제법과 영국법(English law)의 관계; 국제상사거래(commercial transactions)상의 면제 존재 여부

판결(Decision) 수용이론(doctrine of incorporation)을 도입하여 항소심에서 원고의 이의가 인정되었다. 본 사건에서는 당사자가 소송면제(immunity from suit)의 대상이 될 수 없다. 더군다나 중앙은행의 행위의 원인이 비록 나이지리아 정부측에 있다고 할지라도, 현재의 국제법에서는 일상적 상사거래에 관하여 정부기관을 위한 소송면제를 인정하고 있지 않기 때문에, 이는 면제의 대상이 되지 않는다.

판결 이유(Reasoning of the Court) 나이지리아 중앙은행은 주권면제를 원용하면서 신용장과 관련하여 자신이 영국에서 소송대상이 될 수 없다고 주장하였다. 은행 측이 주장한 주권면제이론은 국제법에 근거한다.

본 사안의 합리적인 결정을 위한 근본적 문제로, 영국법상 국제법의 지위를 먼저 규명할 필요가 있다고 보았다. 그에 대한 이론으로는 수용이론과 변형이론이 있는데, 전자의 입장은 국제법 원칙이 의회제정법과 충돌하지 않는 한 자동적으로 영국법으로 수용되어 영국법의 일부로 간주된다는 이론이다. 반면에 후자인 변형이론(doctrine of transformation)의 입장은 국제법 원칙은 그 자체가 그대로 영국법체계에 수용되는 것이 아니라, 판사의 결정을 통하거나 의회법 혹은 장기간의 반복 관행에 의하여 확립된 관습을 통해 영국법으로 채택되거나 인정된 경우를 제외하고는 영국법의 일부로 간주될 수 없다는 이론이다. Denning경은 국제법상의 원칙의 변화를 융통성있게 영국법체계에 소화해 내기 위한 이

론적 전제로서는 수용이론이 타당하다고 보았다.

국제법은 끊임없이 변화해 왔으며, 영국법원도 의회법의 개별적인 제정 없이도 그 변화에 적응해 왔다. 노예제도를 부인하는 국제법 원칙의 변화가 있었던 경우에, 영국 법정은 국제법의 현대적 원칙을 적용함으로써 정당성을 입증받았었으며, 국제법 원칙에 따라 다양한 형태를 보이고 있는 영해의 범위에 대해서도 법원은 변화된 법원칙을 적용하게 될 것이다.

주권면제의 범위와 대상에 관한 국제법 원칙은 지난 30년간 상당할 정도로 변경되었다고 할 것이다. 또한, 그 변화는 많은 국가에서 인정되고 있으며, 실제로 영국을 비롯한 다른 국가들의 법원은 변경된 원칙을 판결 속에 반영하고 있다고 본다. 현재의 법정이 본 쟁점에 관한 국제법 원칙이 50 혹은 60년 전부터 변해왔음을 인정한다면, 그 변화에 효력을 인정해야 하며 영국법체계에서도 변화된 법원칙을 적용해야 한다고 주장하였다.

04 Pinochet Case: Regina v. Bow Street Metropolitan Stipendiary Magistrate and Others, *ex parte* Pinochet Ugarte

인용(Citation) [1999] UKHL 17 ; [1999] 2 All ER 97 ; [1999] 2 WLR 827 ; 38 ILM 581 (1999).

사실(Facts) 1998년 영국의 치안판사(Magistrate)는 Spain 판사의 범죄인 인도요청에 따라 과거 칠레의 국가수반이었던 Pinochet에 대한 체포영장을 발부하였다. 스페인의 범죄인 인도 요청은 Pinchochet가 칠레의 국가원수로 재임하는 동안 인질들을 불법체포 및 감금하고 고문하였으며 많은 사람을 살인하였다는 혐의에 기인한 것이었다. 이에 대해 Pinochet는 자신이 면제특권의 대상인물이므로 체포될 수 없다는 항변을 하였다.

법적 쟁점(Legal Issues) 1984년 고문방지협약 하의 국제법상 의무와 국가원수의 인도

판결(Decision) 영국법원은 과거 칠레의 국가원수였던 Pinochet의 행위는 국제법상 책임

이 인정되며, 인도에 반한 범죄를 구성한다고 판결하였다.

판결 이유(Reasoning of the Court) 법원은 1984년의 '고문 및 그 밖의 잔혹한, 비인도적인 또는 굴욕적인 대우나 처벌의 방지에 관한 협약'(Convention against Torture and Other Cruel, Inhuman or Degrading Treatment or Punishment)상 그리고 이 협약이 영국의 국내법(Criminal Justice Act of 1988)으로 제정된 이상, 그에 의해 현 · 구 국가원수들에 특정한 행위에 대한 면제특권은 해지되는 것이므로 그의 고문에 대한 혐의는 면제 대상이 될 수 없다고 하였다.

해적행위와 달리 국제법상 국제적인 범죄행위에 대한 개인책임 원칙은 비교적 새로운 현상이라고 평가될 수 있다. 과거 국제법의 주체는 국가였다. 그러나 제2차대전 이후의 전범재판이 발단이 되어 그 이후로는 전범이나 인도에 반한 범죄 등 개인의 행위에 대한 국제적 범법성이 인정되어 왔다. 그리고 한때는 고문 등의 행위는 전쟁범죄(war crime)의 일부로서 취급되어 왔지만, 근래에 와서는 고문 행위 자체가 국제범죄로 인정되고 있는 실정이다.

그리고 대규모의 고문(torture on a large scale)은 1973년과 1975년에 채택된 UN총회 결의문 3059, 3452, 그리고 3453호에 의하여, 인도에 반한 범죄(crime against humanity)로 간주되고 있다. 게다가 칠레는 고문 금지가 강행규범(*jus cogens*)임을 승인한 국가이다. 그리고 강행규범은 모든 국가가 그런 강행규범을 위반한 자를 "인류의 공적"으로 체포, 소추할 동등한 이익을 갖고 있다고 규정하고 있다. 국가정책으로서의 고문(state torture)이 국제범죄라는 것은 (위에 지적한) 1984년의 고문방지협약이 채택되기 전부터 인정되어 왔다. 단지 이를 재판할 재판소가 존재하지 않았을 뿐이다.

그리고 영국과 스페인 간의 범죄인인도조약상, 쌍방가벌성의 원칙(double criminality)에 대해서는 문제의 범죄행위는 (인도 당시가 아니라) 그 행위의 발생 당시를 기준으로 인도대상 여부가 결정되는 것이라고 하면서, 이 경우에 있어서는 1988년 이후에 범한 고문행위에 한하여 인도성 여부가 결정된다고 하였다.

이런 일이 있은 후, Pinochet는 그의 악화된 건강상태로 인하여 원만한 재판에의 참여가 곤란하다는 법원의 판단에 따라 칠레로 귀국하는 것이 허용되었다.

05 Jurisdictional Immunities of the State: Germany v. Italy: Greece intervening (독일 국가면제 사건)

인용(Citation) ICJ Rep. p. 99 (2012).

사실(Facts) 이 사건은 제2차 세계대전 중인 1943~1945년에 독일 군대가 저지른 행위에 대해 이탈리아 법원에 제기된 소송과 관련이 있는데, 독일은 점령지에서의 대규모 살해, 강제노역을 위한 독일로의 이송, 군인의 전쟁포로로서 지위를 부정하고 강제노역을 위해 배치하는 등 이탈리아인에게 이루 말할 수 없는 고통을 안겨주었다. 1998년 이들 희생자 중 하나인 Luigi Ferrini는 이탈리아 법원에서 1944~1945년 동안 그의 독일 이송 및 강제노역에 대해 독일에 배상을 구하는 소송을 제기하였다. 제1심 및 제2심법원은 독일의 국가면제(state immunity, 즉 재판관할권으로부터의 면제)를 이유로 그의 청구를 각하하였으나, 2004년 3월 11일 이탈리아 최고법원인 파기원(Court of Cassation)은 국제범죄(international crimes)에 연관된 사건에서 외국정부는 면제를 향유할 수 없으므로 이탈리아 법원이 이러한 청구에 대해 재판관할권을 가진다고 판결하였다. 최종적으로 피렌체 항소법원은 파기환송심에서 2011년 2월 17일 독일이 1944~45년에 저지른 국제범죄에 대해 면제를 원용할 수 없으며, 따라서 Ferrini에게 배상금을 지불할 의무가 있다고 판시하였다. 이후, 이탈리아 법원은 유사한 사실에 근거한 다른 이탈리아 국민이 제기한 소송에서 독일의 국가면제를 부인하였다.

한편, 이탈리아 법원은 1997년 그리스의 Livadia 법원 판결에 집행력을 부여하였다. 1944년 6월 10일 독일 군대가 그리스의 Distomo 지역에서 200여 명의 민간인을 살해하였는데, Distomo 대학살의 유가족들이 Livadia 법원에 배상을 구하는 소송을 제기하였고, 그리스 법원은 독일의 면제를 거부하고 유가족에 대한 손해배상을 명하였다. 그러나 그리스 법무부 장관은 외국정부를 상대로 한 판결 집행의 승인을 보류하였고, 그리스에서 해당 판결은 집행되지 않았다. 이후 유럽인권재판소에 청원을 제기하였지만, 국가면제를 이유로 각하되었고 독일 법원에 집행을 요구하는 소송도 마찬가지로 성공하지 못하였다. 그러나 이탈리아의 피렌체 항소법원은 2006년 6월 13일의 판결에서 그리스 법원의 판결을 이탈리아에서 집행 가능하다고 선언하였고, 그리스 유가족들은 이탈리아에서 독일 정부가 소유한 문화센터인 Villa Vigoni의 등기부에 25,000유로의 저당권 설정등기를 하였다.

이러한 사실관계를 바탕으로 2008년 12월 23일, 독일은 국제사법재판소에 이탈리아가 자신이 국제법상 누리는 재판관할권 면제를 준수하지 않았다며 국제법상 의무 위반소송을 제기하였다. 독일은 이탈리아가 제2차 세계대전 중 제3제국(the Third Reich, 나치 독일)이 자행한 국제인도법 위반의 피해에 대해 손해배상을 구하는 민사소송을 이탈리아 법원에서 허용함으로써 국제법상 독일이 향유하는 국가면제를 준수하지 않았다고 주장하였다. 또한, 독일은 ICJ에 이탈리아가 자국 영역에 소재한 독일 국유재산인 Villa Vigoni에 대한 강제집행(measures of constraint)을 실행함으로써 국가면제를 위반하였음을 선언해 달라고 요청하였다. 마지막으로 독일은 이탈리아가 자국 법원에 제기된 청구와 유사한 행위에 기초하여 독일을 상대로 한 그리스 민사법원의 결정을 이탈리아에서 집행할 수 있다고 선언함으로써 독일의 국가면제를 침해하였다고 주장하였다. 독일은 특히 1944년 독일군이 철수하는 동안 그리스 마을인 Distomo에서 저지른 대학살과 관련하여 원용된 *Distomo* 판결을 지목하였다.

ICJ의 관할권과 관련하여, 독일은 1957년 4월 29일에 채택되고 각각 1960년 1월 29일과 1961년 4월 18일에 이탈리아와 독일에 의해 비준된 분쟁의 평화적 해결을 위한 유럽협약(European Convention for the Peaceful Settlement of Disputes) 제1조를 원용하였다. 또한, ICJ는 이 협약 제27조에 의해 분쟁 당사국 간 협약이 발효되기 이전의 사실이나 상황에 관한 분쟁에는 적용되지 않음에 주목하였으나, 문제의 결정과 조치는 2004년에서 2011년 사이에 채택된 것이므로 시간적 관할권을 가진다고 판시하였다.

2011년 1월 13일, 그리스는 이 사건에 소송참가를 요청하는 신청서를 제출하였는데, 그리스는 Distomo 대학살에 관한 자국 법원의 판결 및 이탈리아 법원의 집행과 관련된 절차적 측면에 참가하기를 원한다고 설명하였다. ICJ는 동년 7월 4일의 명령을 통해, 이탈리아가 국가면제를 위반하였다는 독일 주장과 관련한 판결의 목적상 국가면제의 원칙에 비추어 볼 때, *Distomo* 사건의 그리스 법원 결정을 검토할 필요가 있다고 판단하였다. 따라서 재판소는 그리스가 이 사건의 판결로 영향을 받을 수 있는 법적 성질의 이익(an interest of a legal nature which might have been affected by the judgment in the case)을 가지며, 결과적으로 그리스는 *Distomo* 사건의 그리스 법원 결정에 한정하여 비당사국(non-party)으로서 소송참가하는 것이 허용된다고 결정하였다.

법적 쟁점(Legal Issues)

1. 이탈리아가 민사소송에서 독일에 대한 재판관할권을 행사하고 이탈리아 영역에 소재한 독일재산에 대해 강제집행을 한 것이 독일이 국제법상 향유하는 국가면제에 위반되는 것인가?
2. 독일에 대한 민사소송을 인정하는 그리스 법원 결정을 이탈리아에서 집행하도록 한 것이 독일이 국제법상 향유하는 국가면제에 위반되는 것인가?

판결(Decision) 2012년 2월 3일, ICJ는 다음과 같이 판결하였다.

1. 이탈리아는 1943년에서 1945년까지 나치 독일이 저지른 국제인도법 위반에 기초한 민사소송을 허용함으로써 독일이 국제법상 누리는 면제를 준수할 의무를 위반하였다.
2. 이탈리아는 Villa Vigoni에 대한 강제집행을 통해 독일이 국제법상 누리는 면제를 준수할 의무를 위반하였다.
3. 이탈리아는 나치 독일이 그리스에서 저지른 국제인도법 위반에 기초한 그리스 법원의 결정을 이탈리아에서 집행할 수 있다고 선언함으로써 독일이 국제법상 누리는 면제를 준수할 의무를 위반하였다.
4. 이탈리아는 적절한 입법행위를 통해서나 선택 가능한 다른 방법을 동원하여, 독일이 국제법상 누리는 면제를 위반한 법원 및 기타 사법기관 결정의 효력을 상실하게 할 의무가 있다.

판결 이유(Reasoning of the Court) 첫째, ICJ는 이탈리아가 국내법원에서 독일을 피고로 하여 제기된 민사소송을 허용함으로써 독일의 국가면제를 위반하였는지 검토하였다. 나치 독일이 제2차 세계대전 중 자행한 행위가 불법인지 아닌지가 아니라, 이러한 행위에 대해 독일을 상대로 한 민사소송에서 이탈리아 법원이 독일에 국가면제를 부여할 의무가 있는지를 판단하였다. 독일의 국가면제를 부인한 이탈리아 법원의 행위는 이탈리아의 국제법상 의무를 위반하였다고 판결하였는데, 현 단계의 국제관습법상(under customary international law as it presently stands) 국가는 국제인권법 또는 무력충돌에 관한 국제법(international law of armed conflict)을 심각하게 위반하였다는 사실만으로 면제를 박탈당하지 않는다고 언급하였다. 또한, 살인, 추방, 노예 노동을 금지하는 무력충돌에 관한 법이 강행규범(*jus cogens*)이라 가정하여도 이러한 법과 국가면제법 간에 충돌은 발생하지 않는다. 두 개의 법은 다른 문제를 다루고 있으며, 절차적 성격을 가진 국가면제법은 한 국가의 법원이 다른 국가에 대해 재판관할권을 행사할 수 있는지 결정하는데 국한된다. 이탈리아 법원의 소송이 강행규범 위반과 관련되어 있다고 가정하더라도 국가면제에 관한 국제관습법의 적용은 영향을 받지 않는다. 한편, 이탈리아 소송에 관여한 다양한 희생자 집단의 배상을 구하는 모든 시도가 실패하였기 때문에 최후의 수단으로서 국가면제 거부가 정당화된다는 이탈리아의 주장과 관련하여, 관련 국내 또는 국제관행상, 국제법이 구제 확보를 위한 효과적인 대체수단의 존재에 기대어 국가면제를 부여했다는 어떠한 근거도 발견하지 못하였다.

둘째, 이탈리아 영역에 있는 독일재산에 대한 강제집행이 국가면제를 위반하였는지와 관련하여, Villa Vigoni는 전적으로 비상업적인 정부의 목적으로(governmental purposes that are entirely non-commercial) 이용되어왔으며, 독일이 어떠한 방식으로든 문제의 센터에 저당권 설정등기를 하는데 동의한 적이 없고, Villa Vigoni를 사법 청구의 배상을 위해 배당한 적도 없음에 주목하였다. 외국정부에 속한 재산에 대해 강제집행을 할 수 있는 조건이 충족되지 않았으므로 이탈리아는 독일에 집행으로부터의 면제를 부여할 의무를 위반하였다.

셋째, 그리스 법원의 판결을 이탈리아에서 집행할 수 있다고 선언한 것이 국가면제를 위반한 것인지 검토하였다. 외국 판결에 집행력을 부여하는 것은 외국 판결이 피요청국의 본안 판결에 상응하는 효력을 갖도록 사법 권한을 행사하는 것임에 주목하고, 독일이 집행소송이 제기된 이탈리아 법원에서 면제를 향유하는지 살펴보았다. 이탈리아 법원에서 Distomo 대학살에 대한 배상 청구가 제기되었더라도 독일이 면제를 향유할 것이므로 그리스 법원 결정의 집행력을 인정한 이탈리아 법원은 국가면제를 위반한 것이다.

06 Warmbier v. Democratic People's Republic of Korea (웜비어 사건)

인용(Citation) 356 F. Supp. 3d 30 (D.D.C. 2018) ; Civil Action No. 18-977 (2018).

사실(Facts) 미국 시민이자 버지니아대학교 학생인 오토 웜비어(Otto Warmbier)는 2015년 12월 29일 북한의 평양으로 여행을 떠났다가, 돌아오는 2016년 1월 2일 호텔에서 북한의 선전 포스터를 훔치려 했다는 혐의로 공항에서 체포되고, 2016년 3월 16일 북한 최고재판소는 '국가전복음모죄'로 그에게 15년의 노동교화형을 선고하였다. 2017년 6월 13일 웜비어는 건강상태가 극도로 나빠져서 거의 식물인간 상태로 미국으로 송환되었는데, 며칠 뒤인 6월 19일에 22세의 나이로 사망하였다. 북한은 그의 죽음은 미스터리이며, 이를 식중독과 미국 정부의 탓으로 돌리고 여하한 책임을 부인하였다.

이에 2018년 4월 26일, 오토 웜비어의 부모인 신시아와 프레드릭 웜비어(Cynthia and Frederick Warmbier)는 외국주권면제법(Foreign Sovereign Immunities Act, 'FSIA')에 따라 북한을 상대로 워싱턴DC 연방지방법원(United States District Court for the District of Columbia)에 민사소송을 제기하였다. 그러나 북한은 이 소송에 결코 출두하지도 방어권을 행사하지도 않았으므로, 원고는 북한이 오토와 그 부모에 끼친 손해에 대한 궐석재판(default judgment)을 신청하였다.

법적 쟁점(Legal Issues) 북한의 행위는 미국의 외국주권면제법의 예외사유 중 하나인 테러행위에 해당하는가?

판결(Decision) 2018년 12월 24일, 미국 워싱턴DC 연방지방법원은 북한이 오토 웜비어에게 가한 고문과 인질억류(hostage taking), 비사법적 처형(extrajudicial killing)과 함께, 웜비어의 부모가 입은 피해에 대해 책임이 있다며, 총 501,134,683.80달러(약 5억 달러; 한화로 약 5,900억)를 배상하라고 판결하였다. 배상금에는 다음이 포함된다: 오토의 재산상속인(사실상, 원고)에게 경제적 손실금 6,038,308달러, 의료비 96,375.80달러, 육체적 정신적 고통에 대해 15,000,000달러와 징벌적 손해배상금(punitive damages)으로 150,000,000달러 및 원고 각자에게 위자료로 15,000,000달러(총 3천만 달러)와 징벌적 손해배상금으로 총 3억 달러.

판결 이유(Reasoning of the Court) 법원은 FSIA 사건에서 궐석재판은 다음의 경우에 가능하다고 보았다: (1) 법원이 해당 청구에 대해 물적 관할권(subject matter jurisdiction)을 가질 때, (2) 인적 관할권(personal jurisdiction)이 피고에 대해 적절히 행사될 때, (3)

원고가 피고에 대한 청구를 입증하기 위해 충분한 증거를 제시할 때, (4) 원고가 자신이 입은 금전적 피해에 대해 배상을 받을 자격이 있음을 충분히 증명했을 때.

특히, 물적 관할권과 관련하여, 법원은 외국정부에 대한 소송은 FSIA 예외가 적용되지 않는 한 일반적으로 면제된다고 보았지만, 원고의 주장처럼 FSIA의 테러행위 예외(terrorism exception)에 해당하는지를 검토하였다. 외국정부 행위에 대해 물적 관할권을 행사하기 위해서 원고는 다음 4가지 요건을 입증해야 하는데, (1) 외국, 즉 북한이 그 행위 당시나 그 행위의 결과로서 테러지원국(state sponsor of terrorism)으로 지정되고, 소송이 제기될 당시 그 지위를 계속 유지하여야 하며, (2) 원고 또는 희생자가 미국의 국민이어야 하고, (3) 가해국에 그 청구를 중재하기 위한 합리적인 기회가 부여되어야 하고, (4) 원고가 외국 공무원, 직원 또는 대리인에 의해 고문, 비사법적 처형, 항공기 파괴행위, 인질억류 또는 그러한 행위에 대한 물질적 지원이나 자원의 제공으로 인해 피해를 보거나 사망한 경우에 금전적 손해배상을 요구할 수 있다.

북한은 1988년에 미 국무부에 의해 처음으로 테러지원국으로 지정되었다가 2008년 철회되고 2017년 11월에 재지정되었는데, 이 사건의 결과 테러지원국으로 지정되고 소송이 제기되었으므로 첫째 요건은 충족하였다. 원고와 오토 웜비어 모두 미국인이므로 둘째 요건도 충족되었다. 원고는 소장 접수일에 중재요청서(Notice of Offer to Arbitrate)도 함께 제출하였으며, 그 번역본은 2018년 6월 19일에 북한에 전달되었다. 비록 북한은 중재요청에 어떠한 연락도 취하지 않았지만, 셋째 요건도 만족하였다. 마지막으로 원고는 오토 웜비어가 고문, 인질억류 및 비사법적 처형을 포함한 야만적 학대행위로 인해 피해를 입었다는 충분한 증거를 제출함으로써 넷째 요건도 충족되었다. 특히, '비사법적 처형'과 관련하여, 문명인들에게 필수적인 것으로 인정되는 모든 사법적 보장을 제공하기 위해 구성된 법원이 아니라, 비독립적인 사법부에 의해 오토는 재판을 받은 것이므로 그 판결은 불법이며, 판결이 합법이라 할지라도 사형이 아닌 노동교화형인데 죽음에 이르렀으므로 비사법적 처형에 해당한다고 보았다.

이외에, 법원은 궐석재판을 위한 요건들이 모두 인정되어 원고의 궐석재판 신청이 허용되며, 북한의 책임을 확인하고 원고에 손해배상금을 지급하도록 판결하였다.

이 사건은 북한이 상소하지 않았으므로 1심에서 종료되었다. 판결문은 2019년 1월 16일 북한 외무상 앞으로 발송되었는데, 북한은 이를 미국으로 반송하고 배상금 지급을 거부하였다. 3월 26일 원고는 판결 이행 요청서를 법원에 제출하여 4월 9일 법원의 승인을 받았다.

그러나 배상금과 관련하여, 북한이 이를 이행하도록 강제할 수단이 없었기 때문에 웜비어 부모는 해외에 억류된 북한 자산에 대한 소유권을 주장하였고, 2019년 7월 3일 뉴욕남부 연방지방법원에 북한산 석탄을 불법으로 운송하였다는 이유로 미국령 사모아에 억류 중인 북한 선박 Wise Honest호에 대한 몰수 소송을 제기하였다. 뉴욕남부 연방지방법원과 워싱턴DC 연방지방법원은 북한에서의 고문 희생자인 웜비어 가족 및 김동식 가족에게 배상하기 위해 선박을 판매하도록 명령하였다.

〈참고〉

* **미국의 외국주권면제법상 테러행위 예외:** "a foreign state shall not be immune from the jurisdiction of courts of the United States or of the States in any case … in which money damages are sought against a foreign state for personal injury or death that was caused by an act of torture, extrajudicial killing, aircraft sabotage, hostage taking, or the provision of material support or resources for such an act."(외국은 고문, 비사법적 처형, 항공기 파괴행위, 인질억류 또는 그러한 행위에 대한 물질적 지원이나 자원의 제공으로 인해 발생한 개인 피해나 죽음에 대해 금전적 손해배상이 요구되는 경우에 미국법원 또는 미국의 관할권으로부터 면제되지 않는다.)

제10장

외교관계

1. Colombian-Peruvian Asylum Case(1950)
2. Iran Hostage Case(1980)
3. LaGrand Case(2001)
4. Arrest Warrant of 11 April 2000(2002)
5. Avena and Other Mexican Nationals(2004)

01 Colombian-Peruvian Asylum Case: Colombia / Peru (비호 사건)

인용(Citation) ICJ Rep. p. 266 (1950).

사실(Facts) 1948년 10월 3일 페루에서 있었던 군사쿠데타가 실패한 후, 혁명 주동자인 페루의 정치지도자 Victor Raúl Haya de la Torre는 몇 개월의 은둔 도피 생활 끝에 1949년 1월 3일 리마 주재 콜롬비아 대사관에 망명을 요청하였다. 이에 콜롬비아 대사관은 페루 정부에 대해 1928년 망명에 관한 아바나 조약 제2조 제2항에 따라 Torre에게 외교적 비호를 부여하겠다고 통고하고, 1933년 정치적 망명에 관한 몬테비데오 협약 제2조에 의한 정치적 난민으로서 페루 정부에 대해 그의 안전한 출국을 위한 통행증 발급을 요청하였으나 거부되었다.

이에 양국이 특별협정을 체결하여 ICJ에 해결을 부탁한 사건이다.

법적 쟁점(Legal Issues) 문제가 된 것은 이러한 콜롬비아의 비호조치가 라틴아메리카 국가 간의 협약과 관습의 일환으로 페루에 구속력을 가지는가이다.

판결(Decision) ICJ는 콜롬비아 정부가 자신의 주장을 정당화할만한 관행의 존재를 입증하지 못하였다고 하면서, 콜롬비아의 주장을 기각하였다.

판결 이유(Reasoning of the Court) 콜롬비아 정부는 주장의 근거로서 일반적 아메리카 국제법(American International Law in general)과 라틴아메리카 국가에 적용되는 지역적인 관습(regional or local custom)을 원용하였다. 하지만 이러한 경우에, 관습이라는 용어는 ICJ규정 제38조상의 "법으로 수락된 일반적인 관행의 증거"(as evidence of a general practice accepted as law)라는 요건이 충족되는 경우에 인정된다.

이러한 관습의 존재에 대해 콜롬비아 정부는 다수의 범죄인인도조약을 언급하였으나, ICJ는 그 조약들이 관련 없다고 판단하였다. 그리고 ICJ는 국가관행으로서 인정되려면 계속적이고 일정한 관행이 존재하고 그러한 관행에서 비호부여국의 권리와 영토국의 의무를 명백히 알 수 있어야 하는데, 콜롬비아가 근거로 제시한 1933년 「몬테비데오 협약」은 그 비호국 몇몇 국가에 불과한 것으로 근거가 미약하고, 실제로 많은 사건에서 외교적 비호가 부여되었다는 콜롬비아의 주장도 비호부여국이 그것을 권리로 보거나 영토국이 의무로 간주하여 부여한 것으로 볼 수 없다는 점을 강조하였다. ICJ는 아울러 페루 정부가 몬테비데오 협약을 비준하지 않고 계속 반대하여왔다는 점도 지적하였다.

한편 콜롬비아 정부는 외교적 비호가 사실상 부여되었던 여러 사건을 예로 제시하였지만, ICJ는 이에 대해서도 주장된 규칙과 동일한 내용의 원용으로 볼 수 없다고 판단하였다. 또한, 재판소에 제시된 사실들이 매우 불확실하거나 모순되는 경우가 많으며, 외교적 비호권의 행사 역시 상황에 따른 차이가 크다는 것을 지적하였다.

ICJ는 법으로 수락된 "일관되고 획일적인 관행"(constant and uniform usage), 즉 국가들의 관행 중 특히 그들이 법적 의무(*opinio juris*)라는 확신 하에 그 기준에 의하여 행위를 하는 것이 관습의 요건이라는 취지의 판결을 내리면서, 비록 콜롬비아가 외교공관의 비호권 인정을 남미제국의 관습으로 주장하지만, 당사국인 페루의 동 권리에 대한 지속적인 반대(persistent objection)에 비추어, 이는 일반적으로 승인된 국제관습은 물론 지역적 관습으로도 볼 수 없다고 하였다.

02 Iran Hostage Case: United States v. Iran (테헤란 미 대사관 인질 사건)[10]

인용(Citation) ICJ Rep. p. 3 (1980).

사실(Facts) 1979년 호메이니가 주도한 이란의 회교혁명에 의해 이전의 팔레비정권은 완전히 일소되었다. 혁명을 주도한 호메이니는 이슬람 전통으로의 회귀와 팔레비 체제의 제거, 그리고 前국왕의 송환과 그 체제를 지지했던 미국에 대한 비판을 주된 기치로 내걸었다. 멕시코에 망명 중이던 前국왕이 신병치료를 이유로 미국 입국허가를 받게 되었고, 이를 미국의 망명 허가로 해석한 이란은 미국을 맹렬히 비난하면서 前국왕의 신병인도를 요구하였고, 미국은 인도적인 이유를 들어 거절하였다.

1979년 11월 4일, 호메이니를 지지하는 과격파 학생들이 주동이 되어 테헤란에 있던 미

10 Case concerning United States Diplomatic and Consular Staff in Tehran.

국대사관을 점거하여 문서를 약탈하고 대사관 직원을 포함한 미국인들을 인질(hostages)로 삼고서 미국에 대해 팔레비 국왕송환 등의 요구조건을 내걸고 억류하였다. 이 사건 발생시, 미 대사관측은 이란 외무부에 반복하여 도움을 요청하였음에도 불구하고 대사관에 군사원조를 제공해 주어야 할 보호군대는 파견되지 않았으며, 정부 차원의 어떠한 구조행위도 이루어지지 않았다.

미국은 11월 29일 ICJ에 이를 제소하였고, 본안 판결에 앞서 이들 인질 석방을 포함한 잠정조치(provisional measures)를 취해줄 것을 요청하여 1979년 12월 15일에 명령이 내려졌으며, 이듬해인 1980년 5월 24일자로 본안 판결이 내려졌다.

법적 쟁점(Legal Issues) 미국의 주장: 잠정조치와 관련하여 미국은 이란 정부에 ⅰ) 미국 인질을 석방하고 이들 인질 및 기타 미국인들의 이란출국에 필요한 안전 및 편의를 제공할 것, ⅱ) 미국대사관과 영사관에 있는 모든 이란인을 내보내고 대사관을 다시 배타적으로 미국의 통제하에 둘 수 있게 할 것, ⅲ) 미국대사관과 영사관에 속한 모든 직원이 대사관 내에서 자유를 보장받고 이란 내에서 그들 임무를 수행하는데 필요한 자유를 보장할 것, ⅳ) 미국대사관과 영사관 직원에 대한 어떠한 재판과 재판의 집행도 중지할 것, ⅴ) 미국의 ICJ 판결을 이행하려는 권리를 침해하는 행동, 특히 인질의 생명 및 안전을 위협하는 행동이 없도록 보장할 것을 요청하였다.

이란의 주장: 이란 정부는 소송에 참가하지 않고, 외무부 장관의 서한을 통하여 다음과 같이 주장하였다. ⅰ) 미 대사관 인질 문제는 미국이 지난 25년간 이란의 국내문제에 간섭한 행위와 분리하여 생각될 수 없는 것으로 미국 · 이란 간에 놓여 있는 문제의 핵심이 아니며, 따라서 ⅱ) 이것은 조약 해석 등의 문제가 아니므로 ICJ는 관할권이 없다. 특히 잠정조치와 관련하여 볼 때, 이것은 쌍방당사자의 이익을 위한 것이므로 미국의 일방적 요구에 따라 취하여질 수 없고, 그러한 조치가 취해질 경우 관할권 조항 위반이다.

판결(Decision) 일반국제법상의 법원칙과 다양한 의무의 계속되는 위반을 통해서 이란 정부는 미국 정부에 대해 국가책임을 초래하였으며, 따라서 미국 정부가 받은 피해에 대해 손해배상을 해야 한다.

판결 이유(Reasoning of the Court) 이란의 회교혁명은 직접적으로는 이란 주권 내의 문제임에 틀림없지만, 대사관과 영사관 문제 · 국제적인 보호를 받는 사람의 억류에 관한 문제와 외교 및 영사관계를 규율하는 국제협약의 해석적용에 관한 분쟁 등은 명백하게 ICJ의 관할권 아래에 있는 문제이다. 외교 및 영사관계에 있어서 외교관의 보호와 임무 수행의 보장은 인류사회가 이어 내려온 오랜 전통이며 필요한 일로서, 이는 1961년 및 1963년의 비엔나협약에 명문화되었다.

이란 정부는 이러한 모든 의무를 인지하고 있었음에도 불구하고, 의무 준수를 위한 어떠한 조치도 취하지 않았다. 11월 5일 기자회견에서, 외무부 장관인 Yazdi는 "국제법에 따라 이란 정부는 외국 국민의 재산과 생명을 보호할 의무가 있음"을 시인하면서도, 외국 대사관과 외교관의 불가침성을 보호해야 할 의무에 대해서는 언급을 회피하였다. 어쨌든 정부의 이러한 태도들은 대사관을 장악한 무리의 행위를 더 악화시켰으며, 이란 정부는 고의적으로 이러한 사태를 방기하여 장기화시켰다.

결론적으로 ICJ는 이란 정부가 각종 국제조약과 국제법에 위반되는 행위를 자행하였는바 그 국가책임을 인정하였고, 따라서 미국 정부에 대해 손해배상을 하여야 한다고 판결하였다.

03 LaGrand Case: Germany v. United States of America

인용(Citation) ICJ Rep. p. 466 (2001).

사실(Fact) Karl LaGrand와 Walter LaGrand 형제는 독일 태생으로 어린 시절 어머니와 함께 미국에 이민 온 독일 국적자들이다. 이들은 1982년 애리조나주의 은행에서 무장강도 행각을 벌이다 살인을 저지르고, 1984년 사형 선고를 받았다. 영사관계에 관한 비엔나협약(Vienna Convention on Consular Relations)에 따라 애리조나 주 당국은 이들에게 체포 당시 독일 영사의 원조를 구할 권리를 통보할 의무가 있었다. 그러나 주 당국은 LaGrand 형제가 독일인임을 알았음에도 불구하고 통보의무를 준수하지 않았다. 이후 LaGrand 형제는 독일 영사관과 접촉하여, 1992년에 이러한 권리의 존재를 알게 되었다.

이들은 이러한 권리를 통보받지 못했으며, 영사의 원조로 자신들이 더 나은 항변을 할 수 있다는 이유로 항소를 제기하였다. 미 주법상 절차상 하자 이론(doctrine of procedual default)을 근거로 미 연방법원은 항소를 각하하였다. 1999년 2월 24일, Karl LaGrand는 애리조나주에서 사형이 집행되었다.

독일은 Walter LaGrand를 위해 미국을 상대로 국제사법재판소에 소를 제기하였다. Walter LaGrand의 사형 집행 예정 몇 시간 전인 1999년 3월 2일, 독일은 ICJ에 직권으로(*proprio motu*) Walter의 사형 집행을 막기 위한 잠정조치 부여를 신청하였다. 재판소는 독일의 요청을 받아들였으나, 미국은 ICJ의 잠정조치(provisional measures)가 법적으로 구속력이 없다며 결국 다음날인 3월 3일 Walter를 사형 집행하였다.

법적 쟁점(Legal Issues) 영사관계에 관한 비엔나협약상의 의무와 잠정조치 의무 불이행

판결(Decision) ICJ는 미국이 영사관계에 관한 비엔나협약 제36조 제1항에 의하여 독일과 LaGrand 형제에 대한 의무를 위반하였다고 판결하였다. 그리고, ICJ 역사상 최초로, 잠정조치 명령이 법적으로 구속력을 가진다고 판단하였다.

판결 이유(Reasoning of the Court) 미국은 비엔나협약이 개인이 아니라, 단지 국가에만 권리를 부여하고 있다고 주장하였으나, ICJ는 미국의 해석이 협약의 일상적 의미에 위반된다는 근거로 이러한 주장을 인정하지 않았다. 미국은 비엔나협약이 각 국가 당사국 국내법 즉, 미국의 경우에는 절차상 하자 이론에 종속되어 행사되어야 한다고 주장하였으나, ICJ는 국내법이 협약이 규정하고 있는 피고의 권리를 제한할 수는 없으며, 단지 권리 행사 방법을 특정할 수 있다고 판결하였다. 미국은 독일의 청구는 ICJ를 국제형사사건의 항소법원으로 만들려는 의도라고 주장하였으나, 법원은 이 주장을 받아들이지 않았다. 그리고 법원은 미국이 본 협약 제36조 제1(b)항을 위반하였음을 부인하지 않고 있다고 말하였다.

결과적으로 ICJ는 독일측에 유리한 판결을 내리며, 잠정조치가 법적으로 구속력이 있다고 판단하였다. 잠정조치의 구속력에 관한 문제는 국제법상 상당한 논쟁의 대상이었다. ICJ규정의 영어본은 잠정조치가 구속력이 없음을 암시하고 있는 반면, 불어본은 그렇지 아니하다. ICJ규정의 동등한 두 정본 사이의 모순에 부딪힌 ICJ는 어떠한 해석이 보다 규

정의 대상과 목적에 기여하는지를 검토한 후, 잠정조치가 구속력이 있다고 판결하였다.

04 Arrest Warrant of 11 April 2000: Democratic Republic of the Congo v. Belgium (체포영장 사건)

인용(Citation) ICJ Rep. p. 3 (2002).

사실(Facts) 2000년 4월 11일, 벨기에 브뤼셀의 1심법원(Tribunal de première instance) 수사판사(investigating judge)는 Abdoulaye Yerodia Ndombasi에 대해 1949년 제네바 협약과 추가의정서의 중대한 위반을 구성하는 범죄 및 인도에 반한 범죄 혐의로 국제체포영장(international arrest warrant *in absentia*)을 발부하였다. 체포영장에는 Abdoulaye Yerodia Ndombasi가 1998년 콩고민주공화국 내 반란군, 주로 투치족에 대한 인종적 증오심을 유발하는 연설에서 이들에 대한 공격을 부추겨서 많은 사망자가 발생하였다고 적시되어 있었다. 그러면서 그를 구금하여 벨기에로 인도(extradition)해 달라고 요청하였다.

이 체포영장은 인터폴을 통해 국제적으로 회람되었는데, 콩고민주공화국은 동년 7월 12일 이를 수령하였다. 체포영장이 발부될 당시, Abdoulaye Yerodia Ndombasi는 콩고민주공화국의 외무부 장관이었다가 11월에 교육부 장관으로 임명되었다. 그의 혐의는 벨기에 국내법인 1999년 2월 10일의 국제인도법의 중대한 위반의 처벌에 관한 법(Act concerning the Punishment of Serious Violations of International Humanitarian Law)에 따라 개정된 1993년 6월 16일의 1949년 8월 12일 (4개) 제네바협약과 그에 대한 1977년 6월 8일 제1, 2 추가의정서의 중대한 위반의 처벌에 관한 법(Act concerning the Punishment of Grave Breaches of the International Geneva Conventions of 12 August 1949 and of Protocols I and II of 8 June 1977 Additional Thereto)을 근거로 벨기에에서 처벌 가능한 것이었다. 즉, 이 법은 국제인도법의 중대한 위반 범죄에 대해 보편관할권(universal jurisdiction)을 창설하며 개인의 공적인 자격에 따른 면제는 이 법의 적용을 방해하지 않는다고 규정하였다.

콩고민주공화국은 이에 2000년 10월 17일 벨기에를 상대로 2000년 4월 11일에 발부한 국제체포영장과 관련하여 국제사법재판소에 소송을 제기하였다. 또한, 같은 날 콩고민주공화국은 "분쟁의 대상이 된 체포영장의 즉각적 기각 명령"을 구하는 잠정조치(provisional measures)의 지시를 신청하였는데, 벨기에는 이러한 요청을 기각하고, 이를 소송명부에서 삭제해 달라고 요구하였다. 2000년 12월 8일, ICJ는 벨기에가 요구한 소송명부에서의 삭제는 거부하고, 콩고민주공화국의 당시 상황상 ICJ규정 제41조에 따른 잠정조치를 지시하기 위해 권한을 행사할 필요는 없다고 보았다. 한편, 소송이 개시된 이후 Abdoulaye Yerodia Ndombasi는 외무부 장관직을 그만두었고, 이후 교육부 장관에서도 물러났다.

콩고민주공화국은 ICJ에 벨기에가 현직 외무부 장관의 형사절차로부터의 불가침성과 면제에 관한 국제관습법(customary international law)을 위반하였으며, 문제의 체포영장을 회수하고 취소하며 콩고민주공화국에 도덕적 배상을 제공해야 한다는 판결을 내려주도록 요청하였다. 벨기에는 관할권, 소송대상의 부재, 수리 가능성(jurisdiction, mootness and admissibility)에 관한 항변을 제기하였다.

법적 쟁점(Legal Issues) 외무부 장관에 대해 발부한 체포영장은 국제법상 형사관할권으로부터의 면제와 불가침성의 향유에 위반된 것인가?

판결(Decision) 2002년 2월 14일, ICJ는 다음과 같이 판결하였다.

1. 벨기에가 제기한 관할권, 소송대상의 부재, 수리 가능성에 관한 항변을 기각한다.
2. 2000년 4월 11일 Abdoulaye Yerodia Ndombasi에 대한 체포영장 발부는 국제법상 콩고민주공화국의 현직 외무부 장관이 누리는 형사관할권으로부터의 면제와 불가침성을 준수하지 않았다는 점에서 콩고민주공화국에 대한 벨기에의 법적 의무 위반을 구성한다.
3. 벨기에는 자신이 선택한 수단을 통해 2000년 4월 11일의 체포영장을 취소하고, 영장이 회람된 당국에 관련 정보를 제공하여야 한다.

판결 이유(Reasoning of the Court) 먼저 ICJ는 벨기에가 제기한 항변을 기각하고, 자신이 콩고민주공화국이 부탁한 분쟁을 판단할 관할권이 있다고 선언하였다. 벨기에와 콩고민주공화국은 각각 1958년 6월 17일과 1989년 2월 8일에 ICJ의 강제관할권(compulsory jurisdiction) 수락을 선언하였는데, 선언문 어디에도 이 사건에 적용할 만한 유보는 없었다. 또한, Abdoulaye Yerodia Ndombasi가 더는 현직에 있지 않다는 이유로 이 사건의 대상이 없다(without object)고 벨기에가 항변하였지만, Abdoulaye Yerodia Ndombasi에게 일어난 변화가 양국 간 분쟁을 종식시키지도 서면신청서(Application)의 대상을 박탈하지도 않았다. 벨기에는 서면신청서가 이후 서면진술서와 실질적으로 차이가 있으며, 외교적 보호(diplomatic protection)를 위한 국내구제수단이 완료되지 않아 재판이 수리될 수 없다고 항변하였는데, ICJ는 서면신청서에 규정된 사실이 다른 분쟁으로 전환될 정도로 변경되지 않았으며, Abdoulaye Yerodia Ndombasi가 장관직을 그만두었음에도 서면신청서에 제기된 분쟁의 성격은 변하지 않았고, 콩고민주공화국은 자국민을 위한 외교적 보호를 행사하고 있지 않으므로 국내구제수단 완료의 원칙에 호소할 수는 없다며 항변을 기각하였다.

본안과 관련하여, 콩고민주공화국이 최종진술서에 제기한 바와 같이 국제관습법을 기반으로 고려되어야 하는 것은 현직 외무부 장관의 형사관할권으로부터의 면제와 불가침성(immunity from criminal jurisdiction and the inviolability of an incumbent Minister for Foreign Affairs)의 문제이다. 국제관습법상 외무부 장관에게 부여된 면제는 개인의 이익(personal benefit)을 위해 주어진 것이 아니라 각 국가를 대신하여 자신의 기능을 효과적으로 수행할 수 있도록 보장하는 것이다. 외무부 장관이 수행하는 기능은 재임 동안 형사관할권으로부터의 완전한 면제와 불가침성을 향유한다. 그 면제와 불가침성의 목적이 다른 국가가 장관의 직무 수행을 방해하지 못하게 하는 것인 한, 공적 자격(official capacity)으로 수행한 행위와 사적 자격(private capacity)으로 수행했다고 주장하는 행위, 또는 사적 행위의 경우 외무부 장관 취임 전에 수행한 행위와 장관직에 있는 동안 수행한 행위 간에 구별은 어려울 것이다. ICJ는 벨기에 주장과는 달리, 국가관행(State practice)을 검토한 결과 현직 외무부 장관이 전쟁범죄(war crimes) 또는 인도에 반한 범죄(crimes against humanity)의 혐의가 있더라도 국제관습법상 장관에 대한 형사관할권으로부터의 면제와 불가침성 규범에 예외가 있을 수는 없다고 결정하였다.

국내법원의 관할권을 규율하는 규칙은 관할권 면제를 규율하는 규칙과 신중히 구별되어야 한다. 외무부 장관의 경우를 포함한 국제관습법상 면제는 특정한 중대범죄의 예방과 처벌에 관한 다양한 국제협약에 근거하여 국내법원이 확대된 형사관할권(extended criminal jurisdiction)을 행사할 때에도 외국법원에서 여전히 대항할 수 있다.

그러나 현직 외무부 장관이 향유하는 관할권으로부터의 면제가 그들이 저지른 여하한 범죄의 중대성에 관련 없이 불처벌(impunity)을 누림을 의미하는 것은 아니다. 관할권으로부터의 면제는 절차적 성격을 가지지만, 형사책임은 실체법상의 문제이다. 관할권으로부터의 면제는 특정 기간 또는 특정 범죄에 대해 기소를 금지할 수 있지만, 면제를 신청한 사람의 모든 형사책임을 면제시킬 수는 없다. 국제법상 현직 또는 전직 외무부 장관이 누리는 면제는 형사 기소의 장애가 되지 않는 상황도 있다.

2000년 4월 11일 체포영장의 조건을 검토한 결과, 분쟁이 된 체포영장의 발부는 벨기에 영역에서 현직 외무부 장관을 전쟁범죄와 인도에 반한 범죄 혐의로 체포할 수 있게 하려는 벨기에 사법당국의 행위를 대변한다. 영장의 성격과 목적을 고려할 때, 영장의 단순한 발부로도 Abdoulaye Yerodia Ndombasi가 현직 외무부 장관으로서 누리는 면제가 준수되지 않았고, 따라서 콩고민주공화국에 대한 벨기에의 의무가 위반되었다. 또한, 벨기에 당국이 2000년 6월부터 문제의 체포영장을 국제적으로 회람한 것은 현 외무부 장관의 면제를 준수하지 않았다는 점에서 콩고민주공화국에 대한 벨기에의 의무 위반을 구성한다. 마지막으로 ICJ의 판결은 콩고민주공화국이 제기한 도덕적 피해(moral injury)에 대해 배상하는 사죄의 한 유형(a form of satisfaction)을 구성한다. 그러나 "불법행위가 자행되지 않았다면 존재했을 가능성이 있는 상황"(the situation which would, in all probability have existed if the illegal act had not been committed)을 재확립하기 위해, 벨기에는 자신의 선택에 따라 문제의 영장을 취소하고 그것이 회람된 당국에 정보를 제공해야 한다.

05 Avena and Other Mexican Nationals: Mexico v. United States of America (아베나 사건)

인용(Citation) ICJ Rep. p. 12 (2004).

사실(Facts) 2003년 1월 9일, 멕시코는 미국의 일부 주(州)에서 사형 선고를 받은 Carlos Avena Guillen을 포함한 54명(추후 서면진술서에 의해 52명으로 변경됨)의 멕시코 국민과 관련하여 1963년 4월 24일의 영사관계에 관한 비엔나협약(Vienna Convention on Consular Relations) 제5조(Consular functions: 영사 기능) 및 제36조(Communication and contact with nationals of the sending state: 파견국 국민과의 통신 및 접촉)의 위반 혐의로 미국을 상대로 국제사법재판소에 소송을 제기하였다. 이 사건은 *LaGrand* 사건과 달리 아직 사형 집행을 당하지 않은 자국민을 위해 제소한 것으로 ICJ에 오기 전 멕시코와 미국은 오랫동안 관련 문제에 대해 교섭을 진행하였다. 사건의 배경이 되는 멕시코 국민 52명에 대한 사실관계는 거의 유사한데, 이들은 영사관계에 관한 비엔나협약에 따라 체포 후 지체없이 통보될 권리가 행사되지 못한 채 체포, 구금, 재판, 유죄 및 사형 선고를 받았다.

멕시코는 서면신청서에서 잠정조치(provisional measures)의 지시를 요청하였는데, 이는 무엇보다 멕시코 국민의 사형집행금지를 포함한 멕시코 또는 국민의 권리를 침해할 수 있는 어떠한 조치도 내리지 못하도록 미국에 요구하기 위한 것이었다. 2003년 1월 21일에 개최된 잠정조치에 관한 공개심리 이후, ICJ는 동년 2월 5일 다음과 같은 명령을 내렸다: "미국은 이 사건의 최종판결이 나올 때까지 사형집행이 임박한 3명의 멕시코 국민(Cesar Roberto Fierro Reyna, Roberto Moreno Ramos와 Osvaldo Torres Aguilera)에 대해 집행을 하지 않기 위해 필요한 모든 조치를 취해야 하며, 이 명령의 이행을 위해 취한 모든 조치에 대해 재판소에 정보를 제공해야 한다".

법적 쟁점(Legal Issues) 미국은 영사관계에 관한 비엔나협약상 멕시코 국민이 가지는 영사 조력을 받을 권리를 침해하였는가?

판결(Decision) 2004년 3월 31일, ICJ는 다음의 판결을 내렸다.

1. 미국은 (51명의) 멕시코 국민을 구금한 뒤 영사관계에 관한 비엔나협약 제36조 제1(b)항의 권리를 지체없이 고지하지 않고, (49명을) 적절한 멕시코의 영사기관에 통보하지도 않아 이 협약 제36조 제1(b)항의 의무를 위반하였다.
2. 미국은 (49명의 멕시코 국민과 관련하여) 멕시코가 자국민과 통신하고 접촉하며 구금된 국민을 방문하는 권리를 박탈하여 영사관계에 관한 비엔나협약 제36조 제1(a)항과

제1(c)항의 의무를 위반하였다.

3. 미국은 (34명의 멕시코 국민과 관련하여) 멕시코가 법적 대리를 주선하는 권리를 박탈하여 영사관계에 관한 비엔나협약 제36조 제1(c)항의 의무를 위반하였다.
4. 미국은 (3명의) 멕시코 국민의 유죄선고와 형량의 심사 및 재고를 허용하지 않아 영사관계에 관한 비엔나협약 제36조 제2항의 의무를 위반하였다.
5. 미국의 적절한 보상은 자신이 선택하는 수단을 통해 (이 사건에 관련된) 멕시코 국민의 유죄선고와 형량을 심사하고 재고할 의무에 있다.

판결 이유(Reasoning of the Court) ICJ는 먼저 미국이 주장한 관할권 항변과 수리 가능성 항변을 검토하였다. 멕시코는 이러한 항변 모두 받아들일 수 없다고 주장하였는데, ICJ규칙(Rules of Court) 제79조 제1항이 정한 시한, 즉 서면답변서 제출일로부터 3개월이 지나 제출되었기 때문이었다. 재판소는 선결적 항변(preliminary objection)으로 제기되지 않은 이 조항에 따른 항변은 기한을 준수하지 않았다는 이유만으로 배제될 수 없다고 판단하였지만, 결국 미국의 항변 중 일부는 본안의 대상이라고 하는 등 모든 항변을 기각하였다.

본안에 와서 ICJ는 먼저 이 사건에 관련된 52명 중 일부가 영사관계에 관한 비엔나협약의 보호를 받을 수 없는 미국 국적자(즉, 이중국적자)인지를 검토하였다. 이 문제는 미국이 입증책임(burden of proof)을 지는데 입증에 실패하였고, 영사관계에 관한 비엔나협약 제36조 제1(b)항에 따라 미국은 52명의 멕시코 국민에게 영사 정보를 제공할 의무를 진다. 이 협약 제36조 제1(b)항에 규정된 “지체없이”(without delay)는 체포된 사람이 외국인이거나 그가 아마도 외국 국적이라고 생각할 근거가 있음을 알게 되는 즉시 영사 정보를 제공할 의무가 있다는 것이다. 재판소는 한 명을 제외하고 모든 사건에서 미국이 영사 정보를 제공할 의무를 위반하였다고 결정하였다. 이 협약 제36조 제1항 (a), (b), (c)호의 상호 관련된 성격에 주목한 결과, 미국은 (52건 중 49건의 사건에서) 멕시코 영사관이 자국민과 통신하고 접촉하며 방문할 수 있는 권리와 (52건 중 34건의 사건에서) 법적 대리를 주선하도록 할 권리를 침해하였다. 제36조 제2항에 관한 멕시코의 주장과 제36조 제1항의 위반으로 훼손된 ‘유죄선고와 형량의 효과적인 심사 및 재고에 대한 자국민의 권리’(right of its nationals to effective review and reconsideration of convictions and sentences)와 관련하여, 미국은 *LaGrand* 사건에 대한 판결 이후에도 절차적 하자 규칙(procedural default rule)을 개정하지 않았고, 49건의 사건에서 사법심사의 가능성이 아직 열려있긴 하지만, 3건의 사건에서 제36조 제2항을 위반하였다.

제36조 위반의 법적 결과 및 유죄선고와 형량의 부분적 또는 전체적 무효를 통한 멕시코의 원상회복(*restitutio in integrum*) 요청과 관련하여, 국제법이 요구하는 것은 적절한 형태의 보상, 즉 이 사건의 경우 미국법원에서의 멕시코 국민의 유죄선고와 형량의 심사 및 재고(review and reconsideration by United States courts of the Mexican nationals' convictions and sentences)를 의미하는 것이다. 심사 및 재고를 위한 수단의 선택은 미국에 맡겨야 하지만, 영사관계에 관한 비엔나협약에 따른 권리 침해를 고려하여 수행되어야 한다. 심사 및 재고 과정은 사법절차의 맥락에서 이루어져야 하는데, 적절한 사면절차(appropriate clemency procedures)는 사법심사 및 재고를 보완할 수 있다 하더라도 형 확정 후 사면절차(executive clemency process) 자체는 그 목적 달성에 충분하지 않다. 한편 멕시코의 주장과 달리, 미국에 의한 제36조의 규칙적이고 지속적인 위반유형(a regular and continuing pattern of breaches)에 관한 증거는 발견하지 못하였기에 불법행위의 '중단'을 명령하지 않았다. 또한, 미국은 영사관계에 관한 비엔나협약의 준수를 장려하려고 노력하였고, 멕시코가 요청한 대로 재발 방지에 대한 충분한 보증과 보장을 제공하였다. 이 사건은 멕시코 국민에 대한 것이지만, 미국에서 비슷한 상황에 처해 있는 다른 외국인들에게도 적용될 수 있을 것이다.

2003년 2월 5일의 잠정조치 명령에 관련된 멕시코 국민 3인에 대해 미국은 영사관계에 관한 비엔나협약 제36조 제1항과 제2항을 위반하였으며, 유죄선고와 형량의 심사 및 재고는 이루어지지 않았다. 따라서 미국은 판결에 명시된 기준에 따라 심사 및 재고의 성격을 가진 적절한 구제책을 찾아야 한다.

한편, 2005년 3월 7일 미국은 ICJ에 강제관할권(compulsory jurisdiction)을 부여하는 영사관계에 관한 비엔나협약 분쟁의 강제적 해결에 관한 선택의정서(Optional Protocol to the Vienna Convention on Consular Relations concerning the Compulsory Settlement of Disputes)에서 탈퇴하였다. 또한, 2008년 6월 5일 멕시코는 ICJ규정 제60조를 기반으로 *Avena and Other Mexican Nationals* 사건의 2004년 3월 31일 판결의 해석을 국제사법재판소에 요청하였다(사건명은 'Request for Interpretation of the Judgment of 31

March 2004 in the Case concerning *Avena and Other Mexican Nationals (Mexico v. United States of America)*'임). 멕시코는 *Avena* 판결의 '의미 또는 범위'(meaning or scope)에 관해 당사국 간에 분쟁이 발생하였다고 주장하였는데, 2009년 1월 19일자 판결에서 ICJ는 설사 분쟁이 존재한다고 할지라도 이는 *Avena* 판결의 '의미 또는 범위'와 관련된 것이 아니라, '판결이 내려진 사건 당사국의 국내법질서상 ICJ 판결의 효력에 관한 일반적 문제'(general question of the effects of a judgment of the Court in the domestic legal order of the States parties to the case in which the judgment was delivered)라고 언급하였다. 따라서 재판소는 ICJ규정 제60조의 조건이 충족되지 않았다며 멕시코의 요청을 기각하였다. 한편, ICJ는 *Avena* 판결 이행을 위해 미국이 수단을 선택하도록 하였지만, 이는 무조건적으로 준수되어야 함을 분명히 하였다.

제11장

해양법과 공간

1. Church v. Hubbart(1804)
2. Wildenhus' Case(1887)
3. The 'I'm Alone' Case(1935)
4. Powers Case(1966)
5. KAL 858기 폭파사건(1990)
6. The M/V "Saiga" Case(1999)
7. Maritime Delimitation in the Black Sea(2009)
8. Bay of Bengal Case(2012)
9. The South China Sea Arbitration(2016)
10. The M/V "Norstar" Case(2019)

01 Church v. Hubbart

인용(Citation) 6 U.S. (2 Cranch) 187, 2 L.Ed. 249 (1804).

사실(Facts) 포르투갈 당국이 불법무역 혐의로 미국 범선 Aurora호를 브라질(당시 포르투갈의 식민지) 연안에서 나포하였다. 이후 선주는 나포로 인한 손해를 보험회사에 청구하였는데, 보험회사가 포르투갈과의 불법무역에 기인해 발생한 손해는 보험금 지급에서 제외시킨 보험약관상 보험금을 지불할 수 없다고 거절하였다.

그러나 선주는 포르투갈 당국에 나포될 당시, 자신의 선박은 브라질 연안에서 4~5리그 밖에 위치해 있던 바 포르투갈의 영토관할권 밖에 있었으므로 해당 나포 자체가 불법이기 때문에, 이 보험약관은 적용될 수 없다고 주장하면서 소송을 제기하였다. 1, 2심에서는 보험회사의 승소 판결을 내렸고, 이어 대법원의 최종심이 진행되었던 사건이다.

법적 쟁점(Legal Issues) 영토관할권(territorial jurisdiction) 행사의 적법요건

판결(Decision) 1804년 미 연방대법원은 브라질 연안으로부터 4~5리그(약 12~15마일) 떨어진 수역에서 밀수혐의로 미국 상선을 포획한 포르투갈의 관할권 행사에 대하여 그 적법성을 인정하였다.

판결 이유(Reasoning of the Court) Marshall 대법원장은 다음과 같이 판결하였다:

국제법상 선박에 대한 나포행위가 예외 없는 절대적인 불법사항이라는 주장은 인정될 수 없다. 자국의 영토 내에서 해당 국가의 권한은 절대적이며 배타적인 것이다. 그러나 발생되는 피해에 대해서 자신을 보호하기 위한 조치를 취할 수 있는 권한은 틀림없이 영토 밖에서도 행사될 수 있다고 해야 한다. 이러한 원칙에 따라 교전당사자의 공해상의 중립국 선박에 대한 임검권이 보편적으로 인정되고 있는 것이다. 다시 말해 자국을 보호하기 위한 경우의 행위는 특정한 영토 범위 내로 한정할 수 없는 것인 한편, 이 권리가 확장되는 경우 저항의 대상이 되는 것은 별론으로 한다.

중요한 것은 영해의 범위가 아니라 관할권 행사의 대상과 목적이 무엇인가 하는 점이다. 국가는 자국의 영토 내에서 배타적인 주권을 가지므로 불법적인 거래행위를 금지할 권한

도 갖는다고 할 것이다. 하지만 이러한 권리를 보호하는 법률을 위반하려 할 때는 반드시 일정한 경계선 안에서만 그러한 행위를 방지할 수 있다는 것은 아니며, 필요하고 합리적인 일정한 범위까지 확장해서 방지 권한을 행사할 수 있다.

그러므로 보험회사가 “포르투갈과의 불법무역이라는 모험”을 보험 지급 대상에서 제외한 것은 쉽게 납득될 수 있을 것이다.

02 Wildenhus' Case: Mali v. Keeper of the Common Jail

인용(Citation) 120 U.S. 1, 7 S.Ct. 385, 30 L.Ed. 565 (1887).

사실(Facts) 1886년 10월 6일 뉴저지주의 Jersey City항에 정박 중이던 벨기에 증기선 Noordland호의 선원 Joseph Wildenhus가 갑판 밑에서 같은 선박의 선원인 Fijeus와 싸워 그를 상해치사하였다. 현장에 출동한 Jersey City 경찰은 선박에 승선하여 Wildenhus를 체포하고, 살인에 대한 재판이 계류 중인 뉴저지주의 허드슨 일반유치장(common jail)에 수용하였다.

뉴욕 및 뉴저지주재 벨기에영사(M. Charles Mali)는 국제법 및 1880년의 벨기에-미국 간 영사협정에 의하여 Wildenhus의 범죄는 벨기에법에 의해 다루어져야 하며 뉴저지주는 그에 대한 관할권이 없다고 주장하면서, 인신보호영장(a writ of habeas corpus)을 청구하였다. 위 영사협정 제11조는 특히 “지방당국은 해변 및 항구의 평온 및 공공질서를 해치는 성격으로 무질서가 야기되거나 그 국가의 국민 또는 선박의 선원이 아닌 자가 관계된 경우를 제외하고 선박의 내부질서에 간섭하지 않는다”(shall not)고 규정하고 있었다.

벨기에는 선원 외의 어느 누구도 이 사건에 연루되지 않았고, 살해자와 피살자 모두 Noordland호의 선원이자 벨기에 국민이었으며, 선박 갑판 아래에서 범죄가 일어났지만, 항구의 평온 및 공공질서를 해치지 않았다고 주장하였다.

미국 뉴저지주 순회법원은 체포된 인물(Wildenhus와 두 명의 목격자)의 영사에 대한 신원 인도를 거부하였다. 영사는 이 결정에 상소하였다.

법적 쟁점(Legal Issues) 이 사건에서 논쟁의 대상이 되는 것은 만약에 연안국의 관헌이 일방적으로 항구나 연안국의 '평화와 공공질서' 등의 침해 여부를 결정할 수 있다면 '기국주의' 혹은 타국 선박의 면제 등은 권리라기보다는 하나의 특혜로서 연안국의 재량에 의존하게 된다는 비판이 가능하다는 것이다.

판결(Decision) 미 연방대법원은 살인범죄는 그 범행 자체만으로도 해변 또는 항구의 평온 및 공공질서를 해치게 되어 1880년의 영사협정의 예외조항이 적용되는 것으로 간주되어야 하므로, 연안국인 미국 지방당국이 살인범죄에 대한 관할권을 행사할 수 있다고 판결하여 순회법원(circuit court)의 판결을 확정하였다.

판결 이유(Reasoning of the Court) 연방대법원은 미국이 체결한 조약들을 분석하면서, 이러한 조약들은 영사에게 항해 중 지켜야 할 적정한 명령의 하달과 관료들과 선원들 사이의 분쟁을 해결할 권한을 부여하고 있지만, 한편으로 관련 지역 지방 행정당국에도 항해 중에 일어나는 사태에 대해 간섭할 권한을 허용하고 있다고 결론지었다.

해당 법원이 결정해야 할 가장 중요한 문제는 항해 중에 발생한 사태(disorder)가 평화와 공공질서(tranquility and public order)를 해치는 성격을 가지고 있는지의 여부이다. 하지만 이러한 무질서의 존재 여부를 결정하는 것은 쉬운 일이 아니다. 이러한 일은 특히 상황에 따라 달라지는데, 살인죄(felonious homicide)는 범죄행위 자체로 항구 혹은 해안에서 평화와 공공질서를 해치는 것으로서, 1880년 조약 규정의 예외에 속하는 것으로 볼 것이고, 이에 대해서는 지방당국이 간섭할 수 있는 권한(jurisdiction)을 갖는다고 하였다.

03 The 'I'm Alone' Case: Canada v. United States

인용(Citation) 3 RIAA 1609 (1935).

사실(Facts) 캐나다 회사의 명의로 캐나다에 등록된 미국인 소유의 영국 선박 I'm Alone호는 1928년 12월과 1929년 초, 그리고 그해 3월 22일 침몰할 때까지 영국령인 Honduras의 Belize로부터 주류를 수송하는 데 이용되었다.

I'm Alone호는 미국의 금주령 시기에 주류밀수를 하기 위해 루이지애나 근해 6.5해리 밖에서 정박 중에 미국 관세순시선인 Wolcott호에게 발각되었고, 순시선의 정지명령을 무시하고 공해로 도주하였다. Wolcott호는 I'm Alone호를 추적하여 정지시키고 임검권을 행사하려 하였으나, 이에 불응하자 무선교신을 통하여 협조를 요청하였지만, 계속 불응하고 도주하다가 나중에 합세한 관세순시선 Dexter호의 공격을 받아 미국 연안 200해리 밖 공해상에서 침몰하였다. I'm Alone호의 침몰 사건은 미국과 영국 간에 분쟁을 야기하였고, 영국은 미국에 선박과 선원의 피해보상을 요구하였다.

당시 미국과 영국은 협약을 체결하였는데, 동 협약은 주류를 미국에 반입하려 하는 선박에 대하여는 미국이 임검권을 행사할 수 있으며, 이러한 권한은 미국 영해 밖 1시간 항해거리 이내 수역에서 행사될 수 있다고 규정하고 있었다.

법적 쟁점(Legal Issues) 추적권(right of hot pursuit), 선박을 침몰시킨 행위에 대한 법적 정당성 인정문제, 보상 문제

판결(Decision) 선박을 침몰시킨 행위는 국제법상 정당화될 수 없으나, 문제의 선박이 불법무역에 연루되어 있었으므로 선박과 화물 손상에 대한 배상은 있을 수 없으며, 단지 미국은 불법행위의 가담자가 아닌 선원의 국적국인 캐나다 정부에 대해서 손해배상을 하여야 한다.

판결 이유(Reasoning of the Court) 중재위원들은 추적권과 관련하여 I'm Alone호의 위치와 속력에 관한 사실을 심사하였는데, 협약상 미국 정부가 I'm Alone호에 대한 추적을 시작했던 시점은 해안으로부터 1시간 이내의 거리에 있었지만, 상황 완료 시점에는 그 거리를 훨씬 넘어섰다고 할 수 있는바, 이 경우에도 추적권이 인정되는지에 관한 문제가 제기되었다. 중재위원들은 이 문제에 대해 아직까지 협약상 적정한 답변이 없으며, 또한 일치된 견해에 이르지 못했다고 말하였다. 그러나 중재재판소는 미국이 I'm Alone호를 침몰시킨 것은 일반국제법과 협약상 인정될 수 없다고 하면서, 추적시 선박의 침몰은 고의가 아닌 사고로 임검 · 나포 · 예인 중에 일어난 경우에만 정당화될 수 있다고 판시하였다.

중재재판소는 1928년 9월부터 I'm Alone호가 침몰한 시점까지 비록 캐나다에 등록된 영국 선박이었지만, 사실상(*de facto*) 거의 전적으로 미국 시민이 소유하고 관리하였음을 지적하면서, 따라서 선박이나 화물의 손상에 관해서는 어떠한 배상도 요구되지 않는다고

결정하였다.

그러나 동 사건에서 선박을 침몰시킨 행위는 불법행위이므로, 미국 정부가 공식적으로 자신의 불법행위(unlawful act)를 시인하고 캐나다 정부에 사죄해야 한다고 판정하였다. 그리고 미국의 불법행위에 관한 실질적 보상으로 캐나다 정부에 총 25,000불을 지급하도록 권고하였다.

04 Powers Case (U-2기 사건)

인용(Citation) 30 ILR 69 (1966).

사실(Facts) 1960년 5월 1일 소련의 대공방위부대는 민간항공기로서는 도달이 어려운 20,000m 상공의 소련 국경을 침범하는 정체불명의 항공기를 포착하였다. 이 항공기가 주요산업기지와 군사목표물 위로 비행하면서 소련영공을 2,000km 이상 침범하였을 때 지대공 미사일 부대가 소련 정부의 명령에 따라 이 항공기를 격추하였고, 조종사는 낙하산으로 탈출하였으나 체포되었는데, 그 조종사는 조사결과 미국인 Francis Gray Powers로 밝혀졌다. 그의 자백과 소련이 수집한 증거자료에 의해, Powers가 미국 CIA의 정보수집 임무를 띠고 U-2기를 조종하여 파키스탄의 미 공군기지를 출발하여 소련영공을 지나 노르웨이의 미 공군기지로 비행하려던 중 격추되었음이 알려지게 되었다. 미국은 처음에 항공기의 우연한 항로이탈이라고 밝혔으나, 그 후 첩보비행이 미국 정책의 일환으로 수행되고 있었음을 시인하였다.

법적 쟁점(Legal Issues) 영공에 대한 국가의 배타적 관할권

판결(Decision) 소련 최고재판소는 Powers의 소련 영공침입과 첩보 활동에 대해 유죄를 인정하였다.

판결 이유(Reasoning of the Court) 소련 최고재판소는 판결에서, 미국 군사첩보비행기의 영공침입은 각국이 자국의 영공에 대해 배타적 주권을 갖는다는 국제법 일반원칙에 위

반되며 아울러 국가에 따라서는 핵무기뿐만 아니라 그와 유사한 무기들을 목표물에 신속하게 수송할 수 있는 수단을 가지고 있다는 점을 고려할 때, 소련영공에 대한 군사첩보비행은 직접적인 군사공격의 선행조치로 볼 수 있다고 밝혔다.

재판소는 Powers의 신분증을 근거로 하여 그가 CIA 요원임이 증명되었고, 항공기 잔해에서 나온 필름에서 그가 소련의 주요산업 및 군사목표물을 첩보목적으로 촬영하였음이 드러났다는 점을 지적하여, 외국을 위한 첩보 활동을 금지한 소련 형법 제2조를 위반하였다고 판시하였다. 그리하여 Powers는 3년간의 노역을 포함한 10년의 금고 및 개인소지품의 몰수형을 선고받았다.

05 KAL 858기 폭파사건

인용(Citation) 대법원 1990. 3. 27. 선고 89도 1670 판결 (1990).

사실(Facts) 1987년 11월 29일 오후 2시 5분경, 바그다드에서 출발하여 아랍 에미리트의 수도인 아부다비를 거쳐 재급유를 위해 방콕 공항으로 향하던 KAL 858편 보잉 707 여객기가 버마 근해 안다만제도 상공에서 폭발하였다.

김현희는 김옥화란 이름의 북한 여권을 가지고 부다페스트로 간 후, 비엔나로 이동하여 하치야 신이찌(본명 김승일, 70세)와 하치야 마유미(부녀관계)라는 이름의 가짜 일본 여권을 받고서 비행기에 탑승하여, 11월 28일 KAL 858기 탑승 좌석의 휴대소지품용 선반에 폭탄과 액체 폭발물을 장치한 후, 비행기가 아부다비에 도착했을 때 빠져나와 바레인으로 이동하였다. 이같이 사건의 관련 장소가 바레인, 태국, 버마, 일본으로 확산하게 되어 복잡한 상황이 전개되었다. 바레인에 체류하던 이들은 12월 1일에 로마행 비행기를 타려다가 위조여권이 발각되어 바레인 정부가 조사하던 중, 담배 속의 독극물 캡슐을 음독하여 김승일은 사망하고 김현희는 중태에 빠졌다.

당시 항공기에는 승무원 20명을 포함한 한국인 113명과 인도인 1명, 아랍에미리트인 1명 등 총 115명이 탑승하였는데, 이 사고로 전원이 사망하였다.

법적 쟁점(Legal Issues) 이 사건의 쟁점은 사건에 관련된 한국, 바레인, 태국, 일본 중 사건의 형사재판관할권이 어느 나라에 있는가이다.

판결(Decision) 바레인 당국은 그때까지 밝혀진 정황증거와 함께 1963년 동경협약 · 1971년 몬트리올협약에 근거하여 피해 당사국인 한국에 대해 자결한 김승일의 시신과 김현희의 신병을 인도하였고, 이로써 한국이 이 사건의 재판관할권을 행사할 수 있게 되었다.

판결 이유(Reasoning of the Court) 본 사건에서는 피의자 김현희와 김승일의 시신에 대한 신병처리 관할권이 문제가 되었다. 그러나 이에 대해서는 우선 한국 국적의 비행기에서 일어난 사건이므로 동경협약의 항공기 국적국 재판관할권 귀속을 원칙으로 한다는 점, 2명을 제외한 승무원과 승객이 모두 한국인이라는 점, 결정적인 단서로서 자살 시도시 먹은 담배 속의 독극물이 남파 북한공작원의 것과 같다는 점 등을 이유로 하여, 한국을 우선적으로 형사재판관할권 국가로 인정하였다.

1987년 12월 11일 한국과 바레인은 신병인도 원칙에 합의하였고, 김현희는 12월 15일 서울에 도착하였다. 1989년 4월 25일 김현희는 1심에서 사형을 선고받았고, 동년 7월 22일 항소심에서 유죄 판결을 받았으며(서울고등법원 1989.7.22. 89노1475), 대법원(1990.3.27. 89도1670)은 피고인이 이 사건에서 범행 실행에 직접 가담하여 실질적인 임무를 분담 수행하였을 뿐 아니라, 이 범행은 다수의 승객과 승무원들이 탑승하여 운항 중인 국제민간항공기를 이른바 “남조선 해방과 조국 통일”이라는 정치적 목적 달성을 위해 희생시킨 극단적 비윤리행위로서 국제협약에서도 이를 엄중한 형벌로 다스리게 되어 있으며, 그로 인하여 귀국 중이던 다수의 해외근로자와 항공기 승무원 등 115명의 인명이 살해되었을 뿐 아니라 이 범행이 결국 대한민국의 존립과 발전 그리고 기능을 침해 또는 위협하기 위한 것이었음에 비추어 보면, 원심이 유지한 제1심판결의 양형이 부당하다고 인정되지 아니한다면서 김현희의 상고를 기각하였다. 그러나 이후 한국 정부는 김현희에게 특별사면을 내렸다.

06 The M/V "Saiga" Case: Saint Vincent and the Grenadines v. Guinea

인용(Citation) ITLOS (No. 2) (1999) ; 38 ILM 1323 (1999).

사실(Facts) Saiga호는 조업 선박에 석유를 공급하는 선박으로, 세인트 빈센트-그레나딘을 기국으로 하는 선박이다. 선장과 승무원의 국적은 모두 우크라이나이며, 3명의 세네갈인이 페인트공으로 승선하고 있었다. 그런데 1997년 10월 28일 다른 어선에 급유차 대기하던 중, 기니 EEZ(Exclusive Economic Zone; 배타적 경제수역)의 남단한계선 부근 해상에서 기니의 경비정에 의해 체포되었다. 기니는 동년 12월 10일에 동 선박의 선장을 형사소추하고, 세인트 빈센트-그레나딘에 대한 민사소송을 제기하였다. 17일에 Conakry 법원은 동 선박의 선장이 신고 없이 기니의 영토에서 석유를 판매하는 행위는 밀수, 사기 및 세금포탈범죄에 해당한다고 판결하고, 153억 5,400만 기니 프랑의 벌금과 벌금에 대한 지불보증으로 동 선박 및 화물의 압류를 명령하였다. 1998년 2월 3일에 동 선장은 Conakry 항소법원에 항소하였지만, 항소법원도 역시 유죄를 인정하였다.

1997년 12월 22일 양국은 중재재판에 부탁하기로 합의하여, 1998년 2월 20일 국제해양법재판소(International Tribunal for the Law of the Sea, 이하 ITLOS)가 이 사건을 심리하게 되었다. 재판소는 1998년 3월 11일 세인트 빈센트-그레나딘이 청구한 잠정조치 청구에 대하여 다음과 같은 명령을 내렸다: 첫째, 해양법협약 제290조 제1항에 근거하여 기니가 억류 및 구금하고 있는 선박과 선원을 석방할 것; 둘째, 양국은 분쟁의 종국적 해결을 위한 약정체결을 위해 노력할 것; 셋째, 양국은 재판소규칙 제95조 제1항에 의거한 진술서를 1998년 4월 30일까지 제출할 것 등이다.

법적 쟁점(Legal Issues) 배타적 경제수역에서의 국가의 권리와 의무 및 선결적 항변

판결(Decision) 국제해양법재판소는 1999년 7월 1일자 판결에서, 궁극적으로는 세인트 빈센트-그레나딘에 유리하게 판결하여, 보상금으로 2,123,357불을 지급하도록 결정하였다.

판결 이유(Reasoning of the Court) 기니가 재판소규칙 제97조에서 정하고 있는 이의제

기 기간인 90일이 초과되었으므로 더 이상의 이의제기는 불가능하다고 주장한 것에 대하여, 재판소는 1998년에 양국이 재판소에의 부탁에 합의한 이후 재판절차에 응하였고 다른 이의제기가 없었으므로 관할권 문제에 관해서는 양국이 인정한 것이라고 하였다.

ITLOS는 선박과 기국 사이의 진정한 관련성(genuine link)을 요구하는 UN해양법협약의 목적은 국적국 의무의 실효적인 이행을 보장하기 위한 것으로서, 선박 등록의 유효성 문제를 판단하기 위한 기준을 확립하기 위한 것은 아니라고 판시하였다. 재판소는 선박과 세인트 빈센트-그레나딘 사이에 진정한 관련성이 없음을 근거로 Saiga호가 세인트 빈센트-그레나딘의 기를 달고 운행할 권리를 부인할 수 있다는 기니의 주장은 법적 근거가 없다고 결론지었다.

ITLOS는 18대 2의 표결로 기니의 주장을 기각하였다.

07 Maritime Delimitation in the Black Sea: Romania v. Ukraine

인용(Citation) ICJ Rep. p. 61 (2009).

사실(Facts) 2004년 9월 16일, 루마니아는 우크라이나를 상대로 흑해에서의 배타적 경제수역 및 대륙붕의 경계획정에 관한 소송을 제기하였다. 루마니아는 국제사법재판소가 관할권을 가질 수 있는 근거를 루마니아와 우크라이나 양국 간 (1997년 10월 22일 발효된) '추가협정'(Additional Agreement) 제4문(h)에서 찾았다. 구두절차는 2008년 9월 2일부터 9월 19일까지 열렸다.

이 사건에서 해양경계획정의 대상이 되는 흑해의 지리적 특징으로는 다뉴브 강의 삼각주로부터 약 20해리 떨어진 곳에 '세르팡 섬'(Serpents' Island)이 존재한다는 것이다. 세르팡 섬의 면적은 약 0.17㎢로 한국의 독도와 거의 크기가 같다는 점에서 주목을 요한다 할 수 있다.

우크라이나는 국제사법재판소의 관할권이 루마니아와 우크라이나 양국 배타적 경제수역 및 대륙붕 간의 경계획정으로만 제한된다고 주장했으나, 루마니아는 양국 간 구속력 있는 합의들의 존재를 고려하여 'Point X'(루마니아가 주장하는 세르팡 섬을 둘러싼 12해리 원호의 끝점)로부터 해양경계선이 설정되어야 한다는 주장을 펼쳤다. 이 문제에 대하여 국제사법재판소는 양국 영해 간의 경계획정에 대한 관할권은 존재하지 않으나 일방 국가의 배타적 경제수역 및 대륙붕과 타방 국가의 영해 간의 경계획정은 가능하다는 입장을 표명하였다.

2009년 루마니아-우크라이나 사건에서의 준거법은 UN해양법협약 제74조 및 제83조이다. 그런데 루마니아는 1949년, 1963년, 1974년 루마니아와 소련 간에 체결된 Procès-Verbaux 및 2003년 루마니아와 우크라이나 양국이 서명한 'State Border Régime Treaty'가 UN해양법협약 제74조 제4항 및 제83조 제4항에 따라 고려되어야 한다고 주장하였다. 이에 대하여 우크라이나는 1949년, 1963년, 1974년 루마니아와 소련 간에 체결된 Procès-Verbaux 및 2003년 양국이 서명한 'State Border Régime Treaty'가 양국 배타적 경제수역 및 대륙붕 간의 경계획정과 무관하다는 입장을 취하였다.

국제사법재판소는 1949년, 1963년, 1974년 루마니아와 소련 간에 체결된 Procès-Verbaux 및 2003년 루마니아와 우크라이나 양국이 서명한 'State Border Régime Treaty'를 해석한 후 'Point X'를 양국 간 합의된 경계선의 끝점으로 인정하지 않았다. 이어서 국제사법재판소는 우크라이나의 영해와 루마니아의 배타적 경제수역 및 대륙붕 간의 합의된 경계선이 존재하는지를 살펴보았는데, 국제사법재판소는 1997년 추가협정만 양국의 배타적 경제수역 및 대륙붕의 경계획정 문제를 다루고 있을 뿐만 아니라 그 추가협정도 경계선을 설정한 협정이 아니라 경계선 설정 절차를 담고 있을 뿐이라는 것을 지적하였다. 즉, UN해양법협약 제74조 제4항 및 제83조 제4항이 의미하는 협정은 존재하지 않는다는 것이다. 다만 2003년 양국이 서명한 'State Border Régime Treaty' 제1조를 해석했을 때 양국 간 국경의 끝점은 양국 영해의 (12해리) 한계가 만나는 점, 즉 'Point 1'이고, 따라서 국제사법재판소는 이 'Point 1'로부터 경계획정을 수행하였다.

법적 쟁점(Legal Issues) 해양경계획정을 수행하기 위해 국제사법재판소가 채택한 '3단계 방법론'

판결(Decision) 루마니아와 우크라이나 간 흑해에서의 (배타적 경제수역 및 대륙붕의 경계인) 단일해양경계는 2003년 루마니아와 우크라이나 양국이 서명한 'State Border Régime Treaty' 제1조에 따라 'Point 1'로부터 시작하여 세르팡 섬을 둘러싼 우크라이나의 12해리 영해 한계선을 따르게 되며, 그 한계선과 양국 간 등거리선이 교차하는 지점, 즉 'Point 2'까지 이어진다. 'Point 2'로부터 'Point 3' 및 'Point 4'를 통해 양국 간 등거리선을 따르며, 이는 'Point 5'까지 이어지게 된다. 그리고 'Point 5'로부터 양국 간 등거리선을 따라 제3국의 권리에 영향을 미칠 수 있는 지점까지 연결된다.

판결 이유(Reasoning of the Court)

(1) 관련 해안(relevant coasts)

국제사법재판소는 2009년 루마니아-우크라이나 사건의 해양경계획정에서 '관련 해안'의 의미와 역할을 명백히 밝혔다. 이 사건에서 국제사법재판소의 과제가 해양경계선 설정을 통해 양국의 중첩된 권원 주장을 해소하는 것이기 때문에 권원이 중첩되는 수역을 창출하는 관련 해안을 결정하는 것은 중요한 문제이다.

관련 해안을 결정해야 하는 두 가지 이유로는 첫째, 무엇이 분쟁당사국들 간 중첩된 권원 주장인지를 결정하고자 하는 것이고, 둘째, 경계획정의 '마지막' 단계에서 분쟁당사국들 관련 해안의 길이 간의 비율과 관련 영역 간의 비율을 비교하여 불균형이 존재하는지를 확인하고자 하는 것이다.

국제사법재판소는 루마니아의 전(whole) 해안이 관련 해안임을 인정하였다. 하지만 루마니아와의 권원이 중첩되는 수역을 창출하지 못하는 우크라이나의 해안은 관련 해안으로 인정되지 못했는데, 예를 들어, Karkinits'ka Gulf, Yahorlyts'ka Gulf, Dnieper Firth의 해안은 관련 해안으로 인정되지 못하였다.

(2) 해양경계획정의 3단계 방법론

국제사법재판소는 2009년 루마니아-우크라이나 사건에서 소위 해양경계획정의 '3단계 방법론'을 확립하였다. 3단계 방법론을 구체적으로 적용하면, 첫 번째 단계에서 국제사법재판소는 '잠정적인 경계선'(provisional delimitation line)을 설정한다. 인접국 간의 경계획정의 경우 등거리선 설정을 불가능하게 하는 강력한 이유가 존재하지 않는 한 등거리선이 설정될 것이며, 대향국 간의 경계획정의 경우 잠정적인 경계선으로 중간선이 설정될 것이다.

두 번째 단계에서 국제사법재판소는 첫 번째 단계에서 설정한 잠정적인 경계선을 이동시킬 수 있는 관련 사정이 존재하는지를 살펴본다. 이는 형평한(공평한) 해결에 도달하기 위함이다.

세 번째 단계에서 국제사법재판소는 '불균형성 점검'(disproportionality test)을 수행하는데, 분쟁당사국들 관련 해안의 길이 간의 비율과 관련 영역 간의 비율을 비교하게 된다. 이와 같은 경계획정의 마지막 단계를 밟는 이유는 형평한 해결에 도달했음을 확인하기 위함이다.

(3) 잠정적인 등거리선 설정을 위한 기점으로서의 세르팡 섬

해안으로부터 약 20해리 떨어진 곳에 위치하고 있는 '세르팡 섬'이 잠정적인 등거리선 설정을 위한 기점이 될 수 있는지 여부에 대하여 국제사법재판소는 '지리의 사법적 개조'(judicial refashioning of geography)가 될 수 있다고 언급하였다. 따라서 세르팡 섬은 잠정적인 등거리선 설정을 위한 기점으로 선택될 수 없었다.

(4) 관련 사정(relevant circumstances)

국제사법재판소는 경계획정의 두 번째 단계에서 첫 번째 단계에서 설정된 잠정적인 등거리선을 이동시키는 관련 사정이 존재하는지를 살펴보았다. 우크라이나는 양국 관련 해안의 길이 간의 격차가 잠정적인 등거리선을 이동시킬 수 있는 관련 사정으로 간주되어야 한다고 주장하였다. 이에 대하여 국제사법재판소는 관련 해안의 길이 간의 격차가 상당하거나 실질적이어야 관련 사정으로 고려될 '수' 있다는 입장을 피력하였다. 그런데 이 사건에서는 그 정도로 두드러진 격차가 발견되지 않는다는 것이다. 즉, 국제사법재판소는 우크라이나의 주장을 받아들이지 않았다.

세르팡 섬의 존재가 관련 사정이 될 수 있는지 여부에 대하여 국제사법재판소는 일단 세르팡 섬이 UN해양법협약 제121조 제2항에 따라 200해리에 이르는 배타적 경제수역 및 대륙붕에 대한 권원을 가지는 섬인지 제121조 제3항에 따라 12해리에 이르는 영해에 대한 권원만 가지는 암석인지 여부에 대한 판단을 회피하였다. 그 이유는 세르팡 섬이 200해리에 이르는 배타적 경제수역 및 대륙붕에 대한 권원을 가진다 해도 우크라이나의 본토 해안으로부터의 200해리에 이르는 배타적 경제수역 및 대륙붕에 대한 권원에 세르팡 섬이 가질 수 있는 권원이 흡수되기 때문이다. 그리고 이러한 이유를 기초로 국제사법재판소는 세르팡 섬이 잠정적인 등거리선을 이동시킬 수 있는 관련 사정이 될 수 없다고 보았다.

(5) 불균형성 점검(disproportionality test)

국제사법재판소는 경계획정의 세 번째 단계에서 양국 관련 해안의 길이 간의 비율과 관련 영역 간의 비율을 비교하였다. 이는 관련 해안의 길이 비율에 따라 관련 영역을 부여한다는 의미가 아니라 두 번째 단계까지 국제사법재판소가 설정한 (해양)경계선이 형평한 해결을 반영하고 있는지를 사후적으로 점검한다는 의미이다. 따라서 이와 같은 불균형성 점검은 '대략' 이루어지는 것이고, 수학적으로 이루어지는 과정이 아니다.

루마니아와 우크라이나의 관련 해안의 길이 간의 비율은 약 1:2.8이었고, 관련 영역 간의 비율은 약 1:2.1이었다. 국제사법재판소는 이 두 비율 간에 교정을 요구하는 불균형이 존재하지 않는다고 결론지었다.

08 Bay of Bengal Case: Bangladesh / Myanmar[11]

인용(Citation) ITLOS Case No. 16, Judgment (2012).

사실(Facts) 2009년 12월 13일, 방글라데시는 국제해양법재판소에 발송한 문서를 통해 미얀마를 상대로 양국 간 해양경계를 획정하기 위해 UN해양법협약 제7부속서 중재재판소에 소송이 제기되었으나 양국 간 합의를 통해 국제해양법재판소가 해양경계획정 문제에 대한 관할권을 행사할 것을 요청한다고 언급하였다. 국제해양법재판소는 방글라데시와 미얀마 양국의 요청을 받아들여 양국 간 해양경계획정 문제에 대하여 관할권을 행사하기로 결정하였다. 그리고 2011년 9월 8일부터 9월 24일까지 독일 함부르크에 위치한 국제해양법재판소에서 구두절차가 개최되었다.

국제해양법재판소의 2012년 '벵골만'(Bay of Bengal) 사건에서 해양경계획정의 대상이 되는 수역은 벵골만 북동쪽 수역이다. 방글라데시는 벵골만의 북쪽과 북동쪽에 위치하고 있고, 미얀마는 벵골만의 동쪽에 위치하고 있다.

방글라데시와 미얀마 양국은 1974년부터 2010년까지 14번에 걸쳐 양국 간 해양경계획

11 Dispute concerning delimitation of the maritime boundary between Bangladesh and Myanmar in the Bay of Bengal.

정 문제를 놓고 교섭에 임했으나, 이 문제를 해결하지 못하였다. 결국 국제해양법재판소가 양국 간 해양경계획정 문제를 다루게 되었고, 국제해양법재판소는 양국 간 영해, 배타적 경제수역, 대륙붕의 경계획정이라는 과제를 수행하게 되었다.

2012년 벵골만 사건에서의 준거법은 UN해양법협약 제15조, 제74조, 제76조 및 제83조이다. 이 사건에서 또 하나 중요한 문제로 부각되었던 점은 바로 국제해양법재판소가 200해리 이원의 대륙붕의 경계획정 문제에 대하여도 관할권을 가질 수 있는지의 문제였다. 미얀마는 원칙적으로 국제해양법재판소가 200해리 이원의 대륙붕의 경계획정 문제에 대하여도 관할권을 가질 수 있으나, 이 사건에서는 경계선의 끝이 200해리에 이르기 전에 확정될 것이기 때문에 200해리 이원의 대륙붕의 경계획정 문제가 발생하지는 않는다는 주장을 펼쳤다. 이에 대하여 방글라데시는 미얀마의 주장이 국제해양법재판소가 미얀마의 등거리선 주장을 받아들일 것이라는 '가정' 하의 주장일 뿐이라고 응수하였다.

국제해양법재판소는 200해리 이원의 대륙붕의 경계획정 문제에 대하여 자신이 관할권을 가지고 있는지에 대한 답을 주기 위해 두 가지 단계를 밟았다. 첫째, UN해양법협약 제76조 및 제83조를 고려했을 때 UN해양법협약은 법적으로 200해리 이내의 대륙붕과 200해리 이원의 대륙붕을 구분하지 않는다는 것이다. 즉, 국제해양법재판소는 대륙붕 전체에 대한 경계획정을 수행할 수 있는 관할권을 가지고 있다는 의미이다. 둘째, 국제해양법재판소는 경계선의 끝이 200해리에 이르기 전에 확정될 것이라는 미얀마의 주장을 받아들일 수 없고, 200해리 이원의 대륙붕의 경계획정을 수행한다 하여 국제공동체의 권리에 영향을 주지 않으며, 200해리 이원의 대륙붕의 경계획정을 수행한다 해도 대륙붕한계위원회(CLCS)의 역할 수행에 장애를 주지 않는다는 이유들을 제시하였다. 즉, 국제해양법재판소는 200해리 이원의 대륙붕의 경계획정 문제에 대하여 자신이 관할권을 행사하는 것이 적절하다고 결론지은 것이다.

법적 쟁점(Legal Issues)

(1) 영해의 경계획정을 수행할 때 방글라데시에 속하는 '세인트마틴스 섬'(St. Martin's Island)이 특별 사정으로 간주될 수 있는지 여부

(2) 배타적 경제수역 및 200해리 이내의 대륙붕의 경계획정을 수행할 때 '등거리–관련 사정'(equidistance–relevant circumstances) 방법을 기초로 국제사법재판소가 2009년

루마니아-우크라이나 사건에서 확립한 '3단계 방법론'이 적용될 수 있는지 여부

(3) 200해리 이원의 대륙붕의 경계획정과 200해리 이내의 대륙붕의 경계획정이 같은 방법으로 수행되어야 하는지 여부

판결(Decision)

(1) 국제해양법재판소는 방글라데시와 미얀마 양국 간 영해, 배타적 경제수역, 대륙붕의 경계를 획정할 관할권을 가진다.

(2) 국제해양법재판소는 200해리 이원의 대륙붕의 경계를 획정할 관할권도 가진다.

(3) 방글라데시와 미얀마 간에는 UN해양법협약 제15조의 의미 내에서 영해의 경계획정에 관한 합의가 존재하지 않는다.

(4) 방글라데시와 미얀마의 해양경계는 'Point 1'로부터 시작하여 'Point 2'까지 이어진다. 'Point 2'로부터 단일해양경계는 세인트마틴스 섬과 미얀마 간 등거리선을 따라 설정된다. 'Point 8'로부터는 세인트마틴스 섬을 둘러싼 방글라데시의 12해리 영해 한계선을 따르게 되며, 그 한계선이 양국 간 배타적 경제수역 및 대륙붕의 경계와 교차하는 'Point 9'까지 이어진다.

(5) 단일해양경계는 'Point 9'로부터 'Point 10'을 거쳐 'Point 11'까지 이어지고, 'Point 11'부터는 영해기선으로부터 200해리 한계선에 이를 때까지 방위각 215도에서 시작하는 측지선으로 계속된다.

(6) 200해리 이원에서도 'Point 11'부터 이어지고 있는 방위각 215도에서 시작하는 측지선의 방향이 그대로 계속되며, 이는 제3국의 권리에 영향을 미칠 수 있는 지점까지 연결된다.

판결 이유(Reasoning of the Court)

(1) 영해의 경계획정

국제해양법재판소는 먼저 영해의 경계획정 문제와 관련하여 방글라데시와 미얀마 양국이 1974년 작성한 '합의의사록'이 법적 구속력 있는 합의인지에 대하여 살펴보기 시작하였다. 국제해양법재판소에 의하면 문제의 합의의사록은 교섭 기간 중 도달한 양국 간 조건적 양해의 기록에 불과하다. 더구나 이 합의의사록이 채택된 상황은 법적 의무를 창출하

거나 구속력 있는 약속을 구체화하고자 하지 않았다는 것이다. 이와 같은 이유들로 인해 국제해양법재판소는 1974년 합의의사록이 양국 영해의 경계를 획정하지 않았다고 결론지었다.

국제해양법재판소는 영해의 경계획정에 관한 양국 간 묵시적 합의 등도 발견할 수 없었기 때문에 UN해양법협약 제15조를 적용하여 영해의 경계획정을 수행하였다. 다만 UN해양법협약 제15조를 적용하는 과정에서 문제가 될 수 있었던 것은 방글라데시에 속하는 '세인트마틴스 섬'(St. Martin's Island)이 특별 사정으로 간주될 수 있는지 여부였다. 국제해양법재판소는 어떤 섬에 특정 효과가 주어져야 한다는 일반적 규칙은 존재하지 않는다는 것을 전제로 세인트마틴스 섬의 효과를 결정하고자 하였다. 이 때 국제해양법재판소는 어떤 특정 섬에 주어지는 효과가 영해의 경계획정과 영해 이외의 해양영역의 경계획정 시 다를 수 있다는 것을 언급하였다. 이어서 국제해양법재판소는 세인트마틴스 섬이 크기, 인구, 경제활동 등과 관련하여 '유의미한 해양지형'(significant maritime feature)에 해당하므로 세인트마틴스 섬이 UN해양법협약 제15조가 의미하는 특별 사정으로 취급될 이유가 없다고 하였다. 따라서 방글라데시의 세인트마틴스 섬과 미얀마의 본토 해안 간에 만들어진 등거리선이 양국 간 영해의 경계가 되었다.

(2) 배타적 경제수역 및 200해리 이내의 대륙붕의 경계획정

UN해양법협약 제74조 제1항 및 제83조 제1항은 배타적 경제수역 및 대륙붕의 경계획정을 위한 특별한 방법을 규정하고 있지 않다. 오로지 '형평한 해결의 도달'이라는 경계획정의 목표만을 규정하고 있을 따름이다.

국제해양법재판소는 형평한 해결의 도달을 위해 우선 방글라데시와 미얀마 양국의 관련 해안을 결정하기 시작하였다. 방글라데시의 경우에는 미얀마와 권원이 중첩되는 수역을 창출할 수 있는 전 해안이 관련 해안으로 인정되었다. 다만 해안의 복잡함에 의해 야기되는 어려움을 피하기 위해 관련 해안을 두 개의 직선으로 측정하였다. 미얀마의 경우에는 방글라데시와의 육지국경의 끝부터 'Cape Negrais'까지가 관련 해안으로 인정되었고, 해안의 복잡함을 피하기 위해 방글라데시와 마찬가지로 관련 해안이 두 개의 직선을 이용하여 만들어졌다.

경계획정의 방법을 선택하기 위해 국제해양법재판소는 국제재판소 판례를 통해 발

전되어온 여러 방법론을 살펴보았다. 특히 '등거리-관련 사정'(equidistance-relevant circumstances) 방법을 기초로 국제사법재판소가 2009년 루마니아-우크라이나 사건에서 확립한 3단계 방법론에 주목하였다. 방글라데시는 이 사건에서 '이등분방법'(bisector method)이 적용되어야 한다고 주장하였으나, 국제해양법재판소는 미얀마의 관련 해안이 방글라데시의 주장보다 길어진 이상 방글라데시 입장에서도 3단계 방법론을 채택하는 것이 적절하다고 결론지었다.

배타적 경제수역 및 대륙붕의 경계획정과 관련하여 세인트마틴스 섬이 잠정적인 등거리선 설정을 위한 기점이 될 수 있는지 여부는 논란을 야기하였다. 만약 세인트마틴스 섬이 기점으로 선택되는 경우 미얀마의 권원 투사가 차단될 뿐만 아니라 '지리의 사법적 개조'(judicial refashioning of geography)에 이를 수 있다는 이유로 세인트마틴스 섬은 기점으로 선택되지 못하였다.

국제해양법재판소는 잠정적인 등거리선을 설정한 이후 이를 움직이게 할 수 있는 관련 사정이 존재하는지를 살펴보았다. 일단 국제해양법재판소는 방글라데시의 오목한 해안 모양에 주목하였다. 오목한 해안 모양 자체가 반드시 관련 사정으로 간주되어야 하는 것은 아니나 양국 간 (잠정적인) 등거리선이 일방 국가의 권원에 차단효과(cut-off effect)를 가져온다면 그 등거리선은 이동되어야 한다는 결론을 내렸다. 즉, 방글라데시의 오목한 해안 모양은 이 사건에서 관련 사정이 될 수 있다는 것이다.

잠정적인 등거리선 설정 시 기점으로 선택되지 못한 세인트마틴스 섬이 관련 사정으로 간주될 수 있는지와 관련한 문제가 다시 한 번 발생하였다. 국제해양법재판소는 배타적 경제수역 및 대륙붕의 경계획정 시 어떤 특정 섬이 어떤 효과를 받아야 하는지 문제는 사안에 따라 달라질 수 있다는 것을 전제로 삼았다. 그리고 이 사건에서 세인트마틴스 섬에 어떤 효과를 부여할 경우 미얀마의 권원 투사가 차단되기 때문에 세인트마틴스 섬에는 그 어떤 효과도 부여될 수 없다는 결론을 내렸다.

국제해양법재판소는 방글라데시의 오목한 해안 모양으로 인해 방글라데시 해안의 남쪽 방향으로의 권원 투사가 차단되기 시작하는 지점(즉, Point X)으로부터 잠정적인 등거리선이 움직여야 된다고 결정하였다. 그리고 형평한 해결에 도달하기 위해서라면 잠정적인 등거리선의 상당 부분이 움직인다 하더라도 문제가 되지 않는다고 했다. 이를 위해 국제해양법재판소는 방위각 215도에서 시작하는 측지선(geodetic line)을 이용하였다.

(3) 200해리 이원의 대륙붕의 경계획정

국제해양법재판소는 방글라데시와 미얀마 양국이 200해리 이원의 대륙붕에 대한 중첩된 권원을 가지고 있는지부터 살펴보기 시작하였다. 일단 국제해양법재판소는 200해리 이원의 대륙붕의 외측한계가 설정되지 않았다는 것이 권원의 존재를 결정하는 것을 방해하지는 않는다고 전제하였다.

UN해양법협약 제76조 제1항에 언급되어 있는 '자연적 연장'(natural prolongation) 개념을 해석하면서 국제해양법재판소는 대륙붕의 범위를 결정하는데 있어 '대륙변계의 바깥 끝'(outer edge of the continental margin) 개념이 핵심적인 요소라고 언급하였다. 이어서 국제해양법재판소는 UN해양법협약 제76조 제4항에 주목하면서 (자연적 연장 개념이 함축하는) 200해리 이원의 대륙붕에 대한 권원은 대륙변계의 바깥 끝 개념에 의해 결정되어야 한다고 결론지었다. 그리고 이는 방글라데시의 주장과 달리 미얀마도 200해리 이원의 대륙붕에 대한 권원을 가지고 있다는 결론으로 이어졌다.

국제해양법재판소가 법적으로 200해리 이내의 대륙붕과 200해리 이원의 대륙붕을 구분하지 않는 단일대륙붕(single continental shelf) 개념을 받아들였기 때문에, 200해리 이내의 대륙붕의 경계획정과 200해리 이원의 대륙붕의 경계획정 방법론이 다를 이유가 없고, 200해리 이내의 대륙붕의 경계획정과 관련하여 관련 사정이었던 방글라데시의 오목한 해안 모양이 마찬가지로 200해리 이원의 대륙붕의 경계획정과 관련하여서도 관련 사정으로 간주되었다. 즉, 200해리까지의 경계선은 200해리 이원에서도 방향을 바꾸지 않은 채 그대로 이어지게 된 것이다.

09 The South China Sea Arbitration: The Philippines v. China (남중국해 중재 사건)

인용(Citation) PCA Case No. 2013-19 (2016).

사실(Facts) 남중국해는 많은 양의 석유와 천연가스가 매장되어 있을 뿐만 아니라, 어족자원이 풍부하며 인도양과 태평양을 연결하는 교통의 중심지이다. 따라서 남중국해를 둘러싸고 있는 중국과 대만 및 아세안 5개국(필리핀, 베트남, 말레이시아, 인도네시아, 브루나이)은 각각 남중국해에 대한 영유권을 주장하고 있다. 이러한 가운데, 2012년 4월 필리핀은 자국으로부터 약 116해리, 중국 본토로부터 약 448해리 떨어져 있는 Scarborough Shoal(스카버러 암초) 근처에서 조업 중이던 중국 어선을 나포하려다 중국 해양감시선과 대치하게 되었고, 이는 이 분쟁의 직접적인 배경이 되었다.

필리핀은 2013년 1월 22일 UN해양법협약 부속서 VII에 따라 중국을 상대로 남중국해에서 필리핀과 중국의 관계에 대한 다음 4가지 문제의 해결을 중재재판소에 부탁하였다. 첫째, 필리핀은 남중국해에서 당사국의 권리와 의무의 연원 및 소위 '남해9단선'(nine-dash line: 1947년 중국이 남중국해 주변에 그은 9개의 해상경계선으로, 이 선 안에 Spratly Islands, Paracel Islands, Scarborough Shoal 등 남중국해의 80%가 포함됨) 내의 중국의 역사적 권원(historic rights) 주장에 대한 UN해양법협약의 효력에 관한 판정을 요구하였다. 둘째, 필리핀은 중국과 필리핀이 주장하는 특정 해양지형물(maritime features)이 UN해양법협약상 섬, 암석 또는 간출지 등의 성격을 가지는지 판단을 요청하였다. UN해양법협약상 이러한 지형물의 지위는 해양지대(maritime zones), 즉 영해, 배타적 경제수역 및 대륙붕을 생성한다. 셋째, 필리핀은 중국이 남중국해에서 필리핀의 주권행사 및 협약상 자유를 침해하였으며, 해양환경을 해치는 건설과 어업 활동을 통해 UN해양법협약을 위반하였는지 판정을 요청하였다. 넷째, 필리핀은 중국이 수행한 특정 행위, 특히 중재가 시작되고 Spratly 제도(중국명은 남사군도, 필리핀명은 칼라얀 군도, 베트남명은 쯔엉사 군도; 여기에 약 750여개의 해양지형물이 존재하는데, 만조지형물 면적은 약 2.1km²이며 구조물 설치가 가능한 지형물은 약 48개임)에서의 대규모 토지 매립 및 인공섬 건설이 당사국의 분쟁을 불법적으로 악화 또는 확산시켰는지 판단을 요구하였다.

중국 정부는 이 중재재판에 대해 수락 불가 및 불참 입장을 채택하였다. 중국은 2014년 12월 7일자 외교서한(즉, "Position Paper of the Government of the People's Republic of China on the Matter of Jurisdiction in the South China Sea Arbitration Initiated by the Republic of the Philippines") 및 여러 공식 성명서를 통해 반복해서 이러한 입장을 발표하였다. 또한, 중국은 이러한 문서가 "결코 어떠한 형태로든 중재절차에 중국이 참여하는 것으로 해석되어서는 안 됨"을 명확히 하였다.

5인의 중재인으로 구성된 중재재판소(Arbitral Tribunal)는 UN해양법협약 제288조와 부속서 VII 제9조에 따라 자신이 이 사건에 관할권을 갖는지와 필리핀의 청구가 수리 가능한 것인지를 검토하였다. 2015년 7월 7일, 8일 및 13일에 구두심리를 개최한 뒤, 동년 10월 29일 관할권 및 수리 가능성에 관한 판정(Award on Jurisdiction and Admissibility)을 내렸다. 여기서 중재재판소는 필리핀과 중국 모두 UN해양법협약의 당사국으로 분쟁해결조항의 구속을 받으며, 중국의 불참 결정이 재판소의 관할권을 박탈하는 것은 아니며, 필리핀의 일방적 중재 회부 결정이 협약상 분쟁해결절차의 남용에 해당하지 않는다고 판단하였다. 따라서 중재재판소는 필리핀이 제기한 문제를 검토할 관할권을 가진다고 결정하였다.

네덜란드에 소재한 상설중재재판소(Permanent Court of Arbitration)가 이 소송의 행정처(Registry) 역할을 수행하였다. 중재재판소의 판정은 UN해양법협약 제296조 및 부속서 VII 제11조에 따라 최종적이며 구속력을 가진다.

법적 쟁점(Legal Issues)

1. 중국의 남해9단선은 역사적 권원으로 인정될 수 있는가?
2. 남중국해에서 해양지형물의 법적 지위는 어떠한가?
3. 남중국해에서 중국의 건설 및 어업활동은 UN해양법협약에 합치되는가?
4. 중재 과정에서 중국의 토지 매립 및 인공섬 건설은 당사국 간의 분쟁을 악화 또는 확산시켰는가?

판결(Decision) 2016년 7월 12일, 중재재판부는 만장일치로 다음과 같은 판정(award)을 내렸다.

1. 남해9단선에 포함된 남중국해의 해양지역과 관련한 중국의 역사적 권원, 혹은 주권이나 관할권에 관한 주장은 UN해양법협약에 위반되며, 협약상 중국의 해양권원의 지리적 및 실체적 한계를 초과하는 한 법적 효력을 가지지 않는다.
2. 남중국해의 해양지형물 중 Scarborough Shoal, Gaven Reef (North), McKennan Reef, Johnson Reef, Cuarteron Reef와 Fiery Cross Reef는 UN해양법협약 제121(1)조의 의미상 만조시 수면 위에 있는 자연적으로 형성된 육지지역을 포함하지만, 제121(3)의 의미상 암석에 해당하므로 배타적 경제수역이나 대륙붕을 가질 수 없

다. 또한, Subi Reef, Gaven Reef (South), Hughes Reef, Mischief Reef와 Second Thomas Shoal은 제13조의 의미상 간출지에 해당하므로 영해, 배타적 경제수역이나 대륙붕을 가질 수 없다. Spratly 제도의 만조지형물 중 어느 것도 제121(3)조의 의미상 인간이 거주할 수 없거나 독자적인 경제활동을 유지할 수 없는 암석에 해당하므로 배타적 경제수역이나 대륙붕을 가질 수 없다.

3. 남중국해에서 중국의 행위(해양감시선 운영, 어업 중지 선포 및 어업활동)는 UN해양법협약 제77, 56, 58(3)조의 의무에 위반된다.
4. Mischief 환초에서 인공섬, 시설 및 구조물의 건설과 관련하여 중국은 UN해양법협약 제60조와 제80조의 의무를 위반하였다.
5. Scarborough 암초 근처에서 중국은 법집행선박의 운영과 관련하여 UN해양법협약 제94조의 의무를 위반하였다.
6. 남중국해의 해양환경 보호 및 보존과 관련하여 중국은 UN해양법협약 제123, 192, 194(1), 194(5), 197, 206조의 의무를 위반하였다.
7. 중국은 분쟁해결절차가 진행 중인 동안 분쟁을 악화 또는 확산함으로써 UN해양법협약 제279, 296, 300조의 의무를 위반하였다.

판결 이유(Reasoning of the Court) 중재재판부는 2015년 10월 29일의 관할권 및 수리 가능성에 관한 판정에서 미루어두었던 일부 관할권 문제와 필리핀이 제기한 청구를 본안의 문제로 검토하였다.

첫째, 중재재판부는 남중국해에서 역사적 권원 및 해양권원의 연원에 대한 분쟁을 다룰 관할권을 가진다고 보았다. 본안 문제로 넘어와 중재재판부는 중국이 UN해양법협약에 따라 권한을 가지는 해양지역(maritime areas) 이원의 남중국해 자원에 대해 역사적 권원을 보유하는지를 판단하였다. UN해양법협약은 국가의 해양지역에 대한 권리를 포괄적으로 할당하고자 하였다. 배타적 경제수역(exclusive economic zones) 창설에 관한 교섭 중 자원(특히 어업자원)에 대한 기존권리의 보호 문제가 주의 깊게 고려되었으며 많은 국가가 배타적 경제수역에서 역사적 어업권의 보존을 희망하였으나, 협약의 최종문안은 석유나 광물자원에 대한 권리는 제외하고 단지 어업에 대한 제한적 접근권을 부여하는 데 그쳤다. 따라서 중국의 역사적 권원 주장은 UN해양법협약상 권리 및 해양지역의 할당에 합치되지 않으며, 중국이 남중국해의 자원에 대해 보유하였던 역사적 권원은 협약의 발효와 함께 소멸하였다. 비록 협약 발효 전에 다른 국가뿐만 아니라 중국의 항해사와 어부들이 역사적으로 (공해의 일부였던) 남중국해의 섬을 이용한 기록은 존재하지만, 중국이 역사적으로 해당 수역 또는 자원에 대해 배타적 통제(exclusive control)를 행사하였다는 증거는 없다. 따라서 중국은 남해9단선에 속하는 해역 내의 자원에 대한 역사적 권원을 주장할 법적 근거가 없으며, 이는 UN해양법협약상 월권행위에 해당한다.

둘째, 중재재판부는 남중국해의 해양지형물의 지위 및 UN해양법협약에 따라 중국이 주장할 가능성이 있는 해양지역에 대한 권원을 검토하였다. 만조시 수면 위에 있는 지형물은 최소 12해리의 영해를 가지므로 중국이 주장하는 남중국해의 특정 암초가 만조시 수면 위에 있는지를 평가하였다. 협약은 자연상태를 기준으로 지형물을 분류하고 있는데, 최근의 간척 및 건설로 인해 암초가 크게 변경되었으므로 역사적 자료에 의존하여 판단하였다. 또한, 중국이 주장하는 지형물 중 일부가 12해리 이원의 해양지역, 예컨대 200해리의 배타적 경제수역을 가지는지 검토하였다. UN해양법협약 제121조(섬 제도)는 인간이 거주할 수 없거나 독자적인 경제활동을 유지할 수 없는 암석은 배타적 경제수역이나 대륙붕을 가지지 아니한다고 규정하고 있는데, 이 조항은 자연상태에서 지형물의 객관적 능력(objective capacity of a feature)에 의존한다. 지형물에 현재 공무원이 거주하는 것은 지형물 자체의 능력을 반영하는 것이 아니라 외적 지원에 의존하는 것이다. 따라서 남중국해의 해양지형물 중 Scarborough Shoal, Gaven Reef (North), McKennan Reef, Johnson Reef, Cuarteron Reef와 Fiery Cross Reef는 UN해양법협약 제121(1)조의 의미상 바닷물로 둘러싸여 있으며 만조시 수면 위에 있는 자연적으로 형성된 육지지역을 포함하고 있지만, 제121(3)의 의미상 "암석"(rocks)에 해당하므로 배타적 경제수역이나 대륙붕을 가질 수 없다. 또한, Subi Reef, Gaven Reef (South), Hughes Reef, Mischief Reef와 Second Thomas Shoal은 제13조의 의미상 "간출지"(low-tide elevations)에 해당하므로 영해, 배타적 경제수역이나 대륙붕을 가질 수 없다.

한편, Spratly 제도는 역사적으로 소규모로 중국 및 여러 국가의 어부들이 이용하였으며, 1920년대와 1930년대에는 일본의 여러 어선 및 구아노 채굴기업이 이용하였다. 이러한 일시적인 이용은 안정된 공동체에 의한 거주를 의미하는 것이 아니며, 관련된 경제활동도 역사적으로 채굴에 집중되어 있었다. 따라서 Spratly 제도의 만조지형물 중 어느 것도 제121(3)조의 의미상 인간이 거주할 수 없거나 독자적인 경제활동을 유지할 수 없는 "암석"에 해당하므로 배타적 경제수역이나 대륙붕을 가질 수 없다. 또한, 남중국해의 특정 지형물(Mischief Reef와 Second Thomas Shoal)은 중국의 권원과 중복되지 않으므로 경계획정을 할 필요 없이 필리핀의 배타적 경제수역에 속한다.

셋째, 중재재판소는 남중국해에서 다양한 중국 행위의 합법성을 검토하였다. 이미 언급한 바와 같이 Mischief Reef와 Second Thomas Shoal은 필리핀의 배타적 경제수역에 속하는데, 중국이 해당 수역에서 필리핀의 어업 및 석유탐사를 방해하고, 인공섬을 건설하며, 중국 어부의 어업활동을 금지하지 않은 것은 배타적 경제수역에서 필리핀이 가지는 주권적 권리(sovereign rights)를 위반한 것이다. 한편, 필리핀 어부는 Scarborough 암초에서 중국 및 다른 국가의 어부와 마찬가지로 전통적인 어업권(traditional fishing rights)을 가지며, 이러한 권리는 UN해양법협약에 의해서도 소멸되지 않았다. 그런데 중국이 2012년 5월 이후 Scarborough 암초에 대한 접근을 제한함으로써 이러한 권리를 침해하였다. 2012년 4월과 5월, 중국의 법집행선박은 필리핀 선박이 Scarborough 암초에 접근하거나 진입하는 것을 물리적으로 방해하기 위해 반복적으로 필리핀 선박에 고속으로 접근하면서 심각한 충돌 위험을 야기하였다. 이러한 모든 행위는 UN해양법협약 제77, 56, 58(3)조, 제60, 80조 및 제94조의 위반이다.

넷째, 중재재판소는 3명의 독립적인 전문가의 도움을 받아 Spratly 제도의 7개 지형물에 대한 최근 중국의 대규모 토지 매립과 인공섬 건설이 해양환경에 미치는 영향을 검토하였다. 그 결과, 중국은 산호초 환경에 중대한 피해를 초래하였으며, 손상되기 쉬운 생태계 및 고갈되거나 멸종의 위협을 받거나 위험에 처한 생물종의 서식지를 보존하고 보호할 의무를 위반하였다. 또한, 중국 당국은 남중국해에서 중국 어부들이 멸종위기에 처한 바다거북, 산호와 거대 조개를 대규모로 수확하였음을 알고 있었으나, 그러한 활동을 중단할 의무를 이행하지 않았다. 이러한 중국의 행위는 UN해양법협약 제123, 192, 194(1), 194(5), 197, 206조의 위반이다.

다섯째, 중재재판소는 중재가 개시된 이후 중국의 행위가 당사국 간 분쟁을 악화시켰는지를 검토하였다. 분쟁해결절차가 진행되는 동안, 당사국은 분쟁의 악화나 확산을 삼갈 의무가 존재한다. 그런데 중국은 필리핀의 배타적 경제수역에 대규모 인공섬을 건설하고, 산호초 생태계에 영구적이고 회복할 수 없는 피해를 야기하였으며, 남중국해 지형물의 자연상태에 대한 증거를 영구적으로 파괴하였다. 이러한 중국의 행위는 UN해양법협약 제 279, 296, 300조의 위반이다.

10 The M/V "Norstar" Case: Panama v. Italy (노스타호 사건)

인용(Citation) ITLOS Case No. 25, Preliminary Objections Judgment (2016) ; ITLOS Case No. 25, Judgment (2019).

사실(Facts) 이 사건은 파나마 깃발을 단 해상 주유선 노스타호의 '나포와 억류'(arrest and detention)에 관련된 것이다. 1994년부터 1998년까지 노스타호는 지중해에서 고급 대형요트에 경유를 공급하였다. 노스타호는 소비세 사기에 연루되었다는 혐의를 받았는데, 이탈리아에서 면세유(tax-exempt fuel)를 구매하여 공해에서 요트를 소유한 고객에게 판매하였기 때문이었다. 즉, 원래 면세유는 항해용으로 이탈리아 밖에서 소비되는 것을 조건으로 하고 있었는데, 이탈리아 항구로 들어오는 대형요트에 면세유를 판매함으로써 면세 조건을 위반한 것이다. 1998년 8월 11일, 이탈리아 Savona 법원의 검사는 밀수 및 탈세 혐의로 노스타호 선장을 포함한 관련 인물들을 기소하고 노스타호에 대한 억류명령(Decree of Seizure)을 내리며, 스페인 당국에 상호공조를 요청하였다. 1998년 9월 25일 노스타호가 스페인의 내수인 Palma de Mallorca만에 정박했을 때, 스페인은 이탈리아의 요청에 따라 노스타호를 나포하였다. 나포 당시, 파나마와 노스타호의 유일한 관련성은 항해시 달고 있는 깃발이었고, 사실 노르웨이 해운회사가 노스타호를 소유하며 몰타 해운회사가 이를 전세낸 것이었다. 또한, 해상에서 요트에 연료를 공급하는 것은 지중해(이탈리아, 프랑스, 스페인 해안)에서 이탈리아 회사의 지시에 따라 이루어졌다.

1999년 1월 18일 Savona 법원의 검사는 노스타호 소유주의 억류 해제 요청을 기각하였고, 2월 24일 이 법원 예심판사 역시 선박 억류를 해제하면 범죄를 저지른 사람들이 이를 이용하여 범죄의 결과를 악화 또는 확산할 수 있는 합리적 근거가 있다며 예방적 차원에서 억류를 명령하였다. 동년 3월 11일 검사는 노르웨이 오슬로에 소재한 이탈리아대사관을 통해 노스타호 소유주에게 보석금을 내면 억류를 풀어주겠다고 하였으나, 소유주는 보석금을 지불하지 않았다. 2003년 3월 18일, Savona 법원은 노스타호의 억류를 해제하고 소유주에게 되돌려 주도록 명령하였고, 이를 Palma de Mallorca 법원에 전달하였다. 검사가 상소하였으나(상소는 노스타호와는 관련이 없고, 구속된 8인 중 7명의 석방에 대한 것임), 2005년 10월 25일 Genoa 항소법원은 Savona 법원의 판결을 지지하였다. 그러나 노스타호의 소유주는 문서 송달의 문제로 어떠한 안내도 받지 못하였고, 결국 2015년 3월 25일 스페인의 관련 항만청은 노스타호를 공매(public auction)에 부쳐 폐기물 관리 전담 회사에 판매하였다.

2015년 12월 17일 파나마는 국제해양법재판소(International Tribunal for the Law of the Sea)에 해상주유활동은 UN해양법협약(United Nations Convention on the Law of the Sea)상 공해의 자유(Freedom of the high seas)에 해당하는데, 나포와 억류는 이를 침해하는 것이라며 사건을 의뢰하였고, 2016년 3월 11일 이탈리아는 선결적 항변(preliminary objections)을 제기하였다. 2016년 11월 4일, ITLOS는 선결적 항변에 관해 판결을 내렸는데, 자신이 이 분쟁에 관해 판단할 관할권이 있고 파나마의 신청은 수리될 수 있다며 이탈리아의 항변을 받아들이지 않았다.

법적 쟁점(Legal Issues) 이탈리아의 파나마 선박 노스타호에 대한 나포와 억류는 UN해양법협약상 공해의 자유 및 신의성실 의무와 권리남용 금지를 위반한 것인가?

판결(Decision) 2019년 4월 10일, ITLOS는 다음과 같이 판결하였다.

1. 이탈리아는 UN해양법협약 제87조 제1항을 위반하였으나, 이 협약 제87조 제2항은 이 사건에 적용되지 않는다.
2. 이탈리아는 UN해양법협약 제300조를 위반하지 않았다.
3. 이탈리아는 파나마에 노스타호의 손실에 대해 이자와 함께 285,000달러를 배상해야 한다.

판결 이유(Reasoning of the Court) ITLOS는 이탈리아의 노스타호에 대한 억류명령과 이의 집행요청, 나포 및 억류가 UN해양법협약 제87조(Freedom of the high seas: 공해의 자유)를 위반한 것인지의 문제를 검토하였다. 공해상에서 노스타호의 주유활동은 사실상

억류명령과 그 집행이 목표로 하는 활동의 필수적 일부일 뿐만 아니라 핵심적 요소를 구성하므로 제87조를 적용할 수 있다. 공해상에서 주유는 UN해양법협약과 다른 국제법 규칙에 규정된 조건에 따라 행사되어야 하는 항행의 자유(freedom of navigation)의 일부인데, 노스타호가 공해에서 요트에 주유한 것은 제87조에 따른 항행의 자유에 속한다. 어떠한 국가도 공해에서 외국선박에 대해 관할권을 행사할 수 없으므로, 공해에서 외국선박에 대한 관할권 행사나 항해를 방해하는 행위는 UN해양법협약 또는 다른 국제조약에 의해 정당화되지 않는 한 항행의 자유를 위반하는 것이다. 배타적 기국주의 원칙은 공해에서 기국(flag state)이 아닌 국가의 집행관할권 행사는 물론이고 공해에서 외국 선박이 수행한 합법적 활동에 대한 입법관할권의 확대 역시 금지한다. 또한, 한 국가가 공해에서 자신의 형법과 관세법을 적용해서 외국선박이 수행한 활동을 불법화하면, 이 역시 UN해양법협약 또는 다른 국제조약에 의해 정당화되지 않는 한 제87조 제1항의 위반을 구성한다. 이렇게 볼 때, 이탈리아는 제87조 제1항을 위반하였다.

UN해양법협약 제87조 제2항과 관련하여, 이 조항은 공해의 자유를 행사함에 있어서 다른 국가의 권리에 대한 적절한 고려(due regard) 의무를 부여하고 있는데, 현재의 분쟁은 이탈리아가 아닌 파나마가 노스타호 선박에 대한 항행의 자유를 행사하는 것에 관련된 것으로, 제87조 제2항은 파나마가 준수해야 할 의무 조항이다. 이 사건에서 이탈리아가 적절한 고려 의무를 위반한 것임에는 의심의 여지가 없지만, 제87조 제2항은 이 사건(즉, 이탈리아)에는 적용되지 않는다.

파나마는 이탈리아가 UN해양법협약 제300조(Good faith and abuse of rights: 신의성실과 권리남용)에 따른 신의성실 의무를 위반하고 권리를 남용하였다고 주장하였는데, 파나마의 청구는 제87조가 보호하는 항행의 자유가 방해를 받아 발생한 것으로, 이탈리아가 노스타호를 나포하여 자유로운 항행을 방해하지 않았다면 신의성실 위반 혐의도 제기되지 않았을 것이라고 주장하였다. 제300조는 독자적으로 원용할 수 없으며 그 위반을 주장하는 국가가 제300조에 따른 청구와 협약상 추정되는 의무(obligations assumed under this Convention) 또는 협약에서 인정된 권리, 관할권 및 자유(rights, jurisdiction and freedoms recognized in this Convention) 사이에 '관련성'을 입증해야 한다. 한편, 파나마는 제87조를 실효성의 원칙(principle of *effet utile*)에 비추어 확대해석해야 한다고 주장하였는데, 여기서 이 원칙은 관련이 없고 조약법에 관한 비엔나협약(Vienna

Convention on the Law of Treaties) 제31조에 규정된 조약 해석의 일반원칙을 따라야 할 것이다.

파나마가 제300조에 따른 이탈리아의 신의성실 의무 위반을 주장하면서 설명한 행위들, 예컨대 나포 시점과 장소, 억류명령의 집행, 부족한 소통, 정보 비공개, 억류명령을 정당화하기 위해 사용한 모순적 이유, 억류 기간 등은 이탈리아 행위의 불성실(bad faith)에 대한 어떠한 증거도 되지 않으며 제87조와의 사이에 관련성도 입증되지 못하였다. 또한, 파나마는 이탈리아가 자국 영역 밖인 공해에서 수행된 합법적인 주유활동에 대해 국내법을 잘못 적용하였으며, 비합리적으로 오랜 기간 노스타호를 억류함으로써 불성실하게 행동하고 자신의 권리를 남용하였다고 주장하였는데, 이미 이탈리아의 이러한 행위와 제87조 사이에는 관련성이 없음을 확인한바, 이탈리아는 제300조를 위반하지 않았다.

이탈리아는 국제법상 위법행위에 대한 책임이 있으므로 UN해양법협약 제87조 제1항 위반으로 초래한 피해에 대해 배상할 의무가 있다. ITLOS는 노스타호가 입은 피해 또는 운영에 관련된 모든 사람을 포함하여, 파나마가 피해 또는 기타 손실에 대해 보상받을 권리가 있다며 손해배상금을 제시하였다.

제12장

개인과 범죄인인도

1. United States v. Rauscher(1886)
2. Castioni, In re(1891)
3. Nationality Decrees Issued in Tunis and Morocco(1923)
4. Eisler Case(1949)
5. Nottebohm Case(1955)
6. Tel-Oren v. Libyan Arab Republic(1984)
7. Questions relating to the Obligation to Prosecute or Extradite(2012)

01 United States v. Rauscher

인용(Citation) 119 U.S. 407, 7 S.Ct. 234, 30 L.Ed. 425 (1886).

사실(Fact) 1884년 10월 9일, William Rauscher는 영국으로 항해하는 미국 선박 J.F. Chapmann호의 항해사로 근무 중, 미국인 하급선원 Janssen을 징계 목적으로 과도하게 불법적으로 폭행하였다. 사건 발생의 지점은 미국의 해사관할권 내(within the admiralty and maritime jurisdiction)에 속하는 해역이었다.

범인인 Rauscher가 영국으로 도주하자, 미국은 1842년 8월 9일 영국과 체결한 범죄인인도조약을 근거로 그의 인도를 요구하였는데, 조약상 인도대상범죄인 살인혐의(a charge of murder)를 바탕으로 인도를 요구하였다. 영국은 Rauscher를 살인혐의로 미국에 인도하였다.

미국순회법원은 그를 인도청구의 근거가 된 살인죄로 재판하지 않고 범죄인인도조약에 인도대상범죄로 열거되지 않은 '잔인하고 비통상적인 처벌죄'(cruel and unusual punishment)'로 재판하려 하였다.

법적 쟁점(Legal Issues) 동 재판소에서 이러한 재판이 가능한가에 대하여 의견이 갈려 대법원에서 이 문제를 다루게 되었다.

판결(Decision) 미 대법원은 영국에서 살인죄로 인도한 Rauscher를 처벌함에 있어, 인도시 특정한 범죄로 재판해야 한다는 원칙("A person delivered up under this treaty on a demand charging him with a specific offense, mentioned in it, can only be tried by the country to which he is delivered for that specific offense, and is entitled, unless found guilty of that, to be restored in safety to the country of his asylum at the time of his extradition.")을 다시 한번 확인하여 주었다.

판결 이유(Reasoning of the Court) 대법원은 다음과 같은 이유를 제시하였다.

(1) 미국이 당사국인 조약은 최고법(supreme law of the land)이며, 모든 재판소는 사법적 집행이 가능한 한 문제에 적용되는 조약 규정을 사법적으로 인정해야 한다.

(2) 범죄인인도의 근거가 된 조약 규정의 올바른 해석과 의회 입법 및 절차를 보면, Rauscher는 살인 이외의 범죄로 재판될 수 없다.

(3) 그가 인도된 근거가 된 조약과 그에 따른 의회 입법 및 절차에 따르면, 인도청구에 특정된 범죄(specific offense)로 재판할 것으로 알고 그를 체포하여 인도한 국가에 송환될 때까지 인도청구 이외의 범죄를 근거로 한 재판을 받지 않을 권리가 있고, 그를 인도한 국가에 대한 신의성실(good faith) 측면에서도 인도청구에서 특정된 범죄에 대해서만 재판할 수 있다.

(4) 살인에 대한 범죄인인도 절차가 영국의 치안판사(magistrate)에게 제시되는 증거에 있어 그가 '잔인하고 비통상적인 처벌죄'로 소추된 상황과 같다고 해서 인도시 특정된 범죄로만 재판해야 한다는 원칙(principle of speciality)을 변경하는 것은 아니다.

02 Castioni, In re

인용(Citation) [1891] 1 Q.B. 149 (1891).

사실(Fact) 스위스 국적의 Angelo Castioni는 1890년 9월 11일 Ticino주(canton)에서 반란에 가담하였다. 반란은 州 정부(cantonal government)가 헌법의 개정, 또는 그 문제에 대한 국민투표(plebiscite) 실시를 거부하여 일어났다. Castioni를 비롯한 많은 시민이 Bellinzona 지역의 무기고를 장악하였고, 경찰을 무장 해제시켰으며, 주 정부에 관련된 자들을 체포 · 감금하였다. M. Rossi를 비롯한 많은 정부 관리가 주청사 건물에 접근하지 못하도록 하였으나, 반란자들이 문을 부수고 그 건물에 몰려 들어갔다.

권총으로 무장한 Castioni는 선두로 들어갔고, 그가 쏜 총에 맞아 Rossi가 사망하였음이 목격자에 의하여 밝혀졌다. 청사를 장악한 반란자는 임시정부(provisional government)를 구성하고, 스위스 연방정부군(Swiss federal troops)에게 진압당하여 해산될 때까지 Ticino주를 통치하였다.

Castioni는 Ticino로 돌아오기 전까지 17년간 거주하던 영국으로 도주하였는데, 스위스 정부는 고의적인 살인혐의로(charges of having committed willful murder) 영국정부에 그의 체포와 인도를 공식적으로 요구하였다. 영국에서 체포된 후 그의 법적 대변인은 Castioni의 행위가 단지 정치적 범죄(political offense)로 인도대상이 아니라고 주장하며, 그의 석방과 인신보호영장(a writ of habeas corpus) 발급을 요구하였다.

법적 쟁점(Legal Issues) Castioni의 행위는 정치적 범죄의 성질을 갖는가?

판결(Decision) 법원은 Castioni 편에서, 그의 스위스로의 인도는 부인된다고 판결하였다.

판결 이유(Reasoning of the Court) 법원은 Castioni가 Rossi를 사살한 것은 공개적인 행위(overt act)로, 공격하기 위한 행위의 일부로서 주정부를 무너뜨리려는 반란과 관련된 것이었으며, 이 반란은 정권을 지키려는 집단과 탈취하려는 집단 간의 투쟁으로 이루어진 것이었음을 지적하였다.

또한, 이러한 사실로 보아, 전에 Rossi를 몰랐기 때문에 사적인 감정이 전혀 없었던 Castioni가 Rossi를 사살한 것은 정치적 성격의 반란을 성공시키기 위한 것이었다. 따라서 그의 행위는 정치적 범죄를 구성하므로 스위스 당국에 인도될 수 없다고 판결하였다.

03 Nationality Decrees Issued in Tunis and Morocco: Advisory Opinion (튀니지-모로코 국적포고령사건)

인용(Citation) PCIJ Ser. B, No. 4 (1923).

사실(Fact) 프랑스 정부는 1921년 11월 8일 튀니지와 모로코에 관한 국적포고령(nationality decrees)을 통해 튀니지와 모로코에서 태어난 사람으로서 그의 외국인 부모 중 최소한 일방이 튀니지 또는 모로코에서 출생한 자는 모두 프랑스 국민이라고 선언하였다.

영국 정부는 이 법령이 시행될 경우, 튀니지나 모로코에서 태어난 일부 영국 사람들이 프랑스 국민으로 간주되어 프랑스 군대에 강제로 편입될 가능성이 있었으므로, 이 법령의 영국인에 대한 적용을 적극적으로 반대하였다. 이 문제를 중재재판에 회부하자는 주장에 프랑스가 응하지 않고 연맹규약 제15조 제8항의 국내관할권규정을 원용하자, 이사회는 이 분쟁이 과연 국제법에 의해 오로지 국내관할권에 속하는 문제인가에 관해서 PCIJ에 권고적 의견을 요청하였다.

법적 쟁점(Legal Issues) 프랑스의 국적포고령이 프랑스 국내관할권에 속하는 문제인가?

판결(Decision) PCIJ는 권고적 의견을 통해 문제의 프랑스 국적포고령은 프랑스의 배타적 국내관할권에 속하는 문제는 아니라고 말했다.

판결 이유(Reasoning of the Court) (i) 영토(territory)라는 것은 단순히 객체도, 물질도 아닌 하나의 구조(framework)이다. 영토는 국가의 권한이 행사될 수 있는 영역의 외적, 표면적 기호로 간주되어야 한다.

(ii) 어떤 문제가 오로지 한 국가의 국내관할권(domestic jurisdiction)에 속하는가는 본질적으로 상대적인 문제(essentially relative question)로서 그것은 국제관계의 발전에 따라 가변적이다. 따라서 국제법의 현 상태에서 볼 때, 국적의 문제는 재판소의 견해로는 원칙적으로 유보된 영역(reserved domain) 내에 속한다.

(iii) 국적과 같은 문제는 원칙적으로 국제법에 의하여 규율되지 않는다. 그럼에도 불구하고 자유재량권을 행사할 수 있는 국가의 권리(right of a state to use its discretion)는 그 국가가 다른 국가들에 의해서 부담했을 수도 있는 의무에 의하여 제한되는 경우가 있을 수 있다.

그와 같은 경우에 원칙적으로 배타적인 그 국가의 관할권은 국제법의 제규칙에 의하여 제한받게 된다. 그와 같은 경우 국제연맹규약 제15조 제8항(분쟁당사국의 일방이 분쟁이 국제법상 전적으로 당사국의 국내관할에 속한 사항으로부터 발생한 것임을 주장하고, 연맹이사회가 이를 인정하였을 때에는 연맹이사회는 그 뜻을 보고하고, 또한 그 해결에 관해 어떠한 권고도 하지 않는다)은 이 규칙을 원용할 권한이 부여된 국가들에 대해 그 적용을 중지하며, 국가가 특정한 조치를 취할 권리를 가지고 있는지에 관한 문제의 분쟁은 이러한 상황에서는 국제적 성격의 분쟁이 되며, 이 조항의 범위 밖에 속하게 된다.

(iv) 문제된 국적포고령은 프랑스와 영국측이 원용한 여러 국제협정에 비추어 고려되어

야 한다. 그러한 이유로 해서 이 분쟁은 오로지 프랑스의 국내관할권 내에 있는 문제로부터 야기된 것은 아니다.

결론적으로 PCIJ는 이 분쟁이 오로지 국내관할권에 속하는 문제인가에 대해서 부정적 입장을 표명하였다.

04 Eisler Case: Eisler v. United States

인용(Citation) 338 U.S. 189 (1949) ; 43 AJIL 487 (1949).

사실(Fact) Eisler는 미국을 떠나기 위해 공개적으로 위증을 하였다는 이유로 기소되어 미국법원의 판결을 기다리던 중, 뉴욕으로부터 폴란드의 그디니아항으로 향하는 폴란드 선박 Batory호에 숨었다. Batory호가 영국 사우샘프턴에 기항하기 전에 미국 정부는 영국에게 Eisler를 체포하여 미국에 인도하여 줄 것을 요청하였다. Batory호가 영국영해에 들어오자, 영국 관리는 선장의 항의에도 불구하고 강제로 Eisler를 체포하여 구금하였다.

당시 미국과 영국 간에는 범죄인인도조약이 체결되어 있었는데, Eisler는 영국법에 따라 인도절차를 논하기 위해 영국법원(Bow Street Magistrates' Court)의 심리를 받게 되었다. 그러나 Eisler가 행한 범죄는 범죄인인도조약상 인도범죄의 종류에 들어있지 않았다. 미국의 범죄인인도청구는 조약에 의해 인도할 수 있는 범죄의 한 종류인 위증죄를 기초로 한 것이었다.

법적 쟁점(Legal Issues) 범죄인인도조약의 범위

판결(Decision) 영국법원은 Eisler의 행위가 영 · 미 범죄인인도조약상 인도범죄에 포함되지 않는다고 하여 그를 석방하였다.

판결 이유(Reasoning of the Court) 판결에서 영국법원은 영국법이 재판 절차상의 위증만을 처벌하고 있는데, Eisler의 위증은 재판 절차상의 위증이 아니라 미국을 떠나기 위하여 출입국관리의 행정행위시에 위증을 한 것으로 영국법상의 위증죄가 될 수 없다고 보았다.

따라서 법적으로 검토해야 할 문제는 Eisler가 행한 범죄가 영 · 미 양국에서 모두 인도할 수 있는 범죄인가를 보는 일인데, Eisler의 범죄가 영국법상 인도범죄의 범위에 속하지 않는 것이라고 하며 Eisler를 석방하였다.

05 Nottebohm Case: Liechtenstein v. Guatemala

인용(Citation) ICJ Rep. p. 111 (1953) ; ICJ Rep. p. 4 (1955).

사실(Facts) 독일 함부르크 태생의 Nottebohm은 1905년 과테말라에 이주하여 그곳에서 사업을 하고 있던 자이다. 제2차대전 발발 직후, 만일 과테말라가 연합국측에 가담하게 되면 자신이 독일 국민인 것이 자신에게 불리한 영향을 줄 것이라고 생각한 그는 자기 형을 방문차 리히텐슈타인에 입국하여, 1939년 10월 9일 귀화요건의 하나인 거주요건(residence requirement)은 면제받고, 수수료 및 세금지불보증금을 내고 귀화절차를 마쳤다.

그 후, 그는 과테말라에 돌아와 사업을 계속하였고, 과테말라 정부는 그의 신청에 따라 외국인 등록부상의 국적을 변경시켜 주었다. 그러나 1941년 6월 17일 미국은 Nottebohm을 적국 국민으로 분류하여 1946년까지 미국에 감금하였다.

석방 후, 그는 과테말라에 재입국 신청을 했으나 거부당하고 리히텐슈타인에 정착하던 중, 과테말라는 그의 재산을 압류하였다. 이에 리히텐슈타인은 과테말라의 Nottebohm에 대한 일련의 조치는 국제법 위반이며, 이에 대한 원상회복과 배상을 해야 한다고 ICJ에 제소하였다.

법적 쟁점(Legal Issues) 리히텐슈타인이 Nottebohm의 귀화 신청에 따라 자국 국적을 부여함으로써 국제법상 그에 대한 외교적 보호권(diplomatic protection)을 행사할 수 있는가?

판결(Decision) ICJ는 11대 3의 결정으로 아무런 관련도 갖지 않는 Nottebohm에 대한 국적 부여를 과테말라가 인정할 의무는 없으며, 따라서 리히텐슈타인은 과테말라에 대하여

Nottebohm의 외교적 보호 주장을 할 자격이 없다고 판결하였다.

판결 이유(Reasoning of the Court) 국적(nationality)이란 상호적인 권리 의무의 존재와 함께 애착, '진정한 관련성'(genuine link), 이해관계 및 감정 등의 사회적 사실을 그 기초로 하는 법적인 유대관계라고 볼 수 있다. 즉 국적이란 법률행위 또는 기타 권위있는 행위로 국적을 부여한 개인에 대하여 타국에 비해 밀접한 관계를 갖는다고 하는 법적 표현인 것이다. 따라서 타국에 대한 외교적 보호의 주장도 그러한 국가만이 할 수 있다. 외교적 보호권 행사 및 국제적 소송절차를 통한 보호조치는 진정한 국적국의 권리방어수단인 것이다.

귀화(naturalisation)라는 문제는 한 개인의 일생을 통하여 중요한 변화를 뜻하는 것으로서 가볍게 다룰 문제가 아니다. 따라서 그 국제적 효력(international effect)을 따지기 위해서는 단순히 귀화하는 개인의 의사표시뿐만 아니라 귀화가 허용된 상황, 즉 '진실성 및 유효성'을 무시할 수 없다.

Nottebohm의 귀화 당시를 보면, 그의 주거, 가족관계, 활동범위, 이해관계 그 어느 것도 리히텐슈타인과 진정한 관련을 맺고 있지 않았다. 자발적인 귀화의 경우에는 강제적인 경우보다 귀화국과의 관련 요건이 상당히 완화되긴 하나, 개인과 귀화국 사이에 최소한 영토적 · 개인적 관계가 존재하여야 한다.

외교적 보호 및 국제사법소송을 통한 보호는 국가 권리를 방어하기 위한 조치와 관련이 있다. PCIJ는 다음과 같이 반복적으로 언급한 바 있다: "주체로서 사건을 처리하고 외교적 행위나 국제사법소송에 호소함으로써, 국가는 실제로는 자신의 권리를 주장하는 것이다." (PCIJ Ser. A. No. 2, p. 12 and Ser. A/B Nos. 20-21, p. 17.)

06 Tel-Oren v. Libyan Arab Republic

인용(Citation) 517 F. Supp. 542 (1981) ; 726 F.2d 774 (D.C. Cir.) (1984).

사실(Facts) 1978년 3월 11일 보트로 이스라엘에 입항한 13인의 P.L.O.(팔레스타인 해방기구) 무장 요원들이 Haifa와 Tel Aviv 사이의 고속도로에서 한 민간 버스를 탈취하였다.

탑승객 중 34명이 피살되고, 일부는 중상을 입었으며, 상당수가 고문을 당하였다. 희생자 대부분은 이스라엘인이었지만, 그중에는 미국인과 네덜란드인도 포함되어 있었다.

이스라엘에서 테러공격으로 피살된 자들의 대리인과 생존자들은 리비아 · P.L.O. · 팔레스타인 공보국(Palestine Information Office)과 아랍계 미국인 연합회, 북미 팔레스타인 의회를 대상으로, 미국 지방법원에서 국제법과 미국 형법 위반을 사유로 '외국인 불법행위법'(Alien Tort Claims Act, 28 USC § 1350)에 근거하여 소송을 제기하였다. 외국인 불법행위법에 의하면, 미국 연방법원은 "단지 국제법 혹은 미국이 체결한 조약을 위반하여 발생한 불법행위에 대해 외국인이 제기한" 민사소송에 대해 관할권을 가진다고 규정하고 있었다.

법적 쟁점(Legal Issues) 관할권 행사의 요건; 국제법상 비국가 행위자(즉, 개인)의 책임; 테러리즘

판결(Decision) 법원은 만약 미국이 당사자로 되어 있는 유효한 조약이나 혹은 국제법이 사인에게 제소권을 부여하고 또 미국법원이 이에 대한 관할권을 행사할 수 있다는 것이 입증되지 못하는 한, 미국법원은 개인적 소송에 대해 물적 관할권(subject matter jurisdiction)을 행사할 수 없다고 하였다.

판결 이유(Reasoning of the Court) 법원의 정당한 관할권 행사의 인정을 위한 요건으로 다음 3가지를 들고 있다. 즉, (1) 외국인에 의한 제소가 있어야 한다, (2) 소는 불법행위를 대상으로 한 것이어야 한다, (3) 이런 불법행위는 국제법 혹은 미국이 체결한 조약의 위반에 기인해야 한다.

이 사건에서 원고는 국제법 혹은 미국이 체결한 조약에서 미국법원이 (불법행위에 대한 구제책을 명명할 수 있다는 내용의) 권한을 부여받고 있음을 입증하여야 한다. 그런데, 원고는 그러한 입증을 하지 못하고 있다. 또한, 법이 특정하는 당사자의 권한을 입증하지 못하였다. 즉, 미국이 체결한 조약 혹은 국제법이 개인에게 제소권을 부여하고 있지 않는 한, 연방지방법원은 원고가 바라는 구제를 할 수 없다고 판시하였다.

여기서 주시할 바는 일반적으로 국제법은 외교관계의 수행과 불가분의 관계를 가지고 있다는 점과, 미 연방헌법 제6조의 '최고법'의 규정상 국제법상의 문제를 결정하는 연방법

원의 판결은 州법원을 구속한다는 점이다.

07 Questions relating to the Obligation to Prosecute or Extradite: Belgium v. Senegal (기소 또는 범죄인인도 의무 사건)

인용(Citation) ICJ Rep. p. 422 (2012).

사실(Facts) Hissène Habré는 1982년 6월 7일 반란의 수장으로 권력을 잡은 후, 8년간 차드의 대통령으로 재직하였는데, 그 기간에 정치적 반대자의 체포, 재판 없는 구금 또는 비인도적 조건에서의 구금, 학대, 고문, 비사법적 처형, 강제실종을 포함한 대규모 인권침해가 자행되었다. 1990년 12월 1일 실각한 그는 세네갈 정부에 정치적 망명(political asylum)을 신청하였고, 그 요청이 승인되어 세네갈의 다카르에 거주하고 있었다. 2000년 1월 25일부터 Hissène Habré가 재직 중 저질렀다고 주장되는 범죄와 관련하여 차드 국민, 차드 출신의 벨기에 국민, 벨기에와 차드의 이중국적자들이 피해자협회와 함께 세네갈과 벨기에 법원서 수 개의 소송을 제기하였다. 또한, 차드 국민은 Hissène Habré를 상대로 하여 UN고문방지위원회(United Nations Committee against Torture)와 아프리카인권재판소(African Court on Human and Peoples' Rights)에 개인청원을 제기하였다. 특히, 2009년 12월 15일 아프리카인권재판소는 *Michelot Yogogombaye v. Republic of Senegal* 사건에서 최초의 판결을 내렸는데, 세네갈이 개인청원에 관한 재판소의 관할권을 수락하지 않아 아쉽게도 소송은 각하되었다.

2005년 9월 19일, 벨기에 수사판사는 Hissène Habré에 대해 국제인도법의 중대한 위반, 고문, 집단살해, 인도에 반한 범죄 및 전쟁범죄의 가해자 또는 공동정범으로 기소하며, 이를 기반으로 세네갈로부터 그의 범죄인인도를 요청하는 국제체포영장(international warrant *in absentia* for the arrest)을 발부하였다. 인터폴은 범죄인인도를 위해 임시체포를 요청하는 '적색수배'(red notice)를 내렸다.

2005년 11월 25일, 벨기에의 범죄인인도 요청에 관해 다카르 항소법원(Dakar Court of

Appeal)은 일반법원인 자신은 국가원수가 그의 기능을 수행하면서 저지른 것으로 주장된 행위에 대해 수사 또는 기소와 관련된 문제에 관할권을 확대할 수 없다고 판결하였다. 또한, 항소법원은 Hissène Habré는 대통령으로서의 직무가 중단된 이후에도 관할권 면제(jurisdictional immunity)가 부여되어야 하며, 따라서 국가원수에 대한 사안의 합법성과 체포영장의 합법성을 판단할 수 없다고 언급하였다.

2006년 5월 17일, UN고문방지위원회는 세네갈이 고문 및 그 밖의 잔혹한 · 비인도적인 또는 굴욕적인 대우나 처벌의 방지에 관한 협약(Convention against Torture and Other Cruel, Inhuman or Degrading Treatment or Punishment, '고문방지협약') 제5조 제2항에 위반되게 관할권 확립을 위해 필요한 조치를 채택하지 않았으며, 이 협약 제7조 제1항의 의무를 준수하지 않았다는 견해를 채택하였다. 이에 세네갈은 국내법을 고문방지협약 제5조 제2항에 합치시키기 위해 형법, 형사소송법 등의 관련 조항을 개정하였다. 2007년 5월 8일 외교문서를 통해 벨기에는 여전히 의견 차이가 좁혀지지 않는 문제를 해결하기 위해 세네갈에 중재재판(arbitration)의 구성을 제안하였으나, 어떠한 답변도 듣지 못하였다. 벨기에는 세네갈에 사법적 협력을 제안하였고, 세네갈은 이러한 제안을 환영하며 자신이 수사판사를 임명하였다고 언급하였다. 또한, 세네갈은 재판개시에 자금 문제가 장벽이 되고 있는데, 자금을 지원하는 기부자 모임이 시작되는 즉시 제안을 수락하겠다는 의사를 표명하였다. 그러나 벨기에는 세네갈 사법당국으로부터 이를 위한 어떠한 협조공문도 받지 못하였다.

결국, 2009년 2월 19일 벨기에는 Hissène Habré와 관련하여 세네갈을 상대로 국제사법재판소에 소송을 제기하였다. 벨기에는 Hissène Habré가 고문 및 인도에 반한 범죄를 포함해 재임 기간 중 저지른 일정 행위에 대해 세네갈이 기소하지도 벨기에로 인도하지도 않아 1984년 12월 10일의 고문방지협약의 제7조 및 국제관습법상의 소위 "기소하거나 인도할 의무"(obligation *aut dedere aut judicare*)를 위반하였다고 주장하였다.

같은 날, 벨기에는 ICJ에 잠정조치(provisional measures)의 지시를 신청하였는데, 즉 "벨기에가 준수를 요청하는 국제법 규칙이 올바르게 적용될 수 있게 세네갈에 Hissène Habré를 사법당국의 통제와 감시하에 두는 모든 조치를 취하도록" 명령할 것을 요청하였다. 2009년 5월 18일 명령을 통해, ICJ는 구두심리에서 세네갈이 소송이 진행되는 동안 Hissène Habré가 그 영역을 떠나는 것을 허용하지 않음을 보장하였다면서, 벨기에가 주장하는 권리의 회복할 수 없는 침해의 위험은 없으며, 잠정조치의 지시를 정당화할만한 어떠한 긴급성도 존재하지 않는다고 판단하였다.

법적 쟁점(Legal Issues) 세네갈은 고문 및 인도에 반한 범죄를 저지른 외국의 전직 국가원수에 대해 기소 또는 범죄인인도의 의무를 지는가?

판결(Decision) 2012년 7월 20일, ICJ는 다음과 같이 판결하였다.

1. 세네갈은 Hissène Habré가 저지른 범죄 혐의와 관련하여 즉각적인 예비 사실조사를 시행하지 않아 고문방지협약 제6조 제2항의 의무를 위반하였다.
2. 세네갈은 Hissène Habré 사건을 기소의 목적으로 권한 있는 당국에 회부하지 않아 고문방지협약 제7조 제1항의 의무를 위반하였다.
3. 세네갈은 Hissène Habré를 인도하지 않는다면 기소의 목적으로 권한 있는 당국에 Hissène Habré 사건을 지체없이 회부해야 한다.

판결 이유(Reasoning of the Court) ICJ는 먼저 벨기에 청구의 관할권 및 수리 가능성에 관한 세네갈의 항변에 대해 검토하였는데, 고문방지협약 제30조 제1항에 규정된 조건이 충족되어 벨기에의 청구를 심사할 관할권이 있으며 벨기에의 청구는 수리될 수 있다고 판단하였다. 그러나 해외에 거주하는 외국인이 저질렀다고 주장되는 국제관습법(customary international law)상 범죄를 기소할 의무가 있는지의 문제는 검토할 관할권이 없다고 결정하였다. 관할권과 관련하여 중요한 것은 서면신청서가 접수된 시점에 양국 간 국제관습법상 의무에 '분쟁'이 존재하는지 여부이다. 당시 양국의 외교문서에 언급된 유일한 의무는 고문방지협약에 따른 것이었으므로 서면신청서가 접수된 시점에 양국 사이의 분쟁은 국제관습법상 의무 위반과는 관련이 없다.

고문방지협약 제6조 제2항과 관련하여, 이 협약 당사국인 세네갈은 협약 제4조에 규정된 범죄혐의자에 대해 "즉시 예비 사실조사를 실시할"(immediately make a preliminary inquiry into the facts) 의무가 있는데, 그러한 조사를 수행하였음을 입증하는 어떠한 자료도 발견하지 못하였다. 이 조항에 규정된 예비 사실조사는 문제의 개인에 관한 의혹을 확증하기 위한 것으로, 사건파일을 작성하고 관련 사실과 증거를 수집하는 작업을 통해 이루어진다. 세네갈은 사실조사 대신 관련 입법조치의 채택을 언급하고 있는데, 이는 충분하지 않다. 또한, 이 사건에서 사실관계의 확인(establishment of the facts)은 세네갈에서 Hissène Habré에 대한 소송이 제기된 2000년 이후부터 의무적인데, 세네갈은 다카르에서 Hissène Habré에 대한 추가소송이 제기된 2008년에도 관련 사실조사를 실시하지 않았다. 따라서 세네갈은 자국 영역에 소재한 Hissène Habré가 고문에 책임이 있다고 의심될만한 사유가 발생하였는데도 즉각 예비 사실조사를 수행하지 않았으므로 고문방지협약 제6조 제2항을 위반하였다.

고문방지협약 제7조 제1항과 관련하여, ICJ는 이 조항에 규정된 의무의 성격과 의미에 대해 검토하였다. 제7조 제1항에 따른 세네갈의 기소 의무는 이 협약이 세네갈에 발효한 1987년 6월 26일 이전에 자행된 행위에는 적용되지 않는다. 그러나 Hissène Habré에 대한 청구는 발효 이후에 저지른 수많은 중대한 범죄도 포함하고 있으므로, 세네갈은 기소의 목적으로 권한 있는 당국에 관련 사건을 제출할 의무가 있다. 벨기에의 경우 이 협약이 자신에 발효한 1999년 7월 25일부터 세네갈의 의무 비준수에 관해 소송을 제기할 권한이 있는데, 벨기에는 Hissène Habré에 대한 소송이 처음으로 제기된 2000년 이후부터의 세네갈 책임을 원용하고 있었다. 또한, 기소 의무의 이행 문제와 관련하여 제7조 제1항에 규정된 의무에 따라 세네갈은 특히 2000년에 Hissène Habré에 첫 번째 소송이 제기된 후 가능한 한 빨리 그 이행에 필요한 모든 조치를 취해야 한다. 그러나 세네갈은 그러한 의무를 수행하지 않아 제7조 제1항을 위반하였다.

마지막으로 세네갈은 고문방지협약 제6조 제2항과 제7조 제1항의 의무를 준수하지 않아 국가책임을 지며, 국제위법행위에 대한 국가책임에 관한 일반국제법에 따라 위법행위를 중단할 의무가 있다. 따라서 세네갈은 Hissène Habré를 인도하지 않는 경우, 기소의 목적으로 권한 있는 당국에 이 사건을 회부하기 위해 지체없이 필요한 조치를 취해야 한다.

제13장

인권

1. Lawless Case(1961)
2. Golder Case(1975)
3. Filartiga v. Peña-Irala(1980)
4. Guerrero Case(1982)
5. Soering Case(1989)
6. Ahmadou Sadio Diallo(2010/2012)

01 Lawless Case: Lawless v. Ireland

인용(Citation) App. No. 332/57 ; [1961] ECHR 2 (1961).

사실(Fact) 아일랜드 국적의 G.R. Lawless는 1957년 국경선 근처에서 IRA(Irish Republican Army, 아일랜드공화군) 활동이 활발하던 당시, 체포되어 동년 7월 13일부터 12월 11일까지 5개월간 재판 없이 구금되어 있었다. 그는 1950년 유럽인권협약(Convention for the Protection of Human Rights and Fundamental Freedoms) 제15조 제1항에 의하여 그 당시 상황이 아일랜드 정부가 협약상 의무를 훼손시키는 조치를 취하는 것을 허용할 수 있을 정도로 위급상황이었는지 여부 판단을 유럽인권재판소에 부탁하였다. [협약 제15조 제1항: "국가의 안위를 위협하는 전쟁 혹은 여타 공공의 위급상황이 발생한 경우, 체약국들은 그러한 조치가 국제법상의 의무에 합치되는 범위 내에서 상황의 위급성이 엄격히 요구하는 정도까지 본 협약상의 의무를 훼손하는 조치를 취할 수 있다(may)"]

법적 쟁점(Legal Issues) 국가의 생존을 위협하는 공공의 위급상황

판결(Decision) 유럽인권재판소(European Court of Human Rights)는 아일랜드 정부가 협약 제15조에 의거한 조치를 취하는 것을 허용하고 있다고 판단하였다.

판결 이유(Reasoning of the Court) 유럽인권협약 제15조의 일반적 문맥상, "국가의 안위를 위협하는 공공의 위급상황"(other public emergency threatening the life of the nation)이라는 술어의 통상적 의미는 명확한바, 이는 전체 인구에 영향을 미치고 국가가 구성한 공동체의 조직화된 생활에 위협이 되는 예외적인 위급 또는 긴급 상황을 의미하는 것이며, 당시의 상황이 "국가의 안위를 위협하는 공공의 위급상황"이었다는 사실은 아일랜드 정부가 여러 복합적 요소들로부터 합리적으로 추론할 수 있다: 첫째, 아일랜드 영토에서 헌법에 위반되는 활동에 관여하는 비밀 군대가 자신의 목적 달성을 위해 폭력을 사용하였다; 둘째, 비밀 군대가 인접국가와 아일랜드와의 관계를 심각하게 위협하며 아일랜드 영토 외부에서 활동하였다; 셋째, 1956년 가을부터 1957년 상반기까지 테러 활동이 증가하였다.

아일랜드 정부는 아일랜드공화국 국가의 안위를 위협하는 공공의 위급상황이 존재한다고 선언하는 것이 정당하며, 협약 제15조 제1항이 제정된 목적상 이를 적용할 수 있으며, 협약상 의무를 벗어나는 조치를 취할 수도 있다.

따라서 1940년 국가에 대한 범죄에 관한 법(Offences Against the State (Amendment) Act 1940)이 규정하고 있는 수 개의 보호조항에 따라 재판 없이 구금하는 것은(detention without trial) 협약 제15조의 의미에 속하는, 상황의 위급성에 의해 엄격히 요구되는 조치인 것으로 보인다고 판단하였다. 아일랜드 정부는 명시적으로 "본 법령에 의한 개인의 구금은 공공의 평화와 질서에 대한 범죄행위를 방지하고 헌법이 인정하지 않는 군대 혹은 무장병력을 이용하는 것을 막기 위하여, 필요한 것으로 사료된다"고 밝힌 바 있다.

아일랜드 정부는 구금권을 발효한 즉시, 헌법을 준수하고 어떠한 불법 활동에도 관여하지 않겠다는 약속을 하는 사람은 석방하겠다고 선언하였다.

Lawless 사건에서, 1940년 법에 의해 아일랜드 정부가 Lawless에게 취한 구금 조치는 협약 제18조의 취지에 따라 혹은 그 당시의 상황에 의해 엄격히 요구되는 정도를 넘어 협약 제15조의 범위 내에서 Lawless에게 사용되었다고 증명할 필요는 없다고 보았다.

02 Golder Case: Golder v. United Kingdom

인용(Citation) App. No. 4451/70 ; [1975] ECHR 1 (1975).

사실(Facts) 1965년 영국 국민인 Sidney Elmer Golder(1923년생)는 영국에서 강도죄로 15년형을 선고받아 Parkhurst 구치소에 수감되어 있었다. 1969년 10월 24일 이 수용소에서 소요사태가 발생하였는데, 이 사태의 진압에 참여했던 Laird라는 교도관이 Golder를 이 소동의 가담자 중의 한 사람으로 지명하고 그가 자기에게 심한 주먹질을 한 것으로 증언하였다. 이에 Golder는 다른 수감자들과 분리되었고, 며칠 후인 10월 28일과 30일 연이은 경찰 심문을 받았는데, 이 과정에서 그가 소요과정에서 교도관을 구타하였기 때문에 그에 대한 기소 여부를 결정하도록 상부에 보고할 예정임을 통고받았다.

Golder는 동년 10월 25일과 11월 1일 국회의원(Member of Parliament)에게, 그리고 11월 4일에는 경찰서장(Chief Constable)에게 위 10월 24일의 소요사태와 이로 인하여 자기가 받은 고통에 대한 항의 서한을 보냈다. 한편 11월 7일 한 교도관이 다음과 같은 증언을 하였다: "소동이 일어난 날 밤에 나는 소요에 가담하지 않은 수감자들과 같이 TV방에 있었는데, 내 기억으로는 Golder가 그때 나와 같이 있었으며 소요에 가담하지 않았다."

Golder는 1970년 3월 20일 내무장관에게 자신의 타 수용소로의 이송을 부탁하는 청원서를 제출했다. 내무부는 1970년 4월 6일자의 교도소장(prisoner governor)에게 보낸 서신에서, 다른 수용소에로의 이송 요청을 포함한 그의 모든 청원을 기각한다는 사실을 Golder에게 통지하도록 지시하였다. Golder는 유럽인권위원회에 두 개의 (소추를 구하는) 개인청원을 제출하였는데, 그 하나는 그가 국회의원과 경찰서장에게 항의 서한을 보내고자 하였지만, 교도소장이 Golder가 해당 문제를 사전에 관련 기관에 이의제기하지 않았다는 것을 이유로 그의 서신을 전달하지 않았다는 것이고, 두 번째는 내무장관이 자기가 선임한 변호사(solicitor)와의 면접을 거절하였다는 것이다.

법적 쟁점(Legal Issues) 영국 정부의 행위가 유럽인권협약 제6조 제1항과 제8조에 위반되는지 여부

판결(Decision) Golder는 1972년 7월 12일 가석방되었다.

판결 이유(Reasoning of the Court) 유럽인권위원회는 1971년 3월 30일 Golder의 첫 번째 청원 사유는 영국의 국내구제를 완료하지 않았기 때문에 허용할 수 없다고 선언하였고, 두 번째 사유에 대해서는 유럽인권협약 제6조 제1항과 제8조상 소송의 본안(merits)으로 심의하기로 결정하였다.

Golder가 사법절차를 밟기 위한 변호사와의 면접 허가를 요청했음에도 불구하고 이를 거절한 것은 부적법하고, Golder의 그러한 계획에 대해서는 독립적이고 공정한 법원이 판단할 사항이며 내무장관이 일방적으로 판단할 수는 없는 사항으로 해당 내무장관의 행위는 (위 제6조가 보장하는) Golder의 법원접근권을 거절한 행위에 해당되며, 이는 유럽인권협약 제6조와 제8조의 위반이 된다고 하였다. 내무장관이 Golder의 1970년 3월 20일자의 청원(petition)을 거절한 일은 한 사람의 통신 시도 자체를 방해한 것으로, 바로 제8

조 제2항이 규정하는 "간섭(interference)없는", "자유로운 통신의 권리"(right to respect for correspondence)를 박탈한 대표적인 예라고 하였다. 그러나 영국 정부는 이에 동의하지 않았다.

1971년 유럽인권위원회와 1975년 유럽인권재판소는 위와 같은 사유로 영국이 제6조 제1항과 제8조를 위반했다고 판시하였다.

03 Filartiga v. Peña-Irala

인용(Citation) 630 F.2d. 876 (1980) ; 19 ILM 966 (1980).

사실(Fact) 이 사건에서 원고(내과의사인 Filartiga와 그의 딸)는 파라과이 국민으로서 1978년 미국에 입국하여 미국 정부에 정치적 망명(political asylum)을 요청한 사람이며, 피고는 파라과이 국민으로서 파라과이의 아순시온에서 경찰대장으로 근무했던 자이다.

원고는 피고가 미국에 불법 입국한 사실과 그의 소재를 알게 되자, 미국의 한 지방법원에 민사소송을 제기했는데, 제소근거는 1954년 이후로 파라과이에서 집권한 Alfredo Stroessner 대통령의 오래된 적수였던 원고의 반정부활동에 대한 보복으로 1976년 피고가 그의 아들과 형을 살해했다며 피고에 대한 배상청구소송을 제기한 것이다. 원고의 주장으로 파라과이의 사형에 관한 불법한 규정들을 지적하면서, '사형에 관한 법률들'(wrongful death statutes), UN헌장, 세계인권선언, '인간의 권리와 의무에 관한 미주선언'(American Declaration of the Rights and Duties of Man), '고문방지에 관한 UN선언'(United Nations Declaration against Torture) 및 기타 선언, 문서, 관행 등 인권에 관한 국제관습법 및 국제법 위반 사실을 법적 근거로 제시하였다.

이에 대해 1심법원이 이 사건에 대한 관할권이 없다고 하며 청구를 기각하자, 원고는 항소하였다. 항소이유로 그는 비록 이 사건의 당사자와 사건의 발생지가 외국이라 할지라도 미 지방법원은 1789년의 미국의 법원조직법(Judiciary Act)에 의하여, 특히 연방법원은 'all cases where an alien sues for a torture···(committed) in violation of the law of nations'라는 조항에 의하여 관할권을 갖는다고 주장하였다.

법적 쟁점(Legal Issues) 관할권; 인권 보호(고문 금지)

판결(Decision) 제2순회법원(Court of Appeals for the Second Circuit)은 이 사건에 대한 관할권이 없음을 이유로 소를 각하시킨 지방법원의 판결을 뒤집었다.

판결 이유(Reasoning of the Court) 제2순회법원은 지방법원의 판결을 파기(reverse)하면서, 한 국가가 자국민에게 끼치는 피해행위는 국제법 위반이 되지 않는다는 주장은 현행 국제법의 적용이나 관행에 위반되는 것이라고 판결하였다. 조약이나 국제법은 모든 사람에게 정부의 위법행위에서 구제받을 기본적 권리를 부여하고 있으며, 비록 이런 권리의 절대적 범위에 대해서는 앞으로 계속해서 깊이 연구해 나가야 할 문제이지만, 고문으로부터 해방될 권리는 지금도 그 범위 내에 포함되어 있다고 판시하였다.

법원은 고문에 대한 금지는 명확하고 분명한 사실이며, 외국인과 자국민의 어떠한 차별대우도 인정되어서는 안 되며, *Dreyfus v. Von Finck*의 "학대받은 당사자가 행위 국가의 국민일 때는 국제법 위반 문제는 발생하지 않는다"는 의견은 분명히 국제법의 관행 및 관습과는 조화되지 않는다고 결론지었다.

20세기 들어 국제공동체는 기본적 인권과 특히 고문으로부터 자유로울 권리의 명백한 경시로 공동의 위험에 처하게 되었는데, 본 사건은 제1대 국회가 제정한 사법 규정에 효력을 부여한 것이며, 무엇보다 잔학한 폭력으로부터 모든 국민을 자유롭게 할 이상의 실현을 위해 이 판결이 작지만 중요한 첫발을 내디딘 것이 될 것이라고 평가되었다.

04 Guerrero Case: Pedro Pablo Camargo v. Colombia (Camargo Case로도 알려져 있음)

인용(Citation) Comm. 45/1979, U.N. Doc. A/37/40, at 137 (1982).

사실(Fact) 1978년 4월 13일 콜롬비아 경찰은 유괴된 콜롬비아 주재 前프랑스대사 Miguel de German Ribon이 갇혀 있다고 의심되는 집을 급습하였다. 희생자는 발견되지 않았고, 경찰은 유괴범이 집에 오기를 기다리며 잠복근무를 하고 있었다. 그러던 중, 경찰은 유괴(kidnapping)와 아무런 관련이 없는 7명(Maria Fanny Suarez de Guerrero, Alvaro Enrique Vallejo, Eduardo Sabino Lloredo, Blanca Florez Vanegas, Juan Bautista Ortiz Ruiz, Omar Florez and Jorge Enrique Salcedo)의 무고한 생명을 사전경고도 없이(without warning) 총격 살해하였다. 정부는 이와 같은 경찰의 행위는 1978년의 법령 No. 0070에 의거한 정당한 것이라고 주장하였다. 동 법령은 '국가영토가 공격을 받는 상태에'(national territory is in a state of siege) 있는 한, 경찰은 '유괴를 방지하고 억제할 목적으로 공무를 수행하는 가운데'(in the course of operations planned with the object of preventing and curbing kidnapping) 저지른 행위에 대한 형사책임에 면책될 수 있다고 규정하고 있다.

1979년 2월 5일, 이 사건에서 희생당한 Maria Fanny Suarez de Guerrero의 남편을 대신하여 콜롬비아국립대학의 국제법 교수인 Pedro Pablo Camargo가 UN인권위원회에 청원을 제기하였다.

법적 쟁점(Legal Issues) 시민적 및 정치적 권리에 관한 국제규약상 생명권의 보호와 공무집행 중 정부의 불법행위

판결(Decision) 1981년 4월 9일 인권위원회(Human Rights Committee)는 공무집행 중의 행위라도 콜롬비아 정부의 생명권 박탈은 위법이며, 피해자 가족에게 적절한 배상을 해 주어야 한다고 권고하였다.

판결 이유(Reasoning of the Court) 인권위원회는 시민적 및 정치적 권리에 관한 국제규약(International Covenant on Civil and Political Rights; 이하 '규약') 제6조 제1항("Every human being has the inherent right to life. This right shall be protected by law. No one shall be arbitrarily deprived of his life.")에서 언급하고 있는 생명권은 인간의 최고의 권리이며, 인권은 법에 의해 보호되고 그 어느 누구도 자의적으로 타인의 생명을 빼앗을 수는 없으며, 법률은 국가기관에 의해 사람의 생명을 박탈할 경우의 정황(circumstances)을 엄격히 규제하고 제한해야 한다고 강조하였다.

인권위원회는 생명의 박탈을 심사숙고하지 않고 취한 경찰 행위의 결과로 국가기관에 의해 7명의 무고한 생명이 희생당한 것이며, 희생자는 규약에 규정된 적법절차(due process of law)에 의한 보호를 받을 권리를 빼앗긴 것이라고 보았다. 또한, 규약 제6조 제1항을 위반하여 자의적으로 생명을 빼앗은 경찰의 행위가 콜롬비아 법령 No. 0070에 의하여 정당화되는 한, 규약 제6조 제1항에서 요구하고 있는 생명권은 콜롬비아법에 의해서는 적절히 보호될 수 없다고 설명하였다.

이러한 견지에서 인권위원회는 콜롬비아는 피해자 중 한 사람인 Maria Fanny Suarez de Guerrero의 남편에게 배상을 해야 하고, 생명권의 문제는 국내법을 개정함으로써 적절히 보호되도록 필요한 조치를 취해야 한다고 권고하였다.

05 Soering Case: Soering v. United Kingdom

인용(Citation) App. No. 14038/88 ; [1989] ECHR 14 ; [1989] 11 EHRR 439 (1989).

사실(Fact) 독일 국적의 외교관 자제인 22세 Jens Soering은 미국 버지니아州에서 캐나다 국적의 여자친구 Elizabeth Haysom의 부모를 살해한 혐의로 기소되었다. 그와 여자친구는 영국에서 수표 위조(check fraud) 혐의로 체포되었는데, Soering은 여자친구의 부모가 그들의 관계를 반대하여 살인하기로 계획했다며 행위 전모를 자백하였다. 여자친구는 살인에 동조한 혐의로 버지니아州에서 종신형을 구형받았다.

미국 정부는 1972년의 미 · 영 범죄인인도조약을 근거로 Soering의 인도를 요청하였다. 영국은 미국이 형을 언도하는 경우, 사형 집행은 하지 않겠다는 보장을 확실히 할 것을 요구하였다. 미국은 영국의 입장이 재판관에게 전달되도록 하겠다고 답변하였다. Soering은 유럽인권위원회(European Commission of Human Rights)에 청원을 제기하여 결국 유럽인권재판소(European Court of Human Rights)가 이 사건을 맡게 되었다. 제소의 내용은 영국이 Soering을 미국으로 인도하는 경우, 이는 인권 및 기본적 자유의 보호에 관한 협약(Convention for the Protection of Human Rights and Fundamental Freedoms; 이하 '유럽인권협약') 제3조("어느 누구도 고문 혹은 비인도적이거나 굴욕적인 대우나 처벌을 받아서는 아니된다.")에 위반된다는 것이었다.

Soering은 만약 자신이 버지니아로 보내져 사형 선고를 받게 되면, 항소하는 동안 최악의 조건에서 사형을 당하게 될 것이라고 주장하였다. 청구 내용은 사형 자체가 아니라 항소의 결과를 기다리는 죄수들이 경험하는 상황들에 초점이 맞추어졌다.

법적 쟁점(Legal Issues) 영국은 영 · 미 범죄인인도조약이 살인범죄를 포함하고 있음에도 불구하고 Soering을 미국에 인도하는 것을 거절할 수 있는가?

판결(Decision) 재판소는 만장일치로 Soering의 미국으로의 인도에 대해 반대 판결을 내렸다.

판결 이유(Reasoning of the Court) 협약 제3조는 제15조하의 전쟁 혹은 기타 국가 재난(위기상황)시에도 예외가 인정되지 않는, 유럽심의회(Council of Europe)가 형성한 근본적 가치를 구현하고 있다. 이는 이후 1966년 시민적 및 정치권 권리에 관한 국제규약과 1969년 미주인권협약에서 발견되며, 국제적으로 승인된 일반적인 기준으로 인정되고 있다.

문제는 고문 혹은 비인도적 대우에 처하게 될 수 있는 범죄자를 타국으로 인도하는 것이 그 자체로 협약 제3조의 의무를 위반하는 것인지에 관한 것이다. 사형제도는 협약 제2조 제1항에도 규정되어 있다시피, 원고는 사형제도 자체가(*per se*) 협약 제3조를 위반했다고 주장하는 것은 아니다.

재판소는 범죄 당시 Soering의 나이와 정신 상태 등 개인적 상황과 매우 열악한 상황에서 사형수로 장기간 복역할 것을 고려해 볼 때, Soering을 미국으로 인도하는 것은 그를 상기 협약 제3조의 상황을 초월하는 진정으로 위험한 처우로 내몰게 되는 것이라고 판결하였다.

〈참고〉

영국이 당사자인 유럽인권협약은 입법조약(law-making treaty)의 성격을 띠며, 영국과 미국 간의 범죄인인도조약에 우선한다. 유럽심의회 전체를 대표하는 전원재판부의 만장일치 판결은 드문 일이다. 재판소의 판결 이후, 미국은 사형을 부과하지 않기로 약속하여 Soering은 미국으로 인도되었고, 1급살인죄로 기소되어 종신형을 선고받았다. Soering은 2019년 11월 사면을 받아 12월에 독일로 추방되었다.

06 Ahmadou Sadio Diallo: Republic of Guinea v. Democratic Republic of the Congo (디알로 사건)

인용(Citation) ICJ Rep. p. 582 (2007) ; ICJ Rep. p. 639 (2010) ; ICJ Rep. p. 324 (2012).

사실(Facts) 1998년 12월 28일, 기니는 콩고민주공화국(1971년부터 1997년까지 '자이르공화국'이라는 국호를 사용)을 상대로 기니 국적의 Ahmadou Sadio Diallo에게 자행된 것으로 주장된 국제법의 중대한 위반에 관련된 분쟁을 국제사법재판소에 부탁하였다.

1995년 10월 31일 자이르공화국(콩고민주공화국) 수상은 Ahmadou Sadio Diallo에게 추방명령(expulsion decree)을 내렸는데, 그의 존재와 행동이 특히 경제, 금융 및 통화 부문에서 자이르의 공공질서(public order)를 위반하였으며 계속 그렇게 하고 있다는 이유에서였다. 기니의 주장에 의하면, Ahmadou Sadio Diallo는 1995년 11월 5일에 체포되었다가 (66일이 지나) 1996년 1월 10일에 풀려났고, 1996년 1월 14일에 다시 체포되었다가 (17일 뒤인) 1월 31일에 기니로 추방되었다. 한편, 콩고민주공화국은 첫 번째 구금은 단지 2일에 불과하였고, 두 번째 구금 전인 1996년 1월 10일부터 25일까지 Diallo는 자유를 누렸다고 주장하였다. 또한, 양국은 Diallo가 구금된 기간에 어떠한 대우를 받았는지도 견해가 엇갈렸다.

기니는 서면신청서에서 사업가인 Ahmadou Sadio Diallo는 1964년부터 32년간 거주한 콩고민주공화국에서 부당하게 수감되었으며, 그의 막대한 투자, 사업, 동산 및 부동산과 은행계좌를 빼앗긴 뒤 추방되었다고 설명하였다. 이러한 추방은 그가 설립하여 대주주로서 이사 직함을 가진 Africom-Zaire社 및 Africontainers-Zaire社가 콩고민주공화국이 주주인 석유회사 및 콩고민주공화국이 빚진 상당한 부채를 회수하기 시작했을 때 발생한 것이라고 강조하였다.

기니는 ICJ규정 제36조 제2항에 따른 양국의 강제관할권(compulsory jurisdiction) 수락선언을 ICJ 관할권의 근거로 원용하였다. 2002년 10월 3일, 콩고민주공화국은 기니의 서면신청서의 수리 가능성에 관해 선결적 항변(preliminary objections)을 제기하였고, 2007년 5월 24일 선결적 항변에 관한 판결에서 ICJ는 기니의 서면신청서는 "개인으로서(as an individual) Ahmadou Sadio Diallo의 권리 보호에 관한 한" 그리고 "Africom-Zaire社 및 Africontainers-Zaire社의 주주로서(as *associé*: shareholders) 그의 직접적 권리의 보호에 관한 한" 수리될 수 있다고 결정하였다. 그러나 재판소는 콩고민주공화국의 국적을 가진 "Africom-Zaire사 및 Africontainers-Zaire사의 권리 침해 주장과 관련한 Ahmadou Sadio Diallo의 보호에 관한 한" 기니의 서면신청서는 수리될 수 없다고 판단하였다.

좀 더 구체적으로 살펴보면, 재판소는 Diallo의 개인적 권리에 대한 기니의 외교적 보호(diplomatic protection)와 관련하여, 그의 국적은 분쟁의 대상이 되지 않았음에 주목하였다. 콩고민주공화국도 ICJ도 *Nottebohm* 사건에서 언급된 '진정한 관련성'(genuine link) 요건에 따라 그가 32년간 기니가 아닌 콩고민주공화국에 거주한 사실은 문제 삼지 않았다. 다만, 콩고민주공화국은 Diallo의 추방과 관련하여 그가 자국 내에서 이용가능하고 실효적인 구제수단을 완료하지 않았다고 주장하였는데, 출입국사무소 직원이 "추방" 대신 "입국 불허"(refusal of entry)라고 서명한 통지서는 콩고법상 이의 제기가 불가능한 것이었으므로 ICJ는 콩고민주공화국이 이용가능하고 실효적인 구제수단의 존재를 입증하지 못하였다고 판결하였다. 또한, 콩고민주공화국은 기니가 주장하는 피해는 Diallo의 주주의 권리와 관련이 없으며, Diallo는 모든 이용가능한 구제수단을 완료하지 않았다고 주장하였는데, ICJ는 자국민이 주주로 있는 법인을 위해 국가가 외교적 보호를 행사하는 것은 다른 국가가 저지른 국제위법행위로 인해 자국민에게 발생한 피해에 대한 책임을 묻는 것이라며, 기니는 주주로서 그 권리가 침해당한 Diallo를 보호하려는 한 원고적격을 가진다고 판단하였다. 또한, 추방명령을 통해 주주의 권리가 침해되었는데, 이에 관한 실효적 구제수단이 없으므로 콩고민주공화국의 항변은 받아들일 수 없다고 판시하였다.

법적 쟁점(Legal Issues) 콩고민주공화국은 자국에서 설립된 회사의 대주주인 외국인의 체포, 구금 및 추방조치와 관련하여 국제인권법을 위반하였는가?

판결(Decision) 2010년 11월 30일, ICJ는 다음과 같은 판결을 내렸다.

1. Ahmadou Sadio Diallo가 1996년 1월 31일 콩고민주공화국에서 추방된 상황과 관련하여, 콩고민주공화국은 시민적 및 정치적 권리에 관한 국제규약(International Covenant on Civil and Political Rights) 제13조 및 인간과 인민의 권리에 관한 아프리카헌장

(African Charter on Human and Peoples' Rights) 제12조 제4항을 위반하였다.

2. Ahmadou Sadio Diallo가 1995~1996년에 체포되고 구금된 상황과 관련하여, 콩고민주공화국은 시민적 및 정치적 권리에 관한 국제규약 제9조 제1항과 제2항 및 인간과 인민의 권리에 관한 아프리카헌장 제6조를 위반하였다.
3. 1995~1996년에 Ahmadou Sadio Diallo를 구금한 후 그에게 지체없이 영사관계에 관한 비엔나협약(Vienna Convention on Consular Relations) 제36조 제1(b)항에 따른 권리를 통보하지 않아 콩고민주공화국은 해당 조항을 위반하였다.
4. 콩고민주공화국은 Ahmadou Sadio Diallo가 Africom-Zaire社 및 Africontainers-Zaire社의 주주로서 가지는 직접적 권리를 위반하지 않았다.
5. 콩고민주공화국은 위에서 언급한 국제의무 위반으로 야기된 해로운 결과에 대해 기니에 배상의 형식으로 적절한 보상(appropriate reparation)을 제공할 의무가 있으며, 판결로부터 6개월 이내에 배상문제에 관한 합의에 실패하는 경우 ICJ에 그 해결을 부탁하여야 한다.

판결 이유(Reasoning of the Court) ICJ는 Ahmadou Sadio Diallo의 체포 및 구금과 관련하여 콩고민주공화국과 기니가 다른 주장을 하는바, 입증책임(burden of proof)의 문제를 먼저 검토하였다. 일반적 원칙에 의하면 원고국가가 해당 사실의 존재를 입증해야 하지만, 이는 모든 상황에 적용되어야 하는 절대적 원칙으로 간주해서는 안 되며, 입증책임의 결정은 각 사건의 주제와 성격에 따라야 한다. 문제의 사실이 콩고민주공화국의 공공당국이 저지른 협의 누락과 관련된 경우(절차적 보장을 제공하지 못함) 일반적 원칙으로 원고에게 자신이 주장하는 부정적 사실을 입증하도록 요구할 수는 없다. 양 당사국이 제시하고 적절히 당사자 심문을 거친 모든 증거를 평가한 결과, 이 사건에서 어느 한 당사자도 홀로 입증책임을 지지 않는다. 그리하여 Diallo는 1995년 11월 7일부터 1996년 1월 10일까지 구금되었고, 동년 1월 25일부터 31일 추방될 때까지 재구금되었다고 확정하였다.

ICJ는 Diallo의 추방과 관련하여, 외국인의 추방은 관련 국내법에 따라 결정하도록 요구하는 시민적 및 정치적 권리에 관한 국제규약 제13조 및 인간과 인민의 권리에 관한 아프리카헌장 제12조 제4항의 위반을 검토하였다. Diallo의 추방 명령은 국가이민국(National Immigration Board)과의 사전 협의 및 해당 조치의 이유제시와 같은 자이르법(Zairean

Legislative Order of 12 September 1983 concerning immigration control)상 요건을 준수하지 않았기 때문에 콩고민주공화국은 위 인권조약의 해당 조항을 위반하였다.

ICJ는 Diallo의 체포 및 구금과 관련하여, 이 역시 국내법에 따라야 하며 자의적이지 않아야 한다는 시민적 및 정치적 권리에 관한 국제규약 제9조 제1항과 제2항 및 인간과 인민의 권리에 관한 아프리카헌장 제6조의 위반을 검토하였다. Diallo의 구금기간은 위 자이르법상 허용된 최대 기간(즉, 48시간)을 상당히 초과하였고, 불법적인 구금 일수와 구금의 필요성에 대한 심사를 기피하였으므로 이는 자의적으로 보이며, 따라서 위 인권조약의 해당 조항을 위반하였다. 또한, 콩고민주공화국은 구금된 Diallo에게 영사 조력을 받을 권리를 통보하지 않았기 때문에 영사관계에 관한 비엔나협약 제36조 제1(b)항을 위반하였다.

기니는 Diallo가 주주의 세 가지 직접적 권리(즉, 총회에 참가하고 투표할 권리, 이사를 선임할 권리 및 회사의 경영을 감독하고 감시할 권리) 및 지분과 관련한 다른 직접적 권리인 재산권이 침해되었다고 주장하였는데, Diallo는 추방을 통해 주주로서 직접적 권리행사에 어려움이 있지만, 이것이 그의 권리 박탈에 해당한다는 증거는 없다. 또한, 주주의 지분과 관련한 재산권 청구는 배당금 및 회사 청산시 지불해야 하는 금액에 한정되는데, 기니는 이 부분에 대해 청구한 것은 아니므로 Diallo의 재산권이 침해된 것은 아니다.

ICJ는 본안 판결 이후 6개월이 되는 2011년 5월 30일까지 양국 간 배상문제가 합의에 도달하지 못하자, 1949년 *Corfu Channel* 사건 이후 두 번째로 배상금에 관한 별도의 판결을 내리게 되었다. 2012년 6월 19일, ICJ는 형평한 고려(equitable considerations)에 기초하여 Diallo가 불법구금과 불법추방으로 겪은 비물질적 피해(non-material injury; 정신적 및 도덕적 피해)에 대한 배상금을 계산하여, 콩고민주공화국이 2012년 8월 31일까지 기니에 총 95,000달러를 지급하도록 판결하였다.

제14장

국제형사법

1. Nuremberg Judgment(1946)
2. Eichmann Case(1962)
3. Tadić Case(1997/1999/2000)
4. Certain Questions of Mutual Assistance in Criminal Matters(2008)
5. Croatian Genocide Convention Case(2015)

01 Nuremberg Judgment: The United States of America, the French Republic, the United Kingdom of Great Britain and Northern Ireland, and the Union of Soviet Socialist Republics v. Hermann Wilhelm Goering, Rudolf Hess, Joachim von Ribbentrop (24 Other Named Defendants)

인용(Citation) [1946] 22 IMT 203 ; 41 AJIL 172 ; 13 ILR 203 (1946).

사실(Fact) 1945년 8월 8일 영국, 미국, 프랑스 임시정부, 소련 정부는 특정한 지리적 관련 요건을 필요로 하지 않는 전쟁범죄자의 심판을 위한 국제군사재판소(International Military Tribunal) 설립협정에 돌입하였다. UN의 다른 회원국들도 이 협정에 지지를 표명하였다. 이들은 이 재판소에 UN헌장상의 평화에 대한 죄, 전쟁범죄 그리고 인도에 반한 범죄(crimes against peace, war crimes and crimes against humanity)를 저지른 개인을 심판하고 처벌하기 위한 권한을 부여하였다. 1945년 10월 18일 베를린에서 국제군사재판소 헌장(이하, 헌장) 제14조에 따라, 위에 언급된 피고에 대한 기소가 이루어졌다. 독일어로 된 기소장 사본은 재판이 개시되기 적어도 30일 전 구금 중인 각 피고에게 전해졌다. 기소장은 국제조약 및 협정을 위반하여 침략전쟁의 계획, 준비, 수행을 통해 평화에 대한 죄, 전쟁범죄 그리고 인도에 반한 범죄를 위반한 혐의를 기술하고 있었다.

4개 국어-영어, 노어, 불어 그리고 독어-로 진행된 심판은 1945년 11월 20일에 시작되었고, Bormann을 제외한 모든 피고는 "무죄"(Not Guilty) 항변을 주장하였다. 재판소 심리과정에서, 33명의 검사측 증인이 구두로 증언하였고 61명의 피고측 증인이 증언하였다. 서면을 통해 143명의 피고측 증인이 증거를 제출하였다. 심리 과정의 모든 기록은 속기록 및 전자 기록물로 만들어졌다.

검사가 제시한 모든 문서 자료는 독일어로 번역되어 피고에게 전달되었다. 기소를 위해 재판소에 제출된 증거 대부분은 독일군 본부, 정부 건물 등에서 연합군이 가져온 문서 자료들이었다.

법적 쟁점(Legal Issues) 평화에 대한 죄, 전쟁범죄 그리고 인도에 반한 범죄를 저지른 개인의 심판과 처벌

판결(Decision) 1945년 10월 25일 피고 Robert Ley는 감옥에서 목을 매달아 자살하였다. 동년 11월 15일 재판소는 피고 Gustav Krupp von Bohlen und Halbach에게는 육체적·정신적 건강상태를 이유로 심판할 수 없음을 결정하였다. Hans Fritzsche, Hjalmar Schacht, Franz Von Papen은 나치 정부 정책 형성에 참여하지 않았다는 이유로 석방되었다. 7명의 피고는 각각 종신형, 20년, 15년, 10년의 구형을 선고받았다. 나머지 10명은 사형선고를 받고 1946년 10월 16일에 사형이 집행되었다. Hermann Wilhelm Göring은 사형선고를 받았으나, 사형 집행 2시간 전에 독약을 먹었다. Martin Bormann은 부재 하에 재판이 이루어졌는데, 1973년 그의 유골이 서베를린에서 발견되었다. 그는 1945년 5월 2일자로 자살하였다.

판결 이유(Reasoning of the Court) 헌장은 개인이 개별국가가 부여한 국가에 대한 충성의무를 초월한 국제적 의무를 가진다고 규정하고 있다. 전쟁법을 위반한 개인은 국가 권한에 따라 행동하는 동안이라도 면제를 향유할 수 없다. 특정한 상황에서 국가의 대표를 보호하는 국제법의 원칙도 국제법에 의해 범죄로 비난받는 행위에는 적용될 수 없다. 이러한 행위의 주동자들은 자신을 처벌로부터 면제받기 위하여 공직의 지위를 도피처로 삼을 수는 없다.

군인이 전쟁법을 위반하여 살인과 고문을 명령받았다는 사실이 결코 그러한 행위에 대한 방어책으로 인정될 수는 없다.

본 판결은 국가뿐만 아니라 개인도 국제법의 주체가 될 수 있음을 확인해 준 사건이었다.

02 Eichmann Case: Attorney General of the Government of Israel v. Adolf Eichmann (아이히만 사건)

인용(Citation) Criminal Case No. 40/61, District Court of Jerusalem, Israel (1961) ; Criminal Appeal 336/61, Supreme Court of Israel, Israel (1962).

사실(Facts) Otto Adolf Eichmann(1906~1962년)은 제2차 세계대전 중 독일 제국중

앙보안본부(Reich Central Security Office; Reichssicherheitshauptamt)에서 비밀경찰(Geheime Staatspolizei: Gestapo)의 일부인 유대인 업무(Jewish Affairs and Evacuation) 책임자로 중령까지 진급하였다. 그는 주로 독일과 점령국 내에서 유대인을 검거하여 강제수용소로 보내거나, 도망친 유대인의 돈을 제국의 계좌로 이체하고, Terezin 및 Bergen-Belsen 강제수용소의 행정을 담당하였다. 그는 비록 뉘른베르크 국제군사재판소에 기소되지 않았지만, 뉘른베르크 판결에서 Eichmann 자신이 추정컨대, 600만 명의 유대인 학살로 이어진 나치 정권의 '유대인 문제의 최종 해결'(Final Solution to the Jewish Question) 정책을 수행한 주요 공무원으로 선정되었다. 전쟁이 끝나고 Eichmann은 그의 정체를 인식하지 못한 미군에 체포되었으나 도망쳤고, 독일에서 몇 년을 보내다 이탈리아를 거쳐 1950년 이후 아르헨티나에서 Ricardo Klement라는 이름으로 이민하여 살고 있었다.

1960년 5월 11일, 이스라엘의 비밀경찰 모사드는 부에노스아이레스 근처에서 Eichmann을 체포하였고, 10일 뒤 이스라엘의 예루살렘으로 비밀리에 압송하였다. 1961년 4월 11일 예루살렘 고등법원은 유대인에 대한 범죄, 인도에 반한 범죄, 전쟁범죄 및 뉘른베르크 재판에서 범죄로 선언된 조직(즉, SS(Schutzstaffel: 친위대), SD(Sicherheitsdienst: 보안국) 및 Gestapo)의 회원으로 활동한 점 등 15건의 범죄 혐의로 Eichmann 재판을 시작하였고, 이는 동년 8월 14일까지 계속되었다. 1961년 12월 11일, 고등법원은 Eichmann에게 기소된 모든 범죄에 대해 유죄를 선고하고, 4일 뒤에 사형 선고를 내렸다. Eichmann의 변호인은 사실 및 법률상의 근거로 유죄 판결과 사형 선고에 상소하였다.

한편, Eichmann 납치사건은 아르헨티나와 이스라엘 사이에 분쟁을 초래하였다. 아르헨티나는 UN헌장 제34조와 제35조 제1항에 따라 해당 분쟁에 관해 안전보장이사회의 주의를 환기하였고, 안보리는 1960년 6월 23일에 채택된 결의 138에서 회원국의 주권에 영향을 주어 국제적 마찰을 유발하는 해당 행위는 반복될 경우 국제평화와 안보를 위태롭게 할 수 있다고 선언하였다. 또한, 안보리는 이스라엘에 UN헌장과 국제법의 규칙에 따라 적절한 보상을 제공하도록 요청하였다. 아르헨티나는 이스라엘과 몇 주간 교섭을 진행하였고, 1960년 8월 3일 양국은 이스라엘 국민의 행동으로 아르헨티나의 기본권을 침해한 이 사건을 종결하기로 합의하였다는 공동성명을 발표하였다.

법적 쟁점(Legal Issues)

1. 이스라엘은 외국인인 Eichmann이 외국 영토에서 저지른 국제형사범죄에 대해 재판관할권을 가지는가?
2. 상관의 명령은 형사책임의 조각사유가 될 수 있는가?
3. 이스라엘의 1950년 나치와 나치협력자(처벌)법은 형법의 불소급원칙 또는 영토주권의 원칙에 합치되는가?

판결(Decision) 1962년 5월 29일, 이스라엘 대법원은 Eichmann의 상소를 기각하고 고등법원의 판결을 확정하였다. 또한, 대법원은 고등법원의 모든 결론과 이유에 주저나 유보 없이 동의함을 분명히 하였다. Eichmann은 이스라엘 대통령에게 마지막 수단으로 관용을 호소하였으나 받아들여지지 않았고, 1962년 6월 1일 Eichmann은 교수형을 당하였다.

판결 이유(Reasoning of the Court) 우선 외국인인 Eichmann이 외국에서 저지른 범죄행위와 관련하여 이스라엘 법원이 재판관할권을 갖는지 문제가 되었다. 법원은 재판관할권 행사의 근거로 이스라엘의 1950년 나치와 나치협력자(처벌)법(1950 Nazis and Nazi Collaborators (Punishment) Law)을 들었다. 이 법에 따르면, 적국에서 나치정권 기간에 유대인에 대한 범죄 또는 인도에 반한 범죄를 저질렀거나 제2차 세계대전 중 전쟁범죄를 저지른 사람은 사형을 선고받도록 규정하고 있었다. Eichmann의 변호인은 재판관할권과 관련하여, 1950년 법이 국제법에 합치되지 않는다고 주장하였다. 예루살렘 고등법원은 국제조약과 판례법을 검토하였는데, 특히 뉘른베르크 판결은 문제의 각 범죄행위가 보편적 성격(universal character)의 것임을 확인해 주며, 보편주의 원칙(universality principle)에 기반하여 이스라엘의 관할권 행사를 정당화한다고 보았다. 또한, 유대민족을 절멸(extermination)하고자 한 범죄행위는 유대인의 국가로 설립되고 승인된 이스라엘과 피고인 사이에 필요한 연결지점(linking point)을 제공하는데, 피고인이 저지른 범죄는 국가의 필수적 이익(vital interests)과 관련이 있으므로 보호주의 원칙(protective principle)과 수동적 속인주의 원칙(principle of passive personality)에 따라 이스라엘은 피고인을 처벌할 권리가 있다. 그리고 피고인이 법정에 회부된 방식이 관할권을 무효로 하는 것은 아니다. 확립된 법의 원칙에 의하면, 국가의 법 위반으로 재판을 받는 사람은 자신의 체포 또는 재판에 넘겨진 수단의 불법을 이유로 자신이 재판받는 것을 반대할 수는 없다. 이러한 원칙은 피고인이 국내법이 아닌 국제법 위반을 주장할 때도 적용할 수 있는데, 이 사건에서 피고인을 납치하기 위해 아르헨티나 영토에 들어갔을 때 이스라엘이 저지른 국제불법행위는 1960년 8월 3일 아르헨티나와 이스라엘의 공동합의에 따라 치유되었다.

Eichmann은 자신이 상관의 명령(superior orders)에 복종하여 범죄행위를 저지른 것이므로 형사책임으로부터 면제될 수 있다고 주장하였는데, 고등법원은 나치의 명령 구조와 피고인의 권한 범위를 조사한 결과 Eichmann은 상관으로부터 일반적 지시를 받아 행동하였지만 광범위한 재량권을 보유하였다고 판단하였다. 1950년 법 제8조에 따르면, 인도에 반한 범죄, 유대인에 대한 범죄, 전쟁범죄의 경우 상관의 명령이었다는 항변은 받아들일 수 없으며, 대신 형의 선고시 고려될 수는 있다. 이러한 고등법원의 결정 모두 대법원의 지지를 받았다.

또한, Eichmann은 이스라엘 대법원에 상소하면서, 1950년 법이 형법의 불소급원칙(principle of non-retroactivity of criminal law)과 영토주권의 원칙(principle of territorial sovereignty)을 위반하였다고 주장하였다. 대법원은 판결에서 일반국제관습법상 소급형법의 제정을 금지하는 규칙은 없다고 언급하였다. 당시 범죄가 아니었던 행위에 대해 개인을 처벌하는 것이 비윤리적이라는 주장은 Eichmann이 저지른 잔혹한 범죄를 고려하면 그 효력이 상실된다. 따라서 1950년 법이 불소급원칙에 위반된다는 Eichmann의 주장은 받아들일 수 없다. 또한, 일반국제관습법상 외국인이 저지른 외국에서의 범죄에 적용되는 형법의 제정을 금지하는 규칙도 없다.

이스라엘 대법원은 Eichmann이 유죄 판결을 받은 범죄는 자행되는 시점에 개인의 형사책임을 동반하는 국제법상 국제범죄이며, 범죄행위의 보편적 성격은 각 국가에 이러한 범죄를 실행한 사람을 심판하고 처벌할 권한을 부여한다고 판결하였다.

Eichmann은 자신의 범죄는 국가행위에 해당하며, 관련 책임은 국가에만 있고 다른 국가는 해당 국가의 동의 없이는 관련 행위를 저지른 사람을 처벌할 권한이 없다고 주장하였다. 대법원은 극악무도한 국제범죄로서 국제법에서 금지하는 행위에 국가행위이론(Act of State Doctrine)을 적용할 근거는 없으며, 이는 뉘른베르크 판결에서 확인되었다고 판결하였다.

03 Tadić Case: Prosecutor v. Duško Tadić (타디치 사건)

인용(Citation) Case No. IT-94-1-T, Judgment, Trial Chamber II, ICTY (1997) ; Case No. IT-94-1-T, Sentencing Judgment, Trial Chamber II, ICTY (1997) ; Case No. IT-94-1-A, Judgment, Appeals Chamber, ICTY (1999) ; Case No. IT-94-1-T*bis*-R117, Sentencing Judgment, Trial Chamber II*bis*, ICTY (1999) ; Cases No. IT-94-1-A and IT-94-1-A*bis*, Judgment in Sentencing Appeal, Appeals Chamber, ICTY (2000).

사실(Facts) 수 세기 동안 유고연방공화국 내에서 보스니아 헤르체고비나의 인구는 다민족 비율이 높은 편에 속했는데, 세르비아인, 회교도인 그리고 크로아티아인 순으로 구성되어 있었다. 세르비아인인 Duško Tadić는 1955년에 Kozarac 마을에서 태어나 1990년 말 또는 1991년 초에 카페를 운영하고 있었고, 1990년에 세르비아 민주당(Serb Democratic Party)에 가입하였다.

세르비아 민주당은 1992년 4월 30일 보스니아 헤르체고비나의 Prijedor市를 점령하고, Tadić가 가담한 세르비아 무장부대는 5월 24일부터 Kozarac 마을을 공격하였는데, 이는 약 800명의 민간인을 죽음으로 몰았다. Kozarac 마을을 공격하는 동안, 세르비아인이 아닌 민간인들은 구타와 약탈을 당하고 살해당하였다. Prijedor市와 근방을 점령한 후, 세르비아 무장부대는 세르비아인이 아닌 민간인들을 세 개의 주요 캠프(Omarska, Keraterm, Trnopolje camps)에 구금하였고, 구금된 사람들은 구타, 성폭행, 고문, 처형 및 심리적 학대를 당하였는데, 이러한 모든 행위에 Tadić가 가담하였다. 한편, 수감자들은 혼잡한 방에서 비위생적인 상태로 구금되었다. Kozarac 마을의 인종청소(ethnic cleansing)가 끝난 후, Tadić는 1992년 8월 15일 세르비아 민주당 지역위원회 의장으로 선출되었다.

1993년 8월 Tadić는 자신의 직책에서 사임하고 가족이 머무르고 있던 뉘른베르크, 이후 뮌헨으로 이주하였다. 1995년 2월 구유고국제형사재판소(International Criminal Tribunal for the Former Yugoslavia, 'ICTY') 검사는 Tadić를 ICTY규정 제2조(제네바협약의 중대한 위반), 제3조(전쟁법규 및 관습의 위반) 및 제5조(인도에 반한 범죄) 위반으로 최초로 기소하였고, 1995년 4월 12일 독일경찰관에 의해 체포되어 4월 24일 네덜란드 헤이그의 ICTY로 이송되었다. 재판은 1996년 5월 7일에 시작되었고, 최후 변론은 동년 11월 25일과 26일에 진행되었다.

법적 쟁점(Legal Issues)

1. Tadić의 제네바협약의 중대한 위반 혐의의 구성요건이 충족되었는가?
2. ICTY 1심재판부는 Tadić의 유죄 판결과 관련하여 오류를 범하였는가?

판결(Decision) 1997년 5월 7일, ICTY의 1심재판부(Trial Chamber II)는 Tadić가 ICTY규정 제3조와 제5조를 위반하였다고 결정하고, 1997년 7월 14일 별도의 양형 판결(Sentencing Judgment)에서 그에게 징역 20년을 선고하였다. 검사는 1심재판부의 판결에, Tadić는 1심재판부의 판결 및 양형 판결에 상소를 제기하였다.

1999년 7월 15일, 상소재판부(Appeals Chamber)는 Tadić에게 추가범죄 혐의에 대해 유죄 판결을 내리고, 양형을 다시 하라며 1심재판부에 환송하였다. 1999년 11월 11일, 1심재판부(Trial Chamber II*bis*)는 양형 판결(Sentencing Judgment)에서 그에게 징역 25년을 선고하였다. Tadić는 이 판결에 다시 상소하였고, 2000년 1월 26일 상소재판부는 양형 상소 판결(Judgment in Sentencing Appeals)에서 위 양형 결정에 문제가 있다고 판시하며 그의 징역형을 다시 20년으로 감형하였다.

판결 이유(Reasoning of the Court) ICTY의 1심재판부(Trial Chamber II)는 ICTY규정 제2조는 1949년 8월 12일자 4개의 제네바협약상 보호되는 사람이나 재산을 상대로 협약을 중대하게 위반하거나 그 위반을 명령한 사람을 기소할 수 있도록 하고 있는데, 이 사건에서 제네바협약(정확히는 제네바 제4협약: 전시에 있어서의 민간인의 보호에 관한 제네바협약)의 중대한 위반을 확립하는데 필요한 구성요건이 충족되지 않았다고 판결하였다. 세르비아 무장부대는 유고연방공화국의 기관이나 대리인으로 볼 수 없으므로 무슬림 피해자들은 충돌 당사국의 국민에 해당하였다. 즉, 가해자와 피해자의 국적이 같은 경우에 해당되었고, 따라서 이들 피해자는 제네바 제4협약 제4조의 의미 내에서 "보호대상"(protected persons)으로 간주될 수 없었고, 1심재판부는 Tadić를 제네바협약의 중대한 위반 혐의에 대해 무죄라고 선고하였다.

그러나 1심재판부는 Tadić에게 인도에 반한 범죄, 전쟁법규 및 관습의 위반에 대해서는 유죄를 선고하였다. 무슬림 피해자들이 겪은 구타 및 여러 행위는 폭력에 해당하며, 가해자들은 그러한 고통을 가하려는 의도를 가지고 있었으므로 그러한 잔인한 처우는 전쟁법규 및 관습의 위반으로 유죄이며, 또한 비인간적인 행위로서 인도에 반한 범죄에 해당한다. 한편, Tadić는 강한 세르비아의 창설을 촉진할 목적으로 세르비아인이 아닌 민간인에 대해 잔혹한 범죄를 저질렀으며, 세르비아인이 아닌 사람은 해당 지역에서 강제로 제거되어야 한다는 개념을 공유하고, 종교 및 정치적 근거에 의한 차별성을 기초로 행동함으로써 합리적으로 의심할 여지 없이 ICTY규정 제5조의 대상인 박해의 범죄(crime of persecution)를 저질렀다.

1997년 양형 판결에서 1심재판부는 선고를 위한 여러 요인을 검토하였는데, 범죄의 중대성, 세르비아인이 아닌 사람들에 대한 공격과 관련한 Tadić의 인식과 열렬한 지지 등을 고려하였다. 그러나 Tadić가 해당 사건에서 중요한 리더나 조직적 임무를 수행한 것으로 간주하기는 어렵다고 판단한 뒤, 징역 20년을 선고하였다.

1999년 상소재판부(Appeals Chamber)는 가해자가 순전히 개인적 동기로 저지른 행위도 인도에 반한 범죄에 해당할 수 있다고 판시하며, 모든 인도에 반한 범죄는 차별적 고의(discriminatory intent)를 요구한다는 1심재판부의 판결은 오류가 있다고 보았다. 또한, Jaskici 마을에서의 5인 살인과 관련하여 증거가 부족하다는 1심재판부의 판결은 잘못되었으며, Tadić는 민간인에 대한 광범위하고 체계적인 공격의 일부로 자행된 위 살인에 가담하였다고 결정함으로써 전쟁범죄와 인도에 반한 범죄에 대해 추가로 유죄를 선고하였다.

특히, 상소재판부는 제네바협약의 중대한 위반과 관련한 1심재판부의 결론에 오류가 있다고 판단하였다. 1심재판부는 제네바 제4협약의 중대한 위반을 적용하기 위해 군사 및 준군사조직과 관련하여 ICJ의 *Nicaragua* 사건에서 도출된 "실효적 통제"(effective control) 기준에만 의존하고 있는데, 국가관행은 보다 낮은 수준의 통제도 적용될 수 있다. "전반적 통제"(overall control)를 행사한다는 것은 조직의 장비 및 자금조달뿐만 아니라 군사활동의 일반계획을 조정하거나 지원하는 것을 의미하는데, 세르비아 무장부대는 유고연방공화국의 "전반적 통제"(overall control) 하에 유고연방공화국을 위해 행동한 것으로 간주하여야 하며, 1992년 5월 19일 이후 보스니아 헤르체고비나 내에서 세르비아와 보스니아 헤르체고비나 중앙당국 간의 무력충돌은 국제무력충돌(international armed conflict)로 분류되어야 한다. 따라서 상소재판부는 관련 피해자들이 제네바 제4협약상 "보호대상"에 포함된다고 판단하며, 세르비아 무장부대에 가담한 Tadić는 제네바협약의 중대한 위반에 대해 유죄라고 결정하였다.

1999년 양형 판결에서 1심재판부(Trial Chamber II*bis*)는 인도에 반한 범죄가 전쟁범죄보다 심각한 범죄로서 더 높은 형량을 받아야 한다고 판단하고, 추가된 범죄를 고려하여 징역 25년을 선고하였다.

2000년 양형 상소 판결에서 상소재판부는 Tadić는 인종청소를 직접 지휘한 상관과 비교하여 볼 때 지휘구조상 낮은 계급에 속하고, 20년 이상의 투옥은 과도하다며 형량을 수정하여 20년으로 감형하였다. 특히, 상소재판부는 법적으로 인도에 반한 범죄와 전쟁범죄의 심각성 사이에는 차이가 없다고 판정하였으며, 국제관습법에 따라 해석되는 ICTY규정과 규칙 어디에도 이러한 차이의 근거를 찾을 수 없다고 언급하였다.

2000년 10월 31일 Tadić는 징역형의 집행을 위해 독일 뮌헨으로 보내졌고, 형기의 3분의 2를 복역한 후 2008년 7월 17일에 조기 석방되었다.

한편, 2000년 1월 31일 ICTY 상소재판부는 의뢰인인 Tadić의 이익보다 세르비아의 이익을 대변하는 데 더 관심을 가졌던 Tadić의 수석변호인 Milan Vujin에게 증인 조작과 회유 등을 이유로 법정모독죄(contempt of court)를 적용하여 벌금형(15,000 네덜란드 길더)을 선고하였다.

04 Certain Questions of Mutual Assistance in Criminal Matters: Djibouti v. France (형사사법공조 사건)

인용(Citation) ICJ Rep. p. 177 (2008).

사실(Facts) 프랑스 판사인 Bernard Borrel은 지부티 법무부에서 자문업무(Technical Advisor)로 파견 근무 중이었는데, 1995년 10월 19일 지부티市에서 80km 떨어진 곳에서 불에 탄 사체로 발견되었다. Borrel의 사망원인을 밝히기 위해 양국에서 각각 수사가 진행되었는데, 지부티는 2003년 12월 7일 자살로 해당 사건을 종결하였다. 한편, 프랑스에서 관련 사건을 담당한 수사판사(Marie-Paule Moracchini와 Roger Le Loire)는 1986년 9월 27

일에 서명된 프랑스와 지부티 간 형사사법공조협약(Convention on Mutual Assistance in Criminal Matters between France and Djibouti)에 따라 1998년 10월 30일과 2000년 2월 15일에 지부티에 사법공조 협조공문(letters rogatory)을 발송하였고, 이에 따라 지부티는 대통령궁에 대한 접근권한을 부여하였다. 특히, 두 번째 공문은 증인인 Mohamed Saleh Alhoumekani 전직 대통령 경호원의 진술에 따라 작성된 것이었는데, 그에 의하면 지부티의 현 대통령인 Ismaël Omar Guelleh와 당시 대통령의 비서실장이었던 Hassan Gouled Aptidon을 포함한 여러 명의 지부티 공무원이 Bernard Borrel 살해에 연루되어 있다는 것이었다. 그러나 프랑스 수사판사는 지부티로부터 관련 자료를 받아 검토한 후, 이 사건에서 살인죄는 배제되어야 한다고 결론을 내렸다. 2001년 5월 15일 이 사건을 환송받은 프랑스의 다른 수사판사(Jean-Baptiste Parlos)도 사건의 재구성을 위해 지부티에 협조공문을 발송하였고, 지부티는 이번에도 적극적으로 응대하였다. 2002년 6월 이후, 프랑스 수사판사(Sophie Clément)의 주도하에 Bernard Borrel의 살해 혐의로 X에 대한 수사가 재개되었고, 프랑스 언론은 Borrel 판사가 지부티 고위공무원이 마약과 총기 관련 사건에 연루되어 있다는 증거를 발견하여 살해된 것으로 보인다며 살인에 초점을 맞추어 보도하였다.

2004년 11월 3일 지부티도 Bernard Borrel의 사망과 관련하여 새로운 수사를 시작하였고, 지부티의 수사판사(Leila Mohamed Ali)는 같은 날 지부티와 프랑스 간 형사사법공조협약에 따라 프랑스 사법당국에 협조공문을 보내어 Borrel 사건파일을 보내 줄 것을 요청하였다. 2005년 2월 8일, 프랑스의 수사판사(Sophie Clément)는 Borrel 사건 조사과정에서 내무부와 국방부에 안보상 기밀이라고 분류된 문서를 여러 차례 요청한바, 이 사건파일을 외국정부에 넘기는 것은 프랑스의 근본적인 이익과 프랑스 공무원의 안전을 심각하게 훼손할 수 있다며 지부티의 요청을 거부하였다. 그리고 2005년 6월 6일 프랑스당국은 지부티에 자신은 국제서한의 집행요청을 준수할 지위에 있지 않다고 알리며, 그러한 거부 이유에 대해서는 함구하였다.

한편, 2005년 5월 17일 프랑스의 수사판사 Clément은 프랑스 형사소송법(French Code of Criminal Procedure) 제656조의 조항이 적용되지 않은 상태에서 지부티 대통령에게 증인소환장을 발부하였다. 2007년 2월 15일, Clément 판사는 지부티 대통령 앞으로 또다시 증인소환장을 발부하였는데, 이때는 프랑스법에 따른 적절한 형식을 갖추고 있었다. 두 소환장 모두 지부티 대통령이 프랑스를 공식 방문하는 중에 발부되었으며, 발부 직후 프랑스 언론에 보도되었다. 지부티는 모든 현직 국가원수는 해외 순방 중에 관할권 면제를 향유하는데, 이는 국제법상 확립된 원칙이며 프랑스는 이의 준수를 보장해야 한다는 입장을 천명하였다.

또한, Borrel 사건 조사와 함께, 2004년과 2005년에 두 명의 지부티 고위공무원, Djama Souleiman Ali 검찰총장(procureur de la République)과 Hassan Said Khaireh 국가안보국장(Head of National Security)이 위증교사죄와 관련하여 준피의자(*témoins assistés*)로 소환되었다. 2006년 9월 27일, 프랑스 항소법원은 이 두 공무원에게 유럽체포영장(European arrest warrant)을 발부하였다.

이러한 일련의 상황 중에 지부티는 2006년 1월 9일 프랑스를 상대로 다음을 주장하며 국제사법재판소에 소송을 제기하였다: "프랑스 정부와 사법당국이 Bernard Borrel의 살인사건 조사와 관련한 기록을 지부티 사법당국으로 전송해 달라는 협조공문의 집행을 거부한 것은 지부티와 프랑스 간 형사사법공조협약 및 기타 국제의무의 위반이다." 지부티는 프랑스의 이러한 행위는 1977년 6월 27일 프랑스와 지부티 사이에 체결된 우호협력조약(Treaty of Friendship and Co-operation)에도 위반된다고 주장하였다.

또한, 프랑스 사법당국이 발부한 지부티 대통령과 고위공무원에 대한 증인소환장은 우호협력조약의 조항, 1961년 4월 18일의 외교관계에 관한 비엔나협약(Vienna Convention on Diplomatic Relations)에 규정된 외교관의 특권과 면제에 관한 원칙과 규칙, 1973년 12월 14일의 외교관 등 국제적 보호인물에 대한 범죄의 예방 및 처벌에 관한 협약(Convention on the Prevention and Punishment of Crimes against Internationally Protected Persons, including Diplomatic Agents)에 반영된 국가면제에 관한 국제관습법상 확립된 원칙을 위반하는 것이라고 주장하였다.

한편, 지부티는 ICJ규칙(Rules of Court) 제38조 제5항을 기초로 ICJ가 이 사건에 관할권을 가진다고 보았는데, 이 조항은 피고국가가 아직 동의를 부여하지 않았거나 동의를 분명히 하지 않은 상황에서 ICJ의 관할권을 주장하는 국가가 ICJ에 분쟁을 회부할 때 적용된다. ICJ의 강제관할권을 수락하지 않았던 프랑스는 2006년 7월 25일자 서한에서 이 사건에 관한 ICJ의 관할권에 동의를 표명하였는데, 이 동의는 제38조 제5항의 의미 내에서, 즉 서면신청서의 대상을 형성하는 분쟁과 관련되고 지부티가 주장한 청구의 한도 내에서, 이 사건의 목적을 위해서만 유용하다고 명시하고 있다.

이 사건은 ICJ규칙 제38조 제5항의 확대관할권(*forum prorogatum*)을 근거로 분쟁이 제기된 두 번째 사건이자 첫 번째 판결이다. 참고로 제38조 제5항에 기반하여 관할권을 주장한 첫 번째 사건은 2002년 12월 9일 콩고공화국이 프랑스를 상대로 제기한 *Certain Criminal Proceedings in France* 사건인데, 2010년 11월 5일 콩고공화국이 사건철회 의사를 표명하였고, 동년 11월 16일 ICJ는 해당 사건을 소송명부에서 삭제하도록 명령하였다.

법적 쟁점(Legal Issues)

1. ICJ규칙 제38조 제5항에 따라 ICJ는 지부티와 프랑스 간 사건을 재판할 관할권을 가지는가?
2. 지부티에서 발생한 프랑스인의 사망사건과 관련하여 프랑스가 지부티에 사건파일을 제공하지 않은 것은 형사사법공조협약의 의무를 위반한 것인가?

판결(Decision) 2008년 6월 4일, ICJ는 다음과 같이 판결하였다.

1. 국제사법재판소는 2006년 9월 27일 2명의 지부티 고위공무원을 상대로 발부된 체포영장에 관한 분쟁을 제외하고, 2004년 11월 3일에 제출한 협조공문의 집행 및 관련 공무원과 지부티 대통령의 증인으로서의 소환에 관한 분쟁을 재판할 관할권이 있다.
2. 프랑스는 지부티가 2004년 11월 3일에 제출한 협조공문의 집행을 거절한 이유를 제시하지 않아 양국 간 형사사법공조협약 제17조의 국제의무를 위반하였다.
3. 프랑스는 의무 위반에 대해 적절한 보상을 제공해야 한다.

판결 이유(Reasoning of the Court) ICJ는 ICJ규칙 제38조 제5항에 근거하여 이 사건을 재판할 관할권을 가진다고 보았다. 다만, 지부티 고위공무원에 대한 체포영장은 프랑스가 ICJ의 관할권을 수락하면서 고려하지 않은 새로운 법률행위에 해당하므로 이에 대해서는 물적 관할권(jurisdiction *ratione materiae*)의 범위 밖에 있다고 결정하였다.

ICJ는 이 사건의 정확한 관할권 범위를 확정한 후, 협조공문의 집행거부와 관련하여 프랑스가 1977년 6월 27일의 프랑스와 지부티 간 우호협력조약을 위반하였는지 검토하였다. 이 조약의 조항은 양 당사자 간 일정한 관계를 갖는 국제법의 규칙에 해당하지만, 이 조약에 규정된 협력 분야는 형사사법 분야에서의 협력은 포함하지 않으며, 따라서 관련

규칙은 이 사건에서 어떠한 구체적 의무도 부과하지 않는다.

ICJ는 이번에는 프랑스가 형사사법공조협약상 의무를 위반하였다는 주장을 검토하였다. 이 협약에 따라 협조공문의 요청과 승인(대개 사법적 목적으로 당사국이 보유한 정보의 전달)을 포함한 사법공조가 구현되며, 형사사법공조협약은 이러한 사법공조의 예외에 관해서도 규정하고 있다. 프랑스 사법당국은 요청한 사건파일의 전송을 거부했기 때문에 이 사건의 핵심 문제는 그러한 거절이 예외로 허용되는지였다. 2005년 2월 8일 프랑스 수사판사는 사법공조 요청을 거부하면서 그 거부는 형사사법공조협약 제2(c)조의 범위에 속한다고 주장하였다. 그러나 2005년 6월 6일자 협조공문의 집행거부 서한에는 어떠한 이유제시도 없었기 때문에 프랑스는 형사사법공조협약의 제17조에 규정된 국제의무를 준수하지 않았다.

한편, 지부티 대통령에 대한 소환장 발부와 관련하여, 국가원수는 국제법상 다른 국가에서 민사 및 형사관할권으로부터 면제를 향유한다. 그러나 소환장 자체는 프랑스 형사소송법에 규정된 구속조치와 관련이 없으며, 프랑스가 지부티 대통령의 권한을 제한하는 행위에 놓이게 한 것은 아니므로 지부티 대통령이 누리는 형사관할권으로부터의 면제를 침해하지 않는다. 또한, 지부티 고위공무원에 대한 소환장과 관련하여 이들은 1961년 외교관계에 관한 비엔나협약상 외교관이 아니므로 인적 면제를 향유한다고 볼 만한 국제법상 근거가 없다. 따라서 재판소는 소환장 발부와 관련한 지부티의 청구는 기각하였다.

〈참고〉

*** 프랑스 형사소송법 제656조**

① 외교사절의 서면 증언은 외무부 장관을 경유하여 이를 요구하고, 요구가 받아들여진 경우 증언서는 고등법원장 또는 고등법원장의 위임을 받은 수탁 사법관이 수리한다.

② 전항의 절차는 제654조 제2항 및 제655조에 규정된 방식에 의한다.

*** 프랑스-지부티 형사사법공조협약(1695 UNTS 297)**

– 제2조

Mutual assistance may be refused:

(a) If the request relates to any offence which the requested State regards as a political offence or an offence connected with a political offence or as an offence concerning taxes, duties, customs or foreign exchange;

(b) If the request relates to an offence which is not punishable at the same time under the law of the requesting State and under that of the requested State;

(c) If the requested State considers that execution of the request is likely to impair its sovereignty, security, public policy or other essential interests.

– 제17조

Reasons shall be given for any refusal of mutual(judicial) assistance.

05 Croatian Genocide Convention Case: Croatia v. Serbia (크로아티아-세르비아 제노사이드 사건)[12]

인용(Citation) ICJ Rep. p. 412 (2008) ; ICJ Rep. p. 3 (2015).

사실(Facts) 6개 공화국을 통일하여 탄생한 유고사회주의연방공화국(Socialist Federal Republic of Yugoslavia, '구유고연방')은 1980년 티토 대통령이 사망하고 이후 경제적 위기에 봉착하였고, 1990년대 초반 슬로베니아, 크로아티아, 마케도니아, 보스니아 헤르체고비나의 4개 공화국이 차례로 분리독립을 선언하면서 해체수순에 들어가게 되었다. 1992년 4월 27일, 나머지 2개 공화국인 몬테네그로와 세르비아는 유고연방공화국(Federal Republic of Yugoslavia, 소위 '신유고연방')을 수립하여 기존 유고연방의 국제법적 지위를 승계한다고 선언하였다.

크로아티아의 경우, 주민의 대부분(약 78%)은 크로아티아계로 구성되어 있었고, 약 12%는 세르비아계가 차지하고 있었다. 1990년대 초엽 크로아티아 정부와 크로아티아에 거주하는 세르비아인 사이에 정치적 긴장감이 높아진 가운데, 1991년 6월 25일 크로아티아가 독립을 선언한 직후 크로아티아 군대와 독립에 반대하는 무장세력(주로 크로아티아 내 세르비아인) 간에 무력충돌이 발발하였다. 최소 1991년 9월부터 세르비아공화국 정부가 지휘하는 유고 인민군(Yugoslav National Army, 'JNA')이 크로아티아 정부군과의 무력충돌에 개입하였다. 1991년 말까지 JNA와 세르비아 군대는 크로아티아 영토의 약 3분의 1을 점령하였다. 이러한 무력충돌이 발생한 1991년과 1995년 사이에 크로아티아인에

12 Application of the Convention on the Prevention and Punishment of the Crime of Genocide.

대한 집단살해가 자행되었다며, 크로아티아는 1999년 7월 2일 유고연방공화국을 상대로 "집단살해죄의 방지와 처벌에 관한 협약(Convention on the Prevention and Punishment of the Crime of Genocide, '제노사이드협약')의 위반에 대해" 국제사법재판소에 소송을 제기하였다.

ICJ의 관할권 근거로서 크로아티아는 자신과 유고연방공화국이 당사국인 위 협약 제9조를 원용하였다. 즉, 이 협약의 해석, 적용 또는 이행에 관한 체약국 간의 분쟁은 분쟁당사국의 요구로 국제사법재판소에 부탁할 수 있다.

2002년 9월 11일, 유고연방공화국은 재판소의 관할권 및 크로아티아 청구의 수리 가능성에 관해 다음의 선결적 항변(preliminary objections)을 제기하였다. 첫째, 유고연방공화국은 2000년 11월 1일에 UN회원국이 되고, 2001년 3월 12일에 제노사이드협약에 가입하였는데, 그 이전에는 제노사이드협약의 당사자가 아니므로 이 협약 제9조에 구속되지 않으며, 따라서 ICJ의 인적 관할권(jurisdiction *rationae personae*)이 결여되었다. 둘째, 크로아티아의 청구는 유고연방공화국이 수립된 1992년 4월 27일 이전의 작위 또는 부작위에 관한 한 수리될 수 없다. 셋째, Slobodan Milošević 前대통령의 재판 회부, 실종된 크로아티아인의 행방에 관한 정보 제공 및 문화재 반환을 요구하는 크로아티아의 청구는 ICJ의 관할권을 초월하여 수리될 수 없다.

한편, 2003년 2월 5일자 서한에서, 유고연방공화국은 자신의 이름을 "세르비아와 몬테네그로"로 변경하였다고 알려왔다. 2006년 6월 3일 몬테네그로가 독립을 선언한 뒤에는 세르비아만이 이 사건의 유일한 피고국가로 남게 되었다.

2010년 1월 4일, 세르비아는 크로아티아도 1991년 말에 설립된 (국제적으로 승인은 받지 못한) 국가인 "Republika Srpska Krajina"(세르비아 크라이나 공화국)에서 1995년에 벌어진 제노사이드협약의 위반에 책임이 있다고 주장하며, 크로아티아를 상대로 반소(counter-claims)를 신청하였다.

법적 쟁점(Legal Issues)

1. 유고연방공화국(세르비아)은 구유고연방을 승계하여 제노사이드협약에 가입하기 이전의 행위에 대해서 국가책임을 지는가?
2. 제노사이드협약상 집단살해죄의 구성요건, 즉 객관적 요건과 주관적 요건은 무엇인가?

판결(Decision) 2008년 11월 18일, ICJ는 선결적 항변에 관한 판결을 내렸는데, 세르비아가 제기한 첫째와 셋째 항변은 기각하고, 둘째 항변은 전적으로 선결적 성격의 것은 아니므로 본안으로 넘긴다고 판시하였다.

2015년 2월 3일, ICJ는 본안 판결에서 다음과 같이 결정하였다.

1. 세르비아가 제기한 둘째 항변을 기각하고, 크로아티아 청구를 심사할 관할권은 1992년 4월 27일 이전의 행위에까지 확대된다.
2. 크로아티아는 집단학살이 저질러졌다는 주장을 입증하지 못하였기에 크로아티아의 청구를 기각한다.
3. 특별고의(*dolus specialis*)의 존재가 확립되지 않았으므로 세르비아의 반소를 기각한다.

판결 이유(Reasoning of the Court) 2008년, ICJ는 선결적 항변과 관련하여 다음을 이유로 위의 판결을 내렸다.

첫째 2000년 11월 1일에 UN회원국이자 ICJ규정의 당사국이 된 유고연방공화국이 이 소송의 당사자가 될 능력이 있는지에 대해, 관할권에 관한 조건(ICJ규정 제35조)이 소송 시작 시점에는 충족되지 않았지만, 해당 판결이 나오기 전 추후 충족될 수 있는 경우 재판소는 현실성과 유연성을 보여줘 왔다며 ICJ는 자신의 관할권을 인정하였다. 또한, 유고연방공화국이 유고사회주의연방공화국을 승계(succession)하며 국제적으로 약속했던 모든 의무를 엄격히 준수하겠다는 1992년 4월 27일자 선언은 조약승계의 통보 효력을 가진다. 따라서 ICJ는 제노사이드협약 제9조에 따라 이 사건을 판결할 물적 관할권(jurisdiction *ratione materiae*)을 가진다.

둘째 항변과 관련하여, ICJ는 유고연방공화국이 구유고연방을 승계하여 제노사이드협약의 당사국 지위도 승계한 1992년 4월 27일 이후에 발생한 사건에 대해서 관할권을 가진다고 판결하며, 이날 전에 자행된 제노사이드협약의 위반에 관해 재판관할권을 갖는지의 결정은 본안으로 유보하였다.

셋째 항변에 대해, ICJ는 Milošević가 구유고국제형사재판소(ICTY)에 넘겨지고 재판이 끝나기 전에 사망하였지만, Milošević의 심판 문제는 명백히 제노사이드협약의 해석 및 적용과 관련되어 있다고 보았다. 또한, 실종자에 대한 정보 제공과 문화재 반환 청구는 위반 판결에 따른 구제책의 문제로서 본안에서 다루어야 할 것이라며 세르비아의 항변을 기각하였다.

2015년, ICJ는 이 사건의 실체적 본안 문제를 다루기에 앞서, 제노사이드협약 제9조를 기반으로 하는 자신의 관할권 범위를 검토하였다. 집단살해에 해당하지 않는 국제법상 다른 의무, 예컨대 무력충돌에서의 인권보호 위반에 대해서는 판결할 권한을 가지지 않는다. 이는 위반 혐의가 강행규범(peremptory norms)상 의무이거나 필수적인 인도적 가치를 보호하고 대세적 의무(duties *erga omnes*)에 해당할 수 있는 의무인 경우에도 마찬가지이다. 제9조에 규정된 관할권은 비록 이 협약이 국제관습법의 일부를 구성하는 원칙을 명시하고 있다 하더라도 그 관할권은 집단살해에 관한 '국제관습법'의 위반 혐의로 확대되지 않는다. 다른 한편, ICJ는 자신의 판례법을 언급하면서, 제노사이드협약은 대세적 의무를 포함하고 집단살해 금지는 강행규범(*jus cogens*)의 성격을 가지고 있음을 강조하였다. 재판소는 크로아티아가 유고연방공화국(이후 세르비아와)과의 분쟁이 제노사이드협약상 의무와 관련이 있음을 입증하여야 관할권을 행사할 수 있다고 보았다.

ICJ는 유고연방공화국이 설립된 1992년 4월 27일보다 이전의 행위에 관한 청구는 수리될 수 없다는 세르비아의 항변과 관련하여, 이 문제는 크로아티아가 주장한 세르비아의 행위를 검토하기 전에는 결정할 필요가 없는 귀속(attribution)의 문제라며 항변을 기각하였다. 또한, 재판소는 제노사이드협약의 규정이 소급효를 가지지 않는다고 보았지만, 1992년 4월 27일 이전의 행위가 관할권 범위에 속하는지를 검토하였다. 재판소는 유고연방공화국(이후 세르비아)이 1992년 4월 27일 이전 구유고연방의 제노사이드협약 위반 책임을 '승계'하였는지 살펴보았는데, 크로아티아와 세르비아 간 제노사이드협약 제9조의 범위에 속하는 '분쟁'이 존재한다고 결정하고, 따라서 1992년 4월 27일 이전에 발생한 행위를 심사할 관할권을 가진다고 결론 내렸다.

다음으로 ICJ는 크로아티아의 청구와 세르비아의 반소를 검토하였다.

제노사이드협약에 의하면 집단살해죄는 두 가지 구성요건을 충족하여야 하는데, 첫째 물리적 요건(physical element; 객관적 요건)으로서 제2조에 규정된 행위(acts)를 범해야 하고, 둘째 심리적 요건(mental element; 주관적 요건)으로서 국민적, 인종적, 민족적 또는 종교적 집단의 전체 또는 일부를 파괴할 고의(intent)를 가져야 한다. 심리적 요건은 집단살해의 필수적 특징으로서 다른 중대범죄와 구별된다. 집단살해가 성립되기 위해서는 관련된 각 개별행위에 요구되는 고의 이외에, '특별고의'(specific intent, *dolus specialis*)

가 존재해야 한다. 특별고의는 보호집단이나 그 집단의 상당 부분의 물리적 또는 생물학적 파괴(physical or biological destruction)를 그 목적(aim)으로 하여야 하며, 이러한 고의의 증거는 국가정책(그러나 이러한 고의는 거의 명시적으로 드러나지 않음을 인정해야 함)에서 찾아야 하지만, 고의가 문제의 행위에서 합리적으로 도출할 수 있는 유일한 추론(the only reasonable inference to be drawn)일 때 그 행동유형을 통해 추론할 수 있다.

JNA와 세르비아 군대가 크로아티아 일부 지역에서 크로아티아 국민 또는 인종집단 구성원을 살해하고 심각한 신체적 또는 정신적 피해를 일으켰는데, 이는 제노사이드협약 제2조 (a)호와 (b)호의 의미 내에서 '집단살해의 범죄행위'(*actus reus* of genocide)를 구성한다. 그리고 재판소는 '집단살해의 고의'(genocidal intent, 즉, 특별고의)가 있었는지 검토하였는데, 그러한 고의의 직접적 증거가 없는 상황에서 크로아티아인을 파괴하는 행위의 고의가 행동유형에서 합리적으로 도출될 수 있는 유일한 추론인지 살펴보았다. 크로아티아인을 대상으로 저지른 범죄의 '목적'은 물리적 또는 생물학적 파괴가 아니라, 해당 지역 내 대다수 크로아티아인의 강제이주(forced displacement)와 관련되었다. 따라서 재판소는 크로아티아가 제노사이드협약의 집단살해 또는 다른 위반이 자행되었다는 주장을 입증하지 못하였다며, 크로아티아의 주장을 기각한다고 판결하였다.

세르비아의 반소와 관련하여, 1995년 8월의 '작전명 폭풍'(Operation Storm)이 진행되는 도중 및 그 이후 크로아티아 군대는 제노사이드협약 제2조 (a)호와 (b)호에 속하는 행위를 저질렀다. 즉, 크로아티아 군대는 자신이 장악한 지역에서 도망치거나 남아 있던 세르비아 민족 또는 인종집단의 구성원을 살해하고, 세르비아인에게 심각한 신체적 또는 정신적 피해를 초래하였다. 그러나 세르비아 민족 또는 인종집단의 전체 또는 일부를 파괴하려는 고의의 존재는 입증되지 않았다. 특히, 집단살해죄의 물리적 요건을 구성하는 '행위'는 범해졌지만, 이는 '집단살해의 고의(특별고의)'의 존재를 보여줄 수 있는 규모로 자행되지는 않았다. 따라서 ICJ는 제노사이드협약의 집단살해 또는 다른 위반이 입증되지 않아, 세르비아의 반소를 기각한다고 판결하였다.

제15장

국제기구

1. Reparation for Injuries Case(1949)
2. Certain Expenses of the United Nations(1962)
3. UN Headquarters Agreement Case(1988)
4. The Rainbow Warrior Case(1990)
5. WHO Nuclear Weapons Case(1996)

01 Reparation for Injuries Case: Advisory Opinion [UN의 공무 수행과정에서 입은 손상에 대한 보상 사건] (일명: 레퍼레이션 사건)[13]

인용(Citation) ICJ Rep. p. 174 (1949).

사실(Facts) 1948년 제1차 중동전쟁 당시 국제연합 조정관으로 팔레스타인 분쟁을 해결하기 위해 현지에서 임무를 수행 중이던 스웨덴의 Bernadotte 백작과 다른 UN 감시장교가 예루살렘에서 이스라엘 과격분자에 의해 살해되는 사건이 발생하자, 이들 UN직원의 보호 문제를 확실히 하기 위하여 총회가 ICJ에 권고적 의견을 부탁한 사건이다.

법적 쟁점(Legal Issues) 여기서 쟁점이 되었던 것은 (ⅰ) UN의 직원이 임무 수행 중에 국가책임을 수반하는 손해를 당하였을 경우, UN은 국제기구로서 책임 있는 법률상 또는 사실상 정부에 대하여 UN과 희생자의 손해에 대한 적절한 보상을 받기 위하여 국제적인 청구를 제기할 수 있는지 여부와, (ⅱ) UN이 희생자가 당한 손해의 적절한 보상을 받기 위한 국제적인 청구를 제기할 수 있다면, 희생자 국적국의 외교적 보호권과의 조화 여부에 관한 것이었다.

판결(Decision) ICJ는 (ⅰ) UN은 국제기구로서 그 직원이 임무 수행 중 손해를 입은 경우, 그로 인하여 UN이 받은 손해와 그 희생자가 받은 손해를 책임 있는 국가에 대하여 보상을 위한 국제적 청구를 제기할 권한이 있다고 판결하였다. 또한 (ⅱ) UN은 그 직원이 입은 손해에 대한 배상 청구를 UN에 대한 의무 위반만을 이유로 제기할 수 있으므로 국적국과의 충돌은 조화될 수 있다고 밝혔다.

판결 이유(Reasoning of the Court) 판결에 대한 이유는 다음과 같다. (ⅰ) UN이 국제적 청구제기능력이 있는가를 알기 위해서는 먼저 UN의 국제적 인격 보유 여부를 규명하여야 한다. UN헌장에 의하면 UN이 인류 공동의 목표 달성을 위해 국가의 행위를 조화시키는 단순한 국제기구에 불과하다고 할 수는 없다. UN은 산하에 각각의 임무를 행하는 많은 기관을 두고 있으며, 각 국가와 관계를 맺어 그 목적을 수행하고 있는 것을 볼 때, UN

13 Reparation for Injuries Suffered in the Service of the United Nations.

이 국제적 인격을 가진 기구임은 분명하다고 해야 한다.

다음으로 UN이 국제기구로서 국제적 인격이 인정된다 하더라도 그것은 국가와 결코 같을 수 없기 때문에 UN의 국제적 권한에 청구제기능력도 포함되는지 여부를 숙고하여야 한다. UN의 국제적 권리 의무는 헌장에 규정되어 있거나 국제관행에 의한 임무와 목적에 따른다. 그런데 UN이 담당하는 막중한 임무와 그 성격상 이를 효과적으로 수행하기 위하여는 국제적 청구능력이 인정되어야 한다.

(ii) 전통적으로 외교적 보호는 국적국에 의해서만 행사되어왔다. 하지만 비록 헌장에 명시적인 규정이 없다 하더라도 그 임무 수행을 위해서는 UN의 기관과 직원에 대한 기능적 보호권(functional protection)을 행사할 수 있어야 한다. 다시 말해서 UN의 기관이 UN에 의한 보호에 대한 확신을 가지는 경우에 그 임무 수행의 원활성을 기할 수 있을 것이고, 그 국적국으로부터의 독립도 보장될 수 있을 것이다. 설령 국적국과 UN 간에 보호권의 행사가 충돌되는 경우에도 선의와 양식에 의하여 해결책을 찾을 수 있을 것이며, 각 사건에서 개별적인 협정을 체결하거나 일반적인 협약을 체결하여 해결할 수도 있을 것이다.

반면, Hackworth 재판관은 반대의견을 통하여 다음을 지적하였다.

(i) 국제관행상 국가만이 국제적 청구를 제기할 권한을 갖는 것으로 인식되어왔다.

(ii) UN의 국제청구 제기 권한에 대한 법적 근거를 발견할 수 없다.

(iii) 회원국이 UN에 부여하기를 희망하는 권한은 UN헌장이나 혹은 회원국 간의 보충조약에 규정되어 있다. 따라서 명시적으로 위임되지 않은 권한을 임의로 묵시적 위임으로 추정해서는 안된다. 묵시적 권한은 명시적으로 규율되어 있는 권한으로부터 파생되며, 명시적 권한 행사가 불가피한 범위 내에서만 허용되는 것이다.

(iv) UN의 직원은 그들 국적국의 국민이며, 그러한 청구를 다루는 관습적 방법들은 여전히 이용가능하다.

(v) 국가가 UN에 대해 자국민을 위하여 국제청구를 제기하도록 허용한다면, 그 누구도 UN의 그러한 권한에 이의를 제기할 수 없을 것이다.

02 Certain Expenses of the United Nations (Article 17, paragraph 2, of the Charter): Advisory Opinion

인용(Citation) ICJ Rep. p. 151 (1962).

사실(Facts) 1956년의 수에즈 운하 사태에 UN총회가 그들의 결의로 파견하였던 국제연합긴급군(UNEF)과 1960년 콩고 내전에 UN안전보장이사회가 파견한 콩고국제연합군(ONUC)과 같은 UN의 평화유지군의 활동과 관련된 경비가 헌장에 규정된 '기구의 경비'에 해당되는 것인가를 두고 심한 논쟁이 벌어지게 되었다.

특히 (당시의) 소련과 프랑스를 포함한 몇몇 국가들은, 문제의 평화유지활동이 국제평화와 안전유지에 관한 사안을 다루고 그에 대한 유권적인 결정권을 갖는 UN안보리의 결의에 의해서가 아니라 총회의 결의로 이루어진 것이므로, 이 활동과 관련된 경비는 공식적인 UN 경비로 볼 수 없으며, 따라서 UN회원국에는 이와 관련된 재정적 분담금이 의무적일 수 없다고 주장하였다.

반면에 미국은 오히려 그런 경비가 공식적인 UN 경비이며, 모든 회원국은 (UN헌장 제17조에 따라) 이 경비를 포함한 UN의 경비 할당금을 부담할 의무를 갖는다고 할 것이므로, 그러한 분담금 지불 이행을 위한 규정인 "만 2년 동안 그 국가가 지불해야 할 분담금이 할당금과 동액 또는 이를 초과할 때에는 총회에서 투표권을 가지지 못한다"는 헌장 제19조의 적용을 촉구하였다.

이런 상황에서 (헌장 제96조를 근거로 하여) 이 문제에 대한 권고적 의견을 국제사법재판소에 부탁하기로 결정한 것이다.

법적 쟁점(Legal Issues) 국제평화와 안보 유지에 있어서 UN총회의 역할과 UN의 목적을 위해 쓰이는 비용의 정당성

판결(Decision) ICJ는 UN총회는 문제의 경비를 'UN의 경비'(expenses of the Organization)로 결정한 권한을 갖는다는 의견을 제시하였다.

판결 이유(Reasoning of the Court) 세계의 다양한 안건 중에 국제평화와 안보 유지라는

주제에 부여되는 우선적인 지위는 기타 다른 목적의 달성이 기능하기 위한 가장 기본적이고 전제적인 조건달성이라는 평가에 기인되는 것이다.

ICJ는 문제의 활동이 UN의 역할 범위에 속하긴 해도 그 활동의 주창기관이 헌장에서 규정하는 내부적인 담당기구와 조화될 수 없다는 일부 국가의 주장은 그 기구의 내부사정에 해당할 뿐, 그렇다고 해서 문제의 경비가 해당 기구의 경비가 아니라고 할 수는 없다는 견해를 표명하였다. UN안전보장이사회와 총회, 그리고 사무총장이 제출한 관련 기록에 비추어, 문제가 된 활동이 헌장이 안보리에 부여하는 특권을 침해하거나 위반한 것이라는 결론에 이르기는 불가능하다고 본 것이다.

결론적으로 ICJ는 안보리가 국제평화와 안전의 유지를 위해 결의를 채택하고 이에 기초하여 사무총장이 재정상의 지출을 하는 한, 이는 UN의 경비로서 총회가 회원국에 할당할 권리를 갖는 것이라고 하였다.

03 UN Headquarters Agreement Case: Advisory Opinion (UN 본부협정 사건)[14]

인용(Citation) ICJ Rep. p. 12 (1988).

사실(Facts) 1988년 3월 2일, UN총회는 1947년 6월 26일의 UN과 미국 간의 UN 본부에 관한 협정(Agreement between the United Nations and the United States of America regarding the Headquarters of the United Nations, '본부협정')의 당사국인 미국이 이 협정 제21조에 따라 중재(arbitration)에 들어갈 의무가 있는지에 관한 권고적 의견을 요청하는 결의 42/229B를 채택하였고, 국제사법재판소가 이 사건을 맡게 되었다.

UN총회 결의 42/229B는 팔레스타인 해방기구(Palestine Liberation Organization, 'PLO')와 관련하여 일정한 금지를 규정한 미국의 대외관계수권법(Foreign Relations Authorization Act) 제X부 '1987년 테러방지법'(Anti-Terrorism Act of 1987)이 1987년

14 Applicability of the Obligation to Arbitrate under Section 21 of the United Nations Headquarters Agreement of 26 June 1947.

12월 22일 서명을 거쳐 발효(서명 후 90일)가 임박한 시점에 채택된 것이다. PLO에 초점을 맞추고 있는 미국의 테러방지법은 특히 PLO의 요청이나 지시 또는 PLO가 제공하는 자금으로 미국 관할권 내에서 사무소, 본부, 건물 또는 기타 설비나 시설을 설치하거나 유지하는 것을 불법이라고 선언하였다. UN총회는 1974년 11월 22일 결의 3237(XXIX)에 의해 PLO에 옵서버지위를 부여하였고, 이후 PLO는 뉴욕의 UN본부지구 외곽에 UN상설옵서버대표부(PLO Permanent Observer Mission to the United Nations) 사무소를 설치하였는데, 위 법이 발효하면 대표부 사무소는 폐쇄될 위기에 처하게 되었다.

1987년 10월 13일, UN사무총장은 UN미국대표부에 보낸 서한에서 위 법은 본부협정상 의무에 위반된다고 언급하였다. 또한, 10월 22일 사무총장 대변인은 본부협정의 제11조에서 제13조는 미국에 UN대표부 직원들이 자신의 공무를 수행하기 위해 입국하고 체류할 수 있도록 허용할 의무를 부여하고 있다고 설명하였다. 1988년 1월 5일 UN미국대표부의 대사 대행은 미국 의회가 통과시킨 위 법의 조항이 미국의 본부협정상 의무에 위반될 수 있으므로 법이 발효하기 전 행정부가 의회와 관련 논의를 진행할 것임을 밝혔다. 그러나 UN사무총장은 미국으로부터 본부협정을 온전히 준수할 것이라는 어떠한 확답도 받지 못하였고, 이러한 상황에서 본부협정의 해석 및 적용과 관련하여 UN과 미국 사이에 분쟁이 존재하므로 본부협정 제21조에 규정된 분쟁해결절차를 원용할 것이라고 언급하였다.

그리하여 사무총장은 제21조에 규정된 절차에 따라 1988년 1월 20일에 교섭(negotiation)을 시작하도록 제안하였다. 미국은 UN에 자신이 여전히 테러방지법의 적용으로부터 발생할 수 있는 상황을 평가하고 있고, 사무총장이 당시 PLO의 상설옵서버대표부에 발효 중이던 약정이 축소되거나 달리 영향받지 않을 것을 보장하였기 때문에, 공식적인 분쟁해결절차에 들어갈 입장도 아니며, 그럴 의사도 없다고 언급하였다. 1988년 2월 11일, UN은 미 국무부에 제21조에 따라 중재인을 선임하였음을 알리고, 미국에도 똑같이 하도록 촉구하였다.

UN총회의 권고적 의견 요청(1988년 3월 2일)이 미국의 테러방지법이 발효하기에 앞서 "시간 제약을 염두에 두고" 내려졌다는 사실을 고려하여, 국제사법재판소는 절차 진행에 속도를 높였다. 서면진술서(written statements)는 UN, 미국, 독일, 시리아에 의해 정해진 시한 내에 제출되었으며, 1988년 4월 11일과 12일에 재판소는 UN법무팀이 참여하는 구두심리를 개최하였다.

법적 쟁점(Legal Issues)

1. UN과 미국 간의 본부협정상 '분쟁'이 존재하는가? 만약 '분쟁'이 존재한다면 어떠한 해결절차가 적용되는가?
2. UN과 미국 간의 본부협정과 미국의 테러방지법 중 어느 것이 우위에 있는가?

판결(Decision) 1988년 4월 26일, ICJ는 만장일치로 다음과 같은 권고적 의견을 내렸다.

- UN과 미국 간의 UN 본부에 관한 협정의 당사국인 미국은 자신과 UN 사이의 분쟁 해결을 위해 이 협정 제21조에 따라 중재에 들어갈 의무가 있다.

판결 이유(Reasoning of the Court) ICJ는 권고적 의견 요청서에 따라 UN과 미국 사이에 '분쟁'(dispute)이 존재하는지, 그리고 만약 분쟁이 존재한다면 그 분쟁이 본부협정의 '해석 또는 적용'(interpretation or application)과 관련된 것인지와 '교섭 또는 다른 합의된 해결 방식'(negotiation or other agreed mode of settlement)에 의해 해결이 되지 않았는지를 판단해야 했다.

이를 위해, 재판소는 '분쟁의 존재', 즉 법적 관점의 의견 불일치 또는 법적 견해나 이익의 충돌은 객관적인 결정을 위한 문제이며 당사자의 단순한 주장이나 거부에 의존할 수 없음을 상기시킨 후, UN과 미국 간의 본부협정에 규정된 유형의 '분쟁'이 존재하는지를 결정하기 위하여 권고적 의견 요청 제출 전후에 발생한 사건에 대해 자세한 검토를 시작하였다. 1988년 3월 11일, 미국 법무부 장관(Attorney-General)은 PLO 옵서버대표부에 동년 3월 21일이 되면(즉, 테러방지법이 발효하면) 사무소 유지는 불법이 될 것이라 경고하였다. 그러나 PLO 옵서버대표부는 테러방지법의 요건을 준수하기 위한 어떠한 조치도 취하지 않았기 때문에, 법무부 장관은 뉴욕남부 연방지방법원(District Court for the Southern District of New York)에 소송을 제기하였다. 이러한 과정에서 ICJ는 자신의 유일한 임무는 PLO 옵서버대표부와 관련하여 미국이 채택한 조치가 본부협정에 합치되는지를 결정하는 것이 아니라, 미국이 본부협정상 중재를 시작할 의무가 있는지를 결정하는 것임을 강조하였다. 미국은 "문제의 입법이 시행되지 않았기 때문에" 자신과 UN 사이에 분쟁이 존재하는 것은 아니라고 주장하였다. 그리고 "PLO 옵서버대표부의 지위에 대한 미국 국내소송"을 언급하면서, 중재는 시기상조라는 견해를 제시하였다. 국내법원에서 소송을 시작한 후, 미국은 성명을 통해 ICJ에 중재는 "적절하지도 시기에 알맞은" 것도 아님을 강조하였다.

ICJ는 본부협정 제21조에서 발생하는 의무보다 우선하는 "적절한" 것이 무엇인지에 관한 검토는 허용할 수 없으며, 중재절차의 목적은 국내법원에 대한 의존 없이 UN과 미국 사이의 분쟁을 해결하는 것이라 보았다. 결국, UN과 미국의 이러한 상반된 태도는 분쟁이 발생한 것으로 간주되는 날과는 관계없이 '분쟁'의 존재를 보여준다.

이 분쟁의 성격과 관련하여, 미국은 PLO 옵서버대표부에 취한 여러 조치가 본부협정상 의무와는 상관이 없는 것이라고 주장하고 있지만, UN사무총장은 이를 본부협정에 위반되는 것으로 간주하고 있는바, 이 분쟁은 본부협정의 '적용'에 관한 분쟁이다.

또한, UN사무총장은 본부협정 제21조의 분쟁해결절차를 원용하였을 뿐만 아니라, 1988년 1월 20일에 교섭을 시작하도록 제안하였다. 그리고 1988년 1월 7일부터 10일까지 이미 협의(consultations)를 진행하였으며, 3월 2일 UN미국대표부의 대사 대행은 미국 정부가 이 문제의 적절한 해결과 관련하여 UN사무국과 접촉하고 있음을 언급하기도 하였다. 그러나 UN사무총장은 미국이 테러방지법의 적용으로 인해 발생할 수 있는 상황을 평가할 때까지 제21조에 규정된 분쟁해결절차에 들어갈 수 없다는 견해를 취하고 있음을 지적하였다. UN사무총장은 자신에게 부여된 교섭(negotiation) 가능성을 모두 소진하였으며, UN과 미국은 다른 합의된 해결 방식(other agreed mode of settlement)을 검토하지 않았다. 또한, 미국 국내법원의 소송이 제21조의 의미상 '다른 합의된 해결 방식'에 해당할 수는 없다.

따라서 ICJ는 본부협정 제21조에 따라 미국은 중재에 들어갈 의무를 준수해야 한다고 결론 내렸다. 이렇게 함으로써, 재판소는 사법결정을 통해 오랫동안 지지되어 온 원칙인, 국제법(본부협정)이 국내법(테러방지법)보다 우위에 있다는 국제법의 기본원칙을 환기하였다.

〈참고〉

* UN과 미국 간의 UN 본부에 관한 협정 제21(a)조

"Any dispute between the United Nations and the United States concerning the interpretation or application of this agreement or of any supplemental agreement, which is not settled by negotiation or other agreed mode of settlement, shall be referred for final decision to a tribunal of three arbitrators, one to be named by the Secretary General, one to be named by the Secretary of State of the United States, and the third to be chosen by the two, or, if they should fail to agree upon a third, then by the President of the International Court of Justice."

＊ 미국의 1987년 테러방지법(Public Law 100-204, Title X, Dec. 22, 1987, 101 STAT. 1406; 22 USC 5201)

Section 1001. Short title. (제1001조 약칭)

Section 1002. Finding; determinations. (제1002조 조사결과; 결정)

Section 1003. Prohibitions regarding the PLO. (제1003조 팔레스타인 해방기구에 관한 금지)

Section 1004. Enforcement. (제1004조 집행)

Section 1005. Effective date. (제1005조 발효일)

04 The Rainbow Warrior Case: New Zealand v. France

인용(Citation) 20 RIAA 215 (1990) ; 26 ILM 1346 (1987) ; 82 ILR 499 (1990).

사실(Facts) 1985년 7월 10일, 환경보호단체인 Greenpeace International 소속의 민간 선박인 Rainbow Warrior호가 뉴질랜드의 오클랜드 항구에서 프랑스 비밀경찰요원들이 설치한 폭발장치에 의해 침몰당하였고, 이 사건으로 승선했던 선원 Fernando Pereira가 사망하였다.

이후, (붙잡힌 2명의 비밀경찰요원 Mafart 소령과 Prieur 대위의 인도를 요청하는) 프랑스와 (이 사건에 대한 배상을 요구한) 뉴질랜드 사이에 심각한 분쟁이 발생하였다. 하지만 양국은 분쟁 해결에 실패하자, UN사무총장에게 구속력 있는 중재(arbitration)를 부탁하였다. 1986년 6월 6일, UN사무총장은 프랑스에 대해 미화 7백만 불의 배상금 지불과 유럽경제공동체와 뉴질랜드 간의 무역에 대한 간섭 중단을 명령하였다. 한편 요원들의 인도와 관련해서는 두 비밀경찰요원들은 태평양상의 외딴 프랑스 군사기지인 Hao라는 섬에서 3년의 형기를 감수하되, 이들은 양 체약국 간의 합의가 있는 경우 외에는 어떤 경우에도 이 섬을 이탈하지 못하도록 명령하였다.

그러나 위 3년의 형기가 종료되기도 전에 프랑스는 일방적으로 이들을 각각 심장 관련 질환과 임신 및 부친의 사망을 이유로 하여 프랑스 본국으로 귀국시켰다. 이에 대하여 뉴질랜드는 위 두 요원을 다시 Hao섬으로 옮겨 잔여형기를 완료하게 하기 위해 프랑스를 상대로 소송을 제기하였다. 분쟁 발생시 중재를 규정하고 있는 1986년 프랑스-뉴질랜드 협정 규정하에 1990년 프랑스-뉴질랜드 중재재판소(France-New Zealand Arbitration Tribunal)가 설립되었다. 1989년 2월 14일, 양국은 3명의 중재관을 선임하는 내용의 추가협정(Supplemental Agreement)을 체결하였다. 또한, 추가협정은 중재재판소의 판결은 1986년 협정과 국제법상 적용가능한 규칙과 원칙에 바탕을 두어야 한다고 규정하고 있었다.

법적 쟁점(Legal Issues) 국가책임과 구제제도

판결(Decision) 중재재판소는 금전적 배상명령은 내리지 않기로 결정하고, 프랑스와 뉴질랜드 양국 정부가 상호 간의 우호 관계 개선을 위해 기금(fund)을 설립할 것과 프랑스 정부로 하여금 이 기금에 미화 2백만 불에 상당하는 금액을 우선 기부할 것을 권고하였다.

판결 이유(Reasoning of the Court) 재판소는 준거법으로 조약법과 국가책임법 등을 고려하였는데, 특히 조약법에 관한 비엔나협약 제26조상의 "약속은 준수되어야 한다"(*pacta sunt servanda*)라는 규정을 인용하였다.

재판소의 판결은 ① 프랑스가 해당 요원들을 Hao섬에서 옮긴 것과 또 그들을 그 섬으로 되돌려 보내지 않은 것은 양국 간의 합의에 위반되는 행위라고 판시하면서도, ② (2:1의 과반수 결정으로) 원 판결의 3년형 기간이 그동안 이미 종료되었으므로 프랑스는 더 이상 위 합의 내용을 위반한 것으로 간주할 수 없다고 보아, 뉴질랜드가 요청하는 프랑스의 불법적 행동에 대한 중단 명령은 프랑스의 불법적 행위가 더 이상 존재하지 않기 때문에 실현이 불가능하다고 판결하였다.

05 WHO Nuclear Weapons Case: Advisory Opinion (세계보건기구의 핵무기 사건)[15]

인용(Citation) ICJ Rep. p. 66 (1996).

사실(Facts) 핵무기 사용은 대량살상과 무차별 살상을 초래한다는 측면에서 국제법에 위반된다는 주장이 오랫동안 제기되어 오던 중, 냉전의 종식으로 분위기가 무르익은 가운데 국제기구가 이 문제를 직접 제기한 사건이 발생하였다.

1993년 8월 27일자 서한에서, 세계보건기구(World Health Organization, 'WHO')의 사무총장은 1993년 5월 14일에 채택된 결의 WHA46.40에 규정된 다음 문제를 국제사법재판소에 회부하도록 한 세계보건총회(World Health Assembly)의 결정을 공식적으로 행정처장(Registrar)에게 통보하였다: "보건 및 환경적 영향(health and environmental effects)에 비추어, 전쟁 또는 다른 무력충돌에서 국가의 핵무기 사용은 세계보건기구헌장(Constitution of the World Health Organization)을 포함한 국제법상 의무를 위반한 것인가?".

ICJ는 ICJ규정 제66조 제2항에 따라 WHO와 법원에 출두할 자격이 있는 회원국은 위 문제에 관한 정보를 제공할 수 있다고 결정하였다. 이에 35개 국가가 서면진술서(written statements)를 제출하였고, 그 서면진술서에 관한 의견서(written observations)를 9개 국가가 제출하였다. 1995년 10월 30일부터 11월 15일까지 구두심리 과정에서 WHO와 20개 국가가 의견을 진술하였다.

법적 쟁점(Legal Issues)

1. UN 전문기구가 ICJ에 권고적 의견을 요청하기 위한 요건은 무엇인가?
2. 국제기구는 국제법상 완전한 주체가 될 수 있는가?

판결(Decision) 1996년 7월 8일, ICJ는 다음과 같이 권고적 의견을 제시하였다.

– ICJ는 1993년 5월 14일의 세계보건기구 결의 WHA46.40에 따른 권고적 의견의 요

15 Legality of the Use by a State of Nuclear Weapons in Armed Conflict.

청을 기각한다.

판결 이유(Reasoning of the Court) ICJ는 UN의 전문기구(specialized agency)가 권고적 의견을 요청할 때, 자신이 권고관할권(advisory jurisdiction)을 행사하기 위해서는 UN헌장 제96조 제2항과 ICJ규정 제65조 제1항에 따른 다음 세 가지 요건을 충족하여야 한다고 판단하였다: ① 권고적 의견을 요청하는 기구는 UN헌장에 따라 정당한 권한을 부여받아야 한다(duly authorized), ② 요청한 의견은 법적 문제(legal question)에 관한 것이어야 한다, ③ 그 문제는 요청하는 기구의 활동범위 내에서(within the scope of the activities) 발생하는 것이어야 한다.

WHO헌장 제76조와 1948년 7월 10일의 UN과 WHO 간의 협정(Agreement between the United Nations and the World Health Organization) 제X조 제2항에 따라, WHO는 ICJ에 권고적 의견을 요청할 정당한 권한을 부여받았다. 또한, 세계보건총회가 제기한 문제를 심사하기 위해서는 원용된 법률에 따른 국가의 의무를 확인하고, 문제의 행동이 이러한 의무를 준수하는지를 평가해야 하며, 법에 기반하여 답변해야 하므로, 이는 사실상 법적 문제(legal question)에 해당한다. 다른 많은 문제의 경우처럼, 이 문제 역시 정치적 측면(political aspects)을 갖고 있지만, 이것이 "법적 문제"로서의 성격을 박탈하며 ICJ규정을 통해 명시적으로 부여된 ICJ의 권한을 박탈할 정도의 것은 아니다. 이처럼 ICJ는 위의 ①, ② 요건은 충족되었다고 결정하였다.

ICJ는 ③ 요건과 관련하여, 국제기구의 활동 분야나 권한 영역을 확정하기 위해서는 그 기구의 관련 규칙과 특히 그 설립문서(즉, 헌장)를 참조해야 한다고 언급하였다. WHO헌장 제2조에 규정된 '기능'과 서문에 주목한 결과, WHO헌장상 WHO는 핵무기 사용 또는 기타 위험한 활동의 보건상 영향(health effects)을 다루며, 그러한 무기 사용의 경우 시민의 건강 보호를 위해 예방조치를 취할 권한이 인정된다. 그러나 이 사건에서 제기된 문제는 핵무기 사용이 보건에 미치는 영향(effects of the use of nuclear weapons on health)이 아니라 보건 및 환경적 영향에 비추어 핵무기 사용이 합법인지 여부이다. 이러한 영향이 무엇이든 간에, WHO의 권한은 그 영향을 유발한 행위의 합법성에 의존하지는 않는다. WHO헌장 제2조는 WHO에 핵무기 사용의 합법성을 다룰 수 있는 권한을 부여하는 것으로 보이지 않는다.

또한, ICJ는 국제기구(international organizations)가 국가와 달리 일반적 권한(general competence)을 갖지 않는 국제법의 주체(subjects of international law)임을 강조하였다. 국제기구는 "전문성의 원칙"(principle of speciality)에 따라 규율되는데, 즉 국가가 국제기구에 부여한 권한에 의존하며, 그 한계는 국가가 국제기구에 위임한 공통관심사의 개선을 위한 것이라고 보았다. 게다가, UN헌장은 일반적 범위의 권한(powers of general scope)을 부여받은 UN이 분야별 권한(sectorial powers)을 부여받은 다양한 자율적이고 보충적인 기구와 관계를 맺어 일관된 방식으로 국제협력을 조직하도록 설계된 체제를 규정하고 있는데, WHO는 이러한 체제 일부를 형성하는 특정한 종류의 국제기구, 즉 전문기구(specialized agency)이다. 따라서, WHO의 책임은 필수적으로 공중 "보건" 분야에 한정되며, UN 체제의 다른 분야의 책임을 침해할 수는 없다. 무력의 사용, 군비 규제와 군축에 관한 문제는 UN의 권한에 속하지만, WHO라는 전문기구의 권한 밖에 있음은 의심할 여지가 없다. 결론적으로 WHO가 요청한 권고적 의견은 WHO의 "활동범위 내에서" 발생하는 문제와는 관련이 없다. 이처럼 ICJ의 결정을 통해 국제기구는 국가와 달리 제한적 범위에서 국제법 인격(international legal personality)을 향유함을 알 수 있다.

한편, 1994년 12월 15일 UN총회는 결의 49/75K를 통해 ICJ에 "어떤 상황에서든 핵무기의 위협이나 사용은 국제법상 허용되는가?"에 대해 권고적 의견을 요청하기로 결정하였고, 이는 *Legality of the Threat or Use of Nuclear Weapons*라는 이름으로 소송명부에 기재되었다. ICJ는 위에서 검토한 사건과 같은 날인 1996년 7월 8일에 권고적 의견을 내렸는데, 핵무기의 위협이나 사용을 승인하는 국제관습법도, 핵무기의 위협이나 사용을 포괄적이고 보편적으로 금지하는 국제관습법도 존재하지 않는다고 결정하였다. 그러나 UN헌장 제2조 제4항에 위반되며 제51조의 요건을 충족하지 못하는 핵무기를 이용한 무력의 위협이나 사용은 불법이다. 또한, 핵무기의 위협이나 사용은 무력 충돌시 적용가능한 국제법의 요건, 특히 국제인도법의 원칙과 규칙 및 핵무기를 명시적으로 다루는 조약상 특정 의무에 합치되어야 한다. 이러한 요건으로 미루어 볼 때, 핵무기의 위협이나 사용은 일반적으로 무력 충돌시 적용가능한 국제법, 특히 인도법의 원칙과 규칙에 위반될 수 있다. 그러나 현재의 국제법 상태와 이용가능한 사실을 고려해 보면, ICJ는 핵무기의 위협이나 사용이 국가의 생존이 위태로운 극단적인 자위권 행사를 위한 상황에서 합법인지 불법인지 확실하게 결정할 수는 없다고 결론 내렸다.

〈참고〉

* 세계보건기구헌장 제76조

"Upon authorization by the General Assembly of the United Nations or upon authorization in accordance with any agreement between the Organization and the United Nations, the Organization may request the International Court of Justice for an advisory opinion on any legal question arising within the competence of the Organization."

* 1948년 7월 10일의 UN과 WHO 간의 협정

제X조 Relations with the International Court of Justice

"2. The General Assembly authorizes the World Health Organization to request advisory opinions of the International Court of Justice on legal questions arising within the scope of its competence other than questions concerning the mutual relationships of the Organization and the United Nations or other specialized agencies."

제16장

국제분쟁의 해결

1. Status of Eastern Carelia(1923)
2. Mavrommatis Palestine Concessions(1924)
3. Corfu Channel Case(1949/1949)
4. Anglo-Iranian Oil Co. Case(1952)
5. Monetary Gold Case(1954)
6. Certain Norwegian Loans Case(1957)
7. Aegean Sea Continental Shelf(1978)
8. Tunisia/Libya Continental Shelf(1985)
9. Nauru Case(1992)
10. East Timor Case(1995)
11. Lockerbie Case(1998)

01 Status of Eastern Carelia: Advisory Opinion

인용(Citation) PCIJ Ser. B, No. 5 (1923).

사실(Facts) 러시아와 핀란드 전쟁을 종결시킨 1920년 Dorpat 조약의 제10조와 제11조에서는 동카렐리아가 자결권을 향유하는 자치영토(autonomous territory)로서 러시아에 재편입된다는 것을 선언하고 있다. 본 조약은 자치의 성질과 범위에 관해서는 규정하지 않았지만, 자세한 사항은 조약 입안 당시에 작성된 "동카렐리아 자치에 관한 러시아 대표단의 선언서"에 나타나 있다.

이 사건의 분쟁은 동카렐리아의 자치에 관한 조약상의 의무를 이행하지 않은 두 정부 간에 발생하였고, 핀란드는 이 문제를 국제연맹 이사회에 제출하였다. 반면, 당시 러시아는 국제연맹의 회원국이 아니었으므로, 본 사건이 자국의 국내관할권에 속한다고 주장하며 소송참가를 거부하였다. 이에 연맹이사회는 PCIJ에 본 사건을 부탁하였다.

법적 쟁점(Legal Issues) 1920년 10월 14일, Dorpat에서 조인된 핀란드와 러시아의 강화조약 제10조와 제11조, 그리고 동카렐리아 자치에 관한 러시아 대표단의 부속 선언서는 러시아가 핀란드에 대해 위 조약의 제규정 이행의무를 부담해야 하는 국제적인 계약이라고 할 수 있는가?

판결(Decision) PCIJ는 권고적 의견 제시를 거부하였다.

판결 이유(Reasoning of the Court) 러시아는 국제연맹의 회원국이 아니기 때문에, 본 사건은 국제연맹규약 제17조에 해당하는 사안이다. 제17조에 의하면, 연맹 회원국과 비회원국 사이에 분쟁이 발생하는 경우에 비회원국에 대해서는 분쟁 해결을 위해 연맹 회원국의 의무를 수락할 것이 권고되며, 만약 이 권고가 수락되는 경우에는 제12조에서 제16조까지의 규정들이 적용되게 된다.

국제법상 어느 국가도 자국의 동의가 없는 한, 어떠한 경우에도 타국과의 분쟁시 그 조정, 중재 혹은 여타의 평화적 수단에 의한 해결을 강제당하지 않는다. 그러나, 본 사안에서 러시아는 어떠한 동의도 표시한 적이 없다. 오히려, 러시아는 여러 경로를 통해, 핀란드와의 분쟁에서 국제연맹의 간섭은 수용할 수 없다고 명시적으로 선언한 바 있다. 따라서 재판소는 이러한 종류의 분쟁에 대해 자신들의 의견을 개진하는 것은 불가능하다고 판결하였다.

그리고 핀란드와 러시아가 동카렐리아 자치의 성질에 관하여 선언문의 요건에 따라 계약을 체결하였는지는 사실상의 문제이다. 이에 재판소는 자신들에게 의뢰된 쟁점이 당사국 간의 분쟁에서 장차 결정되어야 할 중요 쟁점과 관련된 문제이므로 재판소가 이 문제에 대하여 의견을 개진하는 경우에는 해당 분쟁의 확정판결과 같은 의미를 갖게 되는 것이고, 더욱이 그러한 재판소의 의견제시는 양 당사국들의 입장을 알지 못하고는 내릴 수 없는 것이기 때문에 자신들의 의견을 제시할 수 없다고 전제한 후에, 한편 이번의 권고적 의견신청은 문제된 강화조약에 의하여 확정된 사항에 대한 단순한 절차적 분쟁이며, 어떤 의미에서건 분쟁 자체의 내용이나 본질에 관련된 것은 아니라는 이의제기를 인용하지 않았다.

즉, 재판소는 자신이 분쟁에 대한 판결이 아닌 권고적 의견을 요청받은 것이지만, 본 사안은 러시아와 핀란드 사이의 주요한 논쟁의 일부와 직접적으로 관련되어 있으며, 사건의 배경이 되는 사실의 조사를 통해서만 결정을 내릴 수 있는 것이기 때문에 자신의 적극적인 의견제시를 회피한 것이다.

02 Mavrommatis Palestine Concessions: Greece v. United Kingdom (마브로마티스 사건)

인용(Citation) PCIJ Ser. A, No. 2 (1924).

사실(Facts) 그리스인인 Mavrommatis는 팔레스타인의 舊통치국이었던 오토만제국과 체결했던 계약 및 협약상의 권리를 인정해 줄 것을 팔레스타인의 위임통치국이 된 영국에 대해 요구하였지만 거절당하였다. 이에 그리스는 이와 관련하여 영국을 상대로 PCIJ에 제소하였다. 한편 영국은 위임통치령 제26조를 근거로 하여 재판소의 관할권이 없음을 주장하는 선결적 항변을 제기하였다.

위임통치령 제26조는 “위임통치국과 국제연맹의 타 회원국 간에 위임통치령 규정의 해석 또는 적용에 관한 분쟁발생시 교섭에 의하여 해결될 수 없는 경우, 국제연맹규약 제14조에 규정된 PCIJ에 부탁할 것을 동의한다.”고 규정하고 있다.

법적 쟁점(Legal Issues) PCIJ의 관할권 인정에 관한 위임통치령 제26조 요건의 충족 여부

판결(Decision) PCIJ는 관할권을 인정하였다.

판결 이유(Reasoning of the Court) 분쟁이란 두 주체 간의 법률 또는 사실관계에 있어서의 의사 불일치, 법적인 견해 또는 이해관계의 충돌이 생긴 경우를 말한다. 이번 사건이 이러한 성격을 가지고 있음은 확실하다. 그리스는 자국인인 Mavrommatis에 대해 영국이 국제법에 위반되는 불리한 대우를 하였다고 주장하고 있다. 본래 이 사건은 개인과 한 국가 간의 분쟁으로 시작하였지만, 그 후 그리스 정부가 이 사건을 맡게 됨으로써 국가 간의 분쟁이 되어 국제법 영역의 문제가 되었다.

위임통치령 제26조는 해당 분쟁이 위임통치국과 국제연맹의 타 회원국 간에 발생한 것임을 요구하고 있다. 그리스와 영국은 모두 국제연맹 창설시부터 회원국이었으므로 이 요건은 충족된다.

자국민이 타국의 국제법에 반하는 행위로 손해를 입고, 더군다나 그에 대해 통상적인 방법으로 보상받지 못하는 경우에 해당 국가가 보호권을 행사하는 것은 국제법상의 기본원칙이다. 즉 어떤 국가가 자국민의 소송을 맡아 외교적 조치를 취하거나 국제사법절차에 부탁하는 것은 그 고유권한을 행사하는 것이라고 해야 한다. 그러므로 본 사건에서 손해발생이 사적인 이해관계에 기인한다는 점은 아무런 문제가 되지 않는다. 국가가 자국민을 위한 보호권의 행사로서 사건을 담당하게 된 경우에는 해당 국가만이 소송당사자가 된다. 따라서 영국과 그리스가 소송의 쌍방당사자라는 사실만으로도 팔레스타인 위임통치령 제26조 범위 내의 사건이라고 보아야 할 것이다.

PCIJ는 국가가 개인을 위해 당사자로 나서는 경우에 비로소 ‘국제법의 영역’(domain of international law)에 해당된다는 판결을 하였지만, 분명한 것은 이 경우에도 소송

의 목적은 개인의 이익이 되는 것이며 국가는 대변자의 역할이 된다는 것이다. 특히 여기에서 가장 중요한 의문점은 위 사건에서 해당 사건이 국제법 영역으로 전환된 시점 이전에는 어떤 혹은 누구의 영역으로 분류될 수 있었는가 하는 것이다. 왜냐하면 분명히 이 사건은 성격상 국내법 범위를 초월한 것이었다고 할 수 있기 때문이다. 즉 그리스가 Mavrommatis를 대리하지 않았다면, 이는 국제법상의 문제도 아니고 국내법상의 문제도 될 수 없었다는 결론에 이른다.

이 사건에서 재판소가 지적하는 국가의 대리역할의 중요성은 개인의 합법적 권리는 소송의 목적이요 법률상의 문제이지만, 국가의 대리요건은 법의 테두리를 벗어난 비법률적(혹은 정치적) 문제로 고려되어야 한다는 점과 관련된다. 따라서 이 사건에서는 공식적인 제소자의 명칭이 변경된 것에 불과한 것으로, 진정한 제소자와 그에 대한 재판의 준칙은 동일한 내용으로 이루어졌다고 할 것이다.

03 Corfu Channel Case: United Kingdom v. Albania (코르푸 해협 사건)

인용(Citation) ICJ Rep. p. 15 (1948) ; ICJ Rep. p. 4 (1949) ; ICJ Rep. p. 244 (1949).

사실(Facts) 1946년 5월 15일 영국해군은 알바니아 본토와 Corfu섬 북부 사이에 위치한 Corfu해협에 2척의 군함을 파견하였는데, 항해 중에 이 군함은 아무런 사전경고 없이 알바니아의 포탄 공격을 받았다. 당시 Corfu해협은 1944년 10월 소해작업 이후 아무런 기뢰도 발견되지 않아 기뢰 안전수역으로 간주되고 있었다.

영국 정부는 사전 통보나 허락 없이 Corfu해협의 무해통항권을 행사할 수 있다고 주장한 반면, 알바니아는 외국 선박은 사전통보절차와 그에 대한 자국의 허가가 있는 경우에만 통과할 수 있다는 것을 분명히 밝히고 있다. 영국은 재차 알바니아의 태도를 시험하기 위하여 1946년 순양함 2척과 구축함 2척으로 구성된 함대를 Corfu해협에 보냈고, 항해 중 기뢰에 의해 구축함 한 척이 심한 손상을 입었으며 이것을 예인하던 구축함 한 척도 기뢰 공격을 받아 손상을 입었다. 3주 후 영국소해선이 해협을 소해하여 22발의 기뢰선을 절단하였고, 그중 2발을 몰타로 옮겨 조사한 결과 그 기뢰가 독일제 GY형인 것으로 밝혀졌다. 한편 두 구축함의 파괴는 Corfu해협 내의 알바니아 영해 내에서 발생하였다.

영국은 이 기뢰가 알바니아의 편의 제공으로 고의로 설치되었거나 아니면 적어도 알바니아 정부가 기뢰지역이 자국 영해 내에 있음을 알고 있었다고 주장하였다. 또한, 영국은 알바니아 당국이 영국함대의 접근을 탐지하였음에도 불구하고 기뢰지역을 통지하지 않았으며, 그로 인해 Corfu해협과 같은 국제수로를 무해통항하는 외국 선박의 권리를 침해하였다고 주장하면서, 이에 대한 보상으로 구축함 피해 825,000파운드와 인명피해 및 기타 비용으로 50,000파운드를 배상할 것을 요구하였다.

이에 대하여 알바니아는 영국 군함에 피해를 입힌 기뢰가 알바니아가 설치했다거나 알바니아를 대신하여 제3국이 설치한 증거가 전혀 없고, 기뢰 설치에 대한 알바니아의 원조나 고의에 관한 증거도 없다는 것, 연안국은 예외적인 상황에서 그 영해를 통과하는 외국 군함을 규제할 권한이 있는바, 이 규칙은 Corfu해협에도 적용되어야 하고, 사고 당시가 이러한 상황에 해당되므로 영국함대는 알바니아 영해 통과 전에 사전승인을 받아야 했었다는 것을 주장하였다. 오히려 1946년 10월 22일의 사전승인 없는 영국측의 Corfu해협 통과는 국제법 위반으로, 문제된 군함의 해협 통과는 무해통항으로 볼 수 없다고 주장하였다. 게다가 알바니아는 군함 파손 후 1946년 11월 12일과 13일에 실시된 영국의 알바니아 영해 내에서의 소해작업도 국제법 위반이라고 주장하였다.

법적 쟁점(Legal Issues) (1) 알바니아는 1946년 10월 22일 알바니아 내수에서 발생한 폭파사건에 대해 국제법상 책임이 인정되는가?

(2) 만약 책임이 인정된다면, 알바니아에 보상 의무가 존재하는가?

판결(Decision) ICJ는 판결에서, 공해를 연결하는 국제수로로 이용되는 국제해협에서는 평시의 경우 항행 자체가 무해인 한 군함도 무해통과권을 갖는다고 밝히고, 영국 군함의 항해는 그러한 무해한 항해에 해당한다고 보았다. 그리고 상황증거로 보아 알바니아는 자국 영해 내에 기뢰가 설치되어 있었음을 알면서도 이를 고의적으로 통보하지 않았다는 점을 들어 알바니아의 책임을 인정하였다.

한편 재판소는 사고 후에 행해진 영국의 소해작업은 알바니아의 주권침해행위라고 판결하였다.

판결 이유(Reasoning of the Court) 제출된 모든 증거를 토대로 하여, ICJ는 두 척의 선박이 알바니아 영해에서 기뢰에 의해 폭파되었음을 인정하였다. 기뢰 설치에 대해서는 영국의 주장이 분명하게 입증되지 못한 것으로 판단하였지만, 1946년의 소해작업(sweeping operations) 기간과 그 이후에 보여 준 알바니아 정부의 행위는 기뢰 존재에 대한 인식이 있었음을 인정할 수 있다고 판시하였다. 따라서 ICJ는 알바니아 정부가 자국이 인식한 기뢰 설치 사실에 대하여 전 세계에 공표하고, 접근해 오던 영국 군함에 대해서도 긴급한 위험을 경고했어야 하는 것이 의무라고 하였다.

그럼에도 불구하고 알바니아 당국은 이러한 재난을 막기 위한 어떠한 조치도 취하지 않았기 때문에, 이러한 부작위는 알바니아의 국가책임(international responsibility)의 원인이 된다고 보았다. 또한, 1949년 12월 15일 별도의 배상금 판결에서 ICJ는 영국에 대한 알바니아 정부의 손해배상 총액이 843,947파운드에 이른다고 하였다.

04 Anglo-Iranian Oil Co. Case (Preliminary Objection): United Kingdom v. Iran

인용(Citation) ICJ Rep. p. 93 (1952).

사실(Facts) 1933년 페르시아(지금의 이란)와 영국 국영회사인 Anglo-Iranian Oil Co. 간에 석유 채굴허가 계약이 체결되었는데, 이 양허(concession) 계약에서는 동 계약이 1993년까지 유효하다는 것과 그 이전에는 일정한 조건을 충족하고 중재재판에 회부한 후에만 종료될 수 있다고 규정하였다. 1951년에 이란 정부가 석유산업을 국유화함으로써 이 양허계약은 기한 전임에도 불구하고 당연히 폐기되었다. 이에 영국은 이러한 조치의 실행을 막기 위해 노력하였으나 실패하였고, 중재재판에 회부하려는 노력도 실패하고 되었다.

영국은 1951년 ICJ에 이란의 선택조항의 수락을 근거로 일방적으로 제소하였고, 아울러 이란의 국유화조치가 Anglo-Iranian Oil Co.에 해당되지 않도록 잠정조치를 취해 줄 것을 요청하였다.

법적 쟁점(Legal Issues) 잠정조치 요청과 그러한 잠정조치의 목적

판결(Decision) 재판소는 영국의 잠정조치 신청은 인정하였으나, 관할권은 부인하였다.

판결 이유(Reasoning of the Court) ICJ는 본 청구가 1933년 4월 29일 체결된 양허계약의 위반으로 발생된 국제법 위반소송이고, 이란 정부가 재판에 불참함으로써 협정에 따른 중재 결과의 수락을 거부하였으며, 그러한 소송을 기초로 한 주장이 완전히 국제관할권 영역 밖에 존재한다는 사실은 선험적으로(*a priori*) 받아들일 수 없고, 잠정조치 명령이 결코 재판소 관할권의 문제를 미리 판단하는 것이 아니며, 잠정조치의 목적은 소송이 진행되는 동안 당사국의 권리를 보호하기 위한 것이므로 현재 존재하는 상황이 잠정조치 명령을 정당화시켜 준다고 보았다.

이러한 이유를 근거로, 재판소는 영국 정부와 이란 정부가 1951년 5월 26일에 제소한 소송을 진행하면서 상호준수(reciprocal observance)를 기초로 다음 잠정조치의 적용을 명령하였다: (1) 이란 정부와 영국 정부는 재판소가 원용하는 여하한 결정을 이행하는 것과 관련하여 타 당사국의 권리를 해치는 어떠한 행위도 취하지 않을 것을 보장하여야 한다; (2) 이란 정부와 영국 정부는 재판소에 제기된 분쟁을 확대하거나 악화시키는 어떠한 종류의 행위도 취하지 않을 것을 보장해야 한다; (3) 이란 정부와 영국 정부는 각각 1951년 5월 1일 이전에 그랬던 것처럼, Anglo-Iranian Oil Co.의 산업 및 상업활동 수행을 방해하는 어떠한 종류의 조치도 취하지 않을 것을 보장해야 한다.

그리고 재판소는 이 사건의 관할권을 부인하였는데, 그 근거를 보면 이란이 선택조항을 수락하면서 자국이 인정하고 선택조항 수락 선언 후에 이루어진 조약 또는 협약의 적용에 관한 분쟁에 대하여 ICJ의 관할권을 인정하였지만, 이란과 Anglo-Iranian Oil Co.와의 석유 양허계약은 한 국가와 외국기업 간에 맺어진 계약에 불과하고, 영국 정부는 동 계약의 당사자가 아니므로 석유 양허계약은 조약 또는 협약으로 볼 수 없다는 것이 이유였다.

05 Monetary Gold Case (Preliminary Question): Italy v. France, United Kingdom of Great Britain and Northern Ireland and United States of America (화폐용 금 사건)[16]

인용(Citation) ICJ Rep. p. 19 (1954).

사실(Facts) 이 사건의 시작은 1946년 1월 14일 파리에서 서명한 독일의 보상에 관한 협정 제III부(Part III of the Agreement on Reparation from Germany)와 관련이 있다. 여기에는 독일에서 발견된 금괴는 그 몫을 받을 자격이 있는 국가들 사이에서 배분을 위해 합쳐져야 한다고 규정하고 있었다. 프랑스, 영국, 미국, 알바니아 등이 이에 서명하였고, 추후 이탈리아도 가입하였다. 이 협정 제IIII부의 이행을 위임받은 프랑스, 영국과 미국은 이 임무를 도와줄 3국 위원회(Tripartite Commission)를 구성하였다. 1943년 독일이 로마에서 탈취한 알바니아 국립은행의 소유였던 금괴와 관련하여, 3국 위원회는 알바니아와 이탈리아가 서로 자신의 소유라고 주장하는 바람에 결정을 내릴 수가 없었다.

그리하여 프랑스, 영국과 미국의 3개 정부는 1951년 4월 25일 워싱턴 협정(Washington Agreement)에 따라 국제사법재판소에 중재인의 임명을 요청하였다. 같은 날, 워싱턴 성명(Washington Statement)을 통해 3개 정부는 중재인이 문제의 금괴를 알바니아의 소유라고 판정하는 경우, 해당 금괴는 독일의 보상에 관한 협정 제III부에 포함되지 않았다는 이유로 이탈리아와 영국이 권리를 주장하고 있으므로 또 다른 문제를 초래할 것을 우려하였다. 따라서 3개 정부는 중재인이 견해를 제시한 후 일정한 시한, 즉 90일 이내에 알바니아 혹은 이탈리아가 각자의 권리에 대한 판결을 ICJ에 요청하지 않는 경우, 1949년 *Corfu Channel* 사건에서의 ICJ 판결에 따라 알바니아가 영국에 (아직 이행하고 있지 않은) 폭발로 야기된 손해배상금으로 관련 금괴(일부)를 전달해야 한다고 결정하였다. 1953년 2월 20일, 중재인은 해당 금괴가 알바니아의 소유라는 견해를 제시하였다.

이후, 알바니아는 어떠한 조치도 취하지 않았지만, 시한 만료 전인 1953년 5월 19일 이탈리아는 프랑스, 영국 및 미국을 상대로 다음 2가지 주장에 관해 판단해 달라며 국제사법재판소에 사건을 부탁하였다: 첫째 위 3국은 1945년 1월 13일 알바니아법상 몰수조치

16 Monetary Gold Removed from Rome in 1943.

로 이탈리아에 끼친 손해배상을 위해, 1946년 1월 14일 독일의 보상에 관한 협정 제III부에 따라 알바니아가 점유 중인 금괴를 이탈리아로 반환해야 하며, 둘째 이탈리아가 금괴를 돌려받을 권리는 *Corfu Channel* 사건 판결의 손해배상금으로 영국이 금괴를 받을 권리보다 우선한다.

그런데 1953년 10월 30일, 이탈리아는 알바니아가 이 사건의 소송당사국에 포함되지 않았다며, ICJ가 알바니아를 대상으로 하는 위 첫째 청구의 합법성을 판단할 관할권을 가졌는지에 대해 '선결적 문제'(Preliminary Question)를 제기하였다. 이는 '원고국가'가 일종의 선결적 항변(preliminary objections)을 제기한 매우 예외적인 사건이었다.

법적 쟁점(Legal Issues)

1. 원고국가는 ICJ에 선결적 항변을 제기할 권한을 가지는가?
2. 소송의 대상이 된 국가가 참가하지 않는 경우, ICJ는 해당 사건에서 재판관할권을 행사할 수 있는가?

판결(Decision) 1954년 6월 15일, ICJ는 다음과 같이 판결하였다.

1. 프랑스, 영국, 미국 및 이탈리아가 가입한 독일의 보상에 관한 협정을 통해 부여된 ICJ의 관할권은 알바니아의 동의 없이는 알바니아를 상대로 한 이탈리아의 청구를 심리할 권한을 부여하지 않는다.
2. 우선순위에 대한 판결은 내릴 수 없다. 이는 위의 청구가 인용되는 경우에만 가능하다.

판결 이유(Reasoning of the Court) ICJ규칙(Rules of Court) 제62조(1978년 7월 1일에 제79조로 개정됨; 이후 2001년 2월 1일과 2019년 10월 21일에 개정됨)에 의하면 '당사국'(parties)은 선결적 항변을 제기할 수 있는데, 즉 피고국가는 당연하고 원고국가가 선결적 항변을 제기하는 것을 금지하고 있지 않다. 따라서 본안에서 이탈리아의 청구를 판단하기 위해 우선 원고국가인 이탈리아의 관할권 항변을 검토해야 할 것이다.

이탈리아 신청서의 첫째 청구는 알바니아의 불법행위에 대한 배상 청구에 초점을 맞추고 있으며, 이탈리아는 알바니아가 자국에 대해 저지른 국제불법행위의 구제를 위한 권리를 가짐을 믿고 있다. 따라서 이탈리아가 금괴를 돌려받을 자격이 있는지 판단하기 위해서는 알바니아가 이탈리아에 국제불법행위를 저질렀는지와 이탈리아에 배상을 지불할 의무가 있는지 및 만약 그러하다면, 배상 액수에 관해 결정할 필요가 있다. 이러한 문제를 판단하기 위해, 알바니아 공산정부가 그 어떤 보상도 없이 알바니아 국립은행의 자산을 몰수한 1945년 1월 31일 알바니아법이 국제법에 위반되는지를 결정할 필요가 있다. 특히, 알바니아 국립은행의 자산 상당 부분이 이탈리아의 소유로 주장되었다. 알바니아의 이탈리아에 대한 행위의 합법성과 관련된 이러한 문제의 판단에 있어, ICJ는 오직 두 개의 국가, 즉 이탈리아와 알바니아만이 직접적인 이해관계를 가진다고 판단하였다.

이 문제의 본안으로 들어가는 것은 재판소가 알바니아의 동의 없이는 할 수 없는 이탈리아와 알바니아 사이의 분쟁을 해결하는 것이다. 만약 재판소가 그렇게 한다면, 이는 ICJ 규정에 구체화된 국제법의 잘 확립된 원칙, 즉 ICJ는 관할권에 동의한 국가에 대해서만 재판관할권을 행사할 수 있다는 원칙에 위반되는 일일 것이다.

또한, ICJ규정 제62조는 사건의 결정으로 영향을 받을 수 있는 법적 성격의 이해관계가 있다고 인정되는 제3국에 소송참가를 허용하고 있으므로 알바니아는 소송에 참여할 수 있고, ICJ규정은 제3국이 이를 삼가는 경우에도 소송의 계속을 금지하고 있지 않으며, 알바니아가 소송에 참여하지 않았다는 사실이 ICJ가 판결을 내리는 것을 불가능하게 만들어서는 안 된다는 주장이 제기되었다. 이 사건에서 알바니아의 법적 이익(legal interests)은 ICJ 결정에 영향을 받을 뿐만 아니라 결정의 바로 그 소송물(subject-matter)을 구성하고 있다. 따라서, ICJ규정은 묵시적으로 알바니아가 부재한 가운데에는 소송의 계속을 허용하는 것으로 간주될 수 없을 것이다.

결국, ICJ는 이탈리아와 3개의 피고국가가 독일의 보상에 관한 협정을 통해 재판소에 관할권을 부여하고 있지만, 자신은 이탈리아가 제기한 첫째 청구를 판단할 관할권을 행사할 수 없다고 결정하였다.

이탈리아와 영국의 권리 사이의 우선순위와 관련한 둘째 청구는 이탈리아와 알바니아 사이에서 금괴가 이탈리아에 반환되어야 한다고 결정된 경우에만 발생하게 되는 문제이다. 결과적으로 이 청구는 첫째 청구에 의존하고 있다. 따라서 ICJ는 자신이 첫째 청구에 관할권을 갖지 않으므로 둘째 청구를 검토하지 말아야 한다고 판시하였다.

참고로 *Corfu Channel* 사건에서 ICJ는 알바니아가 영국에 843,947파운드를 지급하도록 결정하였는데, 알바니아는 오랫동안 판결을 이행하지 않았다. 그러다가 알바니아의 사회주의가 종식된 이후, 1992년 5월 8일 알바니아는 영국에 2백만 달러를 지급하고 영국은 보관 중이던 3국 위원회의 금괴 1,574kg을 알바니아로 이전하는 것을 골자로 하는 양국 간 합의에 이르렀다. 이러한 합의 내용은 1996년 10월 29일에 드디어 이행되었고, 이로써 *Corfu Channel* 판결은 완결되었다.

06 Certain Norwegian Loans Case (Preliminary Objections): France v. Norway

인용(Citation) ICJ Rep. p. 9 (1957).

사실(Fact) 1885년부터 1909년에 걸쳐 노르웨이 정부와 두 노르웨이 은행은 프랑스를 비롯한 외국시장에서 많은 공채를 발행하였다. 이 공채의 상환과 관련하여 문제가 발생하였는데, 노르웨이측은 1923년의 자국 국내법을 근거로 명목상의 금 가격을 노르웨이 화폐로 상환하겠다고 하였으나, 이는 실제 가격에 못 미치기 때문에 프랑스측은 상환시의 금가로 지불할 것을 주장하였다. 외교적 교섭을 통한 해결이 시도되었으나 실패하고, 1955년 6월 6일 프랑스의 신청에 의하여 ICJ에 부탁되었다.

노르웨이와 프랑스 양국은 모두 ICJ규정의 선택조항을 수락하고 있었는데, 노르웨이는 강제관할권을 인정한 국가와의 관계에서만 10년간의 기간을 정하여 ICJ의 강제관할권을 인정한다는 유보를 하였던 것에 반해, 프랑스는 다른 평화적 해결책에 부탁될 수 있는 문제와 프랑스 정부의 판단으로 본질적으로 국내관할권에 속하는 문제는 강제관할권이 적용되지 않는다는 자동유보를 하고 있었다.

1956년 4월 20일 노르웨이는 선결적 항변을 제기하여 이 분쟁이 배타적인 자국 국내법상의 문제이며, 프랑스가 프랑스 정부의 판단으로 본질적으로 국내관할권에 속하는 문제를 유보하였으므로 상호주의에 입각하여 노르웨이도 이를 원용할 수 있고, 결과적으로 이것은 노르웨이 국내법으로 규율될 문제이기 때문에 ICJ에 관할권이 없다고 주장하였다.

법적 쟁점(Legal Issues) 국제 대부와 대부국의 의무, ICJ규정 제36조하의 선언과 관할권 유보조항 그리고 상호주의의 효과

판결(Decision) ICJ는 이 사건을 판단할 관할권이 없다고 판시하였다.

판결 이유(Reasoning of the Court) ICJ는 판결을 통하여 이 사건은 ICJ 규정 제36조 제3항 및 강제관할권 수락선언(Declaration of acceptance of compulsory jurisdiction)과 상호주의(reciprocity)에 의거하여 판단되어야 한다고 밝히고, 분쟁당사국인 노르웨이, 프랑스 모두 ICJ규정 제36조 제2항을 수락하였으므로 동 수락선언이 일치하는 범위 내에서 상호주의 원칙이 적용될 수 있다고 판결하였다. 또한, ICJ는 프랑스의 유보가 ICJ규정 제36조 제6항에 합치되는지 그리고 법적 의무의 이행에 합치되는지는 판단하지 않았다.

ICJ는 유보의 유효성(validity)에 관하여 양 당사국 모두 문제를 제기한 적이 없으며, 프랑스가 유보를 포함한 선언을 온전히 준수하며 노르웨이 역시 이 유보를 신뢰한다는 것은 분명하다고 보았다.

ICJ는 프랑스의 자동유보로 자신이 인정한 ICJ의 강제관할권의 범위가 더 좁아지므로 양국선언의 일치된 범위는 프랑스의 수락선언에 의하여 결정되고, 따라서 노르웨이는 이러한 프랑스의 1949년 3월 1일자 수락선언에 담긴 자동유보를 원용할 수 있게 됨에 따라, ICJ는 12대 3의 표결로 이 사건에 대해 관할권(jurisdiction to adjudicate)이 없다고 판결하였다.

이 판결 이후 프랑스는 1966년 5월 20일 새로운 선언을 통해 자동유보를 수정하였는데, 그 내용은 '프랑스 정부의 판단으로'(as understood by the Government of the French Republic)라는 표현을 빼고 '국내법에 따라 배타적인 국내관할권 내의 문제는 제외된다'는 것이었다.

07 Aegean Sea Continental Shelf: Greece v. Turkey
(에게해 대륙붕사건)

인용(Citation) ICJ Rep. p. 3 (1978).

사실(Facts) 1974년 터키 정부는 에게해(Aegean Sea)에서 석유탐사 작업을 시작했는데, 이 수역은 그리스 소유의 도서 인근으로 그리스가 자국의 대륙붕이라고 주장하는 수역이었다.

이 대륙붕의 소유에 관하여 양국 간의 교섭을 통한 해결이 불가능하자, 그리스는 이 문제 해결을 UN안보리와 국제사법재판소에 의뢰하면서, 양국 간에 체결하였던 1928년 "일반합의문"(General Act)과 1975년 "공동콤뮤니케"(Joint Communiqué)를 근거로 주장하였다. 동시에 그리스는 ICJ에 잠정조치(provisional measures)를 청구하였는데, 그 내용은 양 당사국으로 하여금 문제의 수역에서 모든 추가 탐사나 연구 활동을 금지하도록 명해 줄 것을 요청하는 것이었다.

법적 쟁점(Legal Issues) 대륙붕 경계획정에 관한 분쟁; 관할권 주장의 기초가 되는 조약

판결(Decision) ICJ는 12대 2의 표결로, 그리스 정부가 제기한 청구를 심의할 관할권이 없다고 판결하였다.

판결 이유(Reasoning of the Court) 법원은 그리스의 잠정조치 명령 요청에 대하여, 문제의 대상인 터키의 탐사 및 연구 활동은 일시적(transitory)인 것으로서 해저 · 심해자원에 대해 회복 불능의 손상을 입힐 위험성이 없으며, 오히려 요구된 명령행위에 의해 양국 간의 긴장을 악화시킬 우려가 있다는 것을 이유로 하여 거부 결정을 하였다. 판결문에서 ICJ는 1976년 8월 10일 그리스가 터키를 상대로 하여 에게해 지역에서 각각 양국에 속하게 되는 대륙붕의 경계설정과 이에 대한 권리에 관하여 발생된 분쟁을 계기로 제소하였던 사건의 결정을 확인하였다. 이에 대하여 터키 정부는 동년 8월 26일자 서한에서 재판소가 본 청구를 심의할 관할권이 없다는 견해를 표명하였다.

(1) 관할권 주장의 첫 번째 근거: 1928년 일반합의문 제17조

국제분쟁의 평화적 해결을 위한 1928년 일반합의문 제17조는 다음과 같이 규정하고 있다: "양국 간에 각자의 권리에 대한 분쟁이 발생하는 경우, 중재재판소에 회부하기로 결정하지 않는 한 ... 상설국제사법재판소(PCIJ)에 판결을 부탁하여야 한다." 이 조항은 현 ICJ의 전신인 PCIJ에 분쟁에 대해 의뢰하도록 하는 내용을 담고 있다. 그러나 그리스와 터키는 일반합의문에 "다음의 분쟁은 일반합의문상의 절차로부터 배제된다 ..."는 유보를 달았고, 재판소는 이 조항에 주목하였다. 그리스는 이 유보가 에게해의 대륙붕 분쟁에 관해서는 적용되지 않는다고 주장하였지만, ICJ는 이 유보가 국내관할권 문제에 관한 분쟁과 "그리스 영토의 지위에 관한 분쟁"을 배제하는 2가지의 독특한 자동유보를 형성한다고

판단하였다.

(2) 관할권 주장의 두 번째 근거: 1975년 5월 31일자 브뤼셀 공동콤뮤니케

이는 1975년 5월 31일 그리스와 터키 양 수상의 회동이 있은 후 언론에 발표한 콤뮤니케로서, 여기에는 다음 규정이 포함되어 있다: "양국 수상은 두 나라 사이의 문제는 협상을 통해서 해결하고, 에게해 대륙붕 문제는 헤이그에 소재한 국제사법재판소를 통해 평화적으로 해결해야 한다는 데 의견을 같이 하였다." 그리스는 이 규정이 직접적으로 ICJ에 관할권을 부여하였다고 주장하였으나, 재판소는 문맥상 이 콤뮤니케 내용에 어떠한 의도가 있는 것인지를 고려하여야 하며, 이것이 재판소에 대한 일방적인 제소를 인정하기 위한 즉각적이고 무조건적인 약속을 의미하는 것은 아니라고 판단하였다. 이러한 이유로, 재판소는 그리스의 청구를 받아들일 관할권이 없다고 판결하였다.

08 Tunisia/Libya Continental Shelf: Tunisia v. Libyan Arab Jamahiriya[17]

인용(Citation) ICJ Rep. p. 192 (1985).

사실(Facts) Tunisia는 새로운 사실의 발견을 이유로 하여, 대륙붕(Tunisia/Libyan Arab Jamahiriya) 사건에 관한 1982년 2월 24일자 ICJ 판결의 재심과 재해석을 요청하였다. 즉 튀니지 정부는 법원이 본 신청을 인용해 줄 것과 법원이 이전 판결에서 제시한 (대륙붕의) 경계획정을 변경시켜 줄 것을 요청한 것이다. 또한, 재심신청이 거부되는 경우에는 법원이 경계획정에 관련된 판결의 일부를 다시 해석해 주도록 요청하였다. 그리고 법원 판결에서 언급된 Gulf of Gabes의 극서 지점의 정확한 좌표(경도와 위도)를 설정하기 위해 양 당사국의 전문가가 활동하도록 선언해 줄 것을 요청하였다.

법적 쟁점(Legal Issues) ICJ 판결의 재심과 해석의 요청

17 Application for Revision and Interpretation of the Judgment of 24 February 1982 in the Case concerning the Continental Shelf.

판결(Decision) ICJ는 이전 판결의 재심 요청(request for revision)을 거부하였고, 경계설정과 관련된 해석 요청(request for interpretation)은 수용하였다. 또한 'Gulf of Gabes의 극서 지점'과 관련한 요청도 적절하다고 보았으나, 정확한 좌표(precise co-ordinates) 설정을 위한 전문가의 활동 명령을 선언해야 할 명분은 없다고 판결하였다.

판결 이유(Reasoning of the Court) Libya는 본 요청이 ICJ규정 제61조의 조건을 충족하지 못한다고 주장하였다.

ICJ는 튀니지의 재심 요청 원인인 새로운 사실의 발견이라는 것이 단지 1982년 당시에 튀니지가 경계선 좌표와 관련해서 인지하지 못했던 사실이라는 것임에 주목하였고, 이러한 정보의 획득은 튀니지의 이해관계에 속하는 것에 불과하므로 ICJ규정 제61조 제1항의 재심청구의 필수적 요건을 충족하지 못한다고 판결하였다.

그리고 경계획정과 관련된 해석 요청에 대해서는, 기판력의 원칙(principle of *res judicata*)의 중요성을 언급하면서 재판소가 내린 판결문은 그 문맥을 통해 이해되어야 한다고 하였다. 또한, 이미 1982년 판결에서 정확한 좌표가 전문가에 의해 결정되어야 한다고 명시적으로 밝히고, 지도상에서의 극서 지점을 확인할 것을 지시한 바 있다고 하였다. 따라서 구두심리 과정에서 튀니지가 요청하였던 전문가에 대한 활동 명령 선언에 대해서는 현재로서는 그 명분이 부족하다고 판단하였다.

ICJ는 장래를 위해 양 당사국이 경계획정을 위한 조약을 체결할 것을 권고하고, 판결이 제시한 지시사항에 따라 전문가들이 정확한 좌표를 결정하여 더 이상의 분쟁이 발생하지 않도록 보장할 것을 요청하였다.

09 Nauru Case (Preliminary Objections): Nauru v. Australia[18]

인용(Citation) ICJ Rep. p. 240 (1992).

18 Case concerning Certain Phosphate Lands in Nauru.

사실(Fact) Nauru 공화국은 독립국가가 되기 이전, UN의 신탁통치제도(UN Trusteeship system) 하에서 자국의 시정국이었던 3개국(즉, 영국, Australia, New Zealand) 중의 하나인 호주가 자국의 (화학물) 인산염(phosphate) 자원의 매매와 채광 후 복원의무(rehabilitation) 등에 관한 신탁통치합의(trusteeship agreement)에 관한 내용을 위반하였다는 이유로 국제사법재판소에 제소하였다.

Nauru는 호주가 이러한 자원을 개발하는데 책임이 있으며, 광업 활동을 통해 야기된 환경오염에 대해 손해배상을 해야 한다고 주장하였다.

호주는 특히, Nauru가 1968년 1월 31일에 독립을 쟁취하였지만, 1988년 12월까지 소를 제기하지 않았음을 근거로 소의 허용성에 이의를 제기하였다. 호주는 본 청구가 '합리적인 기간 내에'(within a reasonable time) 제기되지 않았기 때문에 허용되어서는 안 된다고 주장하였다.

법적 쟁점(Legal Issues) 소송 신청 계류와 시간제한

판결(Decision) ICJ는 1993년 9월 13일자 명령(Order)에서, 양국이 합의에 도달했음을 기초로 본 사건의 심리를 중단한다고 밝혔다.

판결 이유(Reasoning of the Court) 당연히 "법률적 성질의 이해관계"를 갖는 영국과 뉴질랜드는 ICJ규정 제62조에 근거하여 소송참가를 요청할 수 있었으나 그렇게 하지 않았다. 그러므로 이 사건을 법원이 재판하는 데 있어 그 사건과 관련된 모든 당사국의 ("법률적 성질의 이해관계"를 갖는 당사자로서의) 참가가 필수적인가 하는 문제와 그리고 만약에 필수적이 아니라면 그러한 상황 하에서 소송참가를 하지 않은 "법률적 성질의 이해관계"를 가진 국가들에게도 구속력을 갖느냐 하는 문제가 제기될 수 있는데, 이에 대해서 법원은 긍정적으로 (즉, 구속한다고) 답변하였다.

그리고 (규정 제63조에서 사건의 당사국 이외의 국가가 당사국인 조약의 해석이 문제되는 경우) 재판소 서기는 이 사실을 분쟁당사국을 제외한 모든 조약당사국에 통고하여야 하는데, 피통고국은 재판에 참가할 수 있다는 것이다. 그 근거는 ICJ규정 제63조와 ICJ규칙 제64조가 조약의 해석과 관련된 문제를 규정하고 있는데, 이에 의하면 제3국의 소송참가를 인정하고 있는 것으로 이해되며, 또 이런 소송참가는 조약의 최초 해석은 물론이고

이미 해석된 조약의 새로운 측면에 대한 해석에도 적용된다고 보는 것이 통설인 것 같다. 그러나 재판에 참가하는 제3국은 재판소의 판결에 의하여 부여된 해석에 구속된다.

재판소는 소 제기 과정에서 신청국의 지연이 소송을 불허하는 것으로 원용할 수 있지만, 국제법상 소를 제기하는 데 특정한 시간제한을 규정하고 있는 규칙은 없음을 인정하였다. 따라서 재판소는 '시간의 경과가 소송을 불허하는지에 대한 판단은 각각의 사건의 상황에 비추어' 판단해야 한다고 말하였다. ICJ는 Nauru의 청구는 양국간 관계의 본질을 고려해 볼 때, 시간의 경과에 의해 허용되지 않는 성질의 것은 아니라고 판단하였다. 그러나 재판소는 소송 진행 중의 지연(delay)이 사실 확립과 준거법 내용의 결정에 관한 피고국가의 권리에 손해를 끼치지 않도록 보장하는 데 책임이 있다.

10 East Timor Case: Portugal v. Australia (동티모르 사건)

인용(Citation) ICJ Rep. p. 90 (1995).

사실(Facts) 동티모르는 티모르섬의 동쪽 지역에 자리 잡고 있는데, 동티모르의 남쪽 해안은 약 430km를 사이에 두고 호주의 북쪽 해안과 마주하고 있다. 16세기 동티모르는 포르투갈의 식민지였는데, 이는 1975년까지 계속되었다. 티모르섬의 서쪽 지역은 네덜란드의 지배를 받다가 나중에는 독립된 인도네시아의 일부가 되었다. 1960년 12월 15일 UN 총회는 결의 1542(XV)에서, 티모르를 포함한 포르투갈의 관리하에 있는 영역은 UN헌장 제XI장의 의미상 '비자치영역'(non-self governing territories)으로 간주한다고 선언하였다. 1975년 8월 27일 동티모르의 내부 소요 이후, 포르투갈 시민과 군사당국은 동티모르 본토에서 북쪽의 Atauro섬으로 철수하였다. 1975년 12월 7일, 인도네시아군대가 동티모르에 침입하였고, 다음날 포르투갈 당국은 동티모르에서 완전히 물러났다. 그러면서 인도네시아가 이 지역을 점령하였고, 포르투갈과 호주는 인도네시아의 실효적 통제(effective control)를 인정하였다. 1976년 7월 17일 인도네시아는 동티모르 영역을 자국 영역의 일부로 통합하는 법을 제정하였다. 이후 UN안보리와 총회는 여러 결의를 통해 모든 국가가 동티모르의 영토보전과 양도할 수 없는 자결권을 존중하도록 촉구하고, 인도네시아 정부는 지체없이 이 지역에서 군대를 철수하며, 행정권자(Administering Power)로서 포르투갈 정부는 동티모르 국민이 자유롭게 자결권(right to self-determination)을 행사할 수 있도록 UN과 온전히 협력할 것을 요청하였다.

1978년 1월 20일, 호주는 인도네시아 일부로서 동티모르의 편입(incorporation of East Timor as part of Indonesia)을 사실상(*de facto*) 승인하였다. 동년 12월 15일, 호주 외무부 장관은 호주와 동티모르 사이의 대륙붕 경계획정을 위해 곧 교섭을 시작할 것이라고 선언하며, 인도네시아로의 편입의 승인이 곧 편입의 방법에 관해 일관되게 표명한 반대의사를 변경하는 것은 아니라고 언급하였다. 1971~1972년에 호주와 인도네시아는 대륙붕 경계를 설정하였는데, 동티모르의 남쪽 해안과 호주의 북쪽 해안 사이의 "Timor Gap"이라 불리는 대륙붕 경계는 결정되지 못하였다. 그리하여 1979년 2월에 Timor Gap에 관한 경계획정 교섭이 시작되었으나 성공하지 못하였고, 1989년 12월 11일 대륙붕 지역에서 자원의 공동탐사와 이용을 위한 조약을 체결하여, 인도네시아의 동티모르 지역과 호주 북부 사이의 해역에 협력지대(Zone of Co-operation)를 창설하였다.

1991년 2월 22일, 포르투갈은 호주를 상대로 1989년 12월 11일의 호주와 인도네시아 간 조약의 체결과 관련하여, "동티모르에 대한 호주의 특정한 활동"에 관한 소송을 국제사법재판소에 부탁하였다. 구체적으로 살펴보면, 포르투갈은 1989년 조약의 교섭과 채택시 그 적용을 위한 국내 입법조치 채택 등에서, 호주가 동티모르 국민의 자결권 및 천연자원에 대한 영구주권을 침해하였고, 동티모르의 행정권자(Administering Power)인 포르투갈의 권리를 침해하였으며, 관련 안보리 결의(384와 389)를 위반하였다고 주장하였다.

포르투갈의 신청서(Application)는 ICJ규정 제36조 제2항에 따라 포르투갈과 호주가 재판소의 강제관할권(compulsory jurisdiction)을 수락한 선언을 ICJ 관할권의 근거로서 언급하였다. 호주는 답변서(Counter-Memorial)에서 재판소의 관할권과 신청서의 수리 가능성에 관해 문제를 제기하였다. 호주는 양국간 실제로 어떠한 분쟁(dispute)도 존재하지 않으며, 포르투갈의 신청은 이 소송의 당사국이 아닌 인도네시아의 권리와 의무에 관해 재판소의 판결을 요구하는 것이고, 포르투갈은 충분한 소의 이익을 가지고 있지 않으므로 원고적격이 없다고 주장하였다. 또한, 포르투갈의 청구는 현실과 거리가 멀고 재판소의 판결은 유용한 효과가 없으며, 본질적으로 법적 성격이 아닌 교섭으로 해결되어야 하는 문제와 관련되어 있다고 항변하였다.

재판소장이 주재하는 회의에서 양 당사국은 이러한 문제들이 본안과 불가분의 관계를 맺고 있으며, 따라서 본안의 틀 내에서 심리하고 판단할 것에 합의하였다. 서면절차는 1993년 7월에 완료되었고, 구두심리는 1995년 1월 30일과 2월 16일 사이에 개최되었다.

법적 쟁점(Legal Issues)

1. 호주와 포르투갈 사이에 '법적 분쟁'이 존재하는가?
2. ICJ는 소송의 당사국이 아닌 인도네시아의 권리와 의무를 결정할 수 있는가?

판결(Decision) 1995년 6월 30일, ICJ는 다음과 같이 판결하였다.

- 이 사건에서 ICJ는 포르투갈이 부탁한 분쟁을 판결하기 위해 ICJ규정 제36조 제2항에 따른 당사국의 선언으로 부여된 관할권을 행사할 수 없다.

판결 이유(Reasoning of the Court) ICJ는 먼저 호주와 포르투갈 사이에 실제로 어떠한 분쟁(dispute)도 존재하지 않는다는 호주의 항변을 고려하였다. 호주는 포르투갈이 제기한 사건은 인위적으로 호주 행위의 합법성 문제로 제한되어 있으며, 진정한 피고국가는 호주가 아니라 인도네시아라고 주장하였다. 그러면서 포르투갈과 자신은 ICJ규정 제36조 제2항의 강제관할권을 수락하였지만, 인도네시아는 그렇지 않다고 언급하였다. ICJ는 이런 점에서 양국 사이에 '법적 분쟁'(legal dispute)이 존재한다고 판결하였다.

그런 다음, ICJ는 포르투갈의 신청서(Application)는 이 소송의 당사국이 아닌 인도네시아의 권리와 의무에 관해 재판소의 판결을 요구하는 취지라는 호주의 주된 항변을 검토하였다. 호주는 재판소가 이러한 판결을 내릴 수 없으며, 만약 이를 위해서라면 인도네시아의 동티모르 입성과 계속적인 주둔의 합법성, 또는 호주와 인도네시아 간 1989년 조약의 합법성에 대해 판결해야 할 것이라고 주장하였다. 이러한 주장을 뒷받침하기 위해, 호주는 1943년 *Monetary Gold* 사건에서의 ICJ 판결을 언급하였다.

포르투갈은 자신의 신청서는 인도네시아와 1989년 조약을 교섭하고 체결하며 이행한 호주의 객관적 행위에만 관련되어 있으며, 이 문제는 인도네시아 행위의 합법성에 관한 문제와는 완벽히 분리될 수 있다고 주장하였다. 이러한 포르투갈의 주장을 신중히 고려한 후, ICJ는 인도네시아가 1989년 조약을 합법적으로 체결할 수 없었던 문제를 검토하지 않고는 호주의 행위를 평가할 수 없다고 결론 내렸다. 인도네시아가 동티모르에 입성하여 머무르고 있는 상황을 고려할 때, 재판소 판결의 소송물(subject-matter)은 대륙붕 자원과 관련해 인도네시아가 동티모르를 대신하여 조약을 체결할 권한을 갖는지 결정하는 것이다. ICJ는 인도네시아의 동의 없이는 이 문제에 관한 결정을 내릴 수 없다는 견해를 채택하였다.

그 후 ICJ는 호주가 침해했다고 주장하는 권리는 대세적 권리(rights *erga omnes*)이며, 따라서 이를 존중하도록 요구할 수 있다는 포르투갈의 추가항변을 기각하였다. 재판소는 민족자결권이 대세적 성격을 가진다는 포르투갈의 주장은 문제가 없으며, 민족자결원칙은 UN헌장과 ICJ의 판례에서 인정되었고, 현대국제법의 필수적 원칙 중의 하나라고 언급하였다. 그러나 규범의 '대세적 성격'과 '관할권의 동의' 규칙은 별개의 것으로서, 원용된 의무의 성격이 어떠하든지 간에 재판소의 판결이 사건의 당사국이 아닌 다른 국가의 합법성 평가를 암시하는 경우 그 국가행위의 합법성을 판단할 수는 없다.

또한, ICJ는 UN 결의안, 특히 안보리의 결의가 동티모르에 대한 인도네시아 측의 권한을 승인하지 않을 의무를 국가에 부여하는 것으로 해석될 수 있다는 포르투갈의 주장을 검토하였다. 포르투갈은 이러한 결의는 재판소가 새로운(*de novo*) 결정을 내리지 않아도 되는 "기정사실"(Givens)을 구성할 것이라고 주장하였다. 재판소는 특히, 동티모르의 영역이 '비자치영역'으로 남아 있고, 국민이 자결권을 가지고 있다는 사실을 주목하였지만, 이러한 결의가 양국 사이의 분쟁을 결정하기 위한 충분한 근거를 구성하는 "기정사실"로 간주될 수는 없다고 판단하였다. 결국 ICJ는 인도네시아 행위의 합법성을 판단해야만 될 것이다. 따라서 인도네시아의 권리와 의무는 해당국의 동의 없이 내려진 판결의 소송물이 될 것이고, 이는 "재판소는 관할권에 동의한 국가에 대해서만 (재판)관할권을 행사할 수 있다"는 원칙에 직접적으로 위반된다. 따라서, ICJ는 호주의 다른 항변은 검토할 필요가 없으며 본안으로 넘어가 포르투갈의 청구에 대해 판결을 내릴 수 없다고 결정하였다.

한편, 동티모르는 1999년 8월 30일 UN의 감독하에 독립 여부에 관한 주민투표를 실시하여 78.5%의 찬성으로 독립을 결정하였고, 인도네시아군대는 동년 11월 1일 동티모르에서 철수하였다. 동티모르는 제헌의회와 초대 대통령 선거를 거쳐 2002년 5월 20일 독립을 선포하고 국명을 'Timor-Leste'로 변경하였으며, 2002년 9월 27일자로 191번째 UN회원국이 되었다.

11 Lockerbie Case (Preliminary Objections): Libyan Arab Jamahiriya v. United Kingdom; Libyan Arab Jamahiriya v. United States of America (로커비 사건)[19]

인용(Citation) ICJ Rep. p. 9 (1998) ; ICJ Rep. p. 115 (1998).

사실(Facts) 1988년 12월 21일, 런던발 뉴욕행 비행기인 팬암기 103편(Pan American Flight 103)에는 243명의 승객과 16명의 승무원(이 중에서 189명이 미국 시민)이 타고 있었다. 이 항공기는 오후 6시 25분에 이륙하여 38분 뒤인 약 7시 3분경, 스코틀랜드 남서쪽에 위치한 로커비 마을 상공에서 미리 설치된 폭탄에 의해 폭발하고 추락하였다. 탑승객 259명 전원과 로커비 마을 주민 11명이 이 사고로 사망하였다. 영국 및 외국의 법집행 요원과 정보요원이 참여한 조사에서, 항공기 전방 화물칸 왼편의 수하물 컨테이너에 설치된 폭발장치가 사고의 원인으로 지목되었다. 로커비의 지방검찰(Procurator Fiscal)은 영국 항공사고조사국(Air Accident Investigations Branch)의 보고서, 인명사고조회(Fatal Accident Inquiry) 및 외국의 경찰 조사를 바탕으로, 1991년 11월 13일 지방법원(스코틀랜드의 Dumfries Sheriff Court) 판사에게 영국의 1982년 항공보안법(Aviation Security Act 1982)에 따라 2명의 리비아 국민(Abdelbaset Ali Mohmed al-Megrahi와 Al Amin Khalifa Fhimah)에 대해 살인 예비음모, 살인 및 기타 범죄 혐의로 체포영장을 청구하였고, 영장이 발부되었다. 또한, 같은 날 워싱턴DC의 대배심(Grand Jury)은 이들 2명을 법률 용어는 차이가 있지만 동일한 혐의로 기소하였다.

영국, 미국과 프랑스를 중심으로 UN안보리는 1992년 1월 21일에 결의 731을 채택하여, 리비아에 재판을 위해 2명의 리비아 국민을 인도하고, 관련 조사와 기소에 협조하며, 책임을 인정하고 적절한 보상을 하며, 테러행위를 중단할 것 등을 요구하였다. 리비아는 al-Megrahi와 Fhimah를 구금하여 기소당국에 보고하는 등 자신은 1971년 9월 23일의 몬트리올에서 서명한 민간항공의 안전에 대한 불법적 행위의 억제를 위한 협약(Convention for the Suppression of Unlawful Acts against the Safety of Civil Aviation, '몬트리올

19 Questions of Interpretation and Application of the 1971 Montreal Convention arising from the Aerial Incident at Lockerbie.

협약')의 의무를 준수하고 있으며, 리비아 국내법이 자국민의 인도를 금지하고 있다고 언급하였다. 위 안보리 결의가 제대로 이행되지 않자, 안보리는 1992년 3월 31일에 항공 운송과 외교적 제재를 결합한 결의 748과 1993년 11월 11일에 제재조치를 강화하고 확대한 결의 883을 채택하였다.

1992년 3월 3일, 리비아는 몬트리올협약의 해석과 적용에 관한 분쟁 및 1988년 12월 21일 스코틀랜드의 로커비 상공에서 발생한 항공사고를 초래한 행위에 관한 분쟁에 대해 미국과 영국을 상대로 2개의 별개의 소송을 국제사법재판소에 부탁하였다.

리비아는 주장된 행위가 몬트리올협약 제1조의 의미 내에 범죄에 해당한다고 지적하며, 이 협약은 당사국 사이에 발효 중인 유일한 협약으로, 이 분쟁에 적용할 수 있다고 언급하였다. 또한, 리비아는 몬트리올협약상 자신의 의무를 온전히 준수하였으며, 이 협약에 따른 형사관할권 행사는 정당화된다고 주장하였다. 또한, 리비아는 미국이 몬트리올협약상 리비아에 대한 의무를 위반하고 있는데, 국가가 자국 영토 내에 있는 범죄혐의자를 다른 국가에 인도하지 않는 경우 그에 대한 관할권을 확립하도록 규정한 제5조와 리비아와 영국 및 리비아와 미국 사이에 범죄인인도조약(extradition treaty)이 없어 기소의 목적으로 권한 있는 당국에 이 사건을 회부하여야 하는 의무를 규정한 제7조가 그러하다고 주장하였다. 리비아는 영국과 미국이 재판을 위해 2명의 리비아 국민을 인도하도록 리비아에 압력을 가하고 있다는 점에서, 몬트리올협약을 포함한 국제법의 틀 내에서 문제 해결을 위한 노력을 거부함으로써 몬트리올협약을 위반하였다고 주장하였다.

리비아는 ICJ에 소송을 부탁한 1992년 3월 3일, 다음과 같은 2개의 별개의 잠정조치(provisional measures) 지시도 요청하였다: (a) 미국과 영국은 각각 리비아에 대해 범죄혐의자를 리비아 밖으로 넘겨주도록 강제하거나 강요하는 어떠한 조치도 취하지 못하도록 권유하며; (b) 리비아 신청서(Applications)의 대상이 되는 법적 절차와 관련하여 어떤 방법으로든 리비아의 권리를 침해하는 조치를 취하지 않도록 보장할 것.

1992년 4월 14일, ICJ는 잠정조치 요청에 대해 2개의 명령을 내렸는데, 명령을 통해 이 사건의 상황상 잠정조치 지시의 권한을 행사할 필요가 없다고 결정하였다. 영국과 미국은 답변서(Counter-Memorial)에서, 각각 선결적 항변(preliminary objections)을 제기하였다. 영국은 ICJ의 관할권과 리비아 청구의 수리 가능성에 관한 항변을 제기하였고, 미국은 ICJ의 관할권 결여를 주장하였다. ICJ규칙(Rules of Court) 제79조에 따라, 이 두 사건의 본안 심리는 중단되었다.

법적 쟁점(Legal Issues)

1. 리비아와 영국 및 리비아와 미국 사이에 법적 분쟁이 존재하며, ICJ는 이 사건에 대해 관할권을 가지는가?
2. 몬트리올협약상 의무와 안보리 결의에 따른 의무 사이에 법적 위계가 존재하는가?

판결(Decision) 1998년 2월 27일, ICJ는 다음과 같이 선결적 항변(preliminary objections)에 관한 판결을 내렸다.

1. (a) 1971년 9월 23일의 몬트리올협약의 해석 또는 적용에 관한 당사국 사이의 분쟁이 존재하지 않는다는 영국/미국이 제기한 관할권 항변을 기각한다.
   (b) 1971년 9월 23일의 몬트리올협약 제14조 제1항에 따라, 이 협약 조항의 해석 또는 적용에 관해 리비아와 영국/미국 사이의 분쟁을 심리할 관할권을 가진다.
2. (a) UN안보리 결의 748과 883에 기반한 영국/미국이 제기한 수리 가능성에 관한 항변을 기각한다.
   (b) 1992년 3월 3일의 리비아 신청서는 수리할 수 있다고 결정한다.
3. 안보리 결의 748과 883이 리비아의 청구 목적을 박탈하였다는 영국/미국의 항변은 사건의 상황상 전적으로 선결적 성격을 갖는 것은 아니라고 선언한다.

판결 이유(Reasoning of the Court) ICJ는 우선 영국과 미국이 제기한 관할권 항변에 관해 검토하였다. 당사국들은 몬트리올협약이 사건 당시에 이들 간에 발효하고 있음에 동의하였지만, 영국과 미국은 이 협약의 제14조 제1항에 규정된 모든 요건이 준수되지는 않았다며 ICJ의 관할권을 반대하였다. 분쟁의 경과를 검토한 결과, 몬트리올협약에 따라 교섭(negotiation)으로 해결되거나 중재(arbitration)에 회부될 수 없었으며, 영국과 미국이 중재에 들어가는 것을 거부함으로써 리비아는 제14조 제1항상 ICJ에 사건 부탁 전 중재 요청일로부터 6개월을 준수할 의무가 면제되었다. 또한, 이 사건이 오로지 몬트리올협약만의 적용을 받는 것인지에 관해 당사국들이 의견 차이를 보이므로, 이 사건에 적용가능한 법적 체제(legal regime)에 대해 '분쟁'(dispute)이 존재한다. 이러한 분쟁은 몬트리올협약의 해석 및 적용과 관련이 있고, 이 협약 제14조 제1항에 따라 ICJ에 의해 결정되어야 한다. 또한, 몬트리올협약 제1, 5, 6, 7, 8조에 규정된 권리 및 의무와 관련하여, 당사국 간에는 일반적 성격의 분쟁(dispute of a general nature)은 물론이고, 제7조 및 제11조의 해석 및 적용과 관련한 특별한 분쟁(specific dispute)도 존재한다.

영국과 미국은 몬트리올협약이 리비아에 일정한 권리를 부여한다고 하더라도 UN헌장 제25조와 제103조에 따라 몬트리올협약에서 발생하는 모든 권리와 의무보다 우선하는 안보리 결의 748과 883에 의해 대체되어야(superseded) 하므로 이 사건에서는 리비아의 권리를 행사할 수 없다고 주장하였다. 위 안보리 결의는 1992년 3월 3일 사건이 제기된 이후에 채택되었는데, 확립된 판례법에 의하면 재판소가 관할권을 갖게 되는 경우 계속 가지는 것으로, 추후에 채택된 결의의 존재가 일단 확립된 관할권에 영향을 미칠 수는 없다. 결국, ICJ는 미국과 영국이 제기한 몬트리올협약의 해석 또는 적용에 관한 당사국간 분쟁이 없다는 관할권 항변을 기각하고, 자신은 제14조 제1항에 따라 이들의 분쟁을 심리할 관할권을 가진다고 판결하였다.

또한, ICJ는 영국과 미국이 제기한 리비아의 신청서가 수리될 수 없다는 항변을 검토하였다. 영국과 미국은 리비아가 반대하는 조치는 안보리 결의에 따라 취해진 것임을 강조하며, 몬트리올협약이 아닌 안보리 결의가 당사국 사이의 분쟁을 규율하는 규칙을 확립하므로, 몬트리올협약에 기초한 리비아의 청구는 수리될 수 없다고 주장하였다. 리비아가 소송을 접수한 1992년 3월 3일은 사실상 수리 가능성을 결정하기 위한 유일한 날로서, 이후에 채택된 안보리 결의 748과 883은 고려 대상이 될 수 없다. 심지어 이전에 채택된 결의 731의 경우, 법적 구속력이 없는 단순한 권고에 불과하므로 수리 가능성의 법적 장벽을 형성할 수 없다. 따라서 ICJ는 안보리 결의에 근거한 수리 가능성 항변은 기각되어야 하며, 리비아의 청구는 허용된다고 판결하였다.

마지막으로 ICJ는 안보리 결의 748과 883이 소송의 대상(object)을 박탈하였기 때문에, 리비아의 청구는 무의미하며 관련 판결은 실질적인 목적(practical purpose)이 결여되었다는 항변을 살펴보았다. 이러한 항변은 ICJ규칙 제79조 제1항에 해당되어야 하는데, 이를 위해서는 그 항변이 "선결적" 성격(preliminary character)을 가져야 한다. 제79조 제1항은 '본안 절차에 들어가기 전에 그 결정이 요구되는 항변'을 "선결적"이라고 규정하고 있다. 영국과 미국의 항변은 안보리 결의가 리비아 청구의 대상을 박탈하였다고 주장함으로써 재판소에 본안 절차로 나아가지 않도록 하는 '결정'을 요구하는데, 사실상 이러한 결정은 필수적으로 다음 2개의 결정을 상정하는 것이다: 즉, 몬트리올협약상 리비아의 권리가 안보리 결의에 따른 의무와 합치되지 않는지 및 UN헌장 제25조와 제103조에 따라 후자의 의무가 전자의 권리보다 우선하는지 여부. 영국과 미국이 제기한 항변은 본안 절차에서 방어의 성격을 가지며, 이 항변과 본안이 긴밀히 연결되어 있음을 미국도 인정하고 있다. 따라서 이 항변에 대해 판결하려고 하면, 필수적으로 본안의 문제를 판결해야 할 것이다. 이상의 점들에 비추어 볼 때, ICJ는 리비아 청구의 대상이 박탈되어 소송이 무의미하다는 영국과 미국의 항변은 제79조 제1항의 의미상 전적으로 선결적 성격을 갖는 것은 아니라고 판결하였다.

한편, ICJ의 선결적 항변에 관한 판결이 난 후, 1998년 8월 24일 영국과 미국 정부는 스코틀랜드의 법과 절차에 따라 3명의 스코틀랜드 판사로 재판부를 구성하여 네덜란드에서 al-Megrahi와 Fhimah가 재판을 받을 것을 리비아에 제안하였다. 이러한 제안에 따라, 1999년 4월 5일 재판을 위해 al-Megrahi와 Fhimah의 신병이 네덜란드로 인도되었다. 2000년 5월 2일 재판이 시작되었고, 2001년 1월 31일 스코틀랜드 재판부는 만장일치로 리비아 아랍항공의 보안책임자이자 정보요원인 al-Megrahi에게는 종신형을, 리비아 아랍항공의 지점장이었던 Fhimah에게는 무죄를 선고하였다. al-Megrahi는 스코틀랜드의 형사사건검토위원회(Scottish Criminal Cases Review Commission)에 구제를 요청하였고, 위원회의 결정으로 상소가 허용되어 2번째 상소를 진행하다 2009년 8월 20일 건강상의 이유로 석방되어 리비아로 송환되었다. 석방되기 전 상소를 취소한 그는 2012년 5월 20일 리비아에서 사망하였다. 한편, 2003년 8월 12일 리비아 정부는 미국과 영국 및 팬암기 유가족에게 총 27억 달러의 보상금을 지급하기로 합의하고, 자국이 이 사건에 연루되었음을 인정하는 서한을 안보리에 보내는 것에 동의하였다. 이에 안보리는 동년 9월 12일 리비아에 대한 경제제재를 해제하는 결의 1506을 채택하였다.

안보리 결의 채택 며칠 전인 2003년 9월 9일 두 개의 서한에서, 리비아와 영국, 그리고 리비아와 미국은 공동으로 ICJ에 "영구히 소송절차를 중단하기로 합의하였다"(agreed to discontinue with prejudice the proceedings)고 통보하였다. 이러한 통보에 따라, 2003년 9월 10일 재판소장은 이 두 사건에 대해 당사국의 합의에 따른 절차의 중단을 기록하고, 소송명부에서 사건을 삭제하도록 지시하였다.

제17장

무력사용과 전쟁법

1. The Caroline Case(1842)
2. Naulilaa Case(1928)
3. Nicaragua Case(1986)
4. Oil Platforms(2003)
5. Legality of Use of Force(2004)

01 The Caroline Case

인용(Citation) BFSP(British and Foreign State Papers), Vol. 26 (1837~1838) p. 1372, Vol. 29 (1840~1841), p. 1126, Vol. 30 (1841~1842), p. 193 ; 32 AJIL 82 (1938).

사실(Facts) 1837년 캐나다 내란 중 버팔로 근처에 반군 지지자들이 집결하여 있었고, 많은 미국인과 캐나다인이 캐나다 국경 근처에 반군을 원조할 의사를 가지고 야영하고 있었다. 미국 선박인 Caroline호는 반군들이 주로 미국에서의 지원자나 군수물자를 실어 나르거나 의사를 전달하기 위해 사용하였던 선박이었는데, 영국 장교 지휘 하의 무장집단이 이 배를 급습하여 승선 중인 사람들을 살해하고 그로 인해 일부는 실종되었으며, 선체도 방화하여 나이아가라 폭포에 낙하시켜 버린 사건이 발생하였다.

미국이 이에 항의하자, 영국은 Caroline호가 해적선이며 미국법이 국경에서 적용될 수 없고 동 선박의 파괴는 자위권 행사의 일환이었다고 반박하였다.

1841년 동 선박의 파괴에 참여한 것으로 알려진 McLeod라고 하는 자가 뉴욕에서 체포되어 살인죄로 재판에 회부되자, 영국 정부는 선박파괴에 대한 책임을 인정하고 McLeod의 석방을 요구하였다.

법적 쟁점(Legal Issues) 자위권(self-defense) 행사의 요건

판결(Decision) McLeod는 알리바이가 성립되어 결국 재판에서 무죄를 선고받았다.

판결 이유(Reasoning of the Court) 미 국무장관 Webster와 영국의 Ashburton경은 1842년 이 사건을 종결짓고(Webster-Ashburton Treaty of 1842), 다음과 같이 그 입장을 밝혔다. Webster는 자위권 행사의 이유는 무력행사(use of force)를 정당화할 수 있지만, 이번 사건에서는 인정될 수 없다는 입장을 밝혔고, Ashburton경은 상황으로 보아 자위권으로서의 무력행사가 충분한 근거가 있다는 주장을 굽히지 않으면서도 미국영토침범에 대해서는 사과하였다.

또한, Webster는 "독립국가 영토의 불가침을 존중하는 것은 문명의 가장 필수적인 기초이다 … 물론 자위권이라는 예외가 있을 수 있다는 것을 인정하지만, 그러한 예외는 필요

성(necessity)이 급박하고(instant), 압도적이며(overwhelming), 다른 수단을 선택할 여지가 없고 숙고할 여유가 전혀 없을(leaving no choice of means, and no moment for deliberation) 경우에만 허용된다는 것은 의문의 여지가 없다"고 하였다.

그러므로 Webster는 영국이 자위권 행사의 정당화를 주장하기 위해서는 다음의 사실이 증명되어야 한다고 하였다: Caroline호에 승선한 사람들에 대한 경고(admonition)나 항의(remonstrance)가 불필요하거나 이용 불가능한 것이라는 점; 동이 트는 것을 기다릴 시간적 여유가 없었으며, 범죄자와 범인(凡人)을 구별할 수 있는 상황이 아니었다는 점; 선박을 나포하여 억류시키는 것으로는 충분하지 못했다는 점 등.

결론적으로 자위권 행사의 적법성은 (ⅰ) 자위의 필요성이 급박하고, (ⅱ) 당면한 공격이 압도적이며, (iii) 다른 선택의 여지가 없는 경우에 인정될 수 있다.

20세기에 들어와 자위권 행사에 있어 무력사용을 제재하려는 최초의 국제적인 노력으로는 국제연맹을 들 수 있다.

02 Naulilaa Case: Portugal v. Germany

인용(Citation) 2 RIAA 1011 (1928).

사실(Fact) 1914년 10월, 포르투갈이 아직 중립국일 당시 서남아프리카의 독일 관리 한 명과 장교 두 명이 포르투갈령 Angola Naulilaa에서 포르투갈 국경경비대 요원에 의해 살해되고, 다른 두 명은 감금되었다. 독일 식민지 총독은 복구(reprisal)를 명하고 독일군을 Angola에 파견하였다. 단기간전투에서 Cuangar 요새와 네 개의 소규모 초소가 공격을 받아 파괴되었다. 독일군은 또한 포르투갈 국경수비대가 Naulilaa에서 철수하도록 압력을 넣었다. 포르투갈의 패퇴로 인해 상당한 약탈이 수반된 소규모 원주민의 반란이 있었다. 독일군은 포르투갈 국경수비대가 패퇴한 뒤 바로 서남아프리카로 철수하였다.

추후 조사에서 당초 사건은 독일 관리와 장교가 포르투갈어를 알아듣지 못해 일어났다는 것이 밝혀졌다. Naulilaa 초소의 지휘관은 독일 관리와 장교가 응답하지 않자, 공격받을 위험이 있다고 보아 그들에게 사격을 명령했던 것이다.

신랄한 의견교환이 있은 뒤, 독일과 포르투갈은 책임 문제를 중재재판에 부탁하기로 합의하였다. 전쟁 및 기타 문제로 중재가 1928년 7월 31일까지 연기되었다.

법적 쟁점(Legal Issues) 이 사건에서 문제가 된 것은 독일 총독이 복구로서 Angola를 침략하도록 명령한 것은 정당한 것인가? 만약 정당하지 않다면 독일은 피해를 보상해야 하는가였다.

판결(Decision) (3인으로 구성된) 중재법원은 독일에 복구행위로 발생한 모든 피해에 책임이 있다고 판단하였다.

판결 이유(Reasoning of the Court) 1. 법원은 우선 복구는 국제법에 반한 가해국(offending state)의 구제되지 않은 행위에 대한 보복(retaliation)으로서 피해국(injured state)이 행한 정당한 행위이며, 가해국에 권리 침해에 대한 보상(reparation)을 강제하거나 합법적인 행위를 하도록 하거나 새로운 위법행위를 하지 않도록 하기 위한 것으로, 그러한 복구행위에 정당성(justification)이 주어지지 않는 경우 불법이라고 하였다.

2. 법원은 이어서 이 사건에서는 (i) 독일 관리의 사망은 포르투갈 당국의 국제법 위반행위로 인한 것이 아니므로 복구의 정당성이 없다. 즉 독일 관리를 무장해제시키고 감금한 것은 합법적 권리행사이며, 사실 그 독일 관리가 중립국 영토(neutral territory)에 침입한 무장전투요원(belligerents under arms)이었으므로 그것이 중립국 포르투갈의 의무였다는 것, (ii) 서남아프리카의 독일당국은 복구하기 전 평화적 해결방법을 모색하지 않았다는 것, (iii) 사고로 인하여 독일 관리가 사망한 것은 3주에 걸친 무력시위(military campaign)와 6개의 포르투갈 초소를 파괴한 것에 비하여 상당히 적은 피해라는 점, 즉 독일당국은 복구와 피해와의 사이에 필요한 비례의 원칙(principle of proportionality)을 위반하였다는 것 등을 지적하여 독일의 복구행위의 합법성이 인정되지 않는다고 판결하고, 독일의 피해보상을 명하였다.

03 Nicaragua Case: Nicaragua v. United States of America (니카라과 사건)[20]

인용(Citation) ICJ Rep. p. 392 (1984) ; ICJ Rep. p. 14 (1986).

사실(Facts) 니카라과의 반군인 Contras를 지원하고 니카라과 영해와 항구 및 관련 시설에 수뢰를 설치하는 등의 미국의 일련의 행위는 니카라과 국내문제에 대한 불법적 간섭이며 니카라과에 대한 불법적인 무력행위라는 것을 이유로 하여, 1984년 4월 9일에 니카라과는 ICJ에 미국을 상대로 소송을 제기함과 동시에 동 재판소가 미국에 대하여 잠정조치 명령을 발할 것을 요청하였다. 니카라과는 ICJ의 관할권에 대한 적법성의 근거로서 국제사법재판소규정 제36조의 선택조항을 들었다.

이에 대하여 미국은 동 규정 제36(2)조에 의하면 선택조항에는 미국의 수락조건이 명시되어 있으므로, 미국이 선언의 효력에 대해 '6개월의 기간을 둔 사전통지'를 한 경우에는 통지된 내용이 효력을 갖는다고 주장하였다. 다시 말하면, 이 사건에서 ICJ의 관할권 존재여부는 미국의 1946년 8월 14일자의 선택조항 수락선언에 근거한 것이지만, 사건 6개월 전에 이러한 선언의 구속력이 종료된다는 내용의 통지가 있게 되면 그 "통지"에 따라 판단해야 한다는 것이었다. 그러므로 미국은 이러한 사전통지와 관련하여, UN사무총장에게 1984년 4월 6일자로 (공식) 통지서한(Notification)을 보냈다고 주장하면서 이 내용에 따라 사건을 판단하여야 한다고 주장하였다. 이 통지 서한에서, 미국은 문제되는 분쟁이 중남미 국가나 중남미 지역과 관련된 것으로서 당사국 간에 다른 방법에 의한 해결을 합의한 경우에는 상기 선택조항 수락선언은 적용되지 않게 되며, 이 합의는 즉시 발효하여 향후 2년간 유효하다고 하였다. 또한, 미국은 선택조항의 상호주의원칙과 관련하여, 니카라과와 관련된 문제에 대하여 ICJ가 관할권을 갖는다는 것을 입증하기 위해서는 ICJ규정 제36(2)조에 의해 니카라과가 "동일의무를 수락하는 국가"(state accepting the same obligation)임을 보여야 한다고 주장하였다.

이에 대하여 니카라과는 우선 자신이 당시 PCIJ의 당사국이라는 것을 입증하여야 하였는데, 니카라과는 PCIJ의 적정절차에 따라 PCIJ의 당사국이 되었다고 주장하였다. 니

20 Case concerning Military and Paramilitary Activities in and against Nicaragua.

카라과는 '현재 유효한 PCIJ의 선택조항 수락 선언은 그 선언이 규율하는 유효기간 동안 또 그 선언이 규율하는 조건 하에 ICJ규정 하에서도 유효하다'는 요지의 현행 ICJ규정 제36(5)조를 근거로 볼 때, 그가 전에 수락한 PCIJ의 선택조항 수락은 현재에도 유효하다고 주장하였다.

이에 관한 미국의 입장은 국제연맹에 니카라과의 해당 선언의 비준 여부를 입증할 증거나 기록이 없다는 사실을 근거로 하여, 니카라과는 PCIJ의 당사국이 된 적이 없으며, 따라서 니카라과의 1929년의 선언은 "아직 유효한"(still in force) 것으로 볼 수 없다는 것이었다.

법적 쟁점(Legal Issues) 이 사건에서 문제가 된 것은 니카라과의 반군(소위 'Contra'군)의 행위로 인한 손해에 대하여 이들의 행동을 지원한 미국이 해당 손해에 대하여 배상의무를 지느냐 하는 것이었다.

판결(Decision) 본안 판결에서 ICJ는 미국의 손해배상책임을 인정하였다.

판결 이유(Reasoning of the Court) 우선 관할권 존재 여부에 관하여 재판소는 니카라과의 재판신청서를 심의하고, 니카라과와 미국 상호 간의 우호통상항해조약과 관련한 니카라과 사건에 대한 관할권을 갖는다고 판결하였으며, 만장일치로 니카라과의 재판 요청을 받아들이기로 하였다.

그리고 재판소는 다음과 같은 잠정조치를 명하였다: 첫째 미국은 수뢰 설치행위를 포함하여 니카라과의 항구에 접근하거나 출항하는 것을 위태롭게 하거나 또는 봉쇄하거나 제한하는 등의 모든 행위를 즉각 정지할 것을 만장일치로 명하며, 둘째 니카라과의 주권과 정치적 독립을 인정하고 존중하여야 하며, 어떤 군사적 혹은 준군사적 활동으로 이를 위협하거나 니카라과의 국내문제에 간섭하여서도 안 된다는 것을 14대 1의 다수결로 명하며, 셋째 양국은 재판소가 접수한 이 사태를 악화시키게 되는 모든 행위를 자제할 것을 만장일치로 명하며, 넷째 양국은 본 재판소의 판결을 이행하는 데 방해가 되는 모든 행위를 자제할 것을 만장일치로 결정하였다. 동시에 본안심리에서 미국에 니카라과에 대해(미국의 위법적 행위의 결과로 발생한 피해에 관하여) 배상할 의무가 인정된다고 하였다. 1987년 9월 니카라과는 총 120억 불의 손해배상금을 요청하였으나, 1991년 9월 정부가 교체된 후 이 소송을 중단하였다.

참고로 국제사법재판소의 미국 재판관인 슈웨블(Schwebel)은 이 판결에 대해 반대의견을 제시하였다. 그 핵심 내용을 살펴보면, 니카라과의 1929년도 선언은 발효한 것으로 볼 수 없다는 것과 현행 ICJ규정 제36(5)조에 의하여 니카라과가 ICJ규정 제36(2)조의 선택조항을 수락한 것으로 볼 수 없다는 것이다.

이 판결이 있은 지 약 1년 후인 1985년, 미국은 '선택조항'의 수락(즉, 국제사법재판소의 강제관할권 인정)을 철회하였다.

04 Oil Platforms: Islamic Republic of Iran v. United States of America (석유 플랫폼 사건)

인용(Citation) ICJ Rep. p. 803 (1996) ; ICJ Rep. p. 161 (2003).

사실(Facts) 이 사건은 1980년과 1988년 사이 페르시아만에서 발생한 이란-이라크전과 관련이 있다. 이 전쟁은 1980년 9월 22일 이라크군이 이란 영토의 서부 지역을 침공하면서 시작되었고, 교전당국이 1987년 7월 20일자 UN안보리 결의 598에 따라 1988년 여름 휴전을 수락할 때까지 계속되었다. 이 전쟁 중, 양 국가의 영역에서 전투가 벌어지고 분쟁은 국제적인 상업경로이자 가장 중요한 병참선(line of communication)인 페르시아만으로 확산되어 이 지역의 통상과 항해에 영향을 미쳤다. 1980년 9월 22일 전쟁이 시작된 이래, 이란은 해안 주변에 방위배제수역(defence exclusion zone)을 설치하였고, 그 직후인 10월 초 이라크는 전쟁금지수역(prohibited war zone)을 선포하고 페르시아만 북부 지역에 "해군의 배타적 수역"(naval total exclusive zone)을 설치하였다.

1984년 이라크는 페르시아만에서, 특히 이란의 석유를 운반하는 유조선에 대한 공격을 감행하였고, 이는 "유조선 전쟁"(Tanker War)으로 알려진 첫 번째 사건이 되었다. 1984년과 1988년 사이, 중립국 선박을 포함하여 다양한 국적의 많은 상선과 군함이 페르시아만 바다에서 항공기, 헬리콥터, 미사일 또는 기뢰의 공격을 받았다. 두 교전당국의 해군이 이

지역에서 활동하고 있었지만, 이란은 적절한 정지 및 수색 요청을 거부하는 선박과 관련된 경우 이외의 모든 행위에 대해서는 그 책임을 부인하였다. 미국은 이란이 이러한 사건에 관해 책임이 있다고 간주하는 반면, 이란은 이라크가 이에 책임이 있다고 생각하였다.

특히, 1987년 10월 16일 쿠웨이트 유조선인 Sea Isle City호가 미국으로 선적을 변경한 후 쿠웨이트 항구 근처에서 미사일 공격을 받았는데, 미국은 이 공격의 책임을 이란에 돌렸다. 3일 뒤인 1987년 10월 19일, 미 해군은 자위권(self-defence)을 주장하며 Reshadat 단지와 Resalat 단지를 공격하여 Reshadat 단지에 있는 이란 석유생산시설 2곳(R-7과 R-4 플랫폼)을 파괴하였다. 또한, 1988년 4월 14일 USS Samuel B. Root B. Roberststs 미 군함이 호위 임무를 마치고 돌아오던 중 바레인 인근 국제해역에서 기뢰 공격을 받았다. 4일 뒤인 1988년 4월 18일, 미국은 역시 자위권을 주장하며 해군을 보내 이란의 Nasr 단지와 Salman 단지를 공격하고 파괴하였다.

1992년 11월 2일, 이란은 미국을 상대로 이란 석유 플랫폼의 파괴와 관련하여 국제사법재판소에 소송을 제기하였다. 이란은 ICJ 관할권의 법적 기반으로 1955년 8월 15일 테헤란에서 서명한 이란과 미국 간의 우호, 경제관계 및 영사권 조약(Treaty of Amity, Economic Relations and Consular Rights between Iran and the United States, '1955년 조약')의 제XXI조 제2항을 들었다. 이란은 신청서(Application)에서, 1987년 10월 19일과 1988년 4월 18일에 여러 척의 미 해군 소속 군함이 이란 국영석유공사(National Iranian Oil Company)가 상업적 목적으로 소유하고 운영하는 3개의 해양 석유생산단지를 파괴한 것은 1955년 조약의 여러 조항 및 국제법의 "근본적 위반"(fundamental breach)을 구성한다고 주장하였다.

서면변론 제출을 위한 기한은 추후 재판소장의 두 차례 명령을 통해 연장되었는데, 그 사이 1993년 12월 16일 미국은 재판소의 관할권에 대해 선결적 항변(preliminary objection)을 제기하였다. 1996년 12월 12일, ICJ는 미국이 제기한 선결적 항변을 기각하며, 자신은 1955년 조약 제XXI조 제2항을 기반으로 당사국 영역 사이에서 통상 및 항해의 자유(freedom of commerce and navigation)를 보호하는 제X조 제1항에 따라 이란이 제기한 청구를 심리할 관할권을 가진다고 판결하였다.

미국은 답변서를 제출하면서, 1987년과 1988년 페르시아만에서 미국 국기를 달거나 미국이 소유한 선박에 대한 기뢰 폭파 및 기타 공격과 관련된 행위를 통해 이란 역시 1955년 조약 제X조에 따른 의무를 위반하였다며 ICJ에 반소(counter-claim)를 제기하였다. 이란은 ICJ규칙 제80조 제1항에 따라 반소의 수리 가능성에 의문을 제기하였고, ICJ는 1998년 3월 10일자 명령에서 이 문제를 다루었다. 재판소는 미국의 반소는 그 자체로 수리될 수 있으며 현재 소송의 일부를 형성한다고 판결하며, 이란에는 항변서(Reply)를, 미국에는 제2답변서(Rejoinder)를 제출하라고 지시하였다. 2003년 2월 17일부터 3월 7일까지 이란의 청구 및 미국의 반소에 관한 공개심리가 개최되었다.

법적 쟁점(Legal Issues)

1. 미국의 대이란 석유 플랫폼 공격 및 파괴는 이란과 미국 간의 우호, 경제관계 및 영사권 조약상 자위권의 행사로서 안보를 위해 허용될 수 있는가?
2. 미국의 대이란 행위와 이란의 대미국 행위는 각각 위 조약상 통상 또는 항해의 자유를 위반한 것인가?

판결(Decision) 2003년 11월 6일, ICJ는 본안 판결에서 다음과 같이 결정하였다.

1. 1987년 10월 19일과 1988년 4월 18일에 이란의 석유 플랫폼에 대한 미국의 행위는 1955년 조약상 미국의 필수적 안보이익을 보호하는 데 필요한 조치로 정당화될 수 없다. 그러나 이러한 행위가 당사국 영역 간에 통상의 자유에 관한 1955년 조약 제X조 제1항에 위반된다는 이란의 청구 및 보상 요구는 수락할 수 없다.
2. 1955년 조약 제X조 제1항상 이란의 의무 위반에 관한 미국의 반소 및 보상 요구는 수락할 수 없다.

판결 이유(Reasoning of the Court) ICJ는 우선 미 해군의 이란 석유 플랫폼에 대한 파괴행위가 1955년 조약 제XX조 제1(d)항에 의해 필수적 안보이익(essential security interests)의 보호를 위한 조치로서 정당화될 수 있는지를 검토하였다. 1955년 조약을 관련 국제법의 규칙에 비추어 해석할 때, 미국은 '자위권 행사를 위해 행동하는 경우에만' 문제의 조항상 무력사용의 권한을 가진다. 미국이 이란의 무력공격의 희생자이며, 미국의 행위가 '자신에 대한 무력공격에 필요하고 비례하는'(necessary and proportional to the armed attack against it) 경우에만 자위권(right of self-defense)을 행사할 수 있다. 양 당사국이 제출한 증거의 면밀한 검토 결과, 미국은 위의 조건이 충족되었음을 입증하는 데 성공하지 못하였다. 따라서, 미국은 1955년 조약 제XX조 제1(d)항을 원용할 권한이 없다.

또한, 미국이 석유 플랫폼을 파괴하는 과정에서 정상적 운영을 방해하여 이란이 1955년 조약 제X조 제1항에 의해 보장되는 “양 체약국 영역 사이에서”(between the territories of the two High Contracting Parties) 통상의 자유(freedom of commerce)를 향유하지 못하였는지를 검토하였다. 첫 번째 공격의 경우, 공격받은 석유 플랫폼은 수리 중으로 작동하지 않았고, 당시 이란과 미국 사이에 해당 플랫폼으로부터의 원유 거래는 존재하지 않았다. 따라서, 이 플랫폼에 대한 공격은 양국의 영역 사이에서 통상의 자유에 영향을 미친 것으로 간주할 수 없다. 또한, 미국 행정명령에 따른 금수조치의 결과 이란과 미국 사이의 모든 원유 거래는 중단되었었기 때문에, 두 번째 공격과 관련하여서도 동일한 결론에 도달한다. 따라서 ICJ는 미국이 1955년 조약 제X조 제1항에 따른 이란에 대한 의무를 위반하지 않았다고 결정하고, 이란의 보상 청구를 기각하였다.

미국의 반소와 관련하여, ICJ는 이란이 제기한 관할권 및 수리 가능성에 대한 항변을 기각한 후, 이란이 미국에 저지른 사건이 1955년 조약 제X조 제1항에 의해 보장되는 양 체약국 영역 사이에서 통상 또는 항해의 자유(freedom of commerce or navigation)를 침해하였는지를 살펴보았다. 미국이 이란의 공격으로 피해를 입었다고 주장하는 선박 중 어느 것도 두 국가의 영역 사이에서 통상이나 항해에 관여하지 않았다. 또한, 이란의 행위가 페르시아만을 운송에 안전하지 않게 만들었다는 미국의 주장은 받아들일 수 없으며, ICJ에 제출된 증거에 따르면, 관련 시점에 이란과 미국의 영역 사이에 교역이나 항해에 대한 실질적 장벽은 존재하지 않았다. 따라서, ICJ는 보상을 요구하는 미국의 반소를 기각하였다.

05 Legality of Use of Force (Preliminary Objections): Serbia and Montenegro v. Belgium, Canada, France, Germany, Italy, the Netherlands, Portugal, United Kingdom; Yugoslavia v. Spain, United States of America (NATO 무력사용의 합법성 사건)

인용(Citation) ICJ Rep. p. 279 (2004) ; ICJ Rep. p. 429 (2004) ; ICJ Rep. p. 575

(2004) ; ICJ Rep. p. 720 (2004) ; ICJ Rep. p. 865 (2004) ; ICJ Rep. p. 1011 (2004) ; ICJ Rep. p. 1160 (2004) ; ICJ Rep. p. 1307 (2004).

사실(Facts) 이 사건의 역사적 배경이 되는 1998~1999년의 상황을 간단히 소개하면 다음과 같다.

1998년 3월 31일, UN안보리는 결의 1160의 채택을 통해, 코소보 내에서 벌어지는 세르비아 경찰의 민간인 및 평화적인 시위참가자들(주로 알바니아계)에 대한 과도한 무력사용뿐만 아니라, 이에 맞서 조직된 코소보 내 알바니아계의 코소보 해방군(Kosovo Liberation Army)이 저지른 테러행위를 비난하였다. 이후에도 UN사무총장과 안보리는 각각 관련 보고서 및 결의에서, 코소보 내 세르비아계와 알바니아계의 상황 악화가 이 지역의 평화와 안보에 위협이 되며, 세르비아 보안군의 과도하고 무차별적 무력사용이 수많은 사상자를 낳고 있음에 깊은 우려를 표명하였다. 1998년 10월 15일과 16일, 유고연방공화국은 각각 북대서양조약기구(North Atlantic Treaty Organization, 'NATO') 및 유럽안보협력기구(Organization for Security and Co-operation in Europe, 'OSCE')와 코소보 내 감시임무협정에 서명하며 평화 분위기가 조성되는 듯 보였으나, 1999년 1월 15일에 세르비아 보안군과 경찰에 의한 알바니아 민간인 집단살해가 보고되었다. 이에 1999년 3월 20일 NATO는 코소보 내 알바니아계를 대상으로 한 세르비아의 소위 '인종청소'(ethnic cleaning)라 불리는 잔혹한 대량학살 행위를 저지하기 위해 군사적 행동이 필요하다고 판단하고, 소위 인도적 간섭(humanitarian intervention)을 하기로 결정하였다. 1999년 3월 24일 NATO 회원국 중 벨기에, 캐나다, 프랑스, 독일, 이탈리아, 네덜란드, 포르투갈, 스페인, 영국 및 미국의 10개국은 유고연방공화국에 대한 공습에 참여하였고, NATO의 공습작전은 6월 10일까지 이어졌다. 이로 인해 세르비아 보안군 약 1,000여 명과 민간인 500여 명이 사망하였고, 군사시설뿐만 아니라 공장, 병원, 학교, 방송국, 문화재, 민간인 거주지, 다리, 도로와 철도선로 등이 파괴되고 훼손되었으며, 정유공장과 화학공장에 대한 공격은 도시와 마을에 심각한 환경파괴를 야기하였다. 한편, 이러한 무력사용의 정당성을 확보하기 위해 NATO 회원국들은 관련 안보리 결의를 통과시키기 위해 노력하였으나, 중국과 러시아의 반대로 결의안 채택에 실패하였다.

이런 가운데 1999년 4월 29일 세르비아와 몬테네그로(즉, 유고연방공화국)는 공습에 가담한 벨기에, 캐나다, 프랑스, 독일, 이탈리아, 네덜란드, 포르투갈, 스페인, 영국 및 미국을 상대로 다른 국가에 대한 무력사용 금지 의무, 국내문제 불간섭 의무, 주권침해 금지 의무, 전쟁 중 민간인 보호 의무, 환경보호 의무, 기본적 인권과 자유에 관한 의무, 금지된 무기의 사용금지 의무 등을 위반하였다며 국제사법재판소에 소송을 제기하였다. 유고연방공화국은 벨기에, 캐나다, 네덜란드, 포르투갈, 스페인과 영국에 대한 신청서(Application)에서 재판소 관할권의 근거조항으로 ICJ규정(Statute of the ICJ) 제36조 제2항 및 1948년 12월 9일 UN총회에서 채택된 집단살해죄의 방지와 처벌에 관한 협약(Convention on the Prevention and Punishment of the Crime of Genocide, '제노사이드협약') 제9조를 들었다. 또한, 유고연방공화국은 프랑스, 독일, 이탈리아, 미국에 대한 신청서에서 ICJ의 관할권 기반으로 제노사이드협약 제9조와 ICJ규칙(Rules of Court) 제38조 제5항을 원용하였다.

한편, 유고연방공화국은 위 10개국에 대한 각 신청서에서 피고국가들이 자신을 향한 "무력사용 행위를 즉각 중단하고 무력의 위협 또는 사용행위를 삼갈 것을"(cease immediately its acts of use of force and . . . refrain from any act of threat or use of force) 보장하는 잠정조치(provisional measures)를 ICJ가 지시해 주도록 요청하였다. 1999년 5월 10일부터 12일까지 잠정조치에 관한 심리 이후, 동년 6월 2일 재판소는 소의 병합이 적절하지 않다며 분리 검토하여 사건별로 결정을 내렸다. 스페인과 미국을 상대로 한 사건에서, 재판소는 잠정조치 요청을 기각하며, 자신은 명백히 관할권이 결여되어 있다(manifestly lacked jurisdiction)며 소를 각하하고, 결과적으로 이 사건을 소송명부에서 삭제하도록 명령하였다. 나머지 8개국을 상대로 한 사건에서, 재판소는 일견 보기에 관할권이 결여되어 있고(lacked *prima facie* jurisdiction), 따라서 잠정조치를 지시할 수 없다고 선언하였다. 2000년 7월 5일, 아직 소송명부에 남아 있는 8개의 피고국가들은 관할권 및 수리 가능성에 관해 선결적 항변(preliminary objections)을 제기하였다.

참고로, 원고국가의 공식명칭은 소송이 진행되는 동안 변경되었다. 1992년 4월 27일 유고사회주의연방공화국(Socialist Federal Republic of Yugoslavia, '구유고연방')의 의회는 "유고연방공화국"(Federal Republic of Yugoslavia)의 헌법을 채택하고 선포하였으며, 유고연방공화국은 해체된 구유고연방의 승계국이자 UN회원국의 지위를 계속 유지할 자격이 있다고 주장하였다. 2000년 11월 1일에 원고국가는 "유고연방공화국"의 이름으로 UN

가입이 승인되었고, 2003년 2월 4일 유고연방공화국은 공식적으로 자신의 국명을 "세르비아와 몬테네그로"(Serbia and Montenegro)로 변경하였다. 따라서, 국제사법재판소는 이 사건의 판결문에서 국명이 변경되기 이전의 사항을 언급하는 경우에도 가능한 한 "세르비아와 몬테네그로"로 사용하고자 하였다.

법적 쟁점(Legal Issues)

1. 구유고연방의 해체 이후 설립된 "세르비아와 몬테네그로"의 UN 내에서의 법적 지위는 무엇인가?
2. ICJ규정 제35조 제2항의 "발효 중인 각 조약"의 의미는 무엇인가?

판결(Decision) 2004년 12월 15일, ICJ는 8개국(벨기에, 캐나다, 프랑스, 독일, 이탈리아, 네덜란드, 포르투갈, 영국)이 제기한 선결적 항변에 관해 다음의 판결을 내렸다.

- 재판소는 1999년 4월 29일의 세르비아와 몬테네그로가 제출한 신청서의 청구를 심사할 관할권을 가지지 않는다.

판결 이유(Reasoning of the Court) "세르비아와 몬테네그로"(즉, 유고연방공화국)가 소송을 제기할 당시, ICJ규정의 당사국인지 아닌지는 근본적 문제에 해당한다. 왜냐하면 세르비아와 몬테네그로가 ICJ규정의 당사국이 아니라면, ICJ규정 제35조 제2항에 규정된 조건을 충족하지 않는 한 재판소는 이들에 개방되지 않을 것이기 때문이다. ICJ는 관할권에 관한 ICJ규정 제36조와 제37조에 규정된 조건에 관한 문제를 검토하기에 앞서, 세르비아와 몬테네그로가 제34조와 제35조에 규정된 조건을 만족하는지를 살펴보아야 했다.

세르비아와 몬테네그로가 ICJ규정 제34조 제1항의 목적상의 '국가'라는 데는 의심의 여지가 없다. 그러나 신청서가 제출된 시점에 세르비아와 몬테네그로가 UN의 회원국이 아니었기 때문에 이들이 제35조 제1항에 규정된 조건을 충족하지 못하였다는 항변이 제기되었다. 세르비아와 몬테네그로의 UN에서의 법적 지위에 관한 일련의 상황을 살펴본 결과, 유고사회주의연방공화국의 해체 이후 유고연방공화국의 지위와 관련하여 1992~2000년 동안 UN 내에서 법적 상황은 모호한 상태로서 다양한 평가가 가능하였다. 이러한 상황은 2000년에 새로운 변화와 함께 종식되었는데, 동년 10월 27일 유고연방공화국이 UN 회원가입을 신청하였고, 11월 1일 총회결의 55/12에 의해 가입이 허가된 것이다. 따라서 "세르비아와 몬테네그로"는 2000년 11월 1일자로 UN의 회원자격을 갖게 되었다. 그러나 UN 가입은 유고사회주의연방공화국이 해체되어 사라졌을 당시로 거슬러 올라가는 효력을 갖지 않으며, 가질 수도 없다. 따라서 세르비아와 몬테네그로가 1999년 4월 29일 재판소에 각 사건에 대한 절차를 시작하기 위해 신청서를 제출할 당시는 UN회원국이 아니며, 이에 따라 ICJ규정의 당사국도 아니다. 따라서, 재판소는 ICJ규정 제35조 제1항에 따라 세르비아와 몬테네그로에 개방되지 않았다.

또한, ICJ는 ICJ규정 제35조 제2항에 의해 세르비아와 몬테네그로에 개방될 수 있는지도 고려하였다. 이 조항에 규정된 "발효 중인 각 조약"(treaties in force)이라는 용어는 상설국제사법재판소규정(Statute of the Permanent Court of International Justice)의 준비문서(*travaux préparatoires*), 동 조항의 대상과 목적(object and purpose) 등을 고려해 볼 때, ICJ규정 자체가 발효한 당시(즉, 1945년 10월 24일)에 유효한 조약을 의미하는 것으로, 그 이후에 체결된 조약은 여기에 포함되지 않는 것으로 해석된다. ICJ규정 발효 이후에 체결된 조약도 포함한다고 해석하면, ICJ규정 비당사국의 재판소 접근을 규정하고 있는 제35조 제2항의 '대상과 목적'에 합치하지 않는 결과를 낳을 것이다. 결과적으로 세르비아와 몬테네그로가 소송을 제기할 당시 제노사이드협약의 당사국이라 가정하더라도, 제노사이드협약은 ICJ규정이 발효한 후인 1951년 1월 12일에야 발효하였기 때문에, 제35조 제2항은 제노사이드협약 제9조를 기반으로 ICJ에 사건을 의뢰하기 위한 근거가 되지 않는다.

한편, 벨기에와 네덜란드를 상대로 한 사건에서, ICJ는 세르비아와 몬테네그로가 해당 사건에 대한 관할권의 근거로 1930년대 초에 이들 국가와 체결한 분쟁해결조약의 조항, 예컨대 유고와 벨기에 간 조정, 사법적 해결 및 중재에 관한 협약(Convention of Conciliation, Judicial Settlement and Arbitration between the Kingdom of Yugoslavia and Belgium; 1930년 3월 25일 서명, 1930년 9월 3일 발효) 제4조와 유고와 네덜란드 간 사법적 해결, 중재 및 조정에 관한 조약(Treaty of Judicial Settlement, Arbitration and Conciliation between the Kingdom of Yugoslavia and the Netherlands; 1931년 3월 11일 서명, 1932년 4월 2일 발효) 제4조를 원용할 수 있는지의 문제를 검토하였다. 이 문제는 ICJ규정의 발효 이전에 체결된 1930년대 초반의 협약이 제35조 제2항의 목적상 "발효 중인 각 조약"으로 평가되어 재판소 이용의 근거가 될 수 있는지에 관한 것이었다. ICJ규정 제35

조는 자신의 전신인 상설국제사법재판소가 아닌, 현재 재판소의 접근에 관한 것이다. 그리고 상설국제사법재판소로부터 현재 재판소로의 관할권 이전 조건은 ICJ규정 제37조에 의해 규율되는데, 제37조는 제35조 제1항에 따라 "ICJ규정의 당사국 사이"에서만 적용되도록 하고 있다. 세르비아와 몬테네그로가 신청서를 제출한 1999년 4월 29일에 ICJ규정의 당사국이 아니었으므로 제37조에 규정된 바와 같이 위 1930년대 초반의 협약에 기초하여 재판소에 접근할 수는 없다. 결국, 세르비아와 몬테네그로는 ICJ규정 제35조 제1항과 제2항의 조건을 충족하지 못하였으므로 ICJ는 이들에 개방되지 않으며, 따라서 세르비아와 몬테네그로가 제기한 청구를 판단할 관할권이 존재하지 않는다.

제18장

국제환경법

1. Trail Smelter Case(1941)
2. Lake Lanoux Arbitration(1957)
3. Pulp Mills on the River Uruguay(2010)
4. Whaling in the Antarctic(2014)
5. Certain Activities and Construction of a Road(2015/2018)
6. Urgenda Foundation v. The State of the Netherlands(2019)

01 Trail Smelter Case: United States v. Canada

인용(Citation) 3 RIAA 1905 (1941) ; 35 AJIL 684 (1941).

사실(Facts) 1896년에 캐나다의 Trail 지역에 한 제련소가 설립되었는데, 1906년 캐나다의 광업 및 제련업 합병회사(Consolidated Mining and Smelting Company of Canada, Limited)가 캐나다 당국으로부터 British Columbia주 Trail(미국 국경선으로부터 북쪽으로 약 20km 떨어져 있음)에 소재한 이 제련소를 인수하였다. 그 후, 이 제련공장은 전 미 대륙에서 최고 · 최대의 설비를 갖춘 제련공장이 되었다. 이러한 시설과 규모의 발전은 이 공장에서의 아연과 납의 제련량을 증가시켰고, 증가된 제련량은 유독한 황산화물의 대기 배출을 증가시키는 결과를 불러왔다.

이러한 유해가스의 증가된 배출은 1926년부터 1937년 사이에 미국 워싱턴주에 위치한 개인 소유의 농지와 산지에 커다란 피해를 초래하였다. 이러한 피해 상황은 1928년 8월 7일에 1909년 미-캐나다 국경하천조약을 통해 설립된 국제합동위원회에 회부되었고, 이에 대해 피해보상과 구제조치의 실행을 권고하는 보고서가 채택되었다. 그 후, 1935년 4월 15일 미국과 캐나다 간에 중재협약이 체결되었고 이에 따라 특별중재재판소(Special Arbitral Tribunal)가 구성되었다. 동 협약 제2조에 따라, 양국 정부는 각각 중재재판관 1인을 선출하고 또한 공동으로 영국 혹은 미국 시민이 아닌 자를 의장으로 선출하였다: 미국은 Charles Warren, 캐나다는 Robert A.E. Greenshields를 중재관으로, 벨기에 출신의 Jan Frans Hostie를 의장으로 선출하였다. 1938년 4월 16일의 첫 번째 판결에서, 중재재판소는 1932년과 1937년 사이의 피해액을 78,000불로 평가하고 잠정적인 구제조치를 명령하였다.

법적 쟁점(Legal Issues) (1) Trail 지역의 제련소가 워싱턴주에 야기한 손해가 1932년 1월 1일 이후 발생하였는지와 그렇다면 배상금의 수준은? (2) 장래에 워싱턴주에 피해를 야기하지 않도록 하기 위해 요청되는 정도는? (3) 제련소가 채택하거나 취해야 할 조치는? (4) 재판소가 원용하는 결정에 따른 배상금의 수준은?

판결(Decision) 1938년 4월 16일 중재재판소는 제기된 법적 쟁점에 관한 "최종 결정"(final decision)을 내렸다. 이 결정은 이하에서 "이전의 결정"(previous decision)으로 부른다.

"이전의 결정"에서 특별중재재판소는 이 유해가스가 1925년부터 1937년까지 워싱턴주에 피해를 끼쳤다고 판결하였다. 그리고 이는 캐나다에 책임이 있는 것이므로, 일정한 통제 명령을 통해 손해배상액을 지불하도록 명령하였다.

판결 이유(Reasoning of the Court) 중재재판소는 1941년 3월 11일, 두 번째 판정에서 국제법 원칙과 미국법상 타국의 영토나 재산 및 개인에게 유독가스에 의한 피해를 초래하게 되는 방법으로 (결과의 심각성과 명백한 피해 발생에 대한 확증이 있음에도 불구하고) 자국의 영토를 사용하거나 그러한 사용을 허락할 권리는 어떠한 국가도 가지지 않는다고 판단하였다.

그러므로 중재재판소는 캐나다가 국제법상 Trail 지역의 제련소 활동에 대한 책임을 져야 하며, 제련소의 행위가 캐나다의 의무와 합치되도록 감독하는 것은 캐나다 정부의 의무라고 판정하였다.

첫 번째 판결 이후에 더 이상의 피해는 발생하지 않았지만, Trail 지역의 제련소에 대해서는 장래에도 워싱턴주에 유독가스로 인한 피해를 야기하지 않을 것을 요구하였다.

02 Lake Lanoux Arbitration: France v. Spain

인용(Citation) 12 RIAA 281 (1957) ; 24 ILR 101 (1957).

사실(Facts) 이 사건은 Lanoux 호수의 물이 자연스러운 수로를 따라 Carol강으로 흐르도록 관리할 수 있는 스페인의 권리를 보장해 주었던, 1866년 프랑스와 스페인 간에 체결된 국경하천(boundary water)에 관한 조약을 배경으로 발생하였다. 프랑스가 해당 Lanoux 호수의 물을 수력발전에 이용하고자 하였는데, 그렇게 되면 유로를 변경시킨다고 하여 스페인이 반대하였던 것에서 비롯된 사건이다.

법적 쟁점(Legal Issues) 국경하천의 수력 이용권

판결(Decision) 중재재판소(arbitral tribunal)는 프랑스가 국경하천에 관한 조약을 위반

한 것이 아니라고 판정하였다.

판결 이유(Reasoning of the Court) 중재재판소는 설사 수력발전소를 건립하더라도 그 수량은 불변이므로 프랑스는 조약을 위반한 것이 아니며, 국제관행상 국제하천의 수력을 이용함에 있어서 항상 관련국 간의 사전협정에 따라야 한다는 관습법(customary law)은 확립되어 있지 않을 뿐만 아니라 더욱이 그것이 법의 일반원칙이라고는 볼 수 없다고 하였다.

이러한 유형의 사건에서는 일반적으로 권한있는 국가가 타국의 무조건적이고 자의적인 반대주장에 의해 전속적으로 유권적인 행동을 할 권리를 침해받게 되었음을 인정할 수 있는 상황이어야 한다.

실제로 각 국가가 체결한 조약은 매우 다양한 형태를 가지며, 그 집행 절차에 따라 다양한 범위를 가진다. 그러나 이행의무의 실행에 관해서, 협상의 단절이나 비정상적인 연기 규정 절차의 무시, 기타 신의칙 위반의 경우에는 논의의 여지 없이 제재조치(sanctions)를 취할 수 있다. 국제관행은 모든 국가가 조약 체결을 위해 노력할 의무를 전제하고 있다.

그러나 이러한 국제관행도 다음의 결론 이상을 허용하지는 않는다고 판단하였다: 모든 국가가 이해관계 있는 당사국 간에 관행이나 일반적인 법원칙으로 확립될 수 없는 이전협정(prior agreement)만을 조건으로 국제하천의 수력발전(hydraulic power)을 이용할 수 있지는 않다.

또한, 사실상 용수관계에 있어서는 상류국이 하류국보다 절차상으로 주도적 권리를 갖게 되지만, 그렇다고 해서 그에 관해 의무를 부과할 수는 없다. 만약 논의 과정에서 하류국가가 의무사항을 수용한다면 이에 대해 상류국가도 검토해야 하는 한편, 하류국가의 이익을 합당한 방법으로 배려한다는 전제를 충족시키는 규정이라면 상류국가가 계획한 해결 방안에 우선권을 부여할 수 있는 것이라고 판단하였다.

03 Pulp Mills on the River Uruguay: Argentina v. Uruguay
(펄프 공장 사건)

인용(Citation) ICJ Rep. p. 14 (2010).

사실(Facts) 이 사건은 우루과이가 승인한 한 펄프 공장의 건설 계획과 다른 한 펄프 공장의 건설 및 시운전과 관련되어 있다. 이 두 펄프 공장은 아르헨티나와 우루과이의 국경을 이루는 우루과이강에 위치하고 있는데, 양국의 경계는 1961년 4월 7일에 발효한 우루과이강의 국경에 관한 조약(Treaty concerning the Boundary Constituted by the River Uruguay, '1961년 조약')에 규정되어 있다. 1961년 조약 제1조에서 제4조까지는 우루과이강에 있는 양국의 경계를 규정하고 있으며, 제5조와 제6조는 우루과이강의 "항해를 위한 체제"(régime for navigation)와 관련이 있다. 제7조는 생물자원의 보존과 하천의 수질 오염방지를 포함하여 다양한 주제를 다루는 "하천 이용을 위한 체제"(régime for the use of the river) 확립을 규율하고 있다. 제8조에서 제10조까지는 우루과이강 내부의 섬과 그 주민에 관한 특정한 의무를 규정하고 있다. 제7조에 규정된 하천 이용을 위한 체제는 1975년 2월 26일 아르헨티나와 우루과이 사이에 서명된 우루과이강 조약(Statute of the River Uruguay, '1975년 조약')을 통해 확립되었다. 1975년 조약 제1조는 각 당사국에 발효 중인 조약과 기타 국제협정에서 발생하는 권리와 의무를 엄격히 준수하며, (공동경계를 구성하는) 우루과이강의 최적의 합리적인 이용(optimum and rational utilization of the River Uruguay)에 필요한 공동체제의 확립을 목적으로 한다고 규정하고 있다.

이 사건의 직접적인 배경이 된 첫 번째 펄프 공장은 "CMB" 공장(스페인 회사 ENCE가 설립)으로, 아르헨티나 Gualeguaychú지역 맞은편의 우루과이 Río Negro지역, 특히 Fray Bentos市의 동쪽에 있는 우루과이강 왼쪽 기슭에 건설될 예정이었다. 2003년 10월 9일 우루과이 환경부는 CMB 공장 건설을 위해 초기환경승인서(initial environmental authorization)를 발부하였으며, 2005년 11월 28일 우루과이는 CMB 공장 건설을 위한 준비작업도 승인하였다. 그러나 2006년 3월 28일 공사 발기인은 90일간 작업 중단을 결정하였다가, 동년 9월 21일 우루과이강의 계획된 부지에 공장을 짓지 않겠다는 의사를 발표하였다. 두 번째 펄프 공장은 "Orion" 공장(핀란드 회사 Botnia가 설립)으로, CMB 공장이 계획된 부지로부터 몇 킬로미터 하류에 있는 우루과이강의 왼쪽 제방에 지어졌다. 이 공장은 2007년 11월 9일 이후 운영되고 있다.

이러한 가운데, 2006년 5월 4일 아르헨티나는 우루과이를 상대로 1975년 우루과이강 조약에 따른 의무 위반을 주장하며 국제사법재판소에 소송을 의뢰하였다. 아르헨티나는 우루과이가 1975년 조약에 따른 사전통보와 협의의무를 준수하지 않았으며, 우루과이강에 2개의 펄프 공장 건설을 일방적으로 승인하였다고 언급하였다. 또한, 아르헨티나는 이러한 공장이 강과 그 환경에 위협이 되며, 강 수질을 훼손하고 아르헨티나에 국경을 초월하여 중대한 피해를 줄 가능성이 있다고 주장하였다. ICJ 관할권의 법적 근거로서, 아르헨티나는 1975년 조약 제60조 제1항을 원용하였는데, 이 조항은 직접적인 교섭(direct negotiations)으로 해결할 수 없는 이 조약의 해석이나 적용에 관한 분쟁은 당사국 중 하나에 의해 국제사법재판소에 회부될 수 있다고 규정하고 있다.

아르헨티나의 신청서(Application)는 다음의 잠정조치 지시 요청(Request for the indication of provisional measures)을 포함하고 있었다. 아르헨티나는 재판소의 최종결정이 있을 때까지 우루과이가 공장 건설 및 모든 건축작업에 대한 승인을 중단하며, 우루과이강의 수생 환경을 보호하고 보존하기 위해 아르헨티나와 협력하고, 1975년 조약에 합치되지 않는 두 펄프 공장의 건설과 관련한 일방적 조치를 삼가고, 분쟁을 악화시키거나 해결을 더 어렵게 만들 수 있는 조치를 삼가도록 명령해 달라고 요구하였다. 2006년 7월 13일자 명령을 통해, ICJ는 양 당사국이 제시한 상황을 고려해 볼 때, ICJ규정 제41조에 따른 잠정조치 지시 권한의 행사는 필요하지 않다고 결정하였다.

2006년 11월 29일, 이번에는 우루과이가 2006년 11월 20일부터 아르헨티나 시민단체가 우루과이강을 가로지르는 "중요한 국제교량"(vital international bridge)을 봉쇄하였고, 이러한 행동은 상당한 경제적 손해를 일으키며, 아르헨티나가 이러한 봉쇄를 끝내기 위해 어떠한 노력도 하지 않았음을 근거로 잠정조치 지시를 요청하였다. 우루과이는 아르헨티나가 양국 사이의 교량 또는 도로 차단을 포함하여 교통 중단을 방지하거나 끝내기 위해 모든 합리적이고 적절한 조치를 취하며, 이 분쟁의 해결을 악화, 확산 또는 더 어렵게 만들 수 있는 모든 조치를 삼가고, 분쟁에서 우루과이의 권리를 침해할 수 있는 모든 조치를 금지하도록 ICJ가 명령해 줄 것을 요구하였다. 2007년 1월 23일자 명령에서, ICJ는 역시 양 당사국이 제시한 상황을 고려해 볼 때, ICJ규정 제41조에 따른 잠정조치 지시 권한의 행사는 필요하지 않다고 결정하였다.

법적 쟁점(Legal Issues)

1. 1975년 우루과이강 조약에 규정된 국제환경법 관련 당사국의 절차적 의무와 실질적 의무는 무엇인가?

2. 1975년 우루과이강 조약상 절차적 의무와 실질적 의무 사이의 관계는 무엇인가?

판결(Decision) 2010년 4월 20일, ICJ는 다음과 같이 판결하였다.

1. 우루과이는 1975년 우루과이강 조약의 제7조부터 제12조에 따른 절차적 의무를 위반하였으며, 재판소의 이러한 위반 선언은 적절한 사죄(satisfaction)를 구성한다.
2. 우루과이는 1975년 우루과이강 조약의 제35, 36, 41조에 따른 실질적 의무를 위반하지 않았다.

판결 이유(Reasoning of the Court) 아르헨티나의 신청서는 1975년 우루과이강 조약에 규정된 절차적 의무(procedural obligations)와 실질적 의무(substantive obligations)의 위반 주장과 관련이 있다. 1975년 조약의 절차적 의무와 실질적 의무 사이의 관계에 대해, 재판소는 이들 의무는 서로를 완벽히 보완하여 제1조에 규정된 목적을 달성할 수 있도록 한다고 보았다. 그러나 1975년 조약 어디에도 당사국이 절차적 의무만을 준수함으로써 실질적 의무를 완수할 수 있으며, 절차적 의무의 위반이 자동으로 실질적 의무 위반을 수반한다고 규정하고 있지는 않다. 마찬가지로, 당사국이 실질적 의무를 준수하였다는 사실이 절차적 의무를 당연히(*ipso facto*) 준수한 것으로 간주될 수 있다는 의미는 아니다. 결과적으로, 이 두 유형의 의무 사이에는 방지(prevention)와 관련하여 기능적 관련성(functional link)이 있으며, 이러한 관련성은 당사국이 의무의 특정 내용에 따라 별도로 의무에 응답하며, 필요한 경우 상황에 따라 의무 위반으로 인한 책임을 지도록 요구되는 것을 방지하지 않는다.

따라서, ICJ는 1975년 조약의 절차적 의무와 실질적 의무를 구분하여 위반 여부를 검토하였다. 아르헨티나는 1975년 조약 제7조에서 제12조에 규정된 절차적 의무인 우루과이강 행정위원회(Administrative Commission of the River Uruguay)를 통한 사전통보와 협의(prior notification and consultation) 제도를 위반하여 우루과이가 펄프 공장 건설공사를 승인하였다고 주장하였다. 우루과이는 CMB 공장과 Orion 공장에 대한 환경영향평가(environmental impact assessments)를 우루과이강 행정위원회에 통보하지 않았으며, 문제의 두 펄프 공장에 대한 초기환경승인서(initial environmental authorization)를 발급한 이후 아르헨티나에 환경영향평가를 전달하였고, 우루과이강 행정위원회를 통해 아르헨티나에 관련 계획을 통보하지 않음으로써 1975년 조약을 위반하였다. 또한, 우루과이가 교섭기간 만료 전에 펄프 공장 건설을 승인함으로써 제12조에 규정된 교섭 의무(obligation to negotiate)를 준수하지 않았으며, 결과적으로 우루과이는 1975년 조약 제7조에서 제12조까지 규정된 전체 협력체제를 무시하였다.

그리고 ICJ는 1975년 조약의 실질적 의무 중 제35조의 토양과 삼림의 관리가 우루과이강 체제나 수질을 손상하지 않도록 할 의무, 제36조의 생태균형의 변화를 막는 조치를 조정할 의무, 제41조의 오염방지 및 수생환경 보존의무가 위반되었는지를 검토하였다. 아르헨티나는 우루과이가 승인한 산업활동이 강의 수질과 그 영향을 받는 지역에 해로운 영향을 미쳤거나 미칠 것이며, 아르헨티나에 국경을 초월하여 중대한 피해를 초래하였다고 주장하였는데, 당사국 주장에 대한 상세한 검토를 바탕으로 우루과이가 2007년 11월에 Orion 공장을 운영한 이래, 필요한 정도의 상당한 주의의무(due diligence)를 다하지 않았거나 Orion 공장에서 배출되는 폐수가 생물자원이나 수질 또는 강의 생태적 균형에 해로운 영향을 미쳤거나 피해를 일으켰음을 입증할 결정적 증거는 기록상 존재하지 않았다. 결과적으로, 우루과이는 1975년 조약상 실질적 의무를 위반하지 않았다.

이 판결에 덧붙여, ICJ는 1975년 조약에 따라 당사국들은 우루과이강 행정위원회를 통해 협력을 계속하고, 우루과이강의 형평한 이용(equitable utilization)을 촉진하는 동시에 환경을 보호하는 데 필요한 수단을 고안할 법적 의무가 있음을 강조하였다.

04 Whaling in the Antarctic: Australia v. Japan: New Zealand intervening (남극해 포경 사건)

인용(Citation) ICJ Rep. p. 226 (2014).

사실(Facts) 이 사건의 배경이 되는 1946년 12월 2일의 '국제포경규제협약'(International Convention for the Regulation of Whaling)이 채택되기 이전에는 1931년 9월 24일의 포경규제협약(Convention for the Regulation of Whaling; 특정 범주의 고래 살해를 금지하고 당사국 선박의 포경 작전시 면허를 받도록 요구하였지만, 전체 어획량 증가로 해결하지 못함)과 1937년 6월 8일의 국제포경규제협정(International Agreement for the Regulation of Whaling; 특정 범주의 고래 포획을 금지하며, 포획기를 지정하고, 과학 조사 목적으로 자국민에 고래의 살해, 포획, 처리를 인가하는 특별허가 발부를 규정함)이 포경 문제에 대해 규율하였다.

국제포경규제협약은 위 2개의 조약과는 달리, 고래 자원의 보존이나 포경 산업의 관리를 규제하는 실질적 조항(substantive provisions)을 포함하고 있지 않은데, 이는 국제포경규제협약의 제III조 제1항에 따라 설립된 국제포경위원회(International Whaling Commission)가 채택한 이 협약의 "필수적 일부를 구성하는"(forms an integral part) '부표'(Schedule)에 규정하고 있다. 1950년에 국제포경위원회는 부표 제30항에 따라 국제포경규제협약 제VIII조 제1항상 "과학조사"(scientific research)의 목적으로 당사국이 자국민에 특별허가를 발급하기 전에 이에 관한 의견과 논평을 제시하는 과학위원회(Scientific Committee)를 설치하였다. 1980년대 중반부터 과학위원회는 국제포경위원회가 발행하거나 승인한 "가이드라인"에 따라 특별허가의 검토를 수행하였다.

1982년, 국제포경위원회는 고래 개체 수의 감소로 1985~1986년 시즌부터 상업적 포경의 모라토리엄(Moratorium, 일시 중단)을 결정하였고, 일본도 표면적으로 상업적 목적의 포경을 중단하였다. 그러나 일본은 "남극에서의 특별허가에 따른 일본 고래 연구 프로그램"(Japanese Whale Research Program under Special Permit in the Antarctic, 'JARPA I')을 출범하여 국제포경규제협약 제VIII조를 언급하며 자신의 포경을 정당화시키려 하였다. JARPA I은 1987~1988년 시즌에 시작하여 2004~2005년 시즌까지 계속되었다. JARPA I의 중점사항은 남극 해양보호구역(Southern Ocean Sanctuary)에서 남극 밍크고래를 살해하고 포획하는 것이었는데, JARPA I에 의해 남극 밍크고래 약 6,800마리가 살해당하였으며, 이때 잡힌 고래고기는 일본으로 옮겨져 상업적으로 판매되었다. 참고로 모라토리엄 이전 31년 동안 일본이 과학조사의 목적으로 살해한 고래는 총 840마리였다.

"JARPA II"(Second Phase of its Japanese Whale Research Program under Special Permit in the Antarctic)는 2년간의 타당성 조사와 함께, 2005~2006년 시즌에 시작되었으며, 본격적인 JARPA II는 2007~2008년 시즌에 출범하였다. 일본은 역시 국제포경규제협약 제VIII조의 특별허가 조항을 언급하며 JARPA II를 정당화하고자 하였으나, 이

프로그램에 따라 수행된 살해, 포획, 처리 규모는 국제포경위원회 역사상 과학 허가를 기반으로 수행된 이전의 수치를 훨씬 뛰어넘는 것이었다. JARPA II의 중점사항은 남극 밍크고래뿐만 아니라 긴수염고래, 혹등고래 및 남극 해양보호구역의 다른 종들의 살해와 포획에 있었다. JARPA II의 타당성 조사 기간 중, 남극 밍크고래 1,364마리와 긴수염고래 13마리가 죽임을 당했다. 그리고 2007~2008년 시즌에 남극 밍크고래 551마리가 살해되었고, 2008~2009년 시즌에 남극 밍크고래 680마리와 긴수염고래 1마리가 살해되었다. 이때 잡힌 고래고기는 역시 일본으로 옮겨져 상업적으로 판매되었다.

이런 가운데, 2010년 3월 31일 호주는 일본을 상대로 "JARPA II에 따른 일본의 대규모 포경 프로그램의 지속적 추구"에 대해 국제사법재판소에 제소하였다. 호주는 일본의 JARPA II가 국제포경규제협약상 과학조사 목적을 위한 프로그램이 아니므로 일본이 국제포경규제협약 부표의 실질적 의무 및 절차적 의무를 위반하였다고 주장하였다.

호주는 ICJ 관할권의 법적 근거로서, ICJ규정 제36조 제2항에 따른 2002년 3월 22일과 2007년 7월 9일의 호주와 일본의 재판소 강제관할권(compulsory jurisdiction) 수락선언을 원용하였다.

2012년 11월 20일, 뉴질랜드는 재판소 행정처에 소송참가 선언(Declaration of Intervention)을 제출하였고, ICJ규정 제63조 제2항에 따라 뉴질랜드는 국제포경규제협약의 당사국으로서 재판소의 판결에서 이 협약에 적용할 수 있는 해석과 관련하여 직접적 이익(direct interest)을 가진다고 주장하였다. 2013년 2월 13일자 명령에서, ICJ는 뉴질랜드가 ICJ규정과 ICJ규칙에 언급된 요건을 충족하였다고 언급하며, 뉴질랜드의 소송참가를 허용하였다.

법적 쟁점(Legal Issues)

1. 일본의 JARPA II에 따라 인가된 특별허가는 국제포경규제협약의 의미상 '과학조사'를 목적으로 하는 것인가?
2. 일본의 JARPA II에 따라 인가된 특별허가는 국제포경규제협약 부표의 의무를 위반하였는가?

판결(Decision) 2014년 3월 31일, ICJ는 다음과 같이 판결하였다.

1. 재판소는 2010년 3월 31일 호주 신청서를 심사할 관할권을 가진다.

2. JARPA II와 관련하여 일본이 부여한 특별허가는 국제포경규제협약 제VIII조 제1항에 해당하지 아니한다.
3. 일본은 JARPA II에 따라 긴수염고래, 혹등고래, 남극 밍크고래의 살해, 포획, 처리를 인가하는 특별허가를 부여함으로써, 국제포경규제협약 부표 제10(e)항의 의무에 합치되게 행동하지 않았다.
4. 일본은 JARPA II에 따라 긴수염고래의 살해, 포획, 처리와 관련하여, 국제포경규제협약 부표 제10(d)항의 의무에 합치되게 행동하지 않았다.
5. 일본은 JARPA II에 따라 "남극 해양보호구역"에서 긴수염고래의 살해, 포획, 처리와 관련하여, 국제포경규제협약 부표 제7(b)항의 의무에 합치되게 행동하지 않았다.
6. 일본은 JARPA II와 관련하여 국제포경규제협약 부표 제30항의 의무를 준수하였다.
7. 일본은 JARPA II와 관련하여 부여된 현존하는 승인, 허가 또는 면허를 철회하고, 해당 프로그램에 따른 추가 허가의 부여를 삼가야 한다.

판결 이유(Reasoning of the Court) ICJ는 먼저 자신은 이 사건을 처리할 관할권이 있다고 판결하며, 이 분쟁이 호주의 강제관할권 수락선언에 포함된 유보의 범위에 속한다는 일본의 주장을 기각하였다. 그리고 재판소는 국제포경규제협약 제VIII조 제1항의 해석과 적용 문제를 검토하였는데, 이 조항은 당사국은 자국민에게 "과학조사를 목적으로" 고래의 살해, 포획, 처리를 인가하는 특별허가를 부여할 수 있다고 규정하고 있다. 이 조항은 포경 프로그램이 과학조사를 포함하고 있더라도 그러한 프로그램에 따른 고래의 살해, 포획, 처리는 이러한 활동이 과학조사의 "목적"이 아닌 한, 제VIII조에 해당하지 않는다고 해석된다. 특히, 일본 연구 프로그램에 따른 대규모의 치명적인 샘플링 방법이 과학조사의 목적을 위한 것인지 확인하기 위해, ICJ는 프로그램의 설계와 이행(design and implementation)의 요소가 프로그램에 명시된 과학적 목적과 관련하여 "합리적인지를"(reasonable) 고려하였다.

국제포경규제협약 제VIII조 제1항의 적용과 관련하여, JARPA II는 넓은 의미의 "과학조사"로서의 특성을 가진다. 그러나 재판소 앞에 놓인 증거를 검토해 볼 때, 일본 연구 프로그램의 설계와 이행이 이에 명시된 목적 달성과 관련하여 합리적이라고 볼 수는 없다. 따라서, 일본이 JARPA II와 관련하여 고래의 살해, 포획, 처리를 인가하기 위해 부여한 특별허가는 국제포경규제협약 제VIII조 제1항에 따른 과학조사를 목적으로 한 것이 아니다.

ICJ는 일본이 국제포경규제협약 부표에 규정된 실질적 의무에 관한 다음 3개의 조항을 위반하였다는 호주의 주장에 관해 판단하였다. 첫째, 제10(e)항의 상업적 목적의 고래 살해에 대한 모라토리엄 준수 의무와 관련하여, 2005년부터 일본은 JARPA II에 따라 특별허가를 발부하여 다음 3종의 고래에 대한 어획 한도를 "0" 이상, 즉 밍크고래 850마리, 긴수염고래 50마리, 혹등고래 50마리로 설정함으로써 제10(e)항을 위반하였다. 둘째, 제10(d)항의 공모선(factory ships) 또는 공모선에 부착된 포경선(whale catchers)에 의한 고래의 살해, 포획, 처리에 대한 모라토리엄 준수 의무와 관련하여, 긴수염고래를 포획, 살해, 처리하는 동안 고래의 추적, 포획, 예인, 결박 또는 탐색의 목적으로 공모선인 Nisshin Maru호와 포경선 역할을 한 다른 선박을 사용함으로써 제10(d)항을 위반하였다. 셋째, 제7(b)항의 남극 해양보호구역에서 긴수염고래의 상업적 포경 금지 의무와 관련하여, JARPA II는 매 시즌 남극 해양보호구역에서 긴수염고래를 포획하였으므로 제7(b)항을 위반하였다.

또한, 호주의 주장처럼 일본이 국제포경규제협약 부표 제30항, 즉 체약국 정부가 제안된 허가를 발급하기 전에 충분한 시간을 두어 과학위원회의 의견과 논평을 거치도록 하는 의무를 위반하였는지를 검토하였다. 일본은 연구 프로그램의 최초 허가 부여 이전에 과학위원회의 검토를 위해 JARPA II 연구계획을 제출하였으므로 절차적 의무는 위반하지 않았다.

마지막으로 ICJ는 구제조치의 문제를 검토하였는데, JARPA II는 진행 중인 프로그램이기 때문에 선언적 구제(declaratory relief)를 뛰어넘는 조치가 보장되어야 한다며, 재판소는 일본에 JARPA II와 관련하여 고래를 살해, 포획, 처리하는 현존하는 모든 승인, 허가 또는 면허를 철회하며, 국제포경규제협약 제VIII조 제1항에 따른 추가 허가의 부여를 삼가도록 명령하였다.

참고로, 일본은 1951년에 가입한 국제기구인 국제포경위원회에서 2019년 6월 30일자로 탈퇴하고, 7월 1일부터 상업용 고래잡이를 재개하였다.

05 Certain Activities and Construction of a Road: Costa Rica v. Nicaragua & Nicaragua v. Costa Rica (니카라과의 국경지역 활동 및 코스타리카의 도로건설 사건)[21]

인용(Citation) ICJ Rep. p. 665 (2015) ; ICJ Rep. p. 15 (2018).

사실(Facts) 이 사건의 지리적 배경을 간단히 소개하면, 다음과 같다. 산후안강(San Juan River)은 니카라과호(Lake Nicaragua)에서 카리브해까지 약 205km를 흐르는 국제하천인데, "Delta Colorado"라고 알려진 지점에서 두 부분으로 나뉜다. 첫째, 북쪽의 Lower San Juan은 Delta Colorado에서 하류로 약 30km 떨어진 카리브해로 흘러간다. 둘째, 규모가 더 크고 남쪽에 위치한 콜로라도강은 코스타리카 안에서만 흐르며, Lower San Juan 하구에서 남동쪽으로 약 20km 떨어진 Barra de Colorado의 카리브해에 도달한다. 콜로라도강과 Lower San Juan 사이에 있는 지역을 "Isla Calero"(약 150km²의 면적)라고 부르는데, 이 지역 안에는 "Isla Portillos"(니카라과에서는 Harbor Head라고 부름, 약 17km²의 면적)라는 작은 지역이 있다. Isla Portillos 북쪽에는 "Laguna Los Portillos"(니카라과에서는 Harbour Head Lagoon이라고 함)라 부르는 석호가 있다.

한편, 이 분쟁의 역사적 배경은 1850년대로 거슬러 올라갈 수 있는데, 코스타리카와 니카라과는 1857년 양국 사이의 적대행위가 끝난 후 1858년 4월 15일의 국경조약(Treaty of Limits)에 서명하며, 태평양에서 카리브해까지 양국의 국경을 정하였다. 국경조약 제II조에 의하면, 두 국가 사이의 국경 일부는 산후안강의 동쪽 제방, 즉 니카라과의 작은 마을인 Castillo Viejo 아래 3마일 지점부터 카리브 해안의 산후안강 입구에 있는 Punta de Castilla 끝까지 이어진다. 또한, 국경조약 제VI조는 강물에 대한 니카라과의 점유권을 확립함과 동시에 코스타리카가 상업적 목적으로 강을 자유롭게 항해할 수 있는 권리를 가짐을 규정하였다.

니카라과가 국경조약의 유효성에 관해 여러 차례 이의를 제기하자, 양국은 1886년 12월 24일 국경조약의 유효성 문제에 관해 Grover Cleveland 미국 대통령의 중재를 요청하

21 Certain Activities Carried Out by Nicaragua in the Border Area (Costa Rica v. Nicaragua) & Construction of a Road in Costa Rica along the San Juan River (Nicaragua v. Costa Rica).

기로 합의하였다. 또한, 양국은 국경조약이 유효한 것으로 판명되면, Cleveland 대통령이 "어느 한 당사국이 조약에서 발견할 수 있는 다른 모든 의심스러운 해석에 관해" 결정하도록 하는 데 동의하였다. 1887년 6월 22일, 니카라과는 코스타리카에 11개의 의심스러운 해석을 전달하였고, 이는 해결을 위해 Cleveland 대통령에게 제출되었다. 1888년 Cleveland 대통령의 중재판정은 국경조약의 유효성을 확인하고, 대서양 쪽에 있는 두 국가 간의 국경선은 이미 1858년 4월 15일에 존재하였던 대로 "니카라과 쪽의 산후안강 입구의 Punta de Castilla 끝에서 시작함을" 확인하였다. 또한, 이 판정은 니카라과가 산후안강에서 할 수 있는 작업의 조건, 코스타리카가 산후안강의 물을 니카라과가 우회하지 못하게 방지하는 조건, 수로 건설이 코스타리카의 자연권에 대한 손상을 수반하는 경우 등에 대한 해석을 제공하였다.

Cleveland 판정 이후, 1896년 코스타리카와 니카라과는 국경획정에 관한 Pacheco-Matus 협약에 따라, 각각 2명의 회원으로 구성된 두 국가의 국경획정위원회(Demarcation Commission)를 설치하기로 합의하였다. 위 협약은 국경획정위원회가 미국 대통령이 임명한 전문가를 포함하도록 규정하였는데, 전문가는 운영과정에서 모든 종류의 의견 차이에 대해 결정할 수 있는 광범위한 권한을 가지며, 그의 판정은 최종적 성격을 갖도록 하였다. 미국의 Edward Porter Alexander 장군이 이 직책에 임명되었고, 1897년에 시작하여 1900년에 종결된 국경획정 과정에서 그는 5개의 판정을 내렸는데, 이 중 처음 3개는 아래 "코스타리카 대 니카라과 사건"과 매우 관련이 있다.

1980년대부터 코스타리카와 니카라과는 1858년 국경조약상 코스타리카의 항행권(rights of navigation)의 정확한 범위에 관해 의견의 불일치가 발생하였다. 이 분쟁은 코스타리카가 2005년 9월 29일 니카라과를 상대로 국제사법재판소에 소송을 제기하도록 만들었고, ICJ는 2009년 7월 13일자 판결에서 코스타리카의 산후안강의 항행권과 니카라과의 항해 규제권한의 범위를 명확히 하였다. 즉, 코스타리카는 산후안강에서 상업적 목적으로(for purposes of commerce) 자유롭게 항해할 권리를 가지며, 니카라과는 코스타리카 선박과 승객들에게 산후안강을 따라가는 경로의 첫 번째와 마지막 니카라과 정류장에 정차하도록 요구할 권리, 산후안강을 여행하는 개인에게 여권이나 신분증 휴대를 요구할 권리, 무료항행권을 누리는 코스타리카 선박에 대해 출국통관증명서를 발급할 권리(발급에 대한 요금 지불 요청권은 없음), 산후안강을 항해하는 선박의 항해시간표를 정할 권리 및 돛대나 포탑이 장착된 코스타리카 선박에 니카라과 국기를 표시하도록 요구할 권리가 있다고 판결하였다.

2010년 10월 18일, 니카라과는 산후안강의 가항성(navigability)을 개선하기 위해 강의 준설작업을 시작하였다. 또한, Isla Portillos의 북부에서도 작업을 수행하였다. 이와 관련하여, 코스타리카는 니카라과가 코스타리카의 영역인 산후안강과 Laguna Los Portillos 석호 사이에 위치한 Isla Portillos에 인위적으로 수로(양국 모두 이러한 수로를 "caño"라고 부름)를 만들었다고 주장하였지만, 니카라과는 이는 단지 니카라과 영역에 있는 기존의 카뇨를 정리한 것이라고 주장하였다. 니카라과는 이 지역에 군대와 여러 인원을 보냈다.

그러자 2010년 11월 18일, 코스타리카는 니카라과를 상대로 "니카라과 군대의 코스타리카 영역에 대한 침입, 점령과 이용 및 니카라과의 코스타리카에 대한 의무, 즉 영토보전과 무력사용금지원칙의 위반"과 관련하여 국제사법재판소에 소송을 부탁하였다. 코스타리카에 따르면, 수로 건설 및 강의 준설작업은 코스타리카의 콜로라도강으로 흐르는 물의 흐름에 중대한 영향을 미치고, 이 지역에 있는 습지와 국가야생동물보호구역을 포함한 코스타리카 영토에 추가적 피해를 초래할 것이라고 주장하였다. 이 사건은 "국경지역에서 니카라과가 수행한 특정 활동"(Certain Activities Carried Out by Nicaragua in the Border Area, '코스타리카 대 니카라과 사건')이라는 제목으로 ICJ 소송명부에 기재되었다.

같은 날, 코스타리카는 잠정조치(provisional measures) 지시를 요청하였는데, 이는 "콜로라도강의 보전과 흐름뿐만 아니라 산후안강, 그 안의 섬, 환경보호구역에 대한 주권, 영토보전 및 불간섭권리"의 보호를 목적으로 하는 것이었다. 코스타리카는 특히 분쟁지역(territory in dispute)에서 모든 니카라과 군대의 철수, 수로 건설의 즉각적 중단 및 콜로라도강의 준설 중단을 요구하였다. 2011년 3월 8일, ICJ는 당사국들이 분쟁지역에 민간인, 경찰 또는 보안직원을 파견하거나 유지하는 것을 삼가도록 명령하였다. 그러나 재판소는 코스타리카에 일정 조건에 따라 환경보호를 담당하는 민간인을 분쟁지역에 파견하는 것은 승인하였다. 또한, 재판소는 당사국에 분쟁을 악화시키거나 확산하는 것을 삼가도록 요청하였다.

한편, 2010년 12월에 코스타리카는 1856번 Juan Rafael Mora Porras 도로건설 공사를 시작하였는데, 이 도로는 니카라과와 국경을 접하며, 서쪽의 Los Chiles에서 동쪽의

Delta Colorado 바로 넘는 지점까지 159.7km 길이로 계획되었다. 코스타리카는 국경지역에 긴장이 고조되고 있다며 2011년 2월 21일 행정명령을 발동하여 국경지역의 비상사태를 선포하며, 도로를 건설하기 전에 환경영향평가(environmental impact assessment)를 수행할 의무에서 면제되었다고 주장하였다.

이런 가운데, 2011년 12월 22일 니카라과는 코스타리카를 상대로 "니카라과 주권침해 및 니카라과 영역에 대한 주요한 환경피해"에 대해 국제사법재판소에 제소하였다. 니카라과는 코스타리카가 양국의 국경지역을 따라 환경에 중대한 영향을 미치는 건설작업을 수행하고 있다고 주장하였다. 이 사건은 "산후안강 하안에서 코스타리카의 도로건설"(Construction of a Road in Costa Rica along the San Juan River, '니카라과 대 코스타리카 사건')이라는 제목으로 ICJ 소송명부에 기재되었다. 2012년 8월 6일, 니카라과는 자신이 4개의 반소(counter-claims)를 제기한 '코스타리카 대 니카라과 사건'에 답변서(Counter-Memorial)를 제출하였다.

2012년 12월 19일, 니카라과는 '니카라과 대 코스타리카 사건'의 진술서(Memorial)를 제출하면서, ICJ에 '코스타리카 대 니카라과 사건'과 '니카라과 대 코스타리카 사건'을 병합하도록 요청하였다. 2013년 4월 17일자 두 개의 명령에서, ICJ는 관련 상황을 고려하고 건전한 사법행정의 원칙(principle of the sound administration of justice) 및 소송경제(judicial economy)의 필요성에 합치된다며, 두 사건을 병합하기로 결정하였다.

2013년 4월 18일, ICJ는 '코스타리카 대 니카라과 사건'에서 니카라과가 제출한 첫 번째 반소의 대상(subject-matter)이 '니카라과 대 코스타리카 사건'의 본소 청구(principal claim)와 본질적으로 동일하며, 소송의 병합 결과 해당 반소의 수리 가능성은 판단할 필요가 없다고 명령하였다. 그러나 재판소는 각각 산후안델노르테 만(Bay of San Juan del Norte)에 대한 주권 및 니카라과의 콜로라도강에 대한 항행권과 관련된 청구와 코스타리카의 본소 청구 사이에는 직접적인 관련성(direct connection)이 없으므로, 두 번째 및 세 번째 반소는 수리될 수 없다고 판단하였다. 또한, 재판소는 자신이 이미 지시한 잠정조치의 이행과 관련한 네 번째 반소와 관련하여, 당사국들이 소송절차에서 이 문제를 자유롭게 계속 다룰 수 있으므로 이 반소는 심사할 필요가 없다고 결정하였다.

2013년 5월 23일 코스타리카는 2011년 3월 8일자 명령의 '긴급 수정'을 요청하였고, ICJ는 2013년 7월 16일자 명령에서 사정의 변경이 이전 명령의 변경을 정당화하지는 않는다고 판단하였다. 또한, 이전 명령의 잠정조치, 특히 당사국이 분쟁을 악화 또는 확산하거나 해결을 더 어렵게 만들 수 있는 모든 행위의 금지 의무를 재확인하였다.

2013년 9월 24일, 코스타리카는 '코스타리카 대 니카라과 사건'에 대한 새로운 잠정조치 지시를 요청하였다. 이 요청은 니카라과가 분쟁지역 북부에 새로운 2개의 수로(둘 중 더 큰 수로는 동쪽의 카뇨임)를 건설한 후에 제출되었다. 2013년 11월 22일자 명령에서, ICJ는 2011년 3월 8일자 명령에 명시된 잠정조치를 재확인할 뿐만 아니라 새로운 조치를 지시하기로 결정하였다. 재판소는 니카라과가 분쟁지역에서 준설이나 기타 활동을 삼가며, 특히 두 개의 새로운 수로에서 어떠한 종류의 작업도 금지하며, 동쪽의 카뇨 북부 해변의 참호를 메워야 한다고 지시하였다. 또한, 재판소는 이 의무 이행에 필요한 경우를 제외하고, 니카라과는 민간인, 경찰 또는 보안직원을 불문하고 모든 인원을 분쟁지역에서 철수하고, 그러한 인원이 분쟁지역에 들어가는 것을 방지해야 한다고 지시하였다. 즉, 니카라과는 자신의 관할권 또는 통제하에 있는 개인이 분쟁지역에 출입하는 것을 막아야 한다. ICJ는 코스타리카가 일정한 조건에 따라 2개의 새 카뇨에 적절한 조치를 취할 수 있다고 언급하였다.

2013년 10월 11일, 니카라과는 코스타리카가 실시한 도로건설 작업, 특히 퇴적물 및 기타 그 결과물인 잔해의 국경간 이동으로 훼손되고 있는 권리를 보호하기 위해 노력하고 있다며, '니카라과 대 코스타리카 사건'에서 잠정조치의 지시를 요청하였다. 2013년 12월 13일자 명령에서, ICJ는 현재 자신에 제출된 상황을 고려해 볼 때, 잠정조치의 지시가 필요하지 않다고 결정하였다.

법적 쟁점(Legal Issues)

1. 니카라과는 국경지역에서의 수로 준설공사와 관련하여 국제환경법상 의무를 위반하였는가?
2. 코스타리카는 산후안강에서의 도로건설과 관련하여 국제환경법상 의무를 위반하였는가?
3. ICJ는 니카라과의 불법행위로 코스타리카에 끼친 피해에 대해 배상금을 결정하였는가?

판결(Decision) 2015년 12월 16일, ICJ는 다음과 같이 판결하였다.

1. 코스타리카는 "분쟁지역"에 대한 주권을 가진다.

2. 니카라과는 세 개의 수로 굴착공사를 하고 코스타리카 영역에 군사를 주둔시킴으로써 코스타리카의 영토주권을 침해하였다.
3. 니카라과는 2013년에 두 개의 수로 굴착공사를 하고 분쟁지역에 군사를 주둔시킴으로써 잠정조치 명령에 따른 의무를 위반하였다.
4. 니카라과는 1858년 국경조약에 따른 산후안강에 대한 코스타리카의 항행권을 침해하였다.
5. (a) 니카라과는 코스타리카 영역에서 불법행위로 초래한 물질적 손해에 대해 코스타리카에 배상할 의무가 있다.
   (b) 이 판결로부터 12개월 이내에 배상문제에 관한 합의에 실패하면, 당사국 중 하나의 요청으로 ICJ가 해결한다.
   (c) 니카라과에 이 소송비용을 지불하도록 명령하라는 코스타리카의 요청은 기각한다.
6. 코스타리카는 1856번 도로건설에 관한 환경영향평가를 수행하지 않아 일반국제법상 의무를 위반하였다.

판결 이유(Reasoning of the Court) ICJ는 첫 번째 '코스타리카 대 니카라과 사건'과 관련하여, 1858년 국경조약, Cleveland 판정 및 Alexander 판정 등을 검토해 볼 때, 코스타리카가 Isla Portillos 북부의 '분쟁지역'에 대한 주권을 가진다고 판결하였다. 따라서 2010년 이후 분쟁지역에서 세 개의 카뇨 굴착공사와 그 영토 일부의 군사 주둔을 포함하여 니카라과가 수행한 활동은 코스타리카의 영토주권(territorial sovereignty)과 2011년 3월 8일자 명령에 따른 니카라과의 의무에 위반된다.

ICJ는 니카라과가 산후안강의 가항성을 개선하기 위한 준설활동과 관련하여 국제환경법상 의무를 위반하였다는 코스타리카의 주장을 검토하였다. 먼저 절차적 의무로서 환경영향평가를 실시할 의무(obligation to carry out an environmental impact assessment)와 관련하여, *Pulp Mills* 사건에서 산업활동(industrial activity)이 특히 공유자원(shared resource)에 관해 초국경 상황에서 중대한 악영향을 미칠 수 있는 위험이 있는 경우 환경영향평가를 수행하는 것이 이제 일반국제법(general international law)상 요건으로 간주될 수 있음을 확인하였다. 특히, 재판소는 '산업활동' 뿐만 아니라, 이 원칙은 국경을 초월하여 중대한 악영향을 미칠 수 있는 활동에 일반적으로 적용될 수 있다고 보았다. 또한,

'중대한 초국경 피해'(significant transboundary harm)를 방지하기 위한 '상당한 주의 의무'(due diligence)를 완수하기 위해서는 그 피해의 위험이 있는지를 확인해야 한다. 이 사건의 전문가 보고서를 포함한 여러 증거를 검토한 결과, 니카라과의 준설작업은 '중대한 초국경 피해'를 일으킬 위험이 없으므로 니카라과의 위반은 없으며, 통보 및 협의 의무(obligation to notify and consult) 역시 코스타리카가 니카라과 위반을 입증하지 못하였다. 또한, 초국경 피해에 관한 실질적 의무(substantive obligations concerning transboundary harm)와 관련하여, 코스타리카는 준설작업의 퇴적물이 강둑에 쌓여 있으며, 준설공사가 습지에 피해를 줬거나, 콜로라도강에 중대한 영향을 미쳤다는 설득력 있는 증거를 제시하지 못하였다.

코스타리카의 항행권(right of navigation)과 관련하여, ICJ는 니카라과가 1858년 국경조약 제VI조에 따른 정당화 근거를 제시하지 못하였다며 위반을 확인하였다. 또한, 재판소는 보상 문제(issue of reparations)와 관련하여, 니카라과는 불법활동으로 야기한 물질적 손해에 대해 코스타리카에 배상할 의무가 있으며, 12개월 이내에 이 문제에 관한 합의에 이르지 않으면 재판소가 차후에 이 문제를 해결할 것이라고 판결하였다.

두 번째 '니카라과 대 코스타리카 사건'과 관련하여, ICJ는 코스타리카가 국제환경법상 의무를 위반하였다는 니카라과의 주장을 살펴보았다. 코스타리카의 도로건설은 그 성격과 규모 및 계획된 위치와 지리적 조건을 고려할 때 '중대한 초국경 피해'의 위험을 수반하고, 따라서 코스타리카는 환경영향평가를 실시할 일반국제법상 의무가 있다. 코스타리카는 이 의무를 준수하지 않았으므로 코스타리카가 니카라과에 통보하고 협의할 의무가 있는지를 결정할 필요는 없다. 실질적 의무 위반 주장과 관련하여, 재판소는 코스타리카의 도로건설로 총 퇴적물량이 증가하여 니카라과에 중대한 초국경 피해, 예컨대 강의 퇴적물 농도증가로 인한 피해, 강의 형태와 항행 및 수질과 수생생태계에 대한 피해를 유발하였음을 입증하지 못하였다며, 이에 따른 니카라과의 청구를 기각한다고 결론 내렸다. 니카라과가 요청한 보상 문제로 돌아가서, ICJ는 코스타리카가 환경영향평가를 실시할 의무를 위반하였다는 재판소의 선언(declaration)은 니카라과에 적절한 정도의 사죄(satisfaction)를 구성한다고 판단하였다.

한편, 1949년 *Corfu Channel* 사건과 2012년 *Ahmadou Sadio Diallo* 사건 이후, ICJ는 세 번째로 배상금에 관한 별도의 판결을 내렸다.

2017년 1월 16일자 서한에서, 코스타리카는 첫 번째 사건, 즉 '코스타리카 대 니카라과 사건'에서 내려진 결정을 언급하면서 국경지역에서 니카라과의 불법행위로 발생한 물질적 손해에 대해 ICJ에 배상문제를 해결하도록 요청하였다. 두 차례의 서면변론이 끝난 후, 재판소는 심의를 시작하여 2018년 2월 2일에 배상금 관련 판결을 내렸다.

ICJ는 환경에 대한 피해, 특히 결과적으로 상품과 서비스를 제공하는 환경능력의 손상 또는 상실 및 손상된 환경의 복구비용은 국제법상 배상받을 수 있다고 결정하였다. 니카라과의 불법행위로 인한 환경재와 환경서비스 피해의 금전적 가치를 평가하기 전에, 재판소는 피해의 존재와 정도, 피해와 니카라과의 행위 사이에 직접적이고 특정한 인과관계가 있는지를 판단하였다. 환경재와 환경서비스에 대한 피해를 평가한 후, 재판소는 영향을 받은 지역의 환경재와 환경서비스의 손상 또는 손실에 대해 총 120,000달러를, 습지와 관련한 복구조치에 대해 총 2,708.39달러를 코스타리카에 지급하라고 판결하였다. 환경피해에 대한 배상 이외에, ICJ는 Isla Portillos 북부에서 니카라과 불법행위의 직접적인 결과로 발생한 경비와 비용에 대해 236,032.16달러 및 이자 20,150.04달러를 코스타리카에 지급하라고 판시하였다. 따라서 ICJ는 니카라과가 코스타리카에 지급할 총 배상금은 378,890.59달러이며, 2018년 4월 2일까지 지불해야 한다고 결론 내렸다. 2018년 3월 22일자 서한에서, 니카라과는 2018년 3월 8일 코스타리카에 모든 배상금을 지급하였다고 재판소 행정처에 통보하였다.

06 Urgenda Foundation v. The State of the Netherlands (우르헨다 재단 사건)

인용(Citation) Case C/09/456689/ HA ZA 13-1396, District Court of the Hague (2015) ; Case 200.178.245/01, Court of Appeal of The Hague (2018) ; Case 19/00135, Supreme Court of the Netherlands (2019).

사실(Facts) 2008년 1월 17일 네덜란드에서 설립된 환경단체 우르헨다 재단(Urgenda Foundation; "Urgenda"는 "urgent agenda"의 약어임)은 보다 지속가능한 사회(more sustainable society)로의 전환을 촉진하고 가속화하는 것을 목적으로 한다. 우르헨다 재단은 2012년 11월 12일 네덜란드 총리에게 보낸 서한에서, 정부에 2020년까지 이산화탄소 배출량을 1990년 대비 40% 감축할 것을 요청하였다. 2012년 12월 11일, 네덜란드 인프라환경부(Ministry of Infrastructure and the Environment)는 답신에서 EU 및 국제적 차원의 행동과 노력이 부족하다는 점에는 동감을 표하였지만, 재단의 요청을 받아들이지는 않았다. 네덜란드 정부와 우르헨다 재단 모두 온실가스 배출량을 신속히 감축하고 궁극적으로는 거의 완전히 없애야 한다고 생각하였지만, 이러한 행동을 취하는 속도에는 의견의 차이를 보였다. 네덜란드가 기존 정책을 고수할 경우, 2020년에 기껏해야 17%를 감축하게 될 것으로 추정되었다.

이에 2013년 11월 20일, 우르헨다 재단과 886명의 네덜란드 시민은 네덜란드 인프라환경부를 상대로 기후변화 방지, 특히 온실가스 배출량 감소를 위해 정부가 좀 더 적극적으로 행동해야 한다며 헤이그 지방법원(District Court of the Hague)에 제소하였다. 886명의 시민과 함께 제기한 이 소송에서 우르헨다 재단은 이들 개인 모두를 대표하고 있는데, 네덜란드 불법행위법상 우르헨다 재단과 같은 NGO는 민법 제3.303a조에 따라 이러한 공익소송을 제기할 원고적격(standing)을 가진다. 이 사건에서 우르헨다 재단의 원고적격은 헤이그 지방법원의 판결에 의해서도 확인되었다.

1심법원에 제출한 우르헨다 재단의 주장에 의하면, 현재의 지구 온실가스 배출량은 2℃ 이상의 지구온난화를 초래하거나 위협하고 있으며, 심각하고 잠재적으로 치명적인 결과를 유발할 기후변화를 일으킨다. 따라서 네덜란드 정부는 1990년 대비 온실가스 배출량을 2020년까지 최소 25%에서 40% 감축해야 하는데, 정부는 현재 기후변화 정책상 이러한 '선관주의의무'(duty of care)를 중대하게 이행하지 못하였다. 특히, 네덜란드 정부는 헌법 제21조에 위반되게, 현재의 과학지식 및 국제협정에 정의된 것보다 불충분하게 기후변화 정책을 취하고 있다. 또한, 유럽인권협약(European Convention on Human Rights) 제2조와 제8조에 따른 보호조치를 취할 적극적 의무(positive obligation to take protective measures)를 위반하였다. 정부의 불충분한 예방정책으로 인간과 환경을 위험에 빠뜨렸으며 선관주의의무를 위반하였는데, 이는 네덜란드 민법 제6.162조의 의미상 정부가 우르헨다 재단에 대해 불법행위를 한 것이다. 이외에, 국내법 및 국제법, 특히 UN기후변화협약, EU기능조약과 "월경피해금지 원칙"(no harm principle)에 따라 국가는 위험한 기후변화를 방지하기 위해 배출량의 감축을 보장할 개별적 의무와 책임을 지고 있다고 주장하였다.

이러한 우르헨다 재단에 맞서, 네덜란드 정부는 우선 재단이 (네덜란드가 아닌) 다른 국가의 현재 또는 미래세대의 권리와 이익까지 대변하는 한, 청구원인(cause of action)이 결여되었다고 주장하였다. 또한, 재단을 향한 국가의 불법행위는 존재하지 않으므로 민법 제6.162조와 제3.296조의 요건은 충족되지 않았고, 따라서 이 청구는 수리될 수 없다고 주장하였다. 한편, 정부는 지구 온도상승을 2℃ 이하로 제한할 필요가 있음을 인정하며, 사실상 이 목표를 달성하기 위해 노력하고 있음을 강조하였다. 국제조약 또는 유럽연합이 설정한 기준 및 배출량 목표와 분리될 수 없는 현재 및 미래의 기후정책을 통해 위 목표를 실현할 수 있을 것으로 예측된다고 주장하였다.

법적 쟁점(Legal Issues)

1. 네덜란드 정부의 기후변화 정책은 유럽인권협약 제2조와 제8조에 따른 적극적 의무를 위반한 것인가?
2. 네덜란드 정부의 기후변화 정책은 헌법 제21조와 민법상 선관주의의무를 위반한 것인가?
3. 네덜란드법상 유럽인권협약의 법적 지위는 무엇이며, 이 협약 제2조와 제8조에 따른 적극적 의무의 개념과 한계는 무엇인가?

판결(Decision)

1. 2015년 6월 24일, 헤이그 지방법원은 원고가 주장한 바와 같이, 정부에 네덜란드의 연간 온실가스 배출량을 1990년 대비 2020년까지 최소 25% 감축하도록 명령하였다.
2. 2018년 10월 9일, 헤이그 항소법원은 2015년 6월 24일자 헤이그 지방법원의 판결을 그대로 유지하였다.
3. 2019년 12월 20일, 네덜란드 대법원은 네덜란드 정부의 상소를 기각하였다.

판결 이유(Reasoning of the Court) 2015년 6월 24일, 헤이그 지방법원은 이 사건의 핵심 쟁점은 국가가 기후변화정책에서 정한 한도 이상으로 온실가스 배출량을 추가적으로 감축할 의무가 있는지라고 판단하며, 관련 법적 의무의 위반을 검토하였다. 네덜란드 헌법 제21조는 국가의 생존가능성과 생활환경의 보호 및 개선에 있어 국가에 선관주의의무

(duty of care)를 부여하고 있다. 그러나 제21조는 국가가 적합하다고 간주하는 기후정책을 수립할 수 있는 재량권(discretionary power)도 부여하고 있는데, 이 조항은 우르헨다 재단을 향한 국가의 법적 의무의 근거가 될 수는 없다. 또한, 네덜란드가 UN기후변화협약, 교토의정서, 월경피해금지 원칙, EU기능조약(제191조), EU 배출권거래제도 지침(EU Emission Trading System Directive) 등의 구속을 받지만, 이는 오직 다른 국가에 대한 의무와 관련이 있으며 시민에 대해 법적 구속력을 가지지 못하므로 우르헨다 재단은 이를 원용할 수 없다.

유럽인권협약 제2조 및 제8조와 관련하여, 재단은 유럽인권협약 제34조의 의미상 이 두 조항 위반의 직접 또는 간접피해자로 볼 수 없으므로 이를 직접 원용할 수 없다. 그러나 정부가 위험한 상황을 완화하기 위해 예방조치를 취하도록 요구하는 민법 제6.162조에 따른 일반적 선관주의의무는 위반하였다.

한편, 법원은 민법상 선관주의의무를 근거로 인용하였지만, 국제법과 과학지식 등에 비추어 선관주의의무의 범위를 결정하였다. 기후변화 결과의 심각성과 위험한 기후변화가 발생할 위험이 크기 때문에, 정부는 이를 예방하기 위한 정책을 취해야 할 선관주의의무가 있다. 또한, 정부의 기후정책에 관한 작위 및 부작위의 성격을 고려하여 볼 때, 추가조치가 없는 경우 발생하게 될 과도한 온실가스 배출은 국가의 책임이 될 것이다. 따라서 네덜란드 정부(인프라환경부)는 기후변화로 발생할 즉각적인 위험에 맞서 시민을 보호하기 위해 1900년 대비 온실가스 배출량을 2020년까지 최소 25% 감축해야 한다.

2015년 9월 23일, 네덜란드 정부는 새로운 배출량 계산법을 고려하고 현재 및 제안된 정책에 기반할 때 2020년 말까지 19~27%의 온실가스 감축이 가능할 것이라며 1심판결에 상소하였고, 우르헨다 재단 역시 유럽인권협약 제2조 및 제8조를 직접 원용할 수 없다는 결정에 횡소(cross-appeal; 교차청구)를 제기하였다.

2018년 10월 9일, 헤이그 항소법원은 판결에서 국가뿐만 아니라 개인, NGO 및 개인의 집단 역시 유럽인권협약에 규정된 권리 침해에 대해 유럽인권재판소에 청원을 제기할 수 있음에 주목하였다. 그러나 유럽인권협약은 공익소송은 허용하지 않고 오로지 피해자만이 유럽인권재판소에 접근할 수 있도록 규정하고 있는데, 국내법원에 대한 접근에 대해서는 명확한 답변을 주고 있지 않다. 네덜란드법상 국가관할권 내의 개인은 직접효력(direct effect)을 가지는 유럽인권협약 제2조 및 제8조를 국내법원에서 원용할 수 있으며, 우르헨다 재단은 네덜란드 민법 제3.305a조에 의해 개인을 위해 소송을 제기할 수 있다. 그리고 제2조는 생명권에 영향을 미치거나 영향을 미칠 위험이 있는 환경 관련 상황을 포함하며, 제8조 역시 환경 관련 상황에 적용될 수 있는데, 작위 또는 부작위로 가정 및/또는 사생활에 악영향을 미치며 그 악영향이 최소한의 심각한 수준에 도달하는 경우가 그러하다. 특히, 정부는 이들 조항에 따른 이익의 침해를 방지하기 위해 구체적 조치를 취할 적극적 의무(positive obligation), 즉 '선관주의의무'를 가진다. 유럽인권재판소가 강조한 것처럼, 이러한 적극적 의무는 정부에 '불가능하거나 불균형한 부담'(impossible or disproportionate burden)을 주어서는 안 되며, '실제의 급박한 위협'(a real and imminent threat)이 있는 경우 합리적인 조치를 취해야 하고, 정부는 구체적 조치 선택에 '광범위한 판단의 재량'(wide margin of appreciation)을 가진다.

여러 사실과 정황을 검토해 볼 때, 위험한 기후변화의 실제적 위협으로 인해 현재세대의 시민은 생명을 잃거나 가족생활의 파탄에 직면하게 될 중대한 위험에 놓여 있으며, 따라서 제2조와 제8조에 의해 정부는 이에 대한 보호 의무가 있다. 그러나 네덜란드 정부는 2020년 말까지 온실가스 배출량을 최소 25% 감축하기를 원하지 않아 유럽인권협약 제2조와 제8조에 따른 '선관주의의무'를 준수하지 않았다. 한편, 항소법원은 정부가 최소 25% 감축 목표를 달성하기 위해 취해야 할 조치를 선택할 때 재량을 가진다고 지적하였다. 결론적으로 항소법원은 원심판결을 그대로 유지하였다.

2019년 1월 8일, 네덜란드 정부는 마지막으로 대법원에 상소를 제기하였고, 동년 9월 13일 대법원의 수석고문인 최고법률자문관(Procurator General)과 법률자문관(Advocate General)은 항소법원 판결을 확정하는 내용의 권고적 의견(Advisory Opinion)을 제시하였다.

2019년 12월 20일, 네덜란드 대법원은 판결에서 온실가스 배출량의 증가로 야기된 지구온난화는 네덜란드를 포함한 전 세계 많은 사람의 생명, 복지 및 생활환경을 위태롭게 할 것이라고 보았다. 이미 확인한 바와 같이, 유럽인권협약 제2조와 제8조에 따라 체약국은 사람의 생명이나 복지에 대한 실제의 급박한 위협이 존재하는 경우 적절한 조치를 취할 의무가 있다. 또한, 유럽인권협약 제13조에 따라, 국내법은 유럽인권협약이 보호하는 권리 침해나 급박한 침해에 대해 실효적인 구제책을 제공해야 하는데, 즉 국내법원이 실효적인 법적 보호를 제공할 수 있어야 한다는 의미이다. 또한, 네덜란드가 가입한 UN기후변화협약에 기반하여 기후변화 방지를 위해 조치를 취할 의무가 있으며, 자신의 책임 분담액에 비례하여 온실가스 배출량을 감축하여야 하는데, 이러한 의무는 유럽인권협약 제2조 및 제8조에 근간을 두고 있다. 기후변화에 관한 정부간 협의체(Intergovernmental Panel on Climate Change)의 보고서 및 기후변화 회의의 논의 등을 통해 볼 때, 2020년 말까지 선진국은 온실가스 배출량을 최소 25~40% 감축해야 한다는 긴급한 필요성에 대해 국제공동체 및 과학계의 상당한 정도의 공감대가 형성되어 있으며, 이는 개별적 차원에서 네덜란드에도 적용되는 목표이다. 한편, 네덜란드 정부는 낮은 감축이 왜 정당화되는지, 정부가 승인한 최종목표를 정시에 도달할 수 있는지에 대해 설명하지 않았다.

네덜란드 정부는 온실가스 감축에 관한 결정은 법원이 아니라 정치인의 몫이라고 주장하였는데, 대법원은 네덜란드 헌법상 법원은 유럽인권협약의 조항을 적용할 수 있다고 판단하였다. 법원의 이러한 법적 보호 제공의 역할은 법치주의에 따른 민주주의의 필수적 요소이며, 법원은 법의 한계를 보호할 책임이 있고, 항소법원이 이러한 역할을 다하였다고 판결하였다.

따라서, 대법원은 네덜란드 정부의 상소를 기각하며, 유럽인권협약 제2조 및 제8조에 따라 네덜란드 정부는 시민의 생명과 안녕에 대한 권리에 중대한 영향을 미칠 수 있는 기후변화의 위험을 이유로 2020년까지 온실가스 배출량을 25% 감축할 의무가 있다고 결정하였다.

〈참고〉

* 유럽인권협약 관련 조문

- 제2조 생명권(Right to life)

"1. 모든 사람의 생명권은 법에 의하여 보호된다. 어느 누구도 법에 규정된 형벌이 부과되는 범죄의 유죄 확정에 따른 법원의 판결을 집행하는 경우를 제외하고는 고의로 생명을 박탈당하지 아니한다."

- 제8조 사생활 및 가족생활을 존중받을 권리(Right to respect for private and family life)

"1. 모든 사람은 그의 사생활, 가정생활, 주거 및 통신을 존중받을 권리를 가진다.
2. 법률에 합치되고, 국가안보, 공공의 안전 또는 국가의 경제적 복리, 질서유지와 범죄의 방지, 보건 및 도덕의 보호, 또는 다른 사람의 권리 및 자유를 보호하기 위하여 민주사회에서 필요한 경우 이외에는, 이 권리의 행사에 대하여는 어떠한 공공당국의 개입도 있어서는 아니된다."

* 네덜란드 헌법 제21조

"It shall be the concern of the authorities to keep the country habitable and to protect and improve the environment."

* 네덜란드 민법 관련 조문

- 제6.162조(Book 6, Section 162 Definition of a 'tortious act')

"2. As a tortious act is regarded a violation of someone else's right (entitlement) and an act or omission in violation of a duty imposed by law or of what according to unwritten law has to be regarded as proper social conduct, always as far as there was no justification for this behaviour. (불법행위의 유형은 권리 침해(예컨대 재산권 침해), 성문법을 위반한 작위 또는 부작위(예컨대 경쟁법 위반), 그리고 '불문법을 위반한 작위 또는 부작위'를 의미함. 여기서, '불문법을 위반한 작위 또는 부작위'는 모든 종류의 '선관주의의무'(duties of care)를 포함하는 것으로 해석함.)

- 제3.296조(Book 3, Section 296 Legal action to claim specific performance)

"1. Where a person is legally obliged towards another person to give, to do or not to do something, the court shall order him, upon a request or claim of the entitled person, to carry out this specific performance, unless something else results from law, the nature of the obligation or a juridical act.

2. Where a person is legally obliged to perform something under an effective date or expiration date or under a condition precedent or subsequent, the court may order him to do so with observance of that time stipulation or condition."

- 제3.305a조(Book 3, Section 305a Collective actions('Class actions'))

"1. A foundation or association with full legal capacity that, according to its articles of association, has the objection to protect specific interests, may bring to court a legal claim that intents to protect similar interests of other persons.

2. A legal person filing a claim as meant in paragraph 1 is inadmissible if he, in the given circumstances, has made insufficient attempts to reach a settlement over its claim through consultations with the defendant. A period of two weeks after the defendant has received a request for such consultations, indicating what is claimed, shall in any event be sufficient to this end.

3. A legal claim as meant in paragraph 1 may be brought to court in order to force the defendant to disclose the judicial decision to the public, in a way as set by court and at the costs of the persons as pointed out by the court. It cannot be filed in order to obtain compensatory damages.

4. A legal action as meant in paragraph 1 cannot be based on specific behaviour as far as the person who is harmed by this behaviour opposes to this.

5. A judicial decision has no effect with respect to a person whose interests are protected by the legal action, but who has made clear that he does not want to be affected by this decision, unless the nature of the judicial decision brings along that it is not possible to exclude this specific person from its effect."

제19장

국제경제법

1. Standards for Reformulated and Conventional Gasoline(1996/1996)
2. Measures Concerning Meat and Meat Products (Hormones)(1997/1998)
3. Regime for the Importation, Sale and Distribution of Bananas(1997/1997)
4. Certain Measures Concerning Periodicals(1997/1997)
5. Import Prohibition of Certain Shrimp and Shrimp Products(1998/1998)
6. Sections 301-310 of the Trade Act of 1974(1999)
7. Measures Affecting Asbestos and Asbestos-Containing Products(2000/2001)
8. Measures Affecting the Production and Sale of Clove Cigarettes(2011/2012)
9. Import Bans, and Testing and Certification Requirements for Radionuclides(2018/2019)
10. Certain Measures Concerning Trademarks, Geographical Indications and Other Plain Packaging Requirements Applicable to Tobacco Products and Packaging(2018/2020)

01 Standards for Reformulated and Conventional Gasoline: Venezuela v. United States (미국-개질 및 재래식 휘발유 표준사건)

인용(Citation) WT/DS2/R (1996) ; WT/DS2/AB/R (1996).

사실(Facts) 미국의 공기청정법은 대기오염의 방지 및 통제를 위하여 1963년에 처음 제정되었고, 1990년에 개정되었다. 이 개정법률에 따라 환경보호국은 유독성 대기오염물질(toxic air pollutants)과 오존을 형성하는 휘발성 유기화합물(volatile organic compound)과 같은 자동차의 배출물질을 감축하기 위해 휘발유의 구성물질과 배출 효과에 대한 새로운 휘발유규칙을 공포하였다. 이 규칙에 따라 미국의 정유업자 · 혼합업자 · 수입업자들은 자신이 생산한 휘발유의 오염물질 배출기준을 각자 스스로 마련하여야 했다. 이 기준에 의하여, 이 기준보다 품질이 더 나쁜, 즉 대기오염물질이 더 많이 배출되는 휘발유는 더 이상 생산할 수 없었다.

베네수엘라는 미국 환경보호국이 공포한 "휘발유규칙"(Gasoline Rule) 즉, "연료 및 연료첨가물-개질 휘발유 및 재래식 휘발유 기준"(fuels and fuel additives - standards for reformulated and conventional gasoline)에 대하여 문제를 제기하고 미국에 협의를 요청하였으나, 만족할만한 결과를 얻지 못하여 분쟁해결양해(이하, DSU) 제6조에 의하여 패널 설치를 요청하였고, 1995년 4월 28일 양국은 패널 구성에 합의하였다.

브라질도 같은 문제에 대해 미국과 협의를 하였으나, 만족할만한 결과를 얻지 못하고 분쟁해결기구(이하, DSB)에 패널 설치를 요청하였다. 1995년 5월 31일 DSB는 DSU 제9조 복수 제소자를 위한 규정에 의하여 베네수엘라와 미국의 분쟁해결패널에서 이 문제를 함께 검토하도록 결정하였다.

법적 쟁점(Legal Issues)

(1) GATT 제1조 – 최혜국대우원칙

(2) GATT 제3조 제4항 – 내국민대우원칙

(3) GATT 제3조 제1항

(4) GATT 제20조 (b)호 : necessary to protect human, animal and plant life or

health – 인간, 동물과 식물의 생명과 건강 보호를 위해 필요한 조치인지의 여부

(5) GATT 제20조 (d)호 : necessary to secure compliance with laws or regulations – 법률 또는 규정의 준수를 확보하기 위해 필요한 조치

(6) GATT 제20조 (g)호: measures related to the conservation of an exhaustible natural resource – 유한천연자원의 보존에 관한 조치

(7) GATT 제23조 : nullification and impairment – 무효화와 침해

판정(Decision)

(1) 패널의 판정은 다음과 같다: (ⅰ) 미국 휘발유규칙의 기준수립방법이 GATT 제3조 제4항의 내국민대우원칙을 위반하였으며, GATT 제20조 (b), (d), (g)호에서 말하는 정당화사유에 해당하지 않는다; (ⅱ) DSB가 휘발유규칙의 이 부분을 GATT의 의무에 일치하도록 수정할 것을 미국에 요청하도록 권고한다.

(2) 상소기구의 판정은 다음과 같다: 상소기구는 미국이 제소국 정부와 수입휘발유에 관한 기준수립에 대해 적절한 행정적 협조를 추진하지 않았으며, 외국 정유업자에게 법정기준의 부과로 발생하는 비용을 계산하지 않았으므로, 제20조 (g)호에는 해당하지만, 제20조 전문에서 말한 '정당화될 수 없는 차별'과 '국제무역에서의 위장된 제한'에 해당하므로 GATT 제20조에서 인정된 보호의 정당성에 해당하지 않는다.

판정 이유(Reasoning)

(1) GATT 제1조 – 최혜국대우원칙

75% 규칙이 최혜국대우 위반이라는 제소국의 주장에 대하여 75% 규칙의 효력이 정지되었으며, 다시 유효하게 될 것으로 보이지 않으므로 이에 대한 패널의 판정은 불필요한 것으로 보았다.

(2) GATT 제3조 제4항 – 내국민대우원칙

패널은 휘발유규칙이 GATT 제3조 제4항의 요건 중 "수입품의 수입국 내에서의 판매, 판매를 위한 제공, 구매, 운송, 유통 또는 사용에 영향을 주는 법률, 규정 및 요건"에 해당하는지에 대해서는 이견이 없었다. 패널은 휘발유규칙이 "동종의 국산품보다 수입품을 불리하게 대우하고 있는지"의 여부를 검토하였으며, 이에 대하여 패널은 미국이 동종상품에

대한 이견을 제시하지 않았으므로 수입휘발유와 국산휘발유가 관세 분류상, 최종용도, 물리적 특성상 "동종상품"(like products)에 해당한다고 판정하였다. 다음으로 패널은 수입휘발유가 국산휘발유보다 불리한 대우를 받는지를 판단하였다. 패널은 휘발유가 동종상품임에도 국내 정유업자는 개별기준을 설정할 수 있지만, 수입업자는 개별기준을 설정하는 것이 어렵고, 이로 인해 법정기준 보다 낮은 품질의 휘발유가 낮은 가격으로 수입될 수 있다는 점을 주목하고, 기준수립방법에 있어서 수입휘발유가 국산휘발유보다 불리한 대우를 받고 있다고 판정하였다.

(3) GATT 제3조 제1항

패널은 제3조 제1항은 제3조 제2항 또는 제4항보다 일반 규정이므로 이에 대한 판단이 확정된 후 제3조 제1항을 단독으로 판단하지 않았던 *US-Malt Beverage* 사건처럼, GATT 제3조 제4항 위반으로 판정한 후, 더 이상 제3조 제1항에 대해 검토할 필요가 없다고 결정하였다.

(4) GATT 제20조 (b)호

패널은 '필요성'의 개념을 명확히 하기 위하여 *Section 337* 사건을 인용하였는데, 이 사건은 'GATT에 위반되지 않거나 적어도 덜 위반되는 조치가 존재함에도 그 조치를 취하지 않고 특정한 조치를 취하는 것은 이 특정한 조치가 필요한 조치로 정당화될 수 없고, 비록 대체할 수 있는 조치가 없기 때문에 특정 조치를 취하는 경우에도 GATT의 규정에 위반되는 범위가 최소화되도록 할 의무가 있다'라고 판정하였다. 패널은 이 필요성의 개념을 인용한 후, 미국이 정책적 목적을 달성하기 위하여 GATT에 위반되지 않거나 혹은 적어도 덜 위반되는 대안조치가 있는지를 살펴보았다. 패널은 수입 정유업자에 대해 GATT에 위반되지 않거나 적어도 덜 위반되는 조치가 적용되어야 한다는 판정을 내리면서, 모든 정유업자에게 동일한 품질기준이 적용되지 않는다면, 수입업자는 수입업자와 거래하고 있는 외국정유업자가 생산한 휘발유의 품질을 기준으로 개별기준을 설정할 수 있게 해야 한다는 예를 들었다.

또한, 패널은 미국이 수입업자 혹은 외국 정유업자가 개별기준을 설정하는 것이 불가능하다는 미국 주장의 근거가 불충분하다는 판정을 내렸다. 그 이유는 첫째, 휘발유의 원산지를 확인하는 것이 필요하지만 GATT와 일치하거나 덜 위반하는 조치에 의해 달성될 수 없는가를 미국이 설명하지 못하였고, 둘째 조작(gaming)의 우려가 차별적 대우를 정당화하는지 미국이 충분히 입증하지 못하였으며, 셋째 수입업자 혹은 외국 정유업자가 기준을 준수하는 것을 강제하기 위해 GATT 제3조 제4항과 합치되거나 덜 위반되는 조치가 없다는 미국의 주장을 패널이 받아들일 수 없기 때문이다. 이상의 이유로 GATT 제3조 제4항에 위반되는 미국의 기준설정방법은 GATT 제20조 (b)호에서 허용하는 '필요한' 것이 아니라고 판정하였다.

(5) GATT 제20조 (d)호: necessary to secure compliance with laws or regulations

패널은 기준수립방법이 GATT 제3조 제4항에 위반되는 것을 확인한 후, 제20조 (d)호의 GATT에 위반하지 않는 법률 혹은 규정의 보장을 위해 필요한 것인지를 살펴보았다. 그러나 패널은 기준수립방법 하에서 GATT 제3조 제4항을 위반하여 수입휘발유와 국산휘발유에 차별적인 대우를 유지하는 것이 휘발유 제도를 준수하기 위한 보장은 아니라고 판정하였다.

(6) GATT 제20조 (g)호: measures related to the conservation of an exhaustible natural resource

상소기구는 분쟁당사국이 휘발유규칙 전체를 조치로서 해석해야 한다고 주장하지 않았고, GATT 제20조의 조치와 GATT 제3조 제4항의 조치는 동일한 것이라는 과거 패널의 의견을 받아들여 상소기구도 패널이 판정한 기준수립방법만이 조치에 해당한다는 의견에 동의하였다. 상소기구에서 가장 문제되는 부분은 휘발유규칙의 기준수립방법이 대기의 보존과 관련이 있는지 여부였다. 미국이 상소에서 주장하는 핵심사항은 유한천연자원인 대기의 보존과의 관련성 인정 여부이다. 패널은 기준수립방법이 유한천연자원인 대기의 보전을 위한 주된 목적이 아니므로 위 목적과 관련 있는 조치가 아니라고 판정하였다. 상소기구는 수입업자에게 불리한 기준 설정방법이 대기의 보전이라는 목적과 직접적인 관련성(direct connection)이 없기 때문에 주된 목적을 둔 것이 아니라는 패널의 판정이 논리상 불명확한 부분이 있다는 입장을 보였다. 상소기구는 수입업자가 국내 정유업자에 비해 불리한 대우를 받았지만, 국산휘발유의 생산과 소비도 함께 제한을 받는다고 판단하여

제20조 (g)호에 해당한다고 보았다.

(7) GATT 제23조: nullification and impairment - 무효화와 침해

패널은 휘발유규칙이 GATT 제3조 제4항에 위반되고, GATT 제20조 (b), (d), (g)호에 의해 정당화되지 않기 때문에 베네수엘라의 이익의 무효화 또는 침해에 대해 판정할 필요가 없다는 결정을 내렸다.

분쟁에서 패배한 미국은 1997년 베네수엘라와 브라질과의 오랜 협의 끝에 공기청정법을 개정하였다. 이 사건은 WTO가 출범한 이후 DSU 절차에 따라 심리된 최초의 사건이었다. 분쟁당사국의 협의에서 상소기구 판정이 있기까지 약 1년 3개월로 기간도 길지 않았고, 판정이 있기까지 절차도 만족스러워 DSB에 의한 무역분쟁해결 시도를 성공적으로 정착시켰다는 평가를 받았다. 특히 상소기구 판정은 그동안 논란이 되었던 GATT 제20조 전문(chapeau or Introductory clause)의 해석에 대한 좋은 지침을 제공해 주었다. 즉, 예외조항인 GATT 제20조 각 호가 같은 조의 전문에 의해 예외적으로 제한받게 되는 경우가 생긴 것이다.

02 Measures Concerning Meat and Meat Products (Hormones): United States v. European Communities; Canada v. European Communities (미국/캐나다-소고기 호르몬사건)

인용(Citation) WT/DS26/R, WT/DS48/R (1997) ; WT/DS26/AB/R, WT/DS48/AB/R (1998).

사실(Facts) 1997년 7월 1일자로 효력을 갖는 EC 지침 96/22는 호르몬 작용이 있는 특정 물질을 축산에 사용하는 것을 금지하고 있다. 기존의 지침들(Directives 81/602, 88/146, 88/299)은 본 사건에서 문제가 된 6가지의 호르몬제를 비롯한 이러한 물질을 투여한 고기나 육류 가공품을 유럽 시장에 내놓거나, 제3국으로부터 수입하는 것을 금지하고 있었다. EC 지침 96/22는 기존의 지침들을 대체하며, 성장 촉진을 목적으로 한 위 호르몬의 사용

을 계속 금지하고, 금지 범위를 확대하였다.

미국과 캐나다는 EC의 이러한 조치에 대해 SPS협정을 위반하였다고 주장하였다.

법적 쟁점(Legal Issues) (1) 본 사건에서 원패널이 올바르게 입증책임을 분배했는지 여부; (2) 원패널이 SPS협정상 적법한 심사 기준을 적용했는지 여부; (3) 사전주의의 원칙이 SPS협정의 해석에 있어 관련성을 갖는지, 또 갖는다면 어느 정도까지 관련성을 갖는지 여부; (4) SPS협정이 WTO협정의 발효일 이전에 이루어진 조치들에도 적용가능한지 여부; (5) 원패널이 DSU 제11조에 합치되도록 사실관계를 판단했는지 여부; (6) 패널이 전문가 그룹의 선정 및 운용, 미국과 캐나다에 제3자 권리를 부여하고, 본 사건의 당사자가 주장하지 아니한 것에 근거한 사실관계 파악을 하는 데 있어 그 권한의 범위 내에서 행동했는지 여부; (7) 패널이 SPS협정 제3조 제1항과 제3항을 올바로 해석했는지 여부; (8) EC의 조치들이 SPS협정 제5조 제1항의 문언적 의미 내에서 위험평가에 기초했는지 여부; (9) 패널이 SPS협정 제5조 제5항을 올바로 해석 및 적용했는지 여부; (10) 패널이 SPS협정 제2조 제2항 및 제5조 제6항과 EC의 조치들이 합치되는지에 대해 사실관계 파악을 하지 않음으로써 적법하게 소송경제(judicial economy)를 추구하였는지 여부

판정(Decision)

(1) 패널의 판정

1. EC는 위험평가(risk assessment)에 기인하지 않은 SPS조치를 유지함으로써 SPS협정(Agreement on the Application of Sanitary and Phytosanitary Measures) 제5조 제1항상의 의무에 합치되지 않게 행동하였다.
2. EC는 국제통상에 있어 차별 혹은 위장된 제한을 가져올 SPS조치의 정도에 있어서 자의적이거나 정당화될 수 없는 차별을 함으로써 SPS협정 제5조 제5항에 규정한 의무에 합치되지 않게 행동하였다.
3. EC는 SPS 협정 제3조 제3항의 정당성 요건을 구비하지 못한 채, 기존의 국제기준에 근거하지 않은 위생조치를 유지함으로써, 동 협정 제3조 제1항의 의무에 합치되지 않게 행동하였다.
4. 이러한 결론에 근거하여, 패널은 EC에 문제가 된 조치들을 SPS협정상의 의무와 일

치되도록 개정하라는 권고를 하였다.

(2) 상소기구의 판정

1. SPS협정이 SPS조치를 취한 회원국에 입증책임을 부여한다는 패널의 판정을 파기하고, 어떤 회원국의 조치가 국제기준에 근거하지 않을 경우, 해당 조치가 SPS협정 제3조 제3항과 합치됨을 입증해야 할 책임은 그 조치를 취한 회원국에 있다는 패널의 해석 역시 파기하였다.
2. 패널이 SPS협정상의 적절한 심사 기준의 해석에 있어 오류를 범하였다고 판단하였다.
3. EC가 주장한 사전주의의 원칙이 SPS협정 제5조 제1항 및 제2항의 구체적 문언을 무효화하지 못하며, 이 원칙은 SPS협정 제5조 제7항에 도입되었다는 패널의 결정을 지지하였다.
4. SPS협정 특히 제5조 제1항과 제5항은 WTO협정 발효 이전에 채택되었으나, 그 이후에도 존속한 조치들에 적용을 받는다는 패널의 결정을 지지하였다.
5. 패널이 비록 제출된 증거의 일부에 관해 오해를 하기는 했으나, DSU 제11조에 의하여 사실의 객관적 평가를 할 의무를 준수하였다고 판단하였다.
6. 캐나다와 미국이 제기한 소에서 취한 패널의 절차, 즉 전문가의 선정과 이용, 미국과 캐나다에 제3자의 권리를 부여하고, 분쟁 당사자가 주장하지 않은 사실을 사실 판단의 근거로 사용한 것은 DSU 및 SPS협정에 합치된다고 판단하였다.
7. SPS협정 제3조 제1항 및 제3항에서 사용된 "기초한"(based on)이라는 표현이 제3조 제2항에서 사용된 "일치한다"(conform to)와 같은 의미라는 패널의 결정을 파기하였다.
8. SPS협정 제3조 제1항/제2항과 제3항 사이의 관계에 대한 패널의 해석을 변경하였으며, EC가 SPS협정 제3조 제3항의 정당성 요건을 갖추지 못하고 기존의 국제기준에 근거하지 않은 SPS조치를 유지함으로써 SPS협정 제3조 제1항을 위반하였다는 패널의 결정을 파기하였다.
9. 어떤 조치가 SPS협정 제3조 제3항의 요건에 합치되기 위해서는 우선 동 제5조의 요건을 충족시켜야 한다는 패널의 결정을 지지하였다.
10. 위험평가에 관한 패널의 해석을 변경하였다.
11. SPS협정 제5조 제1항에서 사용된 "기초한"(based on)이라는 표현은 최소한의 절차

적 요건, 즉 SPS조치를 채택한 회원국은 그러한 조치를 취함에 있어 실제로 위험평가를 고려했다는 증거를 제출할 것을 의미한다는 패널의 결정을 파기하였다.

12. 본 사건에서 문제된 EC의 조치들이 SPS협정 제5조 제1항에 합치되지 않는다는 패널의 결정을 지지하였으나, SPS협정 제5조 제1항은 제2조 제2항과의 연계 속에 해석될 경우 위험평가의 결과는 계쟁 대상인 SPS조치를 충분히 정당화할 수 있는 것이어야 한다고 함으로써 패널의 해석을 변경하였다.

13. SPS협정 제5조 제5항에 대한 패널의 판정 및 결론을 파기하였다.

14. 패널이 SPS협정 제2조 제2항 및 제5조 제6항을 검토하지 않음으로써 소송경제를 구현하였다고 판단하였다. 그러나 상소기구는 상소되지 않은 나머지 판정에 대해서는 지지하였으며, 이에 분쟁해결기구로 하여금 EC가 상소기구 및 원패널 보고서에서 문제가 된 조치들을 SPS협정에 합치되도록 수정을 요구할 것을 권고하였다.

판정 이유(Reasoning)

(1) 본 사건에서 원패널이 올바르게 입증책임을 분배했는지 여부

패널은 SPS협정 제2조 제2항 및 제3항, 제5조 제1항, 제6항 및 제8항, 그리고 특히 SPS협정 제3조 제2항의 의도 및 목적에 비추어, 피소측 당사자에 보다 일반적인 입증책임(evidentiary burden)을 부여한다는 일반적이고 무조건적인 해석 결정(general, unqualified, interpretative ruling)을 내렸고, 이 같은 과정을 통해 원패널은 만약 어떤 조치가 국제기준에 부합되지 않는다면, 이러한 조치를 취하는 회원국이 입증책임을 지게 된다는 역추론(reverse inference)에 도달하게 되었다.

그러나 상소기구는 패널의 일반적 해석 결정에 대해, 이것은 SPS협정에 근거하지 않은 것이라는 이유로 파기(reverse) 결정을 내렸다. 이에 따르면, 회원국은 SPS조치를 오직 인간이나 동식물의 생명 또는 건강을 보호하기 위해 필요한 범위 내에서만 적용하고, 과학적 원리에 근거하며, 충분한 과학적 증거 없이 유지되지 않도록 보장한다. 다만, 제5조 제7항에 규정된 사항은 제외된다.

(2) 원패널이 SPS협정상 적법한 심사 기준을 적용했는지 여부

패널에 의한 사실관계의 확정에 관한 한, 패널의 활동은 언제나 DSU 제11조의 의무에

제약을 받게 된다. 따라서 적용 가능한 기준이란 위에서 본 것과 같은 *de novo* 기준도 아니고, 완전한 존중(total deference)의 기준도 아니며, 사실에 대한 객관적 평가(objective assessment)인 것이다. 그러므로 상소기구는 적절한 기준의 적용 문제는 원패널이 사실의 객관적 평가를 포함하여 문제에 관한 객관적 평가를 하였는지의 문제로 돌아간다고 보았으나, 원패널의 결정을 지지하였다.

(3) 사전주의의 원칙이 SPS협정의 해석에 있어 관련성을 갖는지, 또 갖는다면 어느 정도까지 관련성을 갖는지 여부

SPS협정 제5조 제1항과 제5조 제2항을 인용하며, EC는 사전주의의 원칙을 적용하는 것이 전 세계 모든 과학자가 위험의 가능성과 정도에 관해 동의하거나 WTO의 모든 또는 대부분의 회원국이 동일한 방식으로 그러한 위험을 느낄 것을 의미하는 것은 아니라고 하였다. 아울러 EC는 제5조 제1항과 제2항은 특정한 형태의 위험평가를 금지하고 있지 않으며, 회원국으로 하여금 그들의 위험평가의 시행에 있어 주의를 기울이는 것을 금지하고 있지 않다는 점을 강조하였다. 계속해서 EC는 쟁점이 된 자신의 조치들이 그 본질상 사전주의적인 것이며, SPS협정 제5조 제1, 2, 4, 5 및 6항은 물론, 제2조 제2항과 제3항도 충족시킨다고 주장하였다.

이에 대해 상소기구는 국제법에 있어서 사전주의의 원칙의 지위 문제는 학자, 법 집행자, 입법자와 법관들 사이의 끊임없는 논쟁의 대상이라고 하면서, 비록 이 원칙이 국제환경법 분야에서는 관습국제법의 일반원칙으로 형성되었다는 일부 주장이 있지만, 이것이 일반 혹은 관습국제법상의 원칙이 되었는지는 명확하지 않다는 점을 지적하였다. 이에 따라, 상소기구는 사전주의의 원칙이 SPS협정 제5조 제1항과 제5조 제2항의 의무를 무효화할 수 없다고 밝혔다.

(4) SPS협정이 WTO협정의 발효일 이전에 이루어진 조치에도 적용가능한지 여부

비록 공동체 지침 81/602, 88/146 그리고 88/299가 1995년 1월 1일 WTO협정이 발효되기 전에 채택되기는 했지만, 패널은 조약법에 관한 비엔나협약 제31조의 해석원칙에 따라, EC의 문제의 조치들은 1995년 1월 1일 이후에도 존재하였고, SPS협정상 본 협정은 WTO협정의 발표 이후의 조치들만을 대상으로 하겠다는 의도도 보이지 않으므로, SPS협

정은 문제가 된 EC의 조치들에 적용되어야 한다고 판단하였다. 그러나 이에 반해 원패널은 SPS협정의 몇몇 조항, 구체적으로 제2조 제2항, 제3조 제3항, 제5조 제6항 및 제8항, 그리고 제14조를 볼 때, SPS협정은 실제로 1995년 이전에 채택되었으나 그 이후로 지속되어 온 SPS조치에도 적용된다고 보았다.

따라서 상소기구는 1995년 1월 1일을 기준으로, 이미 존재하고 있었던 회원국의 SPS조치에도 그러한 조치는 위험평가에 기인해야 한다는 요건을 적용할 수 있다는 것이 회원국들에 부담을 줄 수도 있다고 보았다. 여기서 상소기구는 제5조 제1항은 SPS조치는 상황에 따라 적절하게(as appropriate to the circumstances) 위험평가에 기인해야 한다고 강조했다는 점, 그리고 이것은 회원국들이 제5조 제1항의 의무를 준수하는 데 있어 상당한 유연성을 가진다고 지적하며, 패널의 결정을 지지하였다.

(5) 원패널이 DSU 제11조에 합치되도록 사실관계를 판단했는지 여부

DSU 제17조 제6항에 의하면, 상소기구는 패널보고서의 법적 쟁점 및 패널이 적용한 법해석원칙에 대한 심사로 제한되어 있다. 즉 원칙적으로 패널이 구축한 사실관계에 대해서는 상소기구의 심사 대상이 아닌 것이다. 따라서 주어진 증거의 신뢰성이나 그 중량감에 대한 평가는 사실관계 확정의 일부이며, 이것은 패널의 재량권 내에 있는 문제이다. 그러나 상소기구에 의하면 어떤 조항과의 합치성 여부는 법적 문제이며, 패널이 DSU 제11조에 따라 사실관계의 객관적 판정을 하였는지 역시 법적 문제이다. 따라서 이는 상소기구의 심의대상이 된다.

상소기구는 EC의 주장, 즉 패널이 EC가 제출한 증거를 왜곡 혹은 무시하였다는 주장을 검토하였다. 그러나 상소기구는 어떤 증거를 판정의 근거로 채택하는가는 패널의 재량사항이라는 점, 그리고 패널이 모든 전문가의 진술을 언급할 수는 없으며, 어떤 진술을 택하느냐 역시 패널의 재량권 내의 문제라고 하였다. 상소기구는 또한 무시되었다고 EC가 주장한 증거 중 일부는 패널이 인용한 기타 증거에 이미 고려되어 있는 경우도 있으며, 호르몬이 성장 촉진 목적으로 이용된 경우의 위험이 아닌, 일반적인 위험을 다루고 있어 본 사안과 직접적 관련성이 없는 증거인 경우도 있다는 점을 지적하였다. 이에 따라 상소기구는 단순히 어떤 전문가의 진술을 언급하지 않았다거나 그 진술의 해석에 대한 오류가 있었다 하더라도, 그것만으로 패널이 고의적으로 증거를 무시 또는 왜곡하였다고는 할 수

없다고 판단하였다.

(6) 패널이 전문가 그룹의 선정 및 운용, 미국과 캐나다에 제3자 권리를 부여하고, 본 사건의 당사자가 주장하지 아니한 것에 근거한 사실관계 파악을 하는 데 있어 그 권한의 범위 내에서 행동했는지 여부

1) 전문가의 선정 및 운용 문제: EC는 패널이 전문가 심사 그룹(Expert Review Group)이 아닌 전문가 개개인에게 정보 및 조언을 구함으로써 SPS협정 제11조 제2항, DSU 제11조 및 제13조 제2항, DSU 부속서 4를 위반하였다고 주장하였다. 사실, SPS협정 제11조 제2항이나 DSU 제13조 제2항도, SPS협정 제11조 제3항 및 DSU 제13조 제1항 및 제2항에서 볼 수 있듯이, 패널이 전문가로부터 정보를 구하는 걸 막지 못한다고 밝힌 바 있다. 상소기구는 EC의 이러한 주장에 대해 패널은 전문가 심사 그룹을 구성하는 것보다 개인 차원에서 의견을 구하는 것이 효과적이라고 판단하였다고 보고, 원패널의 의견을 지지하였다.

2) 미국과 캐나다의 추가적 제3자 권리 문제: EC는 패널이 과학 전문가들과의 합동 회합을 마련하고, 두 분쟁 당사자들 사이에 모든 정보를 사용하고 제공토록 하며, 미국의 경우 캐나다가 제기한 법적 절차에서 심리 과정을 관찰하고 진술할 수 있도록 하는 등의 추가적인 제3자 권리를 부여하여 DSU 제9조 제3항, 제7조 제1항 및 제2항, 제18조 제2항 및 제10조 제3항을 위반하였다고 주장하였다. 그러나 이에 대해 상소기구는 이러한 결정의 배경인 시간 및 노력의 절약이라는 측면에서 원패널의 위와 같은 결정을 지지한다고 밝혔다.

3) 법적 청구(legal claims)와 주장(arguments)의 차이

EC는 패널에게는 당사자들의 주장을 넘어서는 범위의 판단을 내릴 권한이 없다고 주장하면서, 원패널의 경우 SPS협정 제5조 제5항과 관련된 추론(reasoning)의 주요 부분을 제소국이 청구하지 않은 사실에 근거하는 오류를 범하였다고 항소하였다. 미국 및 캐나다에 의해 개시된 절차에서의 패널 설치 요구에 있어서 양 제소국은 EC의 수입규제 조치가 SPS협정 제5조 위반이라는 법적 청구를 포함시켰다는 점을 고려할 때, 상소기구는 EC가 이의를 제기한 것은 제소국(complainant)에 의해 제기된 법적 청구와 제소국에 의해 그 법적 청구를 뒷받침하기 위해 사용된 주장을 착각했기 때

문이라고 하였다.

(7) 패널이 SPS협정 제3조 제1항과 제3조 제3항을 올바로 해석했는지 여부

EC는 자신이 SPS협정 제3조 제3항에 의해 정당화되지 않는, 기존 국제기준에 기초하지 않은 SPS조치를 취함으로써 제3조 제1항을 위반했다는 원패널의 결정에 대해 항소하였다. 위의 결정은 상소기구가 이미 위에서 배척한, SPS 제3조 제1항과 제3항의 관계는 일반적 규범과 예외의 관계라는 입장에 기인한다는 것을 알 수 있다.

1) SPS협정 제3조 제1항에서 사용된 "based on"의 의미: 패널은 가능한 한 광범위한 기초 위에 위생 및 검역조치를 조화시키기 위해 회원국들이 그들의 위생 및 검역조치의 근거를 특히 제3항에서 규정하는 것처럼 SPS협정상 달리 규정하는 경우를 제외하고는 국제기준, 가이드라인 혹은 권고안이 존재할 경우 그에 두어야 한다. 이에 따르면 회원국의 SPS조치는 Codex Alimentarius의 기준과 일치되어야 한다고 판정하였다. 그러나 상소기구는 이러한 견해에 동의하지 않았다.

2) SPS협정 제3조 제1항 및 제2항과 제3항의 관계: 원패널은 SPS협정 제3조 제1항 및 제2항을 동일시하고, 그 두 조항과 제3항 사이에는 일반적 규범과 예외조항이라는 관계가 성립한다고 판단하였다. 그러나 상소기구는 패널의 해석에 오류가 있다고 보았다. 상소기구에 따르면, SPS협정 제3조 제2항에 따르면 회원국은 국제기준과 일치되는 수준의 보호조치를 채택할 수 있다. 이러한 조치는 물론 국제기준을 구체화하며, 실질적으로 국제기준을 국내규범화하는 기능을 수행하게 된다. 따라서 이러한 조치는 SPS협정의 관련 조문들 및 GATT 1994의 규범들과도 합치되리라 추정할 수 있을 것이다.

3) SPS협정 제3조 제3항의 요건: 상소기구는 이어서 이와 같이 적절한 보호조치의 수준을 결정할 수 있는 회원국의 권리는 무조건적이거나 절대적인 것이 아니라는 점을 강조하고 있다. SPS 제3조 제3항에서는 과학적 정당화가 존재하거나, 그러한 보호조치의 결과 회원국이 제5조 제1항에서 제8항까지의 의무와 일치된다고 판단하는 경우에만 이러한 보호조치를 취할 수 있으며, 이렇게 채택된 조치들도 동 협정의 여타 조항과 충돌되지 않아야 한다고 규정하고 있다.

(8) EC의 조치들이 SPS협정 제5조 제1항의 문언적 의미 내에서 위험평가에 기초했는지 여부

상소기구는 SPS협정 제5조 제1항 및 제2항의 범위 내에서 성장 촉진 목적으로 사용된 호르몬의 사용 규제와 위험평가 사이에 객관적인 관계가 존재하여야 한다고 보았다. 이에 따라, 상소기구는 EC의 수입제한 조치는 SPS협정 제5조 제1항 및 제2항의 위험평가에 기초한 것이 아니라는 원패널의 견해를 지지하였다. 그리고 이미 위에서 살펴본 것과 같이 SPS조치가 SPS협정 제3조 제3항에 합치되기 위해서는 제5조 제1항의 요건을 충족시켜야 하므로, 문제의 조치는 SPS협정 제3조 제3항과도 합치되지 않는다는 결론을 내렸다.

(9) 패널이 SPS협정 제5조 제5항을 올바로 해석하고 적용했는지 여부

상소기구는 EC가 위생보호조치 수준의 자의적이거나 정당화될 수 없는 구별을 채택함으로써 차별 혹은 위장된 무역 제한을 초래하여 SPS협정 제5조 제5항상의 요건을 위반하였다는 원패널의 결정을 파기하였다.

(10) 패널이 SPS협정 제2조 제2항 및 제5조 제6항과 EC의 조치들이 합치되는지 여부에 대해 사실관계 파악을 하지 않음으로써 적법하게 소송경제(judicial economy)를 추구하였는지 여부

SPS협정 제2조 제2항에 관해, 패널은 EC의 조치들이 SPS협정 제3조 제1항, 제5조 제1항 및 제5항에 위반된다는 것을 확정한 뒤, 또다시 EC의 조치들이 제2조 제2항 위반인지에 관해 심리할 필요가 없다고 밝혔다. 상소기구는 위에서 제5조 제5항의 적용 문제에 관한 패널의 결정을 파기하였으나, 패널 절차에서 패널이 EC의 조치들이 제5조 제6항의 요건과의 합치 여부를 논하는데 필요한 모든 사실관계를 파악하지 못했으나, 소송경제라는 측면에서 이 부분에 대해 언급을 회피한 것은 정당하다고 결정하였다.

1998년 3월 13일 EC는 가능한 한 빨리 상소기구의 판정을 이행하겠다고 선언하였다. 그러나 사건 당사자들 -EC, 미국, 캐나다- 이 이행에 필요한 "합리적인 이행기간"(reasonable period of time)에 대해 합의를 구하지 못하자, EC는 이 문제에 관해 중재를 요구하였다. 이에 원패널위원이 그대로 중재인이 되었으며, 중재위원은 이행에 필요한 기간으로 15개월을 인정하였다. 그러나 이 기간이 끝날 때까지 EC는 문제의 조치들을 개정하지 않았고, 결국 분쟁해결기구가 보복조치를 승인함에 따라 미국은 EC를 대상으로 연간 1억 1,680만

달러에 달하는 관세 양허의 정지를 취할 수 있게 되었고, 캐나다는 캐나다 달러로 1,130만 달러에 달하는 양허 정지 조치를 취할 수 있게 되었다. 그러나 미국의 주제네바대표부 리타 헤이즈대사가 밝힌 대로, DSB의 결정 직후 가진 기자회견에서 미국은 보복조치를 취하는 것이 양자 간의 통상관계에 아무런 도움이 되지 못할 것을 알기 때문에, EC측이 받아들일 수 있는 해결책을 강구하겠다는 견해를 피력한 바 있다.

03 Regime for the Importation, Sale and Distribution of Bananas: Ecuador, Guatemala, Honduras, Mexico, US v. European Communites (EC-바나나 사건)

인용(Citation) WT/DS27/R (1997) ; WT/DS27/AB/R (1997).

사실(Facts)

(1) 최초의 바나나 사건 패널 판정(GATT) : Bananas I

이미 1993년에 일련의 남미 국가들, 즉 코스타리카, 콜롬비아, 니카라과, 베네수엘라는 당시 유럽의 바나나 수입체제가 GATT상의 의무와 합치되지 않는다고 주장한 바 있다. 이들은 당시 유럽에 존재하던 국가별로 상이한 바나나 수입제도로 피해를 보았다고 주장하며, GATT상의 분쟁해결제도를 원용한 것이다. 이에 GATT 이사회는 1993년 2월 10일 패널을 구성하고, 동년 6월 3일 패널보고서가 GATT 체약국단에 제출되었다. 동 보고서는 원고측 주장을 인용하며, EC의 바나나 수입체제는 GATT 제1조(MFN 원칙)와 제11조 제1항(양적 규제의 금지원칙)을 위반하였다고 판정하였다. 그러나 EC회원국들과 ACP 국가들은 동 보고서의 채택을 블로킹하였고, 이와는 상관없이 공동체규칙 404/93이 발효되면서, 문제의 바나나 수입제도는 종료되었다.

(2) Bananas II

남미 국가들, 즉 Bananas I과 동일한 코스타리카, 콜롬비아, 니카라과, 베네수엘라에 과테말라가 가세한 5개국은 이미 1993년 1월 28일에 공동체규칙 404/93의 초안에 관해

EEC와의 협의절차를 요구한 바 있었다. 그러나 EEC는 위의 초안은 아직 채택된 것이 아니며, 따라서 GATT 규범의 규율 대상이 아니므로 협의절차를 밟기엔 사안이 성숙하지 않았다는 것을 이유로 이 요청을 거부하였다. 이후 위의 공동체규칙이 1993년 7월 1일에 발효되자, 이들은 한편으로 협의절차를 다시 요구하는 한편, 문제의 공동체규칙이 GATT 규범과 합치되지 않는다고 주장하였다. 협의절차를 거쳐 1993년 6월 16일 GATT 패널이 설치되었고, 그 뒤 1994년 1월 18일 두 번째 바나나 사건 보고서가 GATT 체약국단에 제출되었다. 동 보고서는 공동체규칙 404/93의 ACP 국가들에 대한 특혜관세 및 수입허가제도가 GATT 제1조의 MFN 원칙 및 제3조의 내국민대우원칙에 위반된다는 제소측 주장을 옹호하는 내용을 담고 있었으나, 이 보고서 역시 EC측에 의해 블로킹당하게 된다.

(3) Bananas III

1995년 9월 28일, 미국, 과테말라, 온두라스, 멕시코가, 그리고 1996년 2월 5일 에콰도르가 유럽의 바나나 체제에 관해 제기한 협의 개시 요청서가 분쟁해결기구에 제출되었다. 미국이 처음으로 EC의 바나나 체제에 대한 비판에 직접적으로 개입하게 된 것이다. 이것은 당시 이미 WTO협정이 발효된 이후여서 블로킹이 더 이상 불가능해졌기 때문이다.

법적 쟁점(Legal Issues)

(1) 블로킹 문제; (2) DSU 제21조 제3항 c호의 문제: reasonable period of time의 의미; (3) 불완전한 이행의 문제; (4) DSU 제21조 제5항과 제22조 제6항의 관계 문제; (5) 로메(Lomé) waiver의 범위와 요건 문제; (6) WTO 패널보고서의 유럽연합 내의 지위 문제

판정(Decision)

(1) 패널의 판정

패널은 EC의 바나나 수입제도가 GATT 제1조 제1항, 제3조 제4항, 제10조 제3항, 제13조 제1항과 ILP협정 제1조 제3항, GATS 제2조, 제17조에 위반된다고 최종 결론짓고, EC가 이 제도를 관련 협정에 합치하도록 개정할 것을 권고하였다.

(2) 상소기구의 판정

상소기구는 GATT 제13조, 제10조 제3항과 ILP협정 제1조 제3항에 관한 패널의 판정을

뒤집고, 나머지 조항에 관해서는 패널의 판정을 지지하였다.

판정 이유(Reasoning)

(1) 블로킹 문제

우루과이 라운드 이전 GATT의 관행상 패널보고서는 컨센서스를 통해 채택되었다. GATT 이사회에서 컨센서스 제도는 1960년대 초반 도입된 협상 및 의사결정 방법의 하나로, 오늘날 논쟁을 피하고 결론에 쉽게 도달하기 위해 많은 국제기구와 외교적 회담에서 사용되고 있다. 이것은 모든 회의 참가자들이 기본적으로 동의하는 문언을 표결과정 없이 채택하고, 그에 대한 명시적인 유보나 이의제기는 그 이전에 미리 처리되거나 그 이후에 하는 방식이다. 물론 이러한 유보나 이의제기는 해당 사안의 채택에 아무런 영향을 주지 않는다. 이러한 방법은 만장일치(unanimity)와는 표결과정이 없다는 점에서, 그리고 갈채는 무조건적 합의(unqualified agreement)라는 점에서 차이를 가진다. 그러나 이것은 패널보고서의 채택으로 불이익을 보게 되는 당사자들(losing parties)이 패널보고서의 채택을 언제든 블로킹할 수 있다는 것을 의미하였다. GATT 체제하에서 분쟁해결은 종종 시간이 오래 걸리도록 지연되거나 어떤 사건의 경우 끝내 패널보고서가 채택되지 않는 경우도 있어, 결과적으로 GATT 체제에서의 분쟁해결절차는 비효율적인 제도로 남게 되었다.

그러나 WTO 체제에서는 블로킹이 원천적으로 봉쇄된다. DSU 제16조에 의하면 패널보고서는 그것을 채택하겠다는 컨센서스가 형성되지 않는 한 채택되게 되어 있다. 이것은 역총의(reverse-consensus) 혹은 자동(automaticity) 조항이라고 불리는데, 다시 말해 단 한 국가라도 명시적으로 찬성을 한다면 패널보고서는 채택된다. 보고서의 채택으로 이익을 얻는 측(winning party)은 당연히 찬성할 것이므로 패널보고서는 거의 자동적으로 채택되게 된다.

(2) DSU 제21조 제3항 c호의 문제: 합리적인 이행기간(reasonable period of time)의 의미

1997년 10월 24일, EC는 제소국과 패널보고서상의 합리적 이행기간의 의미에 대한 협의절차를 개시하였다. EC는 패널보고서의 이행에 15개월 일주일이 필요하다고 주장하였다. 그러나 협의절차가 진전이 없자, 제소국은 1997년 11월 17일 DSU 제21조 제3항 c호에 따라 중재를 이용하기로 결정하였다. 이 조항에 의해 중재인은 합리적 이행기간의 의

미에 대해 판정을 내리게 되었다. 동 규정상 특별한 사정이 없는 한, 패널보고서가 채택된 이후 이행까지 필요한 합리적 이행기간은 최대 15개월로 명시되어 있었다. 중재인 Said El-Naggar는 본 사건에서 이것을 EC측이 제시한 대로 15개월 1주일이라고 판정하였고, 결국 그 기간이 EC가 바나나 체제를 WTO협정에 합치되도록 개정할 수 있는 기간으로 주어졌다.

(3) 불완전한 이행의 문제

바나나 III 패널에서 EC의 공동체규칙 404/93이 WTO협정 위반이라는 내용의 보고서가 제출되자, 유럽집행위원회는 1998년 1월 14일, 바나나 체제에 대한 개정안을 EC 농업장관이사회에 제출하였다. 그러나 문제의 개정안을 본 제소국과 파나마는 문제의 개정안은 본질적으로 공동체규칙 404/93에 포함된 문제점, 즉 GATT 조항과의 불합치를 그대로 담고 있다고 판단하고, 1998년 3월 25일 DSB에서 이 개정안에 대해 다시 논의할 것을 요구하는 한편, EC측과 외교적 협상을 계속하였다. 그러나 EC측은 문제의 개정안은 이행되지 않고 있다는 점을 들어 아직 사안이 성숙하지 않았다는 이유로 제소국의 의견에 반대하였다.

새로운 바나나 수입체제를 다룬 두 개의 공동체규칙 1637/98과 2362/98은 1998년 7월 20일 승인을 거쳐 1999년 1월 1일에 발효되었고, 이에 제소국은 불완전한 이행조치에 대해 보복조치에 들어가고자 하였다. 그러나 WTO DSU에는 다음과 같은 문제가 있었다.

(4) DSU 제21조 제5항과 제22조 제6항의 관계 문제

DSU 제21조 제5항에 따르면 권고 및 판정의 준수를 위한 조치가 취해지고 있는지 여부 또는 동 조치가 대상협정에 합치하는지 여부에 대하여 의견이 일치하지 아니하는 경우, 이러한 분쟁은 가능한 한 원패널에 회부하는 것을 포함하여 이러한 분쟁해결절차의 이용을 통하여 결정된다. 패널은 사안이 회부된 날로부터 90일 이내에 보고서를 배포한다. 제22조 제6항은 제2항에 규정된 상황이 발생할 때 분쟁해결기구는 요청이 있는 경우, 분쟁해결기구가 컨센서스로 동 요청을 거부하기로 결정하지 아니하는 한, 합리적 기간의 종료로부터 30일 이내에 양허 또는 그 밖의 의무의 정지를 승인한다고 규정하고 있다.

여기서 문제가 된 것은, 우선 두 조항 간의 관계였다. 즉 EU측의 불완전 이행으로 계속

피해를 본다고 판단한 제소국이 보복조치를 취하기 위해서는 먼저 제21조 제5항의 절차, 즉 원패널에 회부하여 처음부터 절차를 밟는 것을 요구하느냐였다. 여기에 대해 EC측은 DSU 제21조 제5항의 절차는 협의절차의 요청을 포함한 분쟁해결절차의 모든 과정을 거치는 것으로 보았고, 이러한 절차는 제22조 제6항상의 보복절차를 취하기 위한 전제조건이라는 입장을 밝혔다. 반면 미국을 비롯한 제소국들은 EC의 이런 주장에 대해, 제21조 제5항은 제22조상의 보복조치 채택의 전제조건이 아니라고 주장하였다.

미국을 비롯한 제소국측은 우선 제22조 제6항에서는 제21조 제5항에 대해 아무런 언급을 하고 있지 않은 점, 그리고 제21조 제5항의 경우 이행조치의 WTO 의무 합치성 여부의 판단에는 90일이라는 시간을 부여하면서 제22조 제6항에서는 보복조치를 취하는 데 있어 30일 이내라는 시간을 부여한 점으로 미루어 제22조 제6항은 제21조 제5항을 고려치 않고 만들어진 조항이라는 점을 내세웠다. 반면 EC의 경우 제22조 제6항의 조치의 대상이 되는 불완전 이행조치를 규정한 제22조 제2항의 판단 기준은 제21조 제5항이므로, 논리적으로 제21조 제5항의 조치에 따라 원패널에 재회부하여 그 이행 여부를 판단한 뒤 제22조 제6항의 조치로 넘어가야 한다고 주장하였다.

EC가 이처럼 제21조 제5항을 제22조 제6항의 전제조건으로 계속 내세우자, 에콰도르는 1998년 12월 18일 제21조 제5항에 근거하여 원패널에 EC의 새로운 바나나 수입체제(공동체규칙 1637/98과 2362/98)의 WTO 규범과의 합치성 여부를 물었다. 이에 결국 EC는 WTO 사무총장 Ruggiero의 타협안을 받아들여 미국의 보복조치를 인정하는 대신, 그 액수에 대해서는 중재에 맡기기로 결정하고, 결국 당초 미국이 제시한 액수인 5억 2천만 달러 대신 총액 1억 9천 140만 달러의 보복관세 부과에 동의하였다.

(5) 로메 의무면제(Lomé waiver)의 범위와 요건 문제

1994년 말, 우루과이 라운드 협상 내용이 이행되기 직전 유럽 및 ACP 국가들은 제4차 로메(Lomé)협정과 관련된 5년간의 의무면제에 대해 협상하였다. 이것은 이미 바나나 사건에 대한 두 번째 패널보고서에서 제시된 것인데, WTO협정이 일단 발효되면 의무면제를 얻기가 어려워지기 때문이다. 즉, GATT 1947상 의무면제의 승인을 위해서는 회원국 2/3의 동의가 필요하지만, WTO협정에 의하면 회원국 3/4의 동의가 필요하다. 이해당사국들은 1995년 1월 1일 이전에 협상을 타결지을 필요성을 느꼈다. 결국, 1994년 12월,

GATT 이사회에서 로메협정에 관한 의무면제로서 GATT Waiver L/7604가 승인되었다. 패널은 위의 의무면제의 적용범위 및 해당 의무면제로부터 GATT 제1조 제1항 이외의 조항으로부터의 면제를 원용할 수 있을 것인지에 대해 판단하였다.

1) 로메협정의 적용 여부: 상소기구의 판단에 따르면 모든 전통적 ACP 바나나에 대해서 무관세의 시장접근을 허용한 것, 비전통적 ACP 바나나에 대하여 9만 톤까지 무관세의 시장접근을 허용하고, 그 이외의 비전통적 ACP 바나나에 대해서는 1톤당 100유로만큼의 관세우대조치를 취한 것, 1991년 이전에 EC에 바나나를 수출했던 전통적 ACP 국가에 대해서는 1991년 이전 최고의 수출량만큼 관세 쿼터를 부과한 것에 대해서는 로메 의무면제에 의해 허용되는 조치라고 판단한 반면, 어떤 전통적 ACP 국가에 대하여는 1991년 이전 최고의 수출량 이상으로 관세 쿼터를 할당한 것과 비전통적 ACP 바나나를 수출하는 ACP 국가 사이에 관세 쿼터를 할당한 것, 그리고 이러한 조치에 의하며 제3국으로부터의 수입과 비전통적 ACP 바나나에 적용되는 수입허가절차를 유지하는 것은 모두 로메 의무면제에 의해 면책되지 않는 조치라고 판단하였다.
2) GATT 제13조의 면제 여부: 패널은 로메 의무면제의 실효성을 강화하고, 제1조와 제13조 제1항의 밀접한 관련에 비추어 로메 의무면제는 제1조 제1항의 의무를 면제할 뿐만 아니라 제13조의 의무도 면제하는 것으로 해석되어야 한다고 판정하였으나, 상소기구는 의무면제의 문언은 "필요한 범위 내"에서의 "제1조 제1항"의 면제만을 규정하고 있을 뿐 다른 어떤 조항의 면제도 언급하고 있지 않는 점, 제1조와 제13조는 모두 비차별 조항이기는 하지만 그 관계가 제1조의 면제를 제13조의 면제까지 포함하는 것으로 해석하여야 할 정도로 긴밀하지는 않다는 점, 의무면제의 해석에 대한 엄격한 관행과 의무면제에 대한 엄격한 규율, 로메 의무면제의 협상 과정, 제13조의 의무의 면제와 관련된 GATT의 제한된 관행 등을 고려하여 로메 의무면제가 관세 쿼타의 할당과 관련된 GATT의 의무에 대한 의무면제라고 해석하기 힘들다고 판단하였다

(6) WTO 패널보고서의 유럽연합 내의 지위 문제

본 사건의 판정 이후 EC 내에서는 바나나 사건의 판정을 원용하여 개인이 자국 법원

에서 권리를 주장할 수 있는지, 즉 패널보고서를 포함한 WTO 규범이 EC법체계 내에서 직접효력과 직접적용성을 가지는지가 관건이 되었다. 그런데 여기서 직접적용성(direct applicability)이란 어떤 규범이 국내 이행입법을 거치지 않고 그 자체로서 국내법의 일부를 구성하는 경우를 의미한다. 한편 직접효력(direct effect)이란 개인이 국내법원에서 어떤 규범을 근거로 자신의 권리를 주장하거나 그 규범이 개인에게 의무를 부과하는 경우를 의미한다. 그러나 유럽사법재판소(ECJ)가 판단하기에, GATT 1947은 지나치게 큰 유동성(great flexibility of its provision)을 가졌다고 보았고, 이에 따라 유럽사법재판소는 1995년 1월 1일 WTO협정이 발효되기 전까지, GATT 1947의 유럽공동체법 체계 내에서의 직접효력을 꾸준히 부인해 왔다.

바나나 사건과 관련된 1994년의 판례(Case C-280/93, *Federal Republic of Germany v. Council of the European Union* [1994] ECR I-4973)에서, ECJ는 GATT 1947의 효력을 여전히 부인하였으며 위 사건에서 ECJ는 다음과 같이 판시하였다: 이러한 점에서 볼 때 GATT 규범은 무조건적인 것도 아니며, 그러한 규범들을 국내법체계에서 직접효력을 가지는 국제법 규범으로 보아야 할 의무는 GATT의 정신, 일반적 구조나 문언에 근거하지 않는다. GATT 규범에 이러한 의무가 존재하지 않으므로, 오로지 공동체가 GATT 규범 체제에 들어온 의무를 이행할 의향이 있거나, 공동체가 GATT의 특정 조항을 원용할 때만 ECJ는 GATT 규범이라는 관점에서 공동체 작위의 합법성 여부를 논할 수 있는 것이다. 이어진 *Atlanta* 사건(Case C-104/97P, *Atlanta AG v. Commission and Council* [1999] ECR I-6983)에서도 이 원칙을 지켰다. 즉 ECJ는 GATT는 공동체 법규범의 일부를 구성하지만, 그로부터 개인이 권리를 원용할 수는 없다고 본 것이다. 동 사건에서 독일의 과일 수입업체인 Atlanta사는 EC의 바나나 수입정책에 대해 여러 차례 이의를 제기하고 CFI와 ECJ에 소를 제기하였는데, 동 회사는 EC조약 제288조(구 제215조)에 의한 손해배상의 요구를 각하한 1996년 12월 11일의 CFI 판정의 무효를 요구하였다. 동 회사는 1997년 9월 9일의 WTO 상소기구 보고서에 의하면 EC의 공동체규칙 404/93은 WTO법에 위반된다는 점을 들어 자신의 주장을 뒷받침했다.

그러나 이에 대해 Advocate General(법률고문관 또는 재판연구관; EC조약 제166조에 의하면 ECJ에는 통상 8명의 Advocate General이 있는데, 이들은 ECJ의 업무수행을 돕기 위해 법률적 견해를 피력하는 것을 의무로 하는 법률 전문가들임. 2021년 현재 11명의 법률고문관이 있음) Mischo는 1999년 5월 6일의 의견서에서, Atlanta사의 위의 주장을 배척하고, DSU 제22조상 회원국들은 보상을 선택할 수 있다는 점을 들어 WTO의 패널 보고서가 곧바로 회원국에 국내 이행의무를 부과하는 것은 아니라고 주장하였다. 그러나 본 판정에서 ECJ는 WTO협정의 직접효력 문제를 논하지 않고 판정해 버려, 위의 의견을 ECJ가 공식적으로 지지하는 바를 밝힌 적은 없다.

2001년 4월 11일, 미국의 WTO 파견대사 Zoellick은 통상장관 Evans 및 EU 간부들과 공동으로 양해각서를 발표하였다. 동 각서에 의하면 WTO 패널보고서의 이행을 단계별로 이행하기로 하였다. 한편 미국은 2001년 7월 1일, 유럽연합이 취한 조치가 유럽연합 내 바나나 시장에의 접근성을 높여준다는 분석 결과를 토대로 유럽연합의 대미수출에 대한 1억 9,100만 달러 상당의 보복관세(retaliatory duties)를 보류(suspend)하기로 결정하였다고 발표하였다.

04 Certain Measures Concerning Periodicals: United States v. Canada (캐나다-정기간행물에 대한 특정 조치사건)

인용(Citation) WT/DS31/R (1997) ; WT/DS31/AB/R (1997).

사실(Facts) 캐나다는 관세법 9958을 통해 '분할경영'(split-run) 정기간행물(캐나다 시장을 목표로 한 광고를 포함하고 있는, 외국에서 발간된 것과 동일하거나 유사한 편집 내용을 담고 있는 정기간행물들을 말함)의 수입을 금지하고 있었다. 그리고 관세법 9958은 캐나다 밖에서 판매되고 있는 간행물일지라도 내용의 유사 정도는 관계없이, 광고 내용상 50% 이상이 캐나다 시장을 목표로 하는 광고물을 담고 있는 간행물의 경우 그 수입을 금지하였다. 캐나다는 국내소비세법 제5조 제1항을 통해, 캐나다에서 배포되고 있는 분할경영용 정기간행물의 광고 가격에 발행 부수당 80%의 내국세를 부과하고 있었다. 또한, 캐나다우편협회(이하, Canada Post)는 캐나다에서 발간된 일부 정기간행물에 대해 인하된(Department of Canadian Heritage로부터 자금 지원을 받은, "funded") 우편요금을 적용하였다. 인하된 요금을 적용받지 못한 국내 정기간행물에는 수입 간행물에 적용되는 요금("international" rates)보다는 낮은 요금을 부과하였다.

법적 쟁점(Legal Issues) (a) 관세법 9958과 GATT 제11조와의 합치성; (b) 국내소비세법 제5조 제1항과 GATT 제3조 제2항 혹은 동조 제4항과의 합치성; (c) Canada Post가 국내에서 발간된 정기간행물에 외국 간행물보다 더 낮은 요금을 적용하는 것과 GATT 제3조 제4항과의 합치성 및 "funded" 요금 체계가 GATT 제3조 제8항 하의 허용가능한 보조금인지 여부

판정(Decision)

(1) 패널의 판정

1. 관세법 9958은 GATT 제11조 제1항에 합치되지 않으며, 제20조 (d)호에 의해 정당화될 수 없다; 2. 국내소비세법 제5조 제1항은 GATT 제3조 제2항 제1문에 합치되지 않는다; 3. 국내에서 생산된 정기간행물에 부가적인 할인 선택권을 포함하여, 수입간행물보다 더 낮은 "commercial Canadian" 우편요금을 부과하는 것은 GATT 제3조 제4항에 합치되지 않는다; 4. "funded" 요금 체계의 유지는 GATT 제3조 제8(b)항 하에 정당화될 수 있다.

(2) 상소기구의 판정

1. 국내소비세법 제5조 제1항이 GATT에 합치될 수 있다는 패널의 판정을 지지한다; 2. GATT 제3조 제2항 제1문의 "동종상품"과 관련해 국내소비세법에 대한 패널의 판정을 취소한다; 3. GATT 제3조 제2항에 관한 패널의 판정을 수정하여, 국내소비세법 제5조 제1항이 GATT 제3조 제2항 제2문상의 캐나다 의무에 합치하지 않는다고 판정한다; 4. "funded" 요금 체계의 유지는 GATT 제3조 제8(b)항 하에 정당화될 수 있다는 패널의 판정을 취소하여, 정당화될 수 없다고 판정한다. 상소기구는 분쟁해결기구가 캐나다로 하여금 상소기구 보고서에서 수정된 대로 GATT에 합치되도록 조치를 취하도록 요청할 것을 권고한다.

판정 이유(Reasoning)

(1) 관세법 9958

관세법 9958은 수입세법 제19조의 실행조치로 간주될 수 없다. 캐나다처럼 자국 시장을 목표로 광고를 게재한 외국 간행물의 수입을 금지한다면, 자국 간행물의 광고비에 세금 감면을 부여하는 조세 규정에 대한 "비준수"의 가능성이 줄어들 것은 사실이다. 그러나 이는 캐나다의 정기간행물에 광고를 싣는 데 동기를 부여하기 위한 조세 규정과는 별개로 개별 조치의 부수적인 효과일 뿐이다. 따라서 패널은 관세법 9958이 수입세법 제19조의 "준수를 확보하지" 않는다고 판정하였다. 이 부분에 대하여 당사국은 항소하지 않았으므로, 상소기구는 판단하지 않았다.

(2) 국내소비세법

1. GATT 1994의 적용가능성(Applicability of GATT 1994)

1969년 조약법에 관한 비엔나협약 제31조 제1항에 따르면, 조약은 대상과 목적에 맞춰 문맥상 조약 용어에 주어진 일상적인 의미대로 신의성실하게 해석되어야 한다. 이에 WTO설립협정 제2조 제2항뿐 아니라, GATT와 GATS 조약문의 일반적 의미상, GATT와 GATS는 상호 병존하는 것이며 서로를 무효로 할 수 없다. GATT와 GATS 운영상, 주요 문제의 중복은 불가피하며, 기술 진보와 경제 활동의 세계화와 함께 이 문제는 더욱 증가하게 될 것이다. WTO협정의 부속서 1B인 GATS의 효력 발생이 결코 GATT 1994의 적용범위를 제한하는 것은 아니다.

2. GATT 제3조 제2항

패널은 캐나다版과 미국版은 공동의 최종용도(end-use), 매우 유사한 외형적 특성 · 성격 · 품질을 지니고 있으므로, 이 두 발간물은 GATT 제3조 제2항상 "동종상품"이라고 판정하였다. 상소기구는 패널보고서상의 법적 판정과 결론에는 동의하였으나, 패널이 문제의 두 상품이 동종상품이라고 판정할만한 "충분한 근거"를 가지고 있었는지에 대해 의문을 제기하며, "동종상품"이 아니라고 판정하였다.

상소기구는 일본 주세 사건에서 "직접적인 경쟁 상태 혹은 대체 가능한 상품"(directly competitive or substitutable products)의 적용범위는 사안에 따라 결정되어야 한다고 말하며, 이 사안에 있어 수입된 분할경영 정기간행물과 비분할경영 정기간행물이 같은 캐나다 시장을 겨냥하고 있는 한에 있어서는 직접적으로 경쟁 상태 혹은 대체 가능한 상품이라고 결론지었다. 일본 주세 사건에서처럼, 직접적으로 경쟁 상태 혹은 대체 가능한 상품과 비교해 일부 수입된 상품의 상이한 과세(not similarly taxed)는 제3조 제2항 제2문의 규정에 합치되지 않는다. 국내소비세법 제5조 제1항과 관련해, 세금 부과액이 일본 주세 사건의 상소기구 보고서에서 말하는 미미한(*de minimis*) 액수 이상임을 발견하였다. 이 세금의 양은 캐나다의 분할경영 간행물 생산과 판매를 저지하기에 충분하다. 상소기구는 일본 주세 사건에서 직접적으로 경쟁 상태 혹은 대체 가능한 상품의 상이한 과세는 국내산업 보호를 위해(so as to afford protection) 적용되어 왔다고 접근하였다. 그런데 캐나다의 상이한 관세는 정도를 초월하여 매우 과도하였다. 상소기구는 캐나다 정부가 그 조치를 도입하고 조치의 증명된 실제적 보호 효과를 도입하는 데 있어 몇 차례의 명확한 정책 목표를 언급한 것 등의 이유로, 국내소비세법 제5조 제1항의 구도(design)와 구조(structure)는 분명히 캐나다 간행물 산업의 보호를 위해서라고 판단하였다.

3. Taxation in excess: “directly or indirectly”

패널은 국내소비세가 간행물 자체의 가치가 아니라 광고 가치에 대해 부과된다는 점에서, 간행물에 “직접적으로” 적용되는 것은 아니라는 데 주목하였다. 그러나 조세가 발행부수를 기초로 각 간행물의 분할 판매용에 적용되는 것은 분명하다. 따라서, 수입된 분할경영 정기간행물은 국내 비분할 간행물에 적용되는 것보다 초과된 국내 과세에 종속된다고 판정하였다.

(3) 우편요금

1. “International” versus “commercial Canadian” and “funded” rates

일반적으로 Canada Post가 정부 지시 아래 운영되는 것은 확실하다. Canada Post의 가격 정책이 부적절하다고 고려한다면, 캐나다 정부는 Canada Post에 캐나다 우편 회사법 제22조에 기반을 두고 요금을 변경하도록 명령할 수 있음을 인정한다. 패널은 현재의 사건에 필요한 변경을 가한 후(*mutatis mutandis*), Canada Post의 가격 정책은 정부 조치라는 결론을 내렸다. 즉, 간행물에 대한 Canada Post의 가격 정책은 GATT 제3조 제4항상 정부 규정이나 요건으로서 간주될 수 있다. 이러한 결론에 도달하기 전에 상소기구가 언급한 것처럼, 제3조 나머지 조문에 통지하는 일반원칙으로서 제3조 제1항을 검토할 필요가 있다. 제3조 제1항은 국내산업의 보호를 위해 내부적 조치가 적용되어서는 안 된다는 일반원칙을 규정하고 있다. 패널은 국내의 그리고 수입된 간행물에 관한 Canada Post의 차별화된 가격 정책의 구도(design), 구성(architecture), 구조(structure)는 그 조치가 국내 간행물 산업의 보호를 위해 적용되는 효과를 나타낸다고 판단한다. 따라서, Canada Post의 "commercial Canadian"과 "funded" 요금의 적용은 GATT 제3조 제4항에 불합치한다. 미국과 캐나다는 제3조 제4항의 위반 여부에 대해서는 항소하지 않았고, 패널보고서가 그대로 인용되었다.

2. Applicability of Article Ⅲ:8(b) to the "funded" rate scheme

미국은 Canada Post가 부분적으로 보유하고 있는 경제적 이득을 표시할만한 어떠한 증거도 제출하지 못하였다. 반면에 캐나다는 Canadian Heritage로부터의 자금 지원이 두 기관 사이의 협정에 기반을 두고 있으며, Canada Post가 보조받은 금액으로 간행물 배송의 독점 계약을 한다는 사실을 고려하였다고 설명하였다. 따라서 패널은 Canada Post가 일부 캐나다 간행물에 적용되는 "funded" 요금 체계로부터 얻는 이익을 존속시키고 있다고 판단하지 않으며, 보조금 지불은 그러한 체계에 자격을 갖춘 캐나다 출판업자에게 "독점적으로" 적용되는 것이라고 보았다. 캐나다의 "funded" 요금 체계는 이 조문 하에 정당화될 수 있다고 판정하였다.

상품에 대한 세금 절감과 운송료나 우편요금의 절감을 구별할 이유는 없다. 본문과 문맥의 검토, 제3조 제8(b)항의 목표와 목적은 제3조의 의무로부터 정부에 의한 수익 지출과 관련된 보조금의 지불을 면제할 의도라는 것을 제시한다. 이러한 분석의 결과로 상소기구는 패널이 이 조문을 부적절하게 해석했다고 결론을 내리며, 패널의 판정과 결론을 번복하였다.

GATT 제3조 제2항의 비차별적 내국세 부과의무와 관련하여 비록 동종상품의 개념을 정의하기가 어렵고, 직접경쟁성의 존재를 증명하는데 여러 요소를 고려해야 하는 문제에도 불구하고 WTO의 패널과 상소기구는 해석상의 다양한 원칙을 제시해오고 있다. 특히 제시된 해석상의 원칙들은 내국민대우 의무를 강화하여 자유무역을 보다 확대하는 방향으로 가고 있다. 그러나 규범상의 불분명한 용어의 의미를 명확하게 제시하지 못한 채, 단지 사안별로 분석하도록 하는 오래된 원칙을 견지함으로써 장래의 규정적용을 예측하기 어려운 상태로 두고 있다. WTO법의 정확한 해석의 필요성은 이를 통하여 예측가능하고 분명한 법규범 해석을 통하여 개방적이고 투명한 국제통상질서를 형성하는 데 이바지할 수 있을 것이다. 원래 GATS는 GATT에 의하여 다루어지지 않은 문제, 즉 서비스 무역을 다루려고 의도되었다. 그러나 GATS 협상 당시에도 예견되었던 것이지만, 서비스에 대한 정의가 없고, 상품과 서비스의 정확한 구분 조항이 없어서 양자 간의 충돌문제가 우려되었다. 실제 분쟁사례에서는 문제되는 조치가 상품과 관련된 측면과 서비스와 관련된 측면 모두가 존재하는 경우가 많기 때문이다. 그런데 WTO는 이러한 경우에 GATT와 GATS 모두에 관해 판단하겠다고 GATS에 힘을 실어준 것이다. 이러한 점은 패널의 표현대로 만약 GATT와 GATS를 상호 배타적으로 볼 경우에 상품이나 서비스 중 한쪽을 통해 다른 쪽에 간접적으로 영향을 미치는 조치들이 사용되어 양 협정의 제정 의도를 무력화시키는 결과가 발생할 수도 있는데 이를 방지할 수 있고, 또한 앞으로 WTO 분쟁해결절차를 이용하는 제소국에 보다 많은 공격의 수단을 제공하는 동시에 피제소국에 방어의 부담을 안겨주는 결과를 낳을 것으로 예상할 수 있다.

05 Import Prohibition of Certain Shrimp and Shrimp Products: India, Malaysia, Pakistan, Thailand v. United States (미국-새우수입규제사건)

인용(Citation) WT/DS58/R (1998) ; WT/DS58/AB/R (1998).

사실(Facts) 바다거북은 인간 활동으로부터 직접(그들의 고기, 껍데기, 그리고 알의 이용) · 간접(어업 중의 포획, 서식지의 파괴, 해양 오염)적으로 해로운 영향을 받는다. 현재, 모든 종류의 바다거북은 멸종위기에 처한 야생동식물종의 국제거래에 관한 협약(CITES) 부록 Ⅰ과 Ⅱ에 포함되어 있다. 미국 국립해양수산청(NMFS)은 새우잡이 어선에 의한 바다거북의 도살을 감소시키기 위해 거북제외장치(TED)를 개발하였고, 1987년 ESA에 따라 새우잡이 어선이 TED를 이용하거나 견인횟수를 제한(tow time restriction)할 것을 내용으로 하는 규정을 발하였다. 1989년 Public Law No. 101-162 Section 609가 제정되었는데, Section 609는 미국에 상응하는 바다거북 보호 정책을 채택했다고 승인되지 않은 모든 국가로부터의 새우와 새우 제품의 수입을 금지하는 내용을 담고 있었다. 1996년 4월 미 국무부는 본 지침을 개정하였는데, 이 지침에 의해 Section 609를 모든 국가에서 잡히는 새우에 적용하도록 확대하였다.

1996년 10월 8일, 인도, 말레이시아, 파키스탄, 태국은 DSU 제4조와 GATT 1994 제22조 제1항에 의하여 미국이 "Section 609"와 "새우잡이 어선으로부터의 바다거북 보호를 위한 외국정책의 상당성을 결정하는 지침의 개정 통고"(Revised Notice of Foreign Programs for the Protection of Turtles in Shrimp Trawl Fishing Operations)에 따라 제소국으로부터 새우와 새우 제품의 수입을 금지한 것에 대해 미국에 협의를 요청하였으나, 만족스런 결과를 얻지 못하고 1997년 1월 9일 말레이시아와 태국이, 1월 30일 파키스탄이, 2월 25일 인도가 DSB에 패널의 설치를 요청하였고, 1997년 4월 15일 통합된 패널이 구성되었다.

법적 쟁점(Legal Issues) 미국의 Section 609와 그 이행조치가

(a) GATT 1994 제11조 제1항과 제13조 제1항에 위반되는지 여부

(b) GATT 1994 제20조 (b)호와 (g)호에 의한 예외사유로 인정되는지 여부

(c) GATT 1994 제23조 제1(a)항의 의미 내에서 제소국에 보장된 권리를 무효화 또는 침해하였는지 여부

(d) GATT 1994 제1조 제1항에 위반되는지 여부

판정(Decision)

(1) 패널의 판정

Public Law No. 101-162 Section 609를 기초로 하여 미국이 취한 새우와 새우 제품에 대한 수입금지는 GATT 1994 제11조 제1항에 위반되며, GATT 1994 제20조에 의해 정당화될 수 없다. 패널은 DSU에 미국이 WTO협정에 일치하게 조치를 수정하도록 요구할 것을 권고하였다.

(2) 상소기구의 판정

1. 상소기구는 비정부기구로부터의 요청되지 않은 정보의 제공은 DSU에 위반된다는 패

널의 결정을 파기하였다.

2. 상소기구는 미국의 조치가 제20조 전문에 의해 허용되는 조치의 범위가 아니라고 한 패널의 결정을 파기하였다.
3. 상소기구는 미국의 조치가 제20조 전문의 조건들을 충족시키지 못함으로써 정당화 될 수 없다고 결론지었다.

판정 이유(Reasoning)

(1) 절차적 문제에 관한 패널의 결정

절차의 진행 중에 패널은 비정부기구로부터 *amicus brief*라고 불리는 두 개의 의견서를 받았고, 이 문서는 분쟁당사국에도 통보되었다. 이에 1997년 8월 1일 제소국은 이를 고려하지 말 것을 패널에 요구하였고, 미국은 DSU 제13조에 따라 패널은 스스로 정보를 구할 수 있다고 주장하였다. 패널은 DSU 제13조에 따라 정보를 구하고 정보의 원천을 선택할 주도권을 가지며, 보통의 경우에는 당사자와 제3자만이 패널에 직접 정보를 제공하는 것이 허용되고, 비정부기구가 제공한 요청되지 않은 정보는 DSU에 모순된다고 하였다.

(2) GATT 1994 제11조 제1항의 위반 여부

패널은 *Wool Shirts* 사건에 대한 상소기구 보고서를 인용하면서 "입증책임은 주장을 하든 항변을 하든 그것을 적극적으로 주장하는 측에 있는 것"이 확립된 일반원칙이라고 하면서 이 사건에서도 미국의 조치가 GATT 1994 제11조 제1항에 위반된다는 것에 대한 입증책임은 제소국측에 있다고 하였다. 그러나 본 사안에서는 미국이 Section 609에 의한 조치가 수입의 "금지 또는 제한"에 해당한다고 스스로 인정하고 있고, Section 609의 문언 해석상 위반이라는 결론을 내렸다.

(3) GATT 1994 제13조 제1항과 제1조 제1항 위반 여부

패널은 이미 제11조 제1항 위반의 결론을 내렸으므로 제1조 제1항 및 제13조 제1항과 관련된 다른 주장들은 검토할 필요가 없다고 하면서, 이것은 GATT와 WTO 패널의 관행이며 *Wool Shirts* 사건의 상소기구에 의해 확인된 것이라고 하였다. 그 사건에서 상소기구는 "패널은 분쟁에서 논점이 되고 있는 문제를 해결하기 위해 검토되어야 하는 주장들에 대해서만 검토할 필요가 있다"고 하였다.

(4) GATT 제20조 해당 여부

패널은 제20조에 회원국의 조건부 시장접근제한조치가 포함되는지 여부를 검토하겠다고 하였다. 패널은 조약법에 관한 비엔나협약 제31조 제1항이 조약은 신의성실의 원칙에 따라 조약용어의 통상적인 의미에 기초하여 그 문맥 안에서 조약의 대상과 목적에 비추어 해석되어야 한다고 규정되어 있다며, 제20조의 범위를 정하기 위해서는 용어의 통상적인 의미뿐 아니라 WTO협정과 GATT 1994의 문맥 안에서 협정의 대상과 목적에 따라 해석되어야 한다고 하였다.

제20조는 전문(chapeau)과 개별조항으로 이루어져 있는데, 주어진 조치가 제20조에 의해 정당화되기 위해서는 *Gasoline* 사건의 상소기구 보고서에 언급된 것처럼 (a)호에서 (j)호까지의 개별적인 예외조건 중 하나에 해당됨과 동시에 전문의 요건도 충족하여야 한다. 과거에 패널은 전문요건에 해당하는지를 검토하기 전에 개별조항에 해당하는지를 먼저 검토하였지만, 이 사례에서는 전문에서 요구되는 조건은 개별조항에 모두 적용되는 것이므로 전문을 먼저 분석하는 것이 적절하다고 하였다. 패널은 문언 해석상 문제된 조치의 내용뿐 아니라 적용방법까지도 규율하는 것이며, 제20조의 전문은 예외조건의 남용을 방지하기 위한 것이라는 것을 강조하였다. 그러므로 패널은 문제된 조치가 전문이 포함하는 조건을 충족시키는지를 먼저 결정하고, 충족시키는 경우 개별조항인 (b)호와 (g)호를 검토하고자 하였다.

한편 패널은 적극적으로 항변하는 자에게 입증책임이 있다는 확립된 관행에 따라 제20조에 의해 정당화된다는 것을 주장하는 미국에 입증책임이 있다고 하였다.

이에 대해 상소기구는 패널이 Section 609의 적용이 어떻게 "자의적이고 정당화될 수 없는 차별"을 구성하는지는 검토하지 않고 그 조치의 내용만을 검토한 것을 잘못이라고 하면서, *Gasoline* 사건에서도 언급했듯이 "제20조 전문의 목적은 '예외의 남용을 막기 위한 것'"임에도 불구하고 패널이 문제의 조치가 주어진 예외를 남용 혹은 오용하는 방법으로 적용되었는지를 심사하려고 하지 않은 것을 지적하였다.

상소기구는 전문의 통상적인 의미를 조사함으로써 두 번째 단계의 분석을 시작하였는데, 어느 조치가 "동등한 조건 하에 있는 국가 간의 자의적이고 정당화될 수 없는 차별"을 구성하려면 세 가지 요소 - ① 조치의 적용이 차별을 야기해야 한다, ② 차별은 그 성질상 자의적이고 정당화될 수 없어야 한다, ③ 이러한 차별은 동등한 조건 하에 있는 국가 간에 발생해야 한다 - 가 모두 존재해야 한다고 하였다. 그러므로 전문의 언어에 의해 구체화된 기준은 제20조 (g)호의 조건들과 다를 뿐 아니라, Section 609가 제11조 제1항에 위반되는지 여부를 결정하는데 사용된 기준과도 다르다고 하였다.

상소기구는 제20조의 예외조항의 남용이나 오용을 허락하는 것은 해당 국가의 조약상의 의무를 약화시키고 다른 국가들의 조약상의 권리를 무효화시키는 것이라고 하면서, 전문은 그러한 예외조항의 남용을 막기 위해서 "일반적 예외사항"의 앞부분에 위치하고 있는 것이라고 하였다.

패널은 제20조를 해석함에 있어서 개별국의 환경보호 정책이 국제적 협력하에 다수국가에 적용될 수 있는 가능성을 좁혔다. 그러나 상소기구는 제20조의 개별조항을 먼저 검토하면서 그 해석을 통하여 개별국이 환경의 보존을 위해 무역제한조치를 합법적으로 취할 수 있음을 인정하였다.

06 Sections 301-310 of the Trade Act of 1974: European Communities v. United States (미국-1974년 미 통상법 제301조 사건)

인용(Citation) WT/DS152/R (1999).

사실(Facts) 미국은 자국의 무역이익을 관철시키기 위해 GATT 1947 체제하에서도 GATT의 승인을 받지 않은 채 일방적인 무역보복조치를 취해 왔다. GATT 1947의 분쟁해결절차상 배타적 적용의 원칙이 확정되어 있지는 않았지만, 승인 없는 보복행위는 GATT 1947 의무에 대한 위반이었다. 국가 간의 통상 분쟁은 WTO와 같은 국제기구를 통한 다자간 분쟁 해결과 교역당사국 일방이 자국의 법으로 해결하는 일방적 분쟁해결방법이 있는데, 후자의 대표적인 예가 미국 통상법 제301조이다.

1998년 11월 25일 EC는 GATT 1994의 제22조 제1항과 DSU 제4조 하에서 미국 통상법 Title Ⅲ, Chapter 1(통상법 제301-310조)에 대해 미국과의 협의를 요청하였다. EC와 미국 사이의 협의는 1998년 12월 17일에 개최되었으나, 당사자들은 합의에 도달하지 못하였다. 이후 1999년 1월 26일 EC는 DSU의 제6조에 따라 패널의 설치를 요청하였다.

법적 쟁점(Legal Issues)

(1) 무역협정상 미국의 권리 침해 여부를 결정하는 미국 통상법 제304(a)(2)(A)조와 DSU 제23조 제2(a)항과의 불합치성 여부

(2) 외국 정부가 협정 또는 조치를 이행하고 있는지 여부를 심의하고 추가조치를 결정하는 미국 통상법 제306(b)조와 DSU 제23조 제2(a)항, 제23조 제2(c)항과의 불합치성 여부

(3) 제301조 조치를 취하기로 결정한 경우, 조치 이행기간을 규정한 미국 통상법 제305(a)조와 DSU 제23조 제2(c)항과의 불합치성 여부

(4) 미국 통상법 제306(b)조와 GATT 1994 제1조, 제2조, 제3조, 제8조, 제11조와의 불합치성 여부

판정(Decision)

(1) 1974년 미국 통상법 제304(a)(2)(A)조와 DSU 제23조 제2(a)항은 불합치하지 않는다.

(2) 미국과 EC가 DSU 제21조 제5항과 제22조에 관해서 접근하고 있음에도 관계없이, 1974년 미국 통상법 제306(b)조와 DSU 제23조 제2(a)항과 제23조 제2(c)항은 불합치하지 않는다.

(3) 1974년 미국 통상법 제305(a)조와 DSU 제23조 제2(c)항은 불합치하지 않는다.

(4) EC가 언급한 바와 같이 1974년 미국 통상법 제306(b)조와 GATT 1994 제1조, 제2조, 제3조, 제8조, 제11조는 불합치하지 않는다.

판정 이유(Reasoning)

(1) 미국 통상법 제304(a)(2)(A)조와 DSU 제23조 제2(a)항과의 불합치성 여부

특정 분쟁에서 일방 당사국이 취한 조치가 DSU 제23조 제2(a)항의 위반이 되기 위해서는 다음의 4가지 요건을 모두 충족하여야 한다. 즉, ① 해당 조치는 그러한 상황 즉, 회원국이 대상협정상의 의무 위반 또는 대상협정상의 이익의 무효화 또는 침해에 대한 구제책을 모색하는 상황에서 취해져야 하며, ② 해당 조치는 결정이어야 하며, ③ 이러한 결정은 협정상의 위반이 발생했다는 취지, 협정상의 이익이 무효화 또는 침해되었다는 취지 또는

대상협정의 목적 달성이 저해되었다는 취지이어야 하고, ④ 이러한 결정은 DSU의 규칙 및 절차에 따라 분쟁해결절차로의 의뢰를 통해서 이루어지지 않았거나, 또는 DSB가 채택한 패널 또는 상소기구 보고서에 포함된 판정 또는 DSB에 의해 부여된 중재판정과 일치하게 이루어지지 않았어야 한다.

제304조 조항 자체는 DSU 제23조 제2(a)항에 반하는 결정이 특정 사안의 경우 취해질 수 있고, 이러한 결정은 DSU 제23조 제1항에 비추어 해석된 제23조 제2(a)항과 일견(*prima facie*) 불일치하는 심각한 위협을 구성한다. 미국 통상법 제304조가 DSU 제23조 제2(a)항 위반으로 추정되는 것은 WTO 회원국과 시장의 개별적 경제 주체들이 기대할 수 있는 보장을 무효화할 수 있는 USTR(미 무역대표부)의 일방적 의무 불일치 결정 가능성 때문이다. 즉, DSU 절차 완료 이전에 USTR이 WTO 의무 불일치의 결정을 할 가능성이 다른 방법을 통해 적법하게 제거된다면, 제304조가 WTO에 합치되게 개정되는 것과 같은 효과를 가져올 수 있을 것이다.

미국은 패널에 분쟁해결 패널이 DSU 및 제304(a)(2)(A)조에 규정된 시한 내에 해당 절차를 완료하지 못했을 경우, USTR은 미국의 협정상의 권리가 부정되었다는 것을 결정할 수 없다는 문서를 제출하였다. 그리고 SAA(Statement of Administrative Action)에서 미국은 관련 협정의 위반이 있었다거나 또는 관련 협정 하의 미국의 권리가 부정되었다는 모든 제301조 결정은 DSB에 의해 채택된 패널 또는 상소기구 판정에 근거할 것이라는 약속을 패널에서 확약하였다. 그리고 미국은 WTO 발효 이후에 GATT 및 WTO 분쟁해결절차의 최종결과에 근거하지 않고 미국의 GATT 또는 WTO협정상의 권리가 부정되고 있다는 제304(a)(1)조에 의거한 결정을 단 한 번도 하지 않았다(즉, 제304조를 DSU 제23조 제2(a)항에 합치되게 운영하였다)는 문서를 패널에 제출하였으며, 이에 대해 이해당사국들은 이를 번복할만한 충분한 증거를 패널에 제출하지 못하였다. DSU 제23조 제2(a)항과 미국 통상법 제304조의 불일치는 미국의 진술 및 문서와 SAA의 효과로 제거될 수 있다.

(2) 미국 통상법 제306(b)조와 DSU 제23조 제2(a)항, 제23조 제2(c)항과의 불합치성 여부

제306(b)조에 따른 USTR의 이행 여부에 대한 결정의 성격과 관련하여, EC는 WTO 회원국이 DSB의 권고를 이행했는지에 관한 USTR의 고려는 DSU 제23조의 의미에서 볼

때, 관련 회원국이 WTO협정상의 미국의 권리를 위반했는지에 관한 USTR의 결정에 해당한다고 주장하였다. DSU 제23조에 의하면, 불일치 결정은 DSB 절차의 완료 이전에 이루어질 수 없다. 그러나 제306조에 의하면 이러한 특정 결정은 DSB 권고의 이행을 위해 패소국에 부여된 합리적 기간의 종료 후 30일 이내에 이루어져야 한다. 그러나 이행 문제에 관한 모든 분쟁은 동 사안을 원패널로 이송하여 90일 이내에 결정할 수 있도록 규정하고 있는 DSU 제21조 제5항 하에서 해결되어야 한다. 이러한 이송은 합리적 기간의 종료 시 또는 그 후에 발생할 수 있기 때문에 제306(b)조가 규정하고 있는 바와 같이 DSU 제21조 제5항 절차의 결과를 기다리지 않고 이행에 대한 일방적 결정을 요구하는 것은 제23조 제2(a)항 위반이라고 EC는 주장하였다. 이러한 불일치는 미국이 SAA에서 USTR은 만약 합리적인 기간에 해당 분쟁이 해결되지 않을 경우, DSB에 보복조치의 승인을 촉구할 것이라고 밝힌 것으로 인해 제거된다.

(3) 미국 통상법 제305(a)조와 DSU 제23조 제2(c)항과의 불합치성 여부

제305(a)조에 의하면, 제301조 조치를 취하기로 결정한 경우, USTR은 해당 조치를 결정일로부터 30일 이내에 의무적으로 시행하여야 한다. 한편, DSU 제23조 제2(c)항은 보복조치의 시행에 앞서 보복조치 수준의 결정과 DSB의 승인은 제22조에 규정된 절차를 따라야 한다고 규정하고 있다. 제305(a)조는 USTR에 DSU 제21조 제5항과 제22조에 규정된 절차가 완료되었는지 여부에 상관없이 제301조 조치를 결정일로부터 30일 이내 의무적으로 시행하도록 하고 있다. 그 기간에 있어 약간의 연장에 대한 재량권을 USTR이 가지고 있다 하더라도 DSU 제23조 제2(c)항하에서 미국의 의무를 충족시키는 것은 아니기 때문에 두 조항은 불합치하는 것이다. 그러나 SAA의 약속이 DSU 절차 완료 이전에 WTO 절차에 불합치하는 USTR의 일방적인 조치를 하지 않는다고 하였기에, 이러한 불합치는 제거될 수 있다.

(4) 미국 통상법 제306(b)조와 GATT 1994 제1조, 제2조, 제3조, 제8조, 제11조와의 불합치성 여부

EC는 미국 통상법 제306조가 USTR에 일방적으로(unilaterally) 조치를 부과하게 하는 것은 GATT 1994의 제1조, 제2조, 제3조, 제8조, 제11조를 침해한다고 주장한다. 즉, EC

는 제306조가 GATT의 조항들을 침해한다고 본다. 패널은 미국 통상법 제306조가 GATT 1994의 침해를 구성한다는 증명의 의무를 EC가 만족시키지 않았다고 판단하였다.

07 Measures Affecting Asbestos and Asbestos-Containing Products: Canada v. European Communities (EC-석면사건)

인용(Citation) WT/DS135/R (2000) ; WT/DS135/AB/R (2001).

사실(Facts) 1996년 12월 24일 프랑스 정부는 석면 및 석면함유제품의 생산, 수입 및 판매 금지 법안(Decree No. 96-1133 of 24 December 1996: 이하 Decree)을 채택하였으며, 이는 1997년 1월 1일부로 시행되었다. 이 법에서는 노동자와 소비자들을 보호하기 위하여 석면 또는 석면류를 포함하는 상품 등의 제조, 판매, 수입, 수출, 유통 등을 포괄적으로 금지하고 있으며, 예외적으로 온석면의 경우 산업재해의 위험이 보다 적은 기술적으로 입증된 적절한 대체물이 없는 경우에 한시적으로 사용을 허용하였다.

1998년 5월 28일 캐나다는 프랑스의 석면 및 석면함유 상품의 제한에 대해 EC와 협의를 요청하였다. 동년 10월 8일 캐나다는 EC와의 분쟁 해결 협의에서 만족할 만한 결론에 이르지 못하자, DSB에 프랑스의 석면 및 석면함유 상품의 제한조치에 대한 검토를 위한 패널의 설치를 요청하였다. 이에 따라 DSB는 동년 11월 25일에 패널을 설치하였다. 브라질, 미국, 짐바브웨는 제3당사국으로 소송참가를 인정받았다. 패널은 2000년 7월 25일 최종보고서를 제출하였고, 이에 대해 동년 10월 23일 캐나다는 항소하였다.

법적 쟁점(Legal Issues)

(1) Decree가 TBT협정이 규율하는 범위 내에 있는지 여부

(2) GATT 제3조 제4항 및 제11조 적용 여부

(3) GATT 제20조 (b)호 적용 여부

(4) GATT 제23조 제1항 (b)호 적용 여부

판정(Decision)

(1) 패널은 다음과 같이 판정하였다.

1. Decree의 금지부분은 TBT협정(Agreement on Technical Barriers to Trade)의 범위 내에 해당되지 않는다. 예외부분은 TBT협정의 범위 내에 포함되지만, 캐나다는 예외와 관련한 Decree의 TBT협정과의 합치성에 대해 어떠한 주장도 하지 않았기 때문에 예외와 관련하여 결론에 도달할 수 없다.
2. Decree는 동종상품에 대한 차별대우로 GATT 제3조 제4항 내국민대우원칙을 위반하였으나, 이는 GATT 의무의 예외를 규정하고 있는 GATT 제20조 (b)호와 전문에 의하여 정당화된다.
3. 캐나다는 GATT 제23조 제1항 (b)호에 해당하는 이익의 무효화나 침해에 대하여 설명하지 못하였다.

(2) 상소기구의 판정은 다음과 같다.

1. 석면금지제한법 일부분이 TBT협정상 기술규정에 해당하지 않으므로 적용되지 않는다는 패널의 판정을 파기한다.
2. 온석면의 건강에 위해한 성질을 고려하지 않고 온석면과 PCG 섬유를 동종상품으로 보아 동 조치가 GATT 제3조 제4항 위반이라고 결정한 패널의 판정을 파기한다.
3. 동 조치는 인간의 생명과 건강을 보호하기 위해 필요한 것이라는 패널의 판정을 지지한다.
4. 동 조치가 GATT 제23조 제1항 (b)호의 청구원인을 제기한다는 패널의 판정을 지지한다.

판정 이유(Reasoning)

(1) Decree가 TBT협정이 규율하는 범위 내에 있는지 여부

패널은 기술규정 여부를 결정하기 위해서는 TBT협정 부속서 I에서 정의한 내용의 통상의 의미와 동 협정의 대상과 목적, 문맥을 종합하여 각 조항의 전후관계와 TBT협정의 목적에 비추어 해석되어야 한다고 보았다. '특성'(characteristics)은 식별 가능한(identifiable)의미로 통상 해석되며, TBT협정의 목적은 국제적 표준을 조장하여 시장접근을 높이는 것이다. 결과적으로 체약국 내에서 시행한 조치가 하나 이상의 특정상품에 영향을 미치고, 판

매가 허용되는 상품의 기술적 특성을 구체화하고, 그 준수가 강제적인 경우 기술규정으로 본다.

상소기구는 Decree의 법적 성질을 적절하게 이해하기 위해서는 Decree가 전체적으로 검토되어야 한다고 보았다. Decree는 한시적으로 일정한 유형의 석면 사용에 대해 허용하고 있기 때문에 석면류 사용에 대한 일반금지로 볼 수 없다.

(2) GATT 제3조 제4항 및 제11조 적용 여부

국경세 조정에 관한 실무위원회(Working Party on Border Tax Adjustments)의 보고서는 여러 패널과 상소기구에 의해 발전된 유사성 분석 기준으로 i) 상품의 물리적 특성, ii) 제품의 최종용도, iii) 소비자의 기호, iv) 상품의 관세분류를 제시하였다. 네 가지 기준은 상호연관성을 갖고 검토된다. 온석면과 PVA, 셀룰로스와 유리섬유는 물리적, 화학적인 구조는 다르나 GATT 제3조의 목적에 비추어 시장 접근적(market access) 입장에서 일정 상황에서는 동일한 공업적 용도로 사용되므로 특성과 성질이 유사하다고 보며, 이러한 제품들은 최종용도에서도 같은 것으로 판단되어 동종상품으로 판단된다. 또한, GATT 1994의 특성상 유사성의 의미는 경제적인 분야에서 검토되는 것으로 인체 유해성은 유사성 분류의 기준으로 이용될 수 없으며, 그렇지 않다면 인체 보호를 규정한 제20조 (b)호를 무효화시키는 결과를 갖는다. Decree는 석면과 관련하여 일반적인 금지를 규정하고 있고 이러한 규정은 프랑스에서 생산되는 다른 대체물질인 PVA, 셀룰로스 유리섬유에 대하여는 그 제한을 두고 있지 않으므로, 온석면과 그것이 함유된 제품에 대하여 제3조 제4항의 범위 내에서 PVA, 셀룰로스, 유리섬유에 적용되는 것보다 불리한 대우를 하고 있다고 결정하였다. 따라서 Decree 규정은 제3조 제4항에 위반되며, GATT 제11조 위반과 관련해서 제기한 캐나다의 주장은 검토할 필요가 없다.

상소기구는 동종상품(like products)의 의미는 각 조항의 대상과 목적, 문맥을 종합하여 해석되어야 한다고 보았다. GATT 제3조에 대한 일반원칙을 규정하고 있는 제3조 제1항은 수입국과 수출국 간에 동등한 경쟁관계에 대한 기대를 보호하고 있다. 따라서 동종상품의 의미는 동등한 경쟁조건의 원칙을 보장하는 방향으로 해석되어야 한다. 또한, 제3조 제2항의 첫 문장의 '동종'의 범위보다는 넓지만 두 번째 문장의 직접경쟁 또는 대체할 수 있는 상품보다는 좁은 의미로 해석된다. 패널의 최종용도의 유사성은 단지 일부분에만 적용된다.

(3) GATT 제20조 (b)호 적용 여부

다양한 형태의 온석면에 대한 사용금지의 필요성에 관하여 고밀도 온석면 시멘트에 포함된 온석면은 의심할 여지 없이 공중보건의 위험이 있으며, 이러한 위험은 아주 낮거나 간헐적인 농도의 경우에도 존재하며 광범위한 부분에 걸쳐 인간에게 영향을 미칠 수 있다고 한다. 패널은 Decree가 동등한 조건 아래 국가 간의 자의적이거나 불공정한 차별의 수단인지에 대해 법안의 금지규정과 예외규정에서 원산지에 관한 언급을 하지 않음으로써 그 조치에 차별이 없음을 확인하였다.

상소절차에서 캐나다는 석면이 인체에 유해한 영향을 준다는 패널의 결론은 과학자와 보고서에 의해 도출된 것으로 패널의 과학적인 증거에 대한 신뢰 평가에 문제를 제기하였다. 상소기구는 패널의 증거 인정에 있어 사실 확정시 자유재량의 범위를 벗어난 경우에만 패널의 의견을 제한할 수 있을 것인데, 온석면의 발암성은 1977년 이후 WHO 등 국제기구에 의해 알려진 것으로 패널의 결정은 재량을 벗어났다고 할 수 없다.

(4) GATT 제23조 제1항 (b)호 적용 여부

GATT 제23조 제1항 (b)호는 만약 어떤 반대편의 당사자가 이 조약에 의해 향유하는 직·간접의 이익이 무효화되거나 침해되는 경우에 이 조약의 목적을 고려해야 하며, 동 협약의 조항 위반에 상관없이 어떤 조치에 영향받은 타 체약당사국에 적용된다. 즉, 그 조치가 GATT 위반 여부와 상관없이 이 조항은 적용된다. 또한, 이 조항은 상업적 조치와 인체 보호적 조치를 구분하지 않는다. 이러한 이유로 EC의 주장은 받아들일 수 없다.

비위반제소의 경우에 적용되어야 할 기준은 i) WTO 회원국에 의한 조치의 적용, ii) 적용된 협약에 의하여 향유하는 이익의 존재, iii) 조치의 결과 이익의 무효화나 침해가 필요하다. 비위반제소에서 입증책임은 제소국인 캐나다에 있다. 이익의 존재와 관련하여 캐나다가 어떠한 이익이 되는 석면 양허를 기대했는지 밝힐 필요가 있다. 과거의 패널들은 이익의 합리적인 기대를 검토한 반면, 현재사건에서는 조치에 대한 합리적인 기대가능성을 살펴보고 있다. 수입금지는 과거 수입량이 어느 정도 되었는지와는 상관없이 경쟁기회에 대한 제한이다. 문제의 조치가 합리적으로 예견되었는지에 관해, 1977년 이래로 온석면은 WHO에 의해 발암물질로 분류되었고, 1990년 이래로 유럽공동체는 Directive 90/394/EEC하에서 석면의 대체물을 제공해 왔고, 1983년 WHO 회원국들은 온석면을 포함한 석면의 사용을 금지하기 시작했으므로 우루과이 라운드에서의 결론에서 캐나다가 합리적으로 프랑스가 석면의 사용에 대한 보다 제한적인 기준을 채택할 것이라고 예상할 수 있었을 것이다. 결과적으로 캐나다는 GATT 1994 제23조 제1항 (b)호에 해당하는 이익의 무효화나 침해에 대하여 설명하지 못하였다.

상소기구는 제23조 제1항 (a)호와 (b)호의 관계에서 전자는 GATT 의무를 위반한 경우 제소원인을 규정한 것으로 회원국은 GATT 조항과 불일치한 행위에 대해 청구하며, 후자는 그 조치가 GATT와 충돌하는지 여부와 상관없이 타국이 갖는 이익을 무효화하거나 침해했다는 별개의 청구원인을 규정한 것이라고 보았다. 따라서 그 조치가 반드시 GATT와 모순되거나 침해될 필요는 없다. 다만 이러한 구제는 조심스럽게 접근되어야 하며 예외적인 구제가 되어야 한다. 체약국들은 그들이 준수하기로 합의한 사항에 대해서 협상한 것으로, 예외적인 경우에만 청구될 것을 바라기 때문이다.

본 사건은 1991년의 참치-돌고래사건 I, II, 1996년의 가솔린 사건 및 1998년의 새우-바다거북사건에 이어 환경과 무역 관계를 다룬 대표적 사건으로 기록된다. 1991년의 참치-돌고래 사건 I에서는 환경 논리보다는 비교적 자유무역 논리에 충실하였던 반면, GATT 패널에 의한 1994년의 참치-돌고래 사건 II와 WTO 분쟁해결기구에 의한 1996년의 가솔린 사건 및 1998년의 새우-바다거북사건, 본 석면 사용금지조치 사건을 거치면서 점차적으로 환경적 요인을 보다 많이 고려하는 해석이 내려지고 있음을 알 수 있다.

08 Measures Affecting the Production and Sale of Clove Cigarettes: Indonesia v. United States (정향담배 사건)

인용(Citation) WT/DS406/R (2011) ; WT/DS406/AB/R (2012).

사실(Facts) 2010년 4월 7일, 인도네시아는 미국의 가향담배를 금지하는 연방 식품, 의약품 및 화장품법(Federal Food, Drug, and Cosmetic Act, 'FFDCA')의 조항과 관련하여 GATT 제3.4조, 무역에 대한 기술장벽에 관한 협정(Agreement on Technical Barriers to Trade, 'TBT협정') 제2조에 위반된다며 WTO에 제소하였다.

미국은 식품의약국(Food and Drug Administration)에 담배제품 규제권한을 부여함으로써 공중보건을 보호할 목적으로 2009년 6월 22일에 가족흡연예방 및 담배규제법(Family Smoking Prevention Tobacco Control Act of 2009)을 제정하였다. 인도네시아가 문제를 제기한 조치는 가족흡연예방 및 담배규제법 제101(b)조에 의해 개정(추가)된 FFDCA 제907(a)(1)(A)조인데, 이 조항에 의하면 담배나 그 구성품에 첨가제로 담배향이나 박하향 이외의 향(flavours such as clove, strawberry, grape, orange, cinnamon, pineapple, vanilla, coconut, liquorice, cocoa, chocolate, cherry, or coffee other than tobacco or menthol)을 포함할 수 없도록 규정하고 있다. 즉, 가족흡연예방 및 담배규제법은 위 조항을 기초로 미국에서 정향담배(clove cigarettes)를 포함한 가향담배(담배향이나 박하향은 제외)의 생산이나 판매를 금지하고 있다. 해당 조문에 따라 FFDCA 제907(a)(1)(A)조는 가족흡연예방 및 담배규제법이 제정되고 3개월 후인 2009년 9월 22일에 발효하였다.

인도네시아는 정향담배의 최대 생산국이자 미국에서 소비되는 정향담배 대부분의 수출국이다. 인도네시아는 미국의 정향담배에 대한 금지조치가 차별적이고 불필요하며, 미국이 제907(a)(1)(A)조를 기초하고 이행하는 과정에서 TBT협정상 여러 절차적 요건을 위반하였다고 주장하였다.

법적 쟁점(Legal Issues)

1. 정향담배의 생산과 판매를 금지하는 미국의 조치는 "기술규정"(technical regulation)에 해당하는가?
2. 정향담배의 생산과 판매를 금지하는 미국의 조치는 내국민대우 의무에 합치되는가?
3. 정향담배의 생산과 판매를 금지하는 미국의 조치는 그 공표와 발효 사이에 합리적인 시간 간격을 허용하였는가?

판정(Decision) 2011년 9월 2일, WTO 패널은 다음과 같이 판정하였다.

1. FFDCA 제907(a)(1)(A)조는 TBT협정 부속서 1.1의 의미상 "기술규정"에 해당한다.
2. FFDCA 제907(a)(1)(A)조는 TBT협정 제2.1조, 제2.9.2조 및 제2.12조에 합치되지 않는다.

3. FFDCA 제907(a)(1)(A)조는 TBT협정 제2.2, 2.5, 2.8, 2.9.3, 12.3조에 합치되지 않는 것은 아니다.

2012년 4월 4일, WTO 상소기구는 다음과 같이 판정하였다.

1. TBT협정 제2.1조에 관한 패널의 판정을 지지한다.
2. TBT협정 제2.12조에 관한 패널의 판정을 지지한다.

판정 이유(Reasoning) 2011년 9월 2일에 회람된 패널보고서에 의하면, 패널은 우선 문제의 조치가 TBT협정의 범위에 속하는 것인지를 분석하였다. FFDCA 제907(a)(1)(A)조는 해당 조항이 포함하는 상품을 명시적으로 규정하고 있으므로 "식별가능한 상품 또는 상품 그룹"(identifiable product or group of products)에 적용되며, 담배에 특정한 향의 첨가를 금지하고 있으므로 "상품의 특성"(product characteristics)을 규정한 것이고, 금지 의무("shall not")를 규정함으로써 상품 특성의 준수가 "강제적"(mandatory)이므로 TBT협정 부속서 1.1의 의미상 "기술규정"의 요건을 충족한다.

TBT협정 제2.1조의 내국민대우와 관련하여, 미국은 자국에서 주로 생산되는 박하향 담배를 문제의 금지에서 배제함으로써 수입품인 정향담배에 불리한 대우를 부여하였기에 해당 조항을 위반하였다. 특히, 정향담배와 박하향 담배는 물리적으로 유사하며 둘 다 향이 나고, 흡연이라는 동일한 최종용도(end-use)를 가지며, 동일한 HS코드(즉, 2402.20)로 분류되고, 청소년 흡연자 및 잠재적 청소년 흡연자에게 인기가 있다(즉, 소비자의 기호)는 사실적 판단에 비추어 볼 때, 제2.1조의 의미상 "동종상품"(like products)에 해당한다. FFDCA 제907(a)(1)(A)조가 TBT협정 제2.1조에 합치되지 않는다고 판단하였으므로, 패널은 GATT 제3.4조에 따른 인도네시아의 청구와 제20(b)조에 따른 미국의 정당화 주장은 검토하지 않았다.

TBT협정 제2.2조의 불필요한 장벽 금지와 관련하여, 정향담배를 포함한 가향담배를 금지하는 것이 청소년 흡연을 줄이는 데 기여할 수 있다는 광범위한 과학적 증거를 기반에 둘 때, 인도네시아는 문제의 조치가 정당한 목적(즉, 청소년의 흡연 감소) 수행에 필요한 이상으로 무역 제한적이라는 것을 입증하지 못하였다.

그러나 미국은 문제의 조치에 대한 개정과 의견 제시가 여전히 가능하였던 초기의 적절한 시점에 그 조치의 목적과 이유에 대한 간단한 설명과 함께 관련 제품을 다른 WTO 회원국에 통보하지 않았기에 TBT협정 제2.9.2조를 위반하였다. 미국은 FFDCA 제907(a)(1)(A)조의 공표와 발효 사이에 최소 6개월의 간격도 허용하지 않았는데, 이는 합리적인 시간 간격(reasonable interval)이라 볼 수 없으며, 미국은 이러한 추정을 반박하지 않았으므로 TBT협정 제2.12조에 위반된다.

TBT협정 제2.5조(기술규정의 정당성 설명 의무)와 관련하여 인도네시아는 미국에 FFDCA 제907(a)(1)(A)조의 정당성 설명을 요청하지 않았으며, 제2.8조(성능을 기준으로 기술규정 명시 의무)와 관련하여 인도네시아가 언급한 기준은 담배가 향을 가지는 데 필요한 첨가제의 농도를 명확히 하는 것으로 담배의 성능에 관한 기준이 아니므로 관련 조항의 위반은 존재하지 않는다. 또한, 제2.9.3조(기술규정의 상세한 내용 또는 사본 제공 의무)와 관련하여 인도네시아는 FFDCA 제907(a)(1)(A)조가 여전히 초안 형식으로 있을 때 요청해야 하는데, 해당 조항이 제정되고 약 2개월이 지난 후에 관련 사항을 요청하였으며, 제12.3조(개도국의 개발, 재정 및 무역상 필요를 고려할 의무)와 관련하여 인도네시아는 "개발도상국"(developing country)에 해당하지만, 미국 정부의 주요 공직자 사이의 서한에서 개도국인 인도네시아의 우려를 적극적으로 고려하였음이 입증되었으므로 미국은 관련 조항을 위반하지 않았다.

2012년 1월 5일, 미국은 TBT협정 제2.1조와 제2.12조에 관한 패널 판정에 대해 상소를 결정하였다. 2012년 4월 4일에 회람된 상소기구 보고서에 의하면, 상소기구는 궁극적으로 패널의 판정을 인용하였다. 그러나 TBT협정 제2.1조의 "동종상품"(like products)과 "불리한 대우"(treatment no less favourable)에 관한 패널의 해석에 의견을 달리하였다. 패널은 "동종상품"의 개념은 문제가 된 기술규정의 규제목적(regulatory purpose), 즉 '청소년 흡연 감소'에 기반을 두고 해석해야 한다고 보았지만, 상소기구는 "동종상품"의 결정은 물리적 특성, 최종용도, 소비자 기호 및 관세분류의 전통적인 기준에 바탕을 두고 상품 간 경쟁관계(competitive relationship between the products)에 관해 결정하는 것이라고 판단하였다. 이러한 해석에 기반을 두었을 때, 정향담배와 박하향 담배는 TBT협정 제2.1조의 의미상 "동종상품"에 해당한다. 물론, 상품과 연관된 건강상 위험과 같이 해당 조치의 규제목적이 동종상품의 구분기준과 관련이 있고 상품 사이의 경쟁관계에 영향을 미치는 경우 규제목적을 고려하여야 한다. 또한, 제2.1조의 "불리한 대우"는 합법적인 규제적 구분(legitimate regulatory distinction)에서 비롯된 수입품에 대한 해로운 영향(detrimental impact on imports)을 금지하지 않는 것을 의미한다. 해당 조치의 해로운 영향이 불리한 대우를 구성하는지 결정할 때, 사건의 특정한 상황, 즉 기술규정의 설계, 구성, 공개 구조, 운영과 적용 및 특히 공평성을 주의 깊게 검토하여야 한다. FFDCA 제907(a)(1)(A)조의 설계, 구성, 공개 구조, 운영과 적용을 고려할 때, 미국이 향이 첨가된 담배를 금지하면서 박하향 담배를 제외한 조치는 인도네시아에서 수입한 정향담배의 경쟁기회에 대한 해로운 영향이 합법적인 규제적 구분에 기인한 것임을 입증하지 못한 것이며, 이는 자국의 박하향 담배와 수입산 정향담배를 차별하는 것이라 볼 수 있다.

미국은 FFDCA 제907(a)(1)(A)조의 공표와 발효 사이에 3개월만 허용함으로써 TBT협정 제2.12조를 위반하였다. 이행 관련 문제에 대한 도하각료결정(Doha Ministerial Decision on Implementation-Related Issues and Concerns) 제5.2항의 맥락에서 해석할 때, 기술규정의 공표와 발효 간에 최소 6개월의 기간이 요구된다. 패널과 마찬가지로 상소기구는 위 도하각료결정 제5.2항이 조약법에 관한 비엔나협약 제31(3)(a)조의 의미상 "당사국 간의 추후합의"(subsequent agreement between the parties)를 형성한다고 판단하였다.

2012년 4월 24일, 분쟁해결기구는 패널 및 상소기구 보고서를 채택하였으며, 미국과 인도네시아는 합리적인 이행기간을 15개월로 잡아 2013년 7월 24일까지 위반을 시정하기로 통보하였다. 2013년 8월 12일, 인도네시아는 분쟁해결기구에 분쟁해결양해 제22.2조에 따라 양허 또는 기타 의무 정지를 위한 수권을 요청하였고, 동년 8월 23일 분쟁해결기구 회의에서 제22.6조에 따라 보복수준의 결정을 중재(arbitration)에 부탁하기로 합의하였다.

2014년 6월 23일, 양국은 중재인에게 판정의 회람 중단을 요청하였고, 동년 10월 3일 양국이 상호합의된 해결에 도달하였음을(reached mutually agreed solution) 분쟁해결기구에 통보하였다.

〈참고〉

* 미국 가족흡연예방 및 담배규제법 제101(b)조

"Section 101 Amendment of Federal Food, Drug, and Cosmetic Act

b. FDA Authority over Tobacco Products. The Federal Food, Drug, and Cosmetic Act (21 U.S.C. 301 et seq.) is amended

1. by redesignating chapter IX as chapter X;
2. by redesignating sections 901 through 910 as sections 1001 through 1010; and
3. by inserting after chapter VIII the following:"

* 미국 연방 식품, 의약품 및 화장품법 제907(a)(1)(A)조

"Section 907 TOBACCO PRODUCT STANDARDS.

(a) In General

(1) Special Rules

(A) Special Rule for Cigarettes. - Beginning 3 months after the date of enactment of the Family Smoking Prevention and Tobacco Control Act, a cigarette or any of its component parts (including the tobacco, filter, or paper) shall not contain, as a constituent (including a smoke constituent) or additive, an artificial or natural flavor (other than tobacco or menthol) or an herb or spice, including strawberry, grape, orange, clove, cinnamon, pineapple, vanilla, coconut, licorice, cocoa, chocolate, cherry, or coffee, that is a characterizing flavor of the tobacco product or tobacco smoke. Nothing in this subparagraph shall be construed to limit the Secretary's authority to take action under this section or other sections of this Act applicable to menthol or any artificial or natural flavor, herb, or spice not specified in this subparagraph."

09 Import Bans, and Testing and Certification Requirements for Radionuclides: Japan v. Korea (후쿠시마 수산물 사건)

인용(Citation) WT/DS495/R (2018) ; WT/DS495/AB/R (2019).

사실(Facts) 2011년 3월 11일 동일본 대지진과 쓰나미로 후쿠시마 다이이치 원자력발전소의 원자로가 고장 나며 방사능이 유출되는 사고가 발생하였다. 사고 직후인 3월 14일부터 한국은 일본산 농림수산물에 대해 수입규제조치를 시작하였는데, 일본 정부가 발급한 산지증명서(certificate of origin) 및 세슘과 요오드 검사증명서(pre-export certificate of caesium and iodine testing)를 요구하고, 특정 품목의 수입을 금지하였으며, 점진적으

로 규제조치의 범위를 확대하고 강화하였다. 그런 가운데 2013년 8월 8일 도쿄전력이 원전 오염수가 해양으로 유출된 것을 발표하자, 9월 9일 한국 정부는 후쿠시마 주변 8개 현(후쿠시마, 이바라키, 군마, 미야기, 이와테, 아오모리, 도치기, 지바)의 모든 수산물에 대해 수입을 금지하고, 일본산 식품(2011년 농산물과 가공품에 적용되던 것을 확대)에서 소량이라도 세슘이 검출되는 경우 스트론튬과 플루토늄 등 17개의 방사성핵종(radionuclides)에 대해 추가적인 검사증명서(additional test certificate)를 요구하며, 국내외 식품에 대한 세슘기준을 강화하는 조치를 시행하였다.

2015년 5월 21일, 일본은 한국의 수산물 수입금지 조치와 방사성핵종에 대한 추가 검사증명서 요구가 위생 및 식물위생 조치의 적용에 관한 협정(Agreement on the Application of Sanitary and Phytosanitary Measures, 'SPS협정')에 합치되지 않는다며 WTO에 제소하였다. 일본은 한국의 조치, 구체적으로는 2012년의 특정 품목(명태와 대구)에 대한 수입금지와 2013년의 모든 수산물 중 28개 품목에 대한 수입금지, 2011년의 비수산물에 대한 추가 검사요건 및 2013년의 수산물과 축산물에 대한 추가 검사요건이 SPS협정상 비차별 의무(제2.3조), 무역 제한의 적정한 보호 수준(제5.6조), 투명성 의무(제7조, 부속서 B), 검사절차(제8조, 부속서 C) 등을 위반하였다고 주장하였다.

법적 쟁점(Legal Issues)

1. 한국의 수산물 수입금지와 추가 검사증명서 요구는 SPS협정상 위생 및 식물위생조치(Sanitary and Phytosanitary Measures, 'SPS조치')에 해당하는가?
2. 한국의 수산물 수입금지와 추가 검사증명서 요구는 SPS협정상 자의적이고 부당한 차별에 해당하는가?
3. 한국의 수산물 수입금지와 추가 검사증명서 요구는 SPS협정상 필요한 정도 이상의 무역 제한적인 조치에 해당하는가?
4. 한국이 정부 웹사이트의 보도자료를 통해 문제의 조치를 공표한 것과 문의처의 대응은 SPS협정상 투명성 요건에 합치되는가?

판정(Decision) 2018년 2월 22일, WTO 패널은 다음과 같이 판정하였다.

1. 수입금지 조치와 추가 검사요건은 SPS협정상 'SPS조치'에 해당한다.
2. 수입금지 조치와 추가 검사요건은 필요 이상으로 무역 제한적이므로 SPS협정 제5.6조

에 합치되지 않는다.

3. 수입금지 조치와 추가 검사요건은 자의적이거나 정당화될 수 없는 차별을 구성하므로 SPS협정 제2.3조에 합치되지 않는다.
4. 수입금지 조치와 추가 검사요건은 SPS협정 제7조와 부속서 B에 규정된 투명성 의무에 합치되지 않는다.
5. SPS협정 제8조와 부속서 C에 규정된 방제, 검사 및 승인절차와 관련하여 일본은 한국의 추가 검사요건이 이들 조항에 불합치한다는 사실을 입증하지 못하였다.

2019년 4월 11일, WTO 상소기구는 다음과 같이 판정하였다.

1. 수입금지 조치와 추가 검사요건은 SPS협정 제5.6조, 제2.3조와 부속서 B(3)에 합치되지 않는다는 패널의 판정을 파기한다.
2. SPS협정 제5.7에 따른 패널의 판정은 이론에 그치며 법적 효력이 없다.
3. 수입금지 조치와 추가 검사요건은 SPS협정 제7조와 부속서 B(1)에 합치되지 않는다는 패널의 판정을 확정한다.

판정 이유(Reasoning) 2018년 2월 22일에 회람된 패널보고서에 의하면, 한국이 취한 문제의 조치(수산물 수입금지와 추가 검사요건)가 SPS협정 제1.1조와 부속서 A에 따른 'SPS조치'에 해당하는지를 먼저 검토하였다. 이를 위해 해당 조치의 목적 및 이 조치가 국제무역에 직간접적으로 영향을 미치는지를 살펴보았는데, 문제의 조치는 식품의 오염물질로 인하여 발생하는 위험으로부터 인간의 건강을 보호하기 위해 적용되었으며 국제무역에 직접적인 영향을 미치고 있으므로, SPS조치에 속한다.

SPS협정 제5.6에 따라 SPS조치는 위생보호의 적정수준을 달성하는데 필요한 정도 이상의 무역 제한적인 조치가 되지 않도록 보장하여야 하는데, 한국은 일본이 대안으로 제시하는 세슘기준 검사만으로 적정한 보호 수준을 달성할 수 있음에도 수입금지와 추가 검사요구는 필요 이상으로 무역 제한적이다. 또한, SPS협정 제2.3조에 따라 자국의 SPS조치가 동일하거나 유사한 조건하에 있는 회원국을 자의적이고 부당하게 차별하지 않도록 보장하여야 하는데, 한국이 2013년 문제의 조치를 도입할 당시 제3국과 일본산 수산물이 유사하게 낮은 위험성을 보임에도 불구하고 일본 수산물에만 수입금지를 적용하는 것은 이 조항에 위반되는 자의적이고 정당화될 수 없는 차별이다.

SPS협정 제5.7조에 의해 WTO 회원국은 위험평가를 수행하기에 과학적 증거가 불충분한 경우 잠정적인 SPS조치를 채택할 수 있는데, 한국의 (일부) 조치는 관련 과학적 증거가 불충분한 상황이 아니며, 이용가능한 적절한 정보에 근거하지 않고, 필요한 추가적 정보를 구하지 않으며, 합리적인 기간 내에 SPS조치를 재검토하지 않았으므로 잠정조치의 요건을 충족하지 못하였다. 또한, 정부 웹사이트의 보도자료 게재만으로 한국의 조치를 공표하고 일본의 질의에 대해 답변을 안 한 것은 SPS협정 제7조와 부속서 B에 따른 투명성 요건에 위반된다.

한편, SPS협정 제8조와 부속서 C와 관련하여 한국의 추가 검사증명서 기재 내용과 운영방식은 추가 검사요건의 이행을 점검하고 보장하기 위한 절차에 해당하는데, 일본은 한국이 이 절차와 관련하여 준수해야 할 사항에 대한 위반을 입증하지 못하였다.

우리 정부는 2018년 4월 9일, 일본은 4월 16일에 패널보고서에 대해 상소를 제기하였고, 2019년 4월 11일에 회람된 상소기구 보고서는 투명성 요건을 제외한 모든 쟁점에 대해 패널의 판정을 파기하였다.

SPS협정 제2.3조와 관련하여, 상소기구는 일본과 제3국이 유사한 조건(similar conditions prevail)에 있는지를 결정하면서 식품오염가능성에 영향을 미치는 일본의 특별한 환경적 상황을 포함해 모든 조건을 고려해야 하는데, 패널이 방사능검사 수치만으로 일본과 제3국이 유사하다고 판단한 것은 잘못되었으며, 따라서 우리 조치가 자의적이거나 부당한 차별 및 국제무역에 대한 위장된 제한을 구성하는지는 검토할 필요가 없다고 보았다.

SPS협정 제5.6조에 대해 상소기구는 우리의 적정한 보호 수준은 2개의 정성적 요소(사고 이전 자연방사능 수준, 달성가능한 최대로 낮은 수준)와 정량적 요소를 기초로 이루어져 있는데, 패널이 정량적 기준에 의해서만 판단한 것은 잘못되었다고 결정하였다.

SPS협정 제5.7조의 위반 여부와 관련하여 우리 정부는 일본이 주장하지도 않은 사안이라며 패널의 위임사항(Panel's terms of reference)에 해당되지 않는다고 주장하였고, 상소기구는 패널의 판정을 월권이라며 법적 효력이 없다고 결정하였다.

SPS협정 제7조와 부속서B 제1항에 따라 상소기구는 우리 정부의 보도자료가 문제의 조치를 충분히 포함하고 있지 못하며, 이해당사국이 관련 정보를 위해 특정 웹사이트를 찾아보도록 명확하게 공표되지 않았다며 투명성 의무 위반에 관한 패널의 결정을 지지하였다. 다만, 수입금지조치 관련 질의나 정보 요청에 대해 문의처(enquiry point)가 불완전한 대응을 한 것이 부속서 B 제3항을 위반한 것은 아니라며 패널의 판정을 파기하였다.

2019년 4월 26일, WTO 분쟁해결기구(Dispute Settlement Body)는 이 사건의 패널 및 상소기구 보고서를 공식적으로 채택하였다. 또한, 2019년 6월 4일, 우리 정부는 5월 30일자로 문제된 조치의 상세사항을 재공표함으로써 분쟁해결기구의 권고와 판정의 이행을 완료하였다고 분쟁해결기구에 통보하였다.

10 Certain Measures Concerning Trademarks, Geographical Indications and Other Plain Packaging Requirements Applicable to Tobacco Products and Packaging: Honduras, Dominican Republic, Cuba, Indonesia v. Australia (담배 단순포장 사건)

인용(Citation) WT/DS434/17 (2016) ; WT/DS435/R, WT/DS441/R, WT/DS458/R, WT/DS467/R (2018) ; WT/DS435/AB/R, WT/DS441/AB/R (2020).

사실(Facts) 2003년 5월 21일, 세계보건기구는 세계보건총회(World Health Assembly)에서 담배의 규제에 관한 세계보건기구 기본협약(WHO Framework Convention on Tobacco Control, 'FCTC')을 채택하여 담배 소비 및 담배 연기의 노출로 인한 보건, 사회, 환경 및 경제적 폐해로부터 현세대와 미래세대를 보호하기 위한 국가, 지역 및 국제적 차원의 담배규제조치의 기본틀을 제공하고 있다. FCTC는 담배 수요 감소를 위한 가격 및 조세조치 · 담배제품의 포장 및 라벨 · 담배 광고 및 판촉에 관한 규제, 담배 공급 감소를 위한 조치, 담배사업자의 책임 및 보상 등에 관해 규율하고 있다. 또한, FCTC는 WHO가 채택한 최초의 조약으로 2005년 2월 27일에 발효하였으며, 2021년 8월 1일 현재 한국, 호주를 포함한 182개 국가가 회원으로 참여하고 있다(이 사건이 제기될 당시, 호주와 온두라스(및 우크라이나)는 FCTC의 당사국이었지만, 쿠바, 도미니카공화국, 인도네시아는 당사국이 아니었다). 특히, 2008년 11월 17일~22일에 개최된 FCTC 제3차 당사국총회는 제11조(담배제품의 포장 및 라벨)와 제13조(담배 광고 · 판촉 및 후원)의 이행을 위한 가이드라인을 마련하였는데, 이 가이드라인은 담배의 단순포장, 건강경고문의 크기 확대, 경고사진의 사용, 오도성 포장 및 라벨링 예방, 담배 광고 · 판촉 · 후원 제거를 위한 노력 등을 주요 권고사항으로 삼고 있다.

FCTC의 회원국이기도 한 호주는 2008년 국가건강예방위원회(National Preventive Health Taskforce)를 설치하여 비만, 담배, 과도한 음주로 인한 만성질환 문제를 해결하기 위해 국가건강예방전략의 개발을 담당하게 하였다. 이 위원회는 담배 단순포장에 관한 법률과 규정 채택을 위한 입법절차를 개시하였고, 의회에서 2011년 담배 단순포장법(Tobacco Plain Packaging Act 2011), 2011년 담배 단순포장규정(Tobacco Plain Packaging Regulations 2011) 및 2011년 (담배 단순포장) 상표 개정법(Trade Marks Amendment (Tobacco Plain Packaging) Act 2011)이 제정되었다. 이러한 법과 규정에 근거하여 호주의 모든 담배제품은 포장을 단순히 하고 담배 포장에 오로지 문자상표만을 사용해야 하며, 정형화된 색상, 위치, 글꼴, 크기에 맞춘 브랜드 이름(brand, business, company or variant names) 이외에 로고, 브랜드 이미지, 색상 및 홍보 문구의 사용을 금지하였다. 담뱃갑 포장은 칙칙한 어두운 갈색을 바탕색으로 사용하며, 담뱃갑 앞면과 뒷면에 건강 경고 사진(graphic health warnings)을 크게 포함하도록 하였다.

이에 주요 담배회사들은 관련 문제를 호주 국내법원 및 ISDS에 따른 중재에 의뢰하였으나 패소하거나 본안에 들어가지 못한 채 각하되었고, 담배생산국의 주도로 WTO가 이 사건을 맡게 되었다.

호주의 '담배제품 및 포장에 대한 상표, 지리적 표시 및 기타 단순포장 요건에 제한을 부여하는 법률 및 규정'('TPP 조치')과 관련하여, 2012년 4월 4일 온두라스(WT/DS435), 동년 7월 18일 도미니카공화국(WT/DS441), 2013년 5월 3일 쿠바(WT/DS458), 동년 9월 20일 인도네시아(WT/DS467)가 무역에 대한 기술장벽에 관한 협정(Agreement on Technical Barriers to Trade, 'TBT협정') 및 무역 관련 지식재산권에 관한 협정(Agreement on Trade-Related Aspects of Intellectual Property Rights, 'TRIPs협정')의 위반을 주장하며 WTO에 제소하였다. 2014년 4월 24일, 호주는 WTO 분쟁해결기구 의장에게 온두라스, 도미니카공화국, 쿠바, 인도네시아(그리고 우크라이나)가 패널 절차 일정표를 통일하는 것에 동의하였음을 전달하였고, 동년 5월 5일 이들 사건을 다룰 단일패널이 구성되었다.

한편, 이 사건을 가장 먼저 제기한 것은 우크라이나(WT/DS434)로 2012년 3월 13일에 호주의 TPP 조치에 관해 WTO에 제소하였다. 그러나 2015년 5월 28일 우크라이나는 분쟁해결양해 제12조 제12항에 따라 패널 절차 중단을 요청하여 30일에 패널로부터 수락 통보를 받았고, 그로부터 12개월 이내에 업무 재개를 요구하지 않아 2016년 5월 30일자로 패널 설치 권한이 소멸되었다.

법적 쟁점(Legal Issues)

1. 호주의 담배 단순포장 조치는 정당한 목적 수행에 필요한 이상으로 무역 제한적인 기술규정에 해당하는가?
2. 호주의 담배 단순포장 조치는 상표의 등록, 상표 등록의 장애 금지, 상표권자의 권리, 유명상표의 보호, 상표 사용의 국내요건으로 인한 부당한 방해 금지, 부정경쟁행위 금지, 부정경쟁행위를 구성하는 지리적 표시의 사용금지, 기존에 존재하는 지리적 표시의 국내보호 요건에 합치되는가?

판정(Decision) 2018년 6월 28일, WTO 패널은 다음과 같이 판정하였다.

1. 온두라스, 도미니카공화국, 쿠바, 인도네시아는 호주의 담배 단순포장 조치가 TBT협정 제2.2조에 합치되지 않음을 입증하지 못하였다.
2. 온두라스와 쿠바는 호주의 담배 단순포장 조치가 1967년 파리협약 *제6조의 5*(Art. 6*quinquies*)와 관련하여 TRIPs협정 제2.1조에 합치되지 않음을 입증하지 못하였다.
3. 온두라스, 도미니카공화국, 쿠바, 인도네시아는 호주의 담배 단순포장 조치가 TRIPs협정 제15.4조, 제16.1조, 제20조, 제22.2(b)조, 제24.3조에 합치되지 않음을 입증하지 못하였다.
4. 쿠바와 인도네시아는 호주의 담배 단순포장 조치가 TRIPs협정 제16.3조에 합치되지 않음을 입증하지 못하였다.
5. 온두라스, 도미니카공화국, 쿠바, 인도네시아는 호주의 담배 단순포장 조치가 1967년 파리협약 *제10조의 2*(Art. 10*bis*)와 관련하여 TRIPs협정 제2.1조에 합치되지 않음을 입증하지 못하였다.

2020년 6월 9일, WTO 상소기구는 다음과 같이 판정하였다.

1. TBT협정 제2.2조에 관한 패널의 판정을 지지한다.
2. TRIPs협정 제16.1조와 제20조에 관한 패널의 판정을 지지한다.

판정 이유(Reasoning) 2018년 6월 28일에 회람된 패널보고서에 의하면, 호주의 TPP 조치는 담배제품의 사용 및 노출을 줄임으로써 '공중보건' 개선 목표에 의미 있는 기여를 하였다. 또한, 호주의 목표를 달성하지 못함으로 인해 발생할 수 있는 위험의 성격과 중대함 및 제소국들이 제안한 대안(법정 최소구매연령(minimum legal purchasing age) 상향 및 세금 인상) 중 어느 것도 동등한 수준으로 호주의 목표에 기여하지 않는다는 사실을 고려해 볼 때, TPP 조치가 TBT협정 제2.2조의 의미 내에서 정당한 목적 달성에 필요한 이상으로 무역 제한적이라는 것을 제소국들은 입증하지 못하였다.

또한, TRIPs협정의 위반 여부와 관련하여, 다른 회원국에서 정당하게 등록된 상표(trademarks)를 "그 형태 그대로"(as is) 자국에서도 등록하고 보호할 의무를 규정한 파리협약(Paris Convention for the Protection of Industrial Property) *제6조의 5*가 편입된 TRIPs협정 제2.1조와 TPP 조치가 합치되지 않음을 제소국들은 입증하지 못하였다. 다른 회원국 상표의 등록과 보호 의무는 상표의 형태와 관련된 것이지, 호주의 조치와 같이 식별력(distinctiveness) 등의 요건 부여를 금지하는 것은 아니기 때문이다.

제소국들은 TPP 조치가 TRIPs협정 제15.4조에 위반되는 상표 등록의 장애를 형성한다고 주장하였는데, 해당 조문은 상품의 성격 때문에 등록이 방해되지 않도록 하는 것이지, 표지가 식별력을 갖도록 보장해 주어야 한다는 의미는 아니므로 위반은 존재하지 않는다. 또한, TPP 조치는 담배 상표권자가 동일 또는 유사한 상품에 대해 동일 또는 유사한 상표의 무허가 사용으로 혼돈의 가능성이 있을 경우 이를 금지할 권리를 방해한다는 점에서 제16.1조 위반인지와 관련하여, 우선 해당 권리는 적극적으로 사용할 수 있는 권리가 아니라 소극적으로 제3자가 사용할 수 없도록 하는 권리이며, 식별력 저하가 혼동의 원인이 되는 것은 아니므로 제16.1조의 위반 주장은 입증되지 못하였다.

호주의 TPP 조치는 담배 상표가 유명상표의 지위를 획득하거나 유명상표가 그 지위를 유지하는 것을 방지하는지와 관련하여, 호주는 유명상표 보호제도를 갖추고 있으므로 제16.3조의 위반이 아니다. 또한, TPP 조치가 거래 과정에서 담배 상표의 사용을 부당하게 방해함으로써 제20조에 따른 의무가 위반된 것인지에 관해, 호주의 상표 사용제한이 식별력 자체를 방해하지는 않으며 소비자에게 중대한 영향을 미친 것은 아니므로 제20조의 위반이 아니다. 또한, TPP 조치는 시장행위자가 제2.1조에 의해 편입된 파리협약 *제10조의 2* 제3(1)항의 의미 내에서 혼동을 일으키게 하는 성격의 부정경쟁행위에 참여하도록 강요하거나, 동조 제3(3)항의 의미 내에서 오해의 소지가 있는 표시 또는 주장에 해당하는 행위에 참여하게 하고, 동조 제1항에 따라 부정경쟁행위로부터 효과적 보호를 보장해야 할 시장행위자가 부정경쟁행위에 참여하게 하였음을 제소국들은 입증하지 못하였다. 즉, 호주의 조치로 경쟁자에게 혼동을 일으키더라도 그것이 부정경쟁행위를 구성한다고 볼 수 없으며, 담배 포장의 동일한 형태가 경쟁행위를 불가능하게 만드는 것은 아니기 때문이다.

또한, 지리적 표시(geographical indications)와 관련하여, TPP 조치는 TRIPs협정 제22.2(b)조에 따라 파리협약 *제10조의 2* 제3(3)항의 의미 내에서 상품 특성에 관하여 오해의 소지가 있는 표시 또는 주장에 해당하는 부정경쟁행위에 참여하도록 강요하였는지에 대해, 모든 경쟁자가 동일한 포장을 사용함으로써 소비자의 오해를 일으킬 상황이 적으므로 제22.2(b)조의 위반은 존재하지 않는다. TPP 조치의 결과 1995년 1월 1일 직전에 존재하는 지리적 표시에 관한 보호가 제24.3조에 위반되게 약화되었는지에 관해, 호주의 소비자보호법이나 보통법상의 구제조치를 통해 개별적 지리적 표시의 보호가 계속 존재하므로 제24.3조는 위반되지 않았다. 결론적으로 패널은 호주의 TPP 조치가 TBT협정 및 TRIPs협정의 관련 규정을 위반하였다는 제소국들의 주장 모두를 기각하였다.

2018년 7월 19일에 온두라스, 동년 8월 23일에 도미니카공화국은 TBT협정 제2.2조, TRIPs협정 제16.1조 및 제20조와 관련한 패널 판정에 상소를 제기하였다. 상소를 제기하지 않은 쿠바와 인도네시아의 경우, WTO 분쟁해결기구는 2018년 8월 27일 관련 패널보고서를 채택하였다. 동년 9월 17일, 상소기구는 분쟁해결기구에 온두라스(WT/DS435)와 도미니카공화국(WT/DS441)의 상소를 병합하기로 결정하였다고 통보하였다.

2020년 6월 9일에 회람된 상소기구 보고서에 의하면, 온두라스는 TPP 조치가 호주의 목표 달성에 끼치는 기여와 관련하여 패널이 TBT협정 제2.2조를 잘못 적용하였다는 청구를 입증하지 못하였다. 또한, TPP 조치로 인해 생산자가 브랜드를 기준으로 서로 다른 제품을 구별하기 어렵게 만드는 것이 그 자체로 국제무역을 제한하는 효과를 가지는 것은 아니라는 패널의 판정을 지지하였다. 두 가지 대안조치, 즉 법정 최소구매연령 상향 및 세금 인상이 각각 TPP 조치에 동등한 기여를 할 수 없다는 패널의 판정은 잘못되었지만, 이들 대안조치가 TPP 조치보다 덜 무역 제한적인 것은 아니라는 패널의 판정은 문제가 없다. 결국, TPP 조치와 비교하여 호주의 목표에 동등한 기여를 할 대안조치가 무역을 덜 제한한다는 것을 제소국들이 입증하지 못했다는 패널의 판정을 지지하였다.

TRIPs협정 제16.1조와 관련하여, 상소기구는 해당 조항이 상표권자에게 제3자에 의한 상표의 무단사용을 금지할 배타적 권리를 부여한다는 패널의 판정에 동의하였다. 그러나 패널이 언급한 바와 같이, 제16.1조는 상표권자에게 상표를 사용할 적극적 권리(positive right to use the trademark) 또는 사용을 통해 상표의 식별력을 보호할 권리(right to protect the distinctiveness of that trademark through use)를 부여하지는 않는다. 따라서, 호주의 TPP 조치가 제16.1조를 위반한 것이 아니라는 패널의 판정에는 문제가 없다.

또한, 상소기구는 TRIPs협정 제20조의 "부당하게"라는 용어는 회원국이 해당 조항에 따라 상표 사용을 방해함에 있어 일정한 정도의 재량을 누린다는 의미라고 보았다. 그러면서 거래 과정에서 상표 사용이 특정 요건에 의해 부당하게 방해되었는지의 결정은 방해의 성격과 범위, 특정 요건 적용의 이유(사회적 이익), 해당 이유에 대한 충분한 지지와 같은 요소들의 고려와 관련이 있다. 이러한 검토로부터 호주의 TPP 조치는 제20조에 위반되지 않는다는 패널의 판정은 문제가 없다.

결과적으로 상소기구는 TBT협정 제2.2조, TRIPs협정 제16.1조와 제20조에 대한 패널의 결론을 지지하며, 호주 조치의 위반이 없음을 확정하였다.

2020년 6월 29일, WTO 분쟁해결기구는 온두라스와 도미니카공화국이 제소한 패널 및 상소기구 보고서를 채택하였다.

부록

용어 해설 및 자료 인용방법

1. 라틴어 어구
2. 국제자료 인용방법
3. 미국 법률문서의 인용방법

1. 라틴어 어구

라틴어 어구	영문	우리말
ab initio ; in initio	from the beginning (e.g., act beyond one's legal competence is void *ab initio*)	당초부터(처음부터)
ad hoc	for this particular purpose	특별한 목적의
animus belligerendi	intention to wage war	전쟁 발발의 목적으로
animus occupandi	intention to occupy	점령의 목적으로
bis	twice, doubled, 2nd	두 번째의
compromis	an agreement regulating the terms of reference to arbitration (or adjudication)	중재재판 회부에 대한 당사자 간의 합의(중재재판합의서)
corpus iuris gentium	the body of the law of nations	국제법의 실체
de facto	in fact	사실상(의)
de jure	in law	법률상(의)
de lege ferenda	law that should be adopted	있어야 할 법(입법론)
delicta juris gentium	wrongful acts under law of nations	국제법상 위법행위
erga omnes	opposable to, or valid against, all contesting parties	대세적 (의무)
ex aequo et bono	equitable settlement of a dispute in disregard, if necessary, of existing law	(법률적 기준이 아닌) "형평과 선"의 기준에 의한
ex facie	on the face	표면상
ex injuria non oritur	from injustice arise no right	불법으로부터 권리는 발생하지 않는다
ex officio	by virtue of his office	직권상 당연히 직의 직무 또는 작위를 겸하는 것
ex proprio motu	by one's own accord or will	해당인의 의사(희망)에 의하여
ex post facto	after the deed is done	사후의, 소급적, 후에 이루어진 것 때문에
force majeure	forces beyond human control	불가항력의
hostis generis humani	pubic enemy	인류의 공적
humani generis	of mankind	인류(의)
ibid	in the same place	(각주를 달 때) 위의 것과 동일한
infra / supra	see below / see above	다음 내용 참조/위 내용 참조

라틴어 어구	영문	우리말
in personam	e.g., *in personam* jurisdiction (jurisdiction over a legal person); an act, proceeding or right directed against or with reference to a specific legal person (as opposed to an object)	대인적 (자연인, 법인)
in rem	"in or against the thing" ; an act, proceeding or right directed against or with reference to a specific object (as opposed to specific person)	대물적
in situ	in its original place; back in place	본래대로
inter alia	among others	등, 특히 (전부를 인용하지 않고)
inter se	between members of a group or among themselves (e.g., the parties are supposed to have agreed *inter se* that . . . .)	그들 사이에서, 대내적으로
intra vires	within permitted powers	권한 내(의)
ipso facto	by the fact (or act) itself	사실상, 사실 (행위) 그 자체에 의하여
ipso jure	by the law itself	법률 그 자체에 의하여 (당연히)
jure gestionis	state activity in non-sovereign capacity	비통치적 (상업적) 국가행위
jure imperii	state activity in sovereign capacity	통치적 국가행위
jus belli	law of war	전쟁법
jus cogens	peremptory principle of law from which deviation is not permitted; law binding irrespective of the will of the parties	강행규범
jus gentium	international law; law of nations	(일반적 의미의) 국제법
jus sanguinis	principle that nationality is determined by parentage	(국적취득 근거로서의) 속인주의
jus soli	principle that nationality is determined by place of birth	(국적취득 근거로서의) 속지주의
lex ferenda	law as it should be or is desired to be established	입안되어야 할 바람직한 법
lex lata	the law in force; the law as it is	시행되고 있는 법
locus standi	the right to be heard	공인된 지위; 당사자 능력
modus operandi	a method of operation; a manner of procedure	시행 방법

라틴어 어구	영문	우리말
modus vivendi	an agreement between states with respect to a particular situation arising, not out of a treaty	공식조약 하에서가 아닌, 국가 간의 합의 (잠정조치 협정)
mutatis mutandis	the necessary changes having been made; taking into consideration or allowing for the charges that must be made; the same observation apply	세부에 관하여 필요한 변경을 가하고, 환경에 따라서 변화를 하여, 변경할 경우에 변경을 가하여
non liquet	not clear; not proven	명확하지 않은, 입증되지 않은
opinio juris (sive necessitatis)	juridical conscience along which state ought to act	법적 확신
op. cit.	in work mentioned	(각주에서) 전게서
pacta sunt servanda	promise should be kept	약속은 지켜야 한다 "신의성실의 원칙"
par in parem non habet imperium	an equal does not have authority over another equal	평등의 기본원칙 (평등은 상대방을 명할 권한을 가질 수 없다)
per se	taken alone, by itself, intrinsically	그 자체에서, 스스로, 그대로, 고유의, 다른 것과 관계없이
persona non grata	a person unacceptable to the receiving state	달갑지 않은 사람, 특정인에 대한 접수국의 (입국, 임무 수행 혜택의) 거절
prima facie	at first view, from the appearance	표현적 사실에 의하여
quid pro quo	this for that; something for something; an equivalent	동가(同價)의, 상관적 대상
rebus sic stantibus	the doctrine that a treaty is intended by the parties to be binding only as long as there is no fundamental change in the circumstances which existed at the time of the conclusion of the treaty	사정변경의 원칙
res communis	the property of all mankind	인류의 공유물
res judicata	the principle that an issue should not be decided twice in a court	기판력의 법칙
res nullius	a thing which has no owner	무주물
restitutio ad integrum	restoration of the original position	원입지로 회복
sensu stricto	to interpret words in their strict sense	(표명된 어문의 해석을) 엄밀한 의미에서 해석하여야

라틴어 어구	영문	우리말
stare decisis	the doctrine of precedent, under which it is necessary to abide by former judicial decisions when the same points arise again in litigation	선례구속의 원칙
status quo	the state in which things are	현존하는 상태
status quo ante	the state in which things were	이전의 상태
sui generis	of its own kind; unique	그 자신의 특유의 혹은 특수한
sui juris	in one's own right; of full legal capacity	자신의 권한으로 (계약 체결당사자 능력 면에서) 자주권자, 사회적 및 시민적으로 충분한 권리를 가지고 있는 자
terra nullius	territory belonging to no one	무주지
travaux préparatoires	preparatory work of conference	(회의의) 준비문서 (서류)
ultra vires	unauthorized; beyond one's power	권능 외, 월권의, 권한 외의

출처:

이상도, 「영미법률사전」(서울: 청림출판사, 1997)

김영구, 「현대 해양법론」(서울: 아세아출판사, 1988), pp. 805-808.

박덕영(번역), 「미국법과 법률영어」(서울: 박영사, 2012)

Black's Law Dictionary, 10th ed. (St. Paul, MN: West Publishing Co, 2019)

Bryan A. Garner, A *Dictionary of Modern Legal Usage* (New York: Oxford University Press, 1987)

Steven H. Gifis, *Dictionary of Legal Terms* (New York: Barron's Educational Series, Inc., 1983)

2. 국제자료 인용방법[1]

(1) 조약 및 보고서[2]

다음에서 연도는 해당 조약이 기재된 해(연도)를 표시하는 것이고, 조약이 출판된 연도를 나타내는 것은 아님:

[가] 국제협정자료:[3]

United Nations Treaty Series	1946-date	x U.N.T.S. xxx
League of Nations Treaty Series	1920-1945	x L.N.T.S. xxx
European Treaty Series	1948-date	Europ. T.S. No. x

[나] 중재재판보고서:[4]

다음은 중재재판보고서의 약어를 표시하는 것임:

Arbitration Materials	Arb. Mat'l
Hague Court Reports, First Series	Hague Ct. Rep (Scott)
Hague Court Reports, Second Series	Hague Ct. Rep. 2d (Scott)
International Center for the Settlement of Investment Disputes (World Bank, ICSID)	ICSID (W. Bank)
International Chamber of Commerce Arbitration	Int'l Comm. Arb.
Tribunaux Arbitraux Mixtes	Trib. Arb. Mixtes
United Nations Reports of Inter-National Arbitral Award	R.I.A.A.

1 다음의 설명은 주로 Columbia Law Review Association, the Harvard Law Review Association, the University of Pennsylvania Law Review, and the Yale Law Journal이 공동으로 편집한 *The Blue Book · A Uniform System of Citation*, 15th ed. (Soughton, MA: Foremost Printer, 1991)과 United Nations Documentation Research Guide [https://research.un.org/en/docs] 그리고 Chicago Manual을 중심으로 한 설명임.

2 *The Blue Book*, p. 262.

3 *Ibid.*

4 *Ibid.*, p. 263.

World Arbitration Reporter	World Arb. Rep (issue number)

[다] 공식 미국 자료:[5]

United States Treaties and Other International Agreements	1950-date	x U.S.T. xxx
Treaties and Other International Acts Series	1945-date	T.I.A.S. No. x
Executive Agreement Series	1922-1945	E.A.S. No. x

[라] 다자조약:[6]

다자조약의 경우, 해당 조약의 (1) 명칭, (2) 서명일자, (3) 해당 조약을 찾아볼 수 있는 출처 등을 명시하는 것이 통상적인 관행이다.

예,

Agreement on International Classification Trademarked Goods and Services, June 15, 1957, 23 U.N.T.S. 45

[마] 양자조약:[7]

양자조약을 인용할 때에는 (1) 해당 조약의 명칭, (2) 서명일자 (3) 당사국 명, (4) 해당 조약을 찾아볼 수 있는 출처 등을 명시하는 것이 통상적인 관행이다.

예,

(1) Treaties of Friendship, Commerce and Navigation, Apr. 2, 1953, U.S.–Japan, art. X, 4 U.S.T. 2063, 2071

(2) Convention for the Avoidance of Double Taxation, Nov. 24, 1978, U.S.–Fr., art. 17, 32 U.S.T. 1935, 1959

(2) 국제중재재판 사례:[8]

국제중재재판 사례의 인용은 통상적으로 (1) 사건의 이름, (2) 당사자의 이름 [단, 당사

5 *Ibid.*
6 *Ibid.*, p. 141.
7 *Ibid.*
8 *Ibid.*, p. 151.

자(들)의 이름이 결여된 경우에는 원고의 이름이나 분쟁명만 기재], (3) 판결을 찾아볼 수 있는 문서의 권수 및 이름, 그리고 (4) 연도 등의 순서로 표시되는데, 중재재판의 경우, 상세한 부문에 있어 인용방법이 일치되어 있지 않은 것이 사실이다.

일반적 예,

(1) Massaut v. Stupp, 9 Trib. Arb. Mixtes 316 (Ger.-Bel. 1929)

(2) Austin Co. v. Machine Suzi Arak, 12 Iran-U.S. Cl. Trib. Rep. 288 (1986)

(3) Savarkar Case (Fr. v. Gr. Brit), Hague Ct. Rep (Scott) 275 (Perm. Ct. Arb. 1911)

(3) 국제(재판)사례:[9]

상설국제사법재판소나 혹은 국제사법재판소의 판결 사례는 통상적으로 해당 사건의 (1) 명칭, (2) 괄호 안에 당사국 명, (3) 해당 사건을 찾아볼 수 있는 출판물의 권 번호와 명칭, (4) 해당 사건이 열거된 첫 번째 페이지 번호의 순으로 표시한다.

예,

(1) Fisheries Jurisdiction (U.K. v. Ice.) 1972 I.C.J. 12

(2) Military and Paramilitary Activities (Nicar. v. U.S.) 1986 I.C.J. 4 (June 27)

(3) Ireland v. United Kingdom, 23 Eur. Ct. H.R. (ser. B) at 3 (1976)

(4) UN 문서:[10]

[가] 일반적 설명:

UN 문서에 흔히 쓰이는 기호는 다음과 같다:[11]

9 *Ibid.*, p. 141.

10 UN 문서를 이해하는 데 도움이 되는 간행물로는 다음이 중요한 지침이 된다: (1) ST/LIB/SER.B/5/ Rev.3, United Nations Document Series Symbols, 1946-1977, New York, U.N., 1978 (Sales No. 79.I.3), (2) ST/LIB/SER.B/5/Rev.3/Add.1, United Nations Document Series Symbols, 1978-1984, New York: U.N. 1986, (Sales No. 85.I.21), (3) ST/LIB/SER.B/5/Rev.5, United Nations Document Series Symbols, 1946-1996, New York: U.N. 1998, (Sales No. 98.I.6.) [https://research.un.org/en/docs/symbols].

11 출처 (예) : Frederic L. Kirgis, Jr., *International Organizations in Their Legal Setting*, 2nd ed. (St. Paul, MN: West Publishing Co.,1993).

A …………………… 총회(General Assembly)
S …………………… 안전보장이사회(Security Council)
E …………………… 경제사회이사회(Economic and Social Council)
T …………………… 신탁통치이사회(Trusteeship Council)
ST …………………… 사무국(Secretariat)

[부속기관들의 약자]

C …………………… (상설)위원회(Committee)*
AC …………………… 임시위원회(*Ad Hoc* Committee)
PC …………………… 준비위원회(Preparatory Committee)
CN ………………… 위원회(Commission)*
CONF ……………… 회의(Conference)
* 우리나라 말로의 구분은 명확하지 않음.

[문서와 관련된 기호]

Add. ………………… 부가(물)(Addendum)
Doc. ………………… 문서(Document)
L. …………………… 한정 배부(Limited Distribution)
Rev. ………………… 개정(문)(Revision)
Res. ………………… 결의(문)(Resolution)
Supp. ……………… 보충(문)(Supplement)

[회의 관련 기록의 약어:]

OR…………………… 공식문서(Official Records)
SR…………………… 요약록(Summary Records)

참고사항: 1975년까지는 총회의 문서를 총회 발족시부터 연속적으로 번호를 매겨오다가, 다음 해인 1976년 (제31회기)부터는 총회 문서를 회기순(Session)으로 번호를 매기고 있다. 단, 각 회기의 첫 번 번호들은 공식문서(Official Records)들의 보충문서들을 위하여 유보되어 있다.

예,

G.A. Res. 2749, 25 GAOR Supp. 21, U.N. Doc. A/8021

UN총회 결의 2749로서 이는 UN총회 제25회기 공식기록 보충문 제21에 기재되어 있으며, 또한 UN총회 문서 제8021에도 기재되어 있다는 의미

U.N. Doc. A/C.6/45/15

UN총회 제6위원회 (즉, 법률위원회 - Legal Committee)의 제45회기에서 발행한 제15번 문서

U.N. Doc. E/AC.12/L.43/Add.3

UN경제사회이사회의 제12임시위원회가 한정 배부한 제43번 문서의 제3번 보충 문서

U.N. Doc. A/CONF.48/14

UN총회 주최 제48회 회의에서 발행한 제14번 문서

UN의 문서는 크게 4종류로 분류하여 설명할 수 있다. 즉, (1) 각 UN 기관의 공식문서(Official Records), (2) 판매대상 문서(sales documents), (3) 복사문(mimeographed documents), 그리고 (4) 연감 및 정기간행물(yearbooks, periodicals).[12]

[나] 각 UN 기관의 공식문서(Official Records):[13]

UN의 주요기관들은 각기 나름의 "공식문서"(Official Records)를 출간하고 있다. 그리고 각 기관의 "공식문서"(Official Records)는 각 회기(session)별로 3개 부(part)로 분류되어 있다. 즉, (1) "공식문서"(Official Records) - 공식문서에는 발언 그대로를 기록한 회의록과 해당 기관의 본회의 혹은 위원회 회의를 요약한 공식문서(Official Records)가 있다, (2) 부가(추가)록(Annexes) - 부록은 주요기관의 위원회 보고서, 그리고 그런 위원회가 속해있는 주요기관이 안건으로 심의하여 회의를 위해 수집한 기타 자료들이다, (3) 보충자료(Supplements) - 관련 결의문이나 혹은 기타 자료들을 그 내용으로 한다.

UN 주요기관의 "공식문서"의 약자:

General Assembly Official Records	GAOR
Security Council Official Records	SCOR

12 *The Blue Book*, p. 151.

13 *Ibid.*, p. 152.

Economic and Social Council Official Records	ESCOR
Trusteeship Council Official Records	TCOR

"공식문서"의 인용방법:[14]

기본적 인용방법은 다음을 포함하여야 한다. 즉, (1) 결의문 번호, (2) 해당 결의문의 저자 (혹은 주최기관, 회기 등), (3) 해당 기록을 출판한 UN 기관 및 회기 번호, 면이나 문장 번호, (4) UN 문서번호, (5) 출판연도.

예,

U.N. GAOR Special Political Comm., 27th Sess., 806th mtg. at 5, U.N. Doc. A/SPC/SR. 806 (9172)

1) 결의번호, 저자 (혹은 주최기관), 결의명칭 등을 표시하는 방법

예): G.A. Res. 832, U.N. GAOR, 9th Sess., Supp. No. 21, at 19 U.N. Doc. A/2890 (1954)

2) 기관이나 위원회의 기록을 표시하는 방법

예): U.N. GAOR 3rd Comm.

3) 회기를 표시하는 방법

예): 27th sess.,

4) 부록이나 보충자료를 표시하는 방법

예): 37th Sess., pt. 1, Annex 1
9th Sess., Supp. No. 21

5) 면 혹은 문장(절)을 표시하는 방법

예): U.N. GAOR, 8th Sess., 462d plen. mtg. at 345
U.N. GAOR, Hum.Rts.Comm., 30th Sess., 739th mtg. at 1, U.N. Doc. CCPR/C/SR. 739 (1987)

14 *Ibid.*

상설국제사법재판소의 판결 및 문서번호를 인용하는 방법:[15]

Judgments and Orders	1922-1930	19xx P.C.I.J., Ser. A, No. x
Advisory Opinions	1922-1930	19xx P.C.I.J., Ser. B, No. x
Judgments, Orders and Advisory Opinions	1931-1940	19xx P.C.I.J., Ser. A/B, No. x

국제사법재판소의 판결 등을 인용하는 방법:[16]

1) Reports of Judgments, Advisory Opinions and Orders	1946-date	xx I.C.J. xx
2) Pleadings, Oral Arguments, Documents	1946-date	19xx I.C.J. Pleading xx
3) Acts and Documents	1946-date	19xx I.C.J. Acts & Docs. xx

[다] UN 문서 번호(U.N. Document Number)[17]

UN 문서는 기관별로 번호화되어 있기 때문에 문서의 인용은 해당 문서의 번호를 통하여 인식된다.

UN 문서는 (1) 해당 문서를 발행하는 모체(주요)기관을 약어로 명시하고, (2) 그 주요기관 내의 부속기관(예, 위원회)을 명시하고, (3) 원문서에 대한 추가 사항, 수정안(내용)을 표시하는데, 이러한 일반적 형태는 다음을 참조:

(1) 주요기관의 약자:

A/- ·························· General Assembly
S/-····························· Security Council
E/- ·························· Economic and Social Council
ST/- ························· Secretariat

예외적인 경우로서 다음의 경우에는 모체가 되는 주요기관의 표시 없이 특수 기호로

15 *Ibid*., p. 258.
16 *Ibid.*
17 요약된 설명은 https://research.un.org/en/docs/symbols 참조.

표시한다:

CRC/C/- .... Committee on the Rights of the Child
DP/- .... United Nations Development Programme
TD/- .... U.N. Conference on Trade and Development
UNEP/- .... U.N. Environment Programme

(2) 주요기관 내의 부속기관(예, 위원회)의 약자:

-/AC. .../- .... Ad hoc committee
-/C. .../- .... Standing/permanent/main committee
-/CN. .../- .... Commission
-/CONF. .../-............... Conference
-/GC. .../- .... Governing Council
-/PC/. .../-................... Preparatory Committee
-/SC. .../ - .... Subcommittee
-/Sub. .../ - .... Subcommission
-/WG. .../-................... Working group

(3) 추가 사항, 수정안(내용)의 표시 방법 (예):

-/Add. ... . Addendum
-Amend. ... . Alteration, by decision of a competent authority, of a portion of an adopted formal text
-/Corr. ... . Corrigendum (which may not apply to all language versions)
-/Rev. ... . Revision (replacing text previously issued)
-/Summary .... Summarized version

UN 보도자료:[18]

원칙적으로 보도자료(Press Release)는 정보를 제공하기 위한 것으로, 공식문서로 간주되지 않는다. 그러나 Press Release는 공식문서가 출판되기 전에 발표되기 때문에 최근의 상황을 알아보는 데는 큰 도움이 될 수 있다. Press Release는 (alphabet로 된) 문자와 숫자의 혼합 방식으로 발표되는데, (alphabet로 된) 문자는 제목이나 혹은 관련 기관을 표시하고, 숫자(즉 번호)는 연대순으로(chronological order) 또 연속적으로(sequentially) 매겨진다. 주요 Press Release들의 기호는 다음과 같다:

GA/ ······································ 총회
GA/DIS/ ································ 총회 제1위원회 (비무장)
GA/EF/ ································· 총회 제2위원회 (경제/재정)
GA/SHC/ ······························ 총회 제3위원회 (사회/인도/문화)
GA/SPD/ ······························· 총회 제4위원회 (특별 정치/탈식민)
GA/AB/ ································· 총회 제5위원회 (행정/예산)
GA/L/ ··································· 총회 제6위원회 (법률)
SC/ ······································· 안전보장이사회
ECOSOC/ ······························ 경제사회이사회
SG/SM/ ································· 사무총장 메시지 및 발언 (내용)

기타 Press Release의 기호는 다음과 같다:[19]

President of the General Assembly:
statement and messages ·· GA/SM/
Deputy Secretary-General: statements and messages ········· DSG/SM/
Biographies ·· BIO/
Human Rights ·· HR/
Commission on Human Rights ·· HR/CN/
Human Rights Committee ·· HR/CT/
Children (UNICEF) ·· ICEF/

18 https://research.un.org/en/docs/pressreleases.
19 https://research.un.org/en/docs/pressreleases.

Legal issues ·· L/
Sustainable Development ·· ENV/DEV/

(5) EU사법재판소 판례:[20]

EU사법재판소(Court of Justice of the European Union)의 판례는 (1) 결정 유형과 결정일, (2) 사건명, (3) 사건번호, (4) 유럽 판례법 식별자(European Case Law Identifier: ECLI)[EU, 법원 코드(1심법원(General Court)은 T, 사법재판소는 C), 결정연도, ECLI가 부여한 판례번호로 구성됨], (5) Paragraph 번호 순으로 표시한다.

예,
Judgment of 12 July 2005, *Schempp*, C-403/03, EU:C:2005:446, paragraph 19.
Judgment of 30 September 2010, *Yassin Abdullah Kadi v European Commission*, T-85/09, EU:T:2010:418, paragraph 41.

(6) 유럽기구의 자료[21]를 인용하는 방법:[22]

Report of Cases Before the Court of Justice of the European Union	1953-date	[연도] ECR xxx
Common Market Law Reports	-date	C.M.L.R.
European Community Cases	1989-date	CEC (CCH)
Common Market Reports	-1988	Common Mkt Rep. (CCH)

[Council(이사회) 및 Commission(집행위원회):]

20 https://curia.europa.eu/jcms/jcms/P_126035/en/.
21 EU의 Court of Justice, General Court, Civil Service Tribunal에서 이루어진 판결문(Judgments), 의견(Opinions), 그리고 명령(Order) 등은 사건번호, 판결 일자, 당사자 명, 혹은 주제 등을 통하여 검색이 가능하다. 단, 편리를 위하여 다음의 세 분류로 구분되어 있다 · 즉, (1) 1953~1988년까지 Court of Justice에서 판시된 사건(Cases lodged before the Court of Justice from 1953 to 1988), (2) 1989년 이후에 판시된 사건(Cases lodged before the Court of Justice since 1989), 그리고 (3) 1989년 이후, 1심법원에서 판시된 사건(Cases lodged before the General Court since 1989), (4) 2005년부터 2016년까지 행정법원에서 판시된 사건(Cases lodged before the Civil Service Tribunal from 2005 to 2016). https://curia.europa.eu/jcms/jcms/Jo2_7045/en/.
22 *The Blue Book*, pp. 148-9, 158-60, 259-60.

1967년 이전의 J.O. (Journal Officiel des Communautes Européennes)의 경우, Issue Number를 표기하고, 1967년 이후의 O.J. (Official Journal of the European Community)와 J.O.의 경우에는 Series 번호와 Issue 번호를 명기할 것.[23]

Official Journal of the European Community	1973-date	예, 1973 O.J. (L.337) 7
Official Journal of the European Community, Special Edition	해당 대상: 1973년 이후	예, 1965-1966 O.J. Spec Ed. 265
Journal Officiel des Communautes Européennes	- date	예, 1971 J.O. (L.20) 1

[Parliament(의회)]

European Parliamentary Debates	Eur. Parl. Deb. (xx) x
European Parliament Working Documents	Eur. Parl. Doc. (COM xx) x
Parliament Européen Documents de Séance	Parl. Eur. Doc. (SEC xx) x

[유럽인권재판소:][24]

유럽인권재판소의 판결문은 Series A 또는 B로 구분하여 인용한다 - 예, Eur. Ct. H.R. (ser. A) 또는 Eur. Ct. H.R. (ser. B). 그렇지 않으면 Yearbook of the European Convention on Human Rights (Y.B. Eur. Cov. On H.R.). [후자의 경우, 단 하나의 사건만을 기재하기 때문에 page 번호를 명시할 필요는 없다]
단, 사건의 인용방법은 사건명에 피고국을 반드시 명시할 것.[25]

예, Ireland v. United Kingdom, 23 Eur. Ct. H.R. (ser. B) at 23 (1976)

[약어][26]

European Court of Human Rights …… Eur. Ct. H.R.

23 *Ibid.*, pp. 158, 260.
24 *Ibid.*, p. 260.
25 *Ibid.*, p. 149.
26 *Ibid.*, p. 260.

Yearbook of European Convention on
  Human Rights ······························ Y.B. Eur. Conv. on H.R.
European Court of Human Rights ······ xx Eur. Ct. H.R. (ser. X)

[유럽인권위원회:][27]

European Commission of
  Human Rights ······························ Eur. Comm'n H.R.
Collections of Decisions of the European
  Commission of Human Rights········· xx Eur. Comm'n H.R. Dec. & Rep. xx
European Human Rights Reports ······ xx Eur. H.R. Rep. xxx

27 *Ibid.*

3. 미국 법률문서의 인용방법

미국 사법제도에 대한 간단한 설명:

미국은 출범 이후 200여 년이 지나면서 미(연방) 법원 제도에 많은 변화를 겪었다. 미 연방헌법은 "Judicial Power of the United States shall be vested in one Supreme Court, and in such inferior courts as Congress may from time to time ordain and establish"(즉, '미국의 사법권은 단 하나의 대법원과 의회가 때때로 설립하고 규정하는 하급법원에 둔다.'라는 요지)의 단 한 개의 조항(제3조)을 기본으로 하고 있다. 즉 연방대법원만이 헌법에 의하여 창설, 규정된 법원이고 나머지는 의회가 창설하고 관할권을 규정한 법원들이다. 그러므로 역으로 의회는 (대법원을 제외한) 다른 법원들을 나름대로 판단에 따라 폐지, 철폐할 수 있다.

한 가지 주의할 것은 미국은 연방국가(federation)이기 때문에, 각 주(state)도 나름의 사법제도를 갖고 있다. 그러므로 어떤 면으로 보면 미국은 51개의 사법제도를 갖고 있다고 볼 수도 있다 - 즉, 50개의 주(state) 나름의 사법제도에 또 하나의 연방 사법제도를 합한 51개의 사법제도. 그러나, 국제법상 미국은 단일 국가로서, 또 "최고법"의 조항[1]과 각 주(state)는 (연방) 헌법상 외교권이 결여[2] 되어 있음을 고려할 때, 국제법에서의 주 관심사는 연방정부의 사법제도이다.

미국의 최고법원은 연방대법원(Supreme Court of the United States)이다.

다음은 (현재) 13개의 United States Court of Appeal(즉, 상소법원)이다.[3] 이들 상소법원은 미국을 지리적으로 12개 지역으로 분류하여, 각 지역에 한 개씩의 상소법원을 두고, 나머지 한 개의 상소법원은 "Court of Appeals for the Federal Circuit"이라고 부르는데 이 법원은 특정한 사안에 대하여 전국적 관할권을 갖고 있다.[4]

---

1 미 연방헌법 제6조는 다음과 같이 규정하고 있다: "This Constitution, and the laws of the United States which shall be made in Pursuance thereof, and all Treaties made, or which shall be made, under the Authority of the United States, shall be the Supreme Law of the Land; and the Judges in every State shall be bound thereby, and any Thing in the Constitution or Law of any State to the Contrary notwithstanding" [즉 헌법과 연방법 및 조약이 "최고법"이며, 이는 모든 주의 모든 법에 우선한다는 내용이다].

2 이 내용은 연방헌법 제1조 제10항과 제2조 참조.

3 United States Court of Appeals for the Federal District(연방지역 상소법원)와 United States Court of Appeals for the Armed Forces(군사 관련 상소법원)도 이 level에 속한다. https://www.uscourts.gov/about-federal-courts/court-role-and-structure.

4 이 법원은 1982년에 (U.S. Court of Claims, U.S. Court of Customs and Patent Appeals를 통합하여) 창설되었는데, 다음 법원에서 상소된 사건을 재판한다: (1) U.S. Court of Federal Claims, (2) U.S. Court of International

다음은 (현재) 94개의 United States District Court(즉, 지방법원)이다.[5] 이들 지방법원은 50개 주(state)와 "District of Columbia"(흔히 Washington, D.C.로 불리고 어느 주에도 속하지 않는 특별 지역), 그리고 미국과 특수 관계에 놓여 있는 "Commonwealth of Puerto Rico"(푸에르토리코 공화국)와 괌(Guam), U.S. Virgin Islands, 그리고 Northern Mariana Islands에 있는 지방법원을 포함한 숫자다. 단, Puerto Rico와 괌(Guam), U.S. Virgin Islands, 그리고 Northern Mariana Islands에 위치한 법원들은 헌법이 (연방헌법 제1조에) 의회에 타 "지역"(territories)에 관한 권한을 부여한 규정과 기타 연방정부 권한에 관한 규정에 근거한 것으로서, (헌법 제3조에 의하여 창설된 "Constitutional Courts"라고 불리는 위 지방법원과는 구분하여) "Legislative Court"라고 한다. 일반적으로는 "Territorial Courts"라고 부른다.[6]

다음은 미국 법률문서 인용(legal citation) 방법에 대한 간단한 설명이다. 이는 특정한 법률적 사안에 관하여 효율적이고 정확한 원천을 밝히는데 그 목적을 두고 있다. 이외에 일반적 논문작성법에 관한 설명은 U.S. Government Printing Office Style Manual (1984)이나 The Chicago Manual of Style (13th re. ed. 1982) 등이 좋은 참고지침으로 생각된다.

일반적으로 법률적 문서의 저자는 흔히 본인이 지적한 부분에 대한 지지를 뒷받침하기 위하여 관습적으로 또는 자기의 입장을 더욱 공고히 하기 위하여 그가 지적한 특정한 면에 대한 타 저서나 문서 (예, 판례) 등을 그 원천으로 삼는다. 그 외에 "see", "compare" 등의 표현으로 자기의 내용과 비교되는 경우를 지적하기도 한다.

판례의 (일반적) 인용방법 (예):

1) 연방대법원의 판례:

연방대법원의 판례는 일반적으로 다음의 순서로 규율된다. 즉, (1) 원고의 이름, (2) "v"자로 표현되는 "대", (3) 피고의 이름, (4) "reporter volume number"라고 해서, [

Trade, (3) U.S. Court of Veterans Appeals. 이외에도 추가적으로 (우리의 경우) 특허청(Patent and Trademark Office), International Trade Commission 등의 결정에 대한 상소사건도 이 법원의 관할에 속한다.

5 지방법원 외에 다음의 4가지 특수 법원도 이 level에 속한다. 즉 (1) Tax Court(즉, "조세법원"), (2) Court of Federal Claims("대 연방정부청구 법원")와 (3) Court of Veterans Affairs("퇴역군 관련 법원") 그리고 (4) Court of International Trade("국제통상법원")이 초심법원인 District Court의 level에 놓여 있다.

6 https://www.uscourts.gov/about-federal-courts/court-role-and-structure.

다음 (5)에 지적한 U.S. Reports의] 권 번호, (5) 예, U.S.라고 약자로 표현하여 "U.S. Reports", (5) 해당 사건을 다룬 처음 면, (6) 언급한 내용의 대상이 되는 특정한 면, (7) 판결 연도.

예,
Jon Doe v. Baker, 477 U.S. 55, 60-62 (1986)

연방대법원의 판결은 S.Ct., L.Ed., U.S.L.W. 등에 기재되는데, 그중 판결에 대한 가장 공식적인 기재지는 United States Reports이다. United States Reports는 연방정부출판소(United States Government Printing Office)가 발간한다. Lawyer's Edition과 West's Supreme Court Reporter도 같은 내용을 담고 있으나, 차이점은 이들은 개인출판사에 의하여 출판된다는 것이다. 흔히 위 세 기재물을 동시에 인용하는데, 이때 셋을 인용하는 순서는 다음과 같다:

1) 사건명 : 예, John Doe v. Hopkins
2) (United States Reports의) Volume No. : 예, 490
3) (United States Reports의 약자) : U.S.
4) Page 번호 : xxx

West's Supreme Court Reporter는 통상적으로 "S.Ct."로 표시하며, Lawyer's Edition은 "L.Ed. 또는 L.Ed.2d"로 표시하는데, 이들도 위 "U.S." ("United States Reports")의 순서에 의하여 표시하고 또 "U.S.", "S.Ct." 그리고 "L.Ed." 순으로 표시한다. [단, "L.Ed." 다음에는 괄호 안에 해당 판결의 연도를 삽입한다]
예, Price Waterhouse v. Hopkins, 490 U.S. 228, 109 S.Ct. 1775, 104 L.Ed.2d 268 (1989)[7]

연방대법원의 판결은 통상적으로 S.Ct., L.Ed., U.S.L.W. 순으로 인용(cite)하는데, 다음은 United States Reports에 관한 기본 자료이다:

United States Reports:

7 https://www.law.cornell.edu/supremecourt/text/490/228.

91 U.S. to date	1875-현재	U.S.
Wallace	1863-1874	예, 68 U.S. (1 Wall.)
Black	1861-1862	예, 66 U.S. (1 Black)
Howard	1843-1860	예, 42 U.S. (1 How.)
Peters	1828-1842	예, 26 U.S. (1 Pet.)
Wheaton	1816-1827	예, 14 U.S. (1 Wheat.)
Cranch	1801-1815	예, 5 U.S. (1 Cranch)
Dallas	1790-1800	예, 1 U.S. (1 Dallas)
Supreme Court Reporter	1882-현재	S.Ct.
Lawyer's Edition	1790-현재	L.Ed., L.Ed.2d
United States Law Week	1933-현재	U.S.L.W.

찾아보기

ㅅ

ㅇ

ㅈ

ㅊ

ㅋ

ㅌ

ㅍ

ㅎ

A

B

C

D

E

G

판례목차(알파벳 순)